KB242437

한국어교육총서3-1

[국어교육 1980~1991]

한국어교육총서3-1

[국어교육 1980~1991]

한국어문교육학회　編

한국학술정보(주)

머리말

한국어문교육학회 〈한국어교육〉총서 발간을 기념하여

한국어문교육학회가 창립되고 그 학회지를 발간하며 학회 활동을 시작한지 금년에 들어 28년이 흘렀다. 그러한 세월을 거치면서 논문집이 총 25집에 이르러 이제 총서 발간을 하게 되었다. 이것은 그동안 학회 발전을 위해 각양각색의 노력을 경주한 초대 회장인 박붕배 교수님으로부터 전임 회장인 황정현 교수님까지의 여러 회장님과 임원 그리고 회원 여러분의 노고에 조금이라도 보답하는 것이라고 생각한다. 학회 임원은 물론이고 본 학회의 회원으로서 이러한 발전에 이르도록 노력한 모든 분들과 함께 크게 자축할 일이다.

본 학회는 학회의 명칭에서 알 수 있듯이 한국어문과 그 교육의 발전을 목표로 활동하는 학회이다. 한국어와 한국의 문자, 한국의 문학 그리고 이들을 교육하는 일에 이르기까지 한국의 언어와 문자를 중심으로 연구하는 종합 학회인 것이다. 그러므로 지금까지 발간한 학회지엔 이에 해당하는 여러 학자의 논문이 그들의 연구 열의와 애정과 함께 고스란히 담겨 있다. 이것을 과거의 학회지에 지면 그대로 보관하는 수준에서 벗어나 이제 총서로 발간하여 보다 많은 학자들에게 그 학술 사료로서 제공하고, 또한 그것을 이용하여 한국어문과 그 교육에 관한 학술 발전에 큰 기여를 하게 되어 학회장으로서 모든 회원과 더불어 크게 기뻐하지 않을 수 없다.

이 총서 발간의 기쁨을 나누면서 학회 본연의 목표에 한층 더 근접할 수 있도록 기회를 주신 한국학술정보(주) 관계자 여러분에게 크게 감사하는 마음을 전하고 싶다. 학술 출판은 수익성이 열악한 사업인데도 학문의 발전과 그 가치를 인식하여 우리 학회의 회지를 총서로 세상에 널리 보급할 수 있게 배려해 주신 점을 깊이 마음에 새기고자 한다. 아울러 본 총서가 경향 각지의 수많은 학자들에게 학문 발전의 유용한 자료가 되고, 그로 인해 한국어문과 그 교육의 연구 발전에 한층 큰 기여를 할 수 있게 되기를 빌면서 총서 발간의 의미를 이 자리에 영원히 간직하고자 한다.

2007. 5

한국어문교육연구회 회장　　方 仁 泰

목 차

開化期 國語科 教育에 關한 文獻考(1980)

朴 鵬 培*

Ⅰ. 序 言

開化期의 學術活動과 文化運動에 關해서 알아보는 方法은 두가지가 있다고 본다. 그 하나는 當時에 刊行된 諸文獻的 資料를 調査分析하여 檢證하는 方法과 또하나는 其時期 以後의 사람들이 其時期에 關해서 調査研究하여 論證한 文獻을 資料로 比較 批評 綜合하여 確認이나 改證이나 再定立을 試圖하는 方法이다.

이에 本研究에서는 國語科 教育에 關한 資料를 가지고 前者의 方法을 先行하고 後者의 方法을 次行한 다음 綜合해 보고자 한다. 더우기 本研究는 國語科에 머무르지 아니하고 國語科 教育에 까지 關係하므로 國語科的 資料에 머무르지 아니하고 教育文化面에서 本研究와 關係있는 領域까지도 檢查論證하고자 한다.

于先 이時期 中에 刊行된 文獻으로 單行本 著書들은 거의 없으며 各種 學會誌와 文化事業團體의 定期·不定期 刊行物이 그것이며 이 時期에 刊行된 學術雜誌의 特色으로는 舉皆가 綜合誌이었다는 것이다. 따라서 國語教育에 關한 專門誌가 없는 故로 이時期의 各種刊行物에서 國語科 教育에 關係있는 文獻을 抽出하기 위하여 調査한 資料를 表로 提示하면 다음과 같다.

* 서울教育大學 教授

〈表 1-1〉〈開化期에 刊行된 學術誌 文獻一覽表〉

番號	誌 名	創立創刊과 繼續期間	代表者	編輯人과 發行人	參與人士	國語科教育 關系 文獻	教科經營 및 教育技術關系文獻	備 考
1	大朝鮮獨立 協會 會報	1896.11.30創刊 〈月 2回로半月刊〉 1897.8.15 〈第18號로終刊〉	徐載弼 安駉壽		李商在・南宮檍 李完用・吳世昌	○국문론~지석영 ○漢文字와 國文字의 損益如何…申海永(5回連載)		○우리나라 最初의 定期刊行雜誌 ○獨立新聞의 支援을 받아 發足 ○純國文, 國漢混用文純漢文三文體로 쓰여짐.
2	大韓自强會月報	1906.3.30 創立 1906.7.31 創刊 1907.7.31 終刊	尹致昊	金相範 李鍾濬 沈宜性 玄 檃	李 沂・尹孝定 金碩桓・尹敦求 池錫永・朴殷植 張志淵	○言語를 同一히 홀 事…(尹敎定) ○國文一定法 意見書…………(李能和) ○大韓國文說……(池錫永)	○教語說(金成喜) ○教授原理(柳瑾) (語學, 作文, 讀書) ○一般教育原理…(柳瑾)	○政治文化的啓蒙運動의 言論誌
3	朝陽社報	1906.6〈月刊〉		沈宜性	閔衡植			○進步한 外國의 文物紹介로 啓蒙事業
4	韓民教育會	1906 創立			金相萬・高裕相 朱翰榮	○教科書 '初等小學' 1906.10.發行		○學會志는 보이지 않음 ○各種教科書多數編纂 ○民族教育을 目的한 活動會
5	太極學會〈太極學會〉	1906. 8.24 創刊 1908.11.24 終刊 〈第26號로終刊〉	張膺震 金洛永	〈兼〉	崔光玉・文一平 姜 荃・李寶鏡	○國文便利及漢文弊害의 說……(姜荃) ○國文과 漢文의 過渡時代……(李寶鏡)	○我國教育界~急務를 論함(張膺震) ○師範學校~教師를 養成홀事…(張膺震) ○教授와 教科에 對하여(張膺震) 〈言語科〉	○教育啓蒙誌

番號	誌名	創立刊行과 繼續刊讀期間	代表者	編輯人및 發行人	參與人士	國語硏究教育 關係 文獻	教科經營 및 教育技術關係文獻	備考
5	少年韓半島誌註	1906.11.10 創刊	梁在	〈彙〉	趙重應·元泳義·朴晶東·李人稙·李海朝	○國文源流(第一號)	○小學校敎員의 注意…(觀·學子) ○敎育界의 思潮…(浩然子) ○敎育新論 ○敎子弟新筆	○自由啓蒙運動誌 ○愛國愛族教育誌
6	西友學會〈西友〉	1906.10.26 創立 1906.12.1 創刊 1908.5.1 終刊〈第17號〉	鄭雲復	金明濬	姜華錫(主筆)·金達河·申錫廈·金鉐桓	○論幼學(朴殷植) ○국어국문의 필요…(주시경)	○教育詔書解說…(柳東作) ○學校之劃…(朴殷植) ○師範養成의 急務…(朴殷植) ○正當한 教育法…(柳東作) ○普通教育은 國民의 義務…(朴聖欽)	○開化教育啓蒙誌
7								
8	大韓自修會	1907.1 發足 1907.1.31 創刊	韓·潘	姜荃馨·趙鏞殷·段	金志侃·申昇均·趙重觀·段		○我國小學校教科書…(具滋鶴) ○時教의○ 教育論…(張志植)	○留學生들의 硏究討論 勸奬誌
9	大韓留學生會〈大韓留學生學報〉	1907.2 發足 1907.3.3 創刊 1907.5.20 終刊〈第3號로 終刊〉	崔麟	崔南善·柳承欽	朴勝彬·韓溶·尹定夏·韓光教·羅弘錫	○國文과 漢文의 關係…(韓興教)		○閔忠正公追念會場에서 談合發足 ○留學生統合會
10	夜雷報館	1907.2.5 創刊	玄采	吳榮根	金成喜·李沇秀·尹孝定			○教育學術誌

番號	誌 名	創立創刊 繼續發刊期間	代表者	編輯人고 發行人	參與人士	國語科教育 關係 文獻	敎育技術關係文獻	備 考
11	普成親睦會陸睦〈親睦〉	1907. 3 發足 1907. 3.15 創刊	趙齊九	朱定均	尹致昭·韓光鎬 徐丙吉·徐鈺彙 李熙穆·徐中淳			○普成同門親睦會誌
12	大同報誌〈大同報〉	1907. 3.25 創刊 〈月報〉	金冕濟	崔鎔學	羅瑃·鄭雲復			○賊償報償金募集이 推進 ○教育振興誌
13	大韓同寅會〈同寅學報〉	1907. 7 發足 1907. 7. 1 創刊 〈季刊〉	金顯洙	金顯洙	具滋鶴·金晋璣 陳錫·蔡基斗			○留學生의 團體誌
14	大同學會 大同學會月報	1907.10.20 發足		李大榮	金文演·申箕善 渡邊薰·權輔相			大東專門學校設立私學 育成學報發行
15	大韓協會 〈大韓協會會報〉	1907.11.10 發足 1908. 4.25 創刊 1909. 3.25 終刊 〈通卷12號〉		洪弼周	權東鎮·南宮濬 柳權·尹孝定 張志淵등 10人이 發起	○論國文(李鍾一) ○論效學(洪弼周)	○敎育普及에 대하여 發展의 方法을 光宪한 칸한 ○敎科書檢定에 칸한 忠告(高陽山人) …… 敎育問題의 ……(廬民居士) …… 語學의 性質 ……(圓石散人)	大東專門學校設立私學 育成學報發行 ○大韓自強會의 强制解 散後 自人大桓大夫의 支援으로 組織한 會
16	畿湖興學會〈月報〉	1908. 1 發起 1908. 8.25 創刊 1909. 7.25 終刊 〈第12號〉	李容稙	李海朝 金圭東	池錫永·鄭永澤 李禹珪·徐鈺彙 李相益등 多數	○文法音……宣統一……(申采浩) ○小川漢文……(嶺豹子) ○讀書의 利益……(李世春) 〈讀書法〉	○敎育의 必要……(鄭永澤) ○敎育의 目的……(鄭永澤) ○無 敎育의 向이 면……(趙琬九) ○敎育의 可能……(鄭永澤) ○學典 ○私立學校令	○教育誌 ○昭格洞에 畿湖學校設 立 校長에 尹孝定

番號	誌名	創立創刊ㅇ며 繼續 繼續期間	代表者	編輯人ㅇ며 發行人	參與人士	國語科教育 關係 文獻	敎科經營 및 敎育技術關係文獻	備 考
17	獎學月報誌〈獎學報〉	1908. 1.20 創刊	朴太緖	李輔相	南廷穩・柳 瑾・尹吉重・金允植・李相敏 등 多數			○學生들의 知識育成會誌
18	大韓學會〈月報〉	1908. 1.28 創立 1908. 2.25 創刊 1908.11.25 終刊〈第9號〉	崔 麟	金淇驩	李恩雨・李昌煥・姜麟祐・蔡基斗	○國文敎育方針에 對한 意見…(柳承欽) ○歟無學之弊……(李東初) ○敎育者団伐隊……(弘村羅生)		○在日異學生들에 依하 綴刊
19	嶠南教育會誌〈嶠南教育雜誌〉	1908. 3.15 發足 1909. 4.25 創刊	李夏榮	朴晶東	尙 灝・孫之鉉・張相昔			○嶺南出身中心學會
20	西北學會〈月報〉	1908. 1. 3 發起 1908. 6. 1 創刊 1910. 1. 1 終刊〈第19號〉	李東暉	朴殷植・金達河	全載億・李達元・李奎濚	○國漢文論……(李承喬) ○國漢文附作文習字……(敎育部)	○敎育方法은隨其程度……(金原版) ○學部令第3號〈書堂敎授法〉 ○私立學校令 ○敎科用圖書檢定規程	○敎學誌
21	大韓興學會報〈大韓興學報〉	1909. 1.10 發足 1909. 3.20 創刊 1910. 5.20 終刊〈第13號〉	蔡基斗	高鏡相殷 高介海勳	姜 荃・李承瑾・崔 麟・金鴻亮・崔昌朝・崔錫夏	○文學의 價值……(李寶鏡)	○敎師의 敎育社會의 關係〈吳滋泳〉 ○敎育急務莫先平養師……(尹憲鎭)	○在日留學生誌
22	普成同友會報〈報誌〉	1910. 6 結成 1910. 6. 1 創刊	尹琦燮	李秀三		○한 나라 말……(주시경)		○校友會誌
23	湖南學報	1909. 6.25 創刊 1909. 3.25 終刊	李 沂	李 沂	崔東植・白 基	○國漢文輕重論……(每日申報)		○地域中心學會誌

여기서 本研究가 알아봐야 할 일과 뽑아 내야할 資料는 國語科 敎育關係 文獻과 敎育 一般中에서 國語科 敎育이나 또는 敎科運營과 敎授·學習에 有關한 文化를 抽出 對象으로 삼았다. 그리고 다음에 보이는 開化期 學術 綜合誌 分析一覽表에서 볼수 있는 諸論題中 國語科敎育에 關한 文獻은 本章에서 分析檢討하고 敎科運營 및 敎育技術關係文獻은 當該章에서 引用論述하며 敎科書에 關係있는 文獻은 敎材分析의 章에서 引用論述하기로 한다.

II. 開化期 文獻에 關한 考察

開化期에 있어서의 國語科敎育에 關한 文獻은 上揭一覽表에 紹介된 綜合誌에서 찾아볼 길 이외에는 거의 없는 것같다. 앞서 말한 바와 같이 上揭一覽表中 '國語科敎育關係文獻'에 探錄된 文獻을 年代順으로 分析하기로 한다.

1. 大朝鮮獨立協會 會報

이 時期에서 가장 일찌기 出發한 學術誌는 '大朝鮮獨立協會會報'[1]이라 본다. 이 會誌는 獨立新聞의 支援을 받아 1896年 11月 30日에 創刊한 半月刊誌로 우리 나라 最初의 定期刊行 雜誌다. 또 이 雜誌는 韓國文體와 國·漢文 混用體와 漢文專用體의 三體 文章으로 쓰여진 綜合誌이다.

---

1) 上揭 開化期에 刊行된 學術誌文獻一覽表 參照

이 會誌에 揭載된 國語教育 및 새 國語文化運動을 集約하면 지석영氏의 '국문론'과 申 海泳氏의 '漢文字와 國文字의 損益如何'란 文獻이다.

나라에 국문이 잇어셔 힝용 ᄒᆞᄂᆞᆫ거시 사름의 입이 잇서셔 말솜ᄒᆞᄂᆞᆫ 것과 ᄀᆞᆺᄒᆞ니 말솜을 ᄒᆞ되 어음이 분명치 못 ᄒᆞ면 남이 넘으기를 반벙어리라 ᄒᆞᆯᄲᅥ더러 제가 싱각ᄒᆞ야도 반벙어리오 국문이 잇으되 힝 ᄒᆞ기를 전일 ᄒᆞ지 못ᄒᆞ면 그나라 인민도 그나라 국문을 귀즁ᄒᆞᆫ줄을 모르리니 엇지 나라에 관계가 적다 ᄒᆞ리오 우리 나라 사름은 말을 ᄒᆞ되 분명이 긔록ᄒᆞᆯ 슈 업고 국문이 잇스되 전일 ᄒᆞ계 힝ᄒᆞ지 못ᄒᆞ야 귀즁ᄒᆞᆫ 줄을 모르니 가히 탄신 ᄒᆞ리로다 귀즁ᄒᆞ게 넉이지 아니흠은 전일 ᄒᆞ계 힝치 못 흠이오 전일ᄒᆞ게 힝치 못 흠은 어음을 분명히 긔록ᄒᆞᆯ슈 업ᄂᆞᆫ 연고ㅣ러라 어음을 분명이 긔록ᄒᆞᆯ슈 업다 흠은 엇지흠이요……中略……우리 국문이 미진ᄒᆞᆫ 거시 만타ᄒᆞ야 귀즁ᄒᆞᆫ줄을 모르니 엇지 답답ᄒᆞ지 안흐리오 내시험ᄒᆞ야 어린 아ᄒᆡ를 몬져 국문을 ᄀᆞ르쳐셔 샹셩 거셩 표만 분간ᄒᆞ야 닐으되 졈 ᄒᆞ나 씩은 ᄌᆞᄂᆞᆫ 음을 죠금만치 누르고 졈 둘씩은 ᄌᆞᄂᆞᆫ 음을 죠금 더 누르라 약속ᄒᆞ고 칙애 표를 ᄒᆞ야 주엇더니 ᄀᆞ르칠 것업시 ᄯᅳᆺ을 다아니 이 법은 진긔 국문에 데일 요긴ᄒᆞᆫ 거시로다. 이 법이 널리 힝ᄒᆞ면 비단 어음을 긔록 ᄒᆞ기 분명ᄒᆞ야 인민이 새로히 귀즁ᄒᆞ게 넉일 ᄲᅮᆫ 아니라 대셩인 ᄭᆡ옵셔 글ᄌᆞ ᄆᆞᆫ드신 본의를 다시 ᄇᆞᆰ히어셔 독립ᄒᆞᄂᆞᆫ 나라에 확실ᄒᆞᆫ 긔초가 되리로다.[2]

이글은 國文教育이 獨立의 基礎라고 보고, 그中에서도 語音의 長短 高低를 區分해서 말할 수 있도록 教育함이 必要하다고 主張했다. 國語 教育中 音聲言語教育이 所重함을 强調한 文獻이다.

---

2) 大朝鮮獨立協會會報第1號(1896年11月30日刊) pp.11～15 池錫永氏의 '국문론'에서

16

　　學問은 何를 謂ᄒᆞ이뇨 無形上心地로 從ᄒᆞ야 有形上文字의 顯ᄒᆞ야 有
形上文字로 從ᄒᆞ야 無形上心地로 還附ᄒᆞᄂᆞᆫ 거시니 心關에 智識을 見ᄒᆞᆯ
時에 文字ᄂᆞᆫ 學問의 守關者됨이 必要ᄒᆞ도다. ……中略……文字로 代ᄒᆞ야
宇宙東西上下千古에 交易市ᄅᆞᆯ 開ᄒᆞ얏스니 言語와 文字ᄂᆞᆫ 兩個種이 아니
라 頭上에 太陽을 指ᄒᆞ고 其理ᄅᆞᆯ 會得ᄒᆞᆷ은 智識이오 其理ᄅᆞᆯ 說明ᄒᆞᆷ은 言
語요 其理ᄅᆞᆯ 記載ᄒᆞᆷ은 文字니 言語文字ᄂᆞᆫ 一塊物中同分子性質이로다.
……中略……歐美諸國에 一大新活路ᄅᆞᆯ 開ᄒᆞ야 其形勢我東洋을 蹂躪ᄒᆞ니
此ᄂᆞᆫ 文字에 便利ᄒᆞᆫ 一點에 在ᄒᆞᆷ이라 其功效ᄂᆞᆫ 임의 右에 表白ᄒᆞ얏도다
淵源을 溯ᄒᆞᆫ則 其宗敎의 開基ᄒᆞᆫ 者ᄂᆞᆫ 다 亞洲에 産出ᄒᆞᆫ 人物이요 其文化
가 다 亞洲에 輸出ᄒᆞᆫ 바ㅣ로다……中略……吾國이 獨立ᄒᆞ 얏스ᄂᆞ 홈ᄳᅦ
文明妙味에 前進지 못ᄒᆞ니 其源由ᄂᆞᆫ 漢文漢字를 信用ᄒᆞ고 自國國文을 賤
히 너기야 尊古卑今에 弊習으로 宗敎束縛을 脫ᄒᆞᄂᆞᆫ 一點에 不外ᄒᆞ도다.3)

　　文字는 뜻을 나타내고 學問을 지키는 문지기요 理致는 知識이고 이
를 說明하는 것은 言語며 이를 記載하는 것은 文字다 따라서 言文一致
敎育이 所重하다는 것이다. 言과 文이 그 使用에 便利해야 國力이 생
기며 自國國文을 尊重해야 獨立을 保存할 수 있고 國語國文의 守護가
獨立의 淵源이요 이敎育이 獨立敎育이라고 했다.
　　그는 이어서 第16號誌에

　　四五十年間 精力을 費耗ᄒᆞ야 百卷文集을 善히 著述ᄒᆞ나 一個活計産業
은 營立ᄒᆞ기를 不得ᄒᆞ니 此等人物은 다만 書籍肆라 云홈이 可ᄒᆞ지라 其
功能은 喫飯ᄒᆞᄂᆞᆫ 字典이라 謂ᄒᆞᆯ쑨이니 家國에 富ᄒᆞ야 無用의 長物이라
經濟를 妨害ᄒᆞᄂᆞᆫ 食客이라 홈이 可ᄒᆞ도다. 이러홈으로 書卷을 讀ᄒᆞ야 古
人의 言論餘滓만 惑信홈은 決코 學問이라고 稱ᄒᆞ기ᄂᆞᆫ 難ᄒᆞ도다……中
略……睿聖文武 世宗大王께옵셔 國文을 發明ᄒᆞ시니 此ᄂᆞᆫ 곳 口上音訓을
依ᄒᆞ사 製ᄒᆞ심이라 此ᄅᆞᆯ(國文讀本)이라 名ᄒᆞ시고……中略……現今十五行

3) 大朝鮮獨立協會會報 第15號(1890年 6月30日刊) pp.10~13 申海永氏의 '漢
文字와 國文字의 損益如何'에서

綴字로 換舌成音ᄒᆞ야 千變萬化에 隨方應用ᄒᆞ니 此ᄂᆞᆫ 羅馬字와 意味切近ᄒᆞ야 上下社會的人이 通共便利ᄒᆞ야 容易히 學問에 就ᄒᆞ야 究理ᄒᆞᆯ바ㅣ라 不幸히 漢文에 權利를 見奪ᄒᆞ고 下等에 沒落ᄒᆞᆯ ᄲᅮᆫ 아니라 此ᄅᆞᆯ 閨房間女子輩通情文字라 擯斥ᄒᆞ니 此處에 歐米人一大笑資를 買ᄒᆞᆷ이 足ᄒᆞ도다……中略……

假令 漢文字를 會得ᄒᆞᆯ 時ᄂᆞᆫ 十年精力을 費ᄒᆞ야 僅僅히 半點意味ᄅᆞᆯ 領ᄒᆞᆯ지나 國文字ᄅᆞᆯ 會得時ᄂᆞᆫ 一月精力을 勵ᄒᆞ야 頓然히 全體意味ᄅᆞᆯ 了解ᄒᆞᆯ 거시오.

假令一個利器機械ᄅᆞᆯ 發明ᄒᆞᆷ애 其構造質理와 其稱名을 漢文字로 說明ᄒᆞ야 大都會大道上에 特置ᄒᆞᆯ 時ᄂᆞᆫ 有識者ᄂᆞᆫ 認知ᄒᆞ고 婦孺隷僕肉眼輩ᄂᆞᆫ 尋常看過ᄒᆞᆯ터이나 此ᄅᆞᆯ 諺文으로 題表ᄒᆞᆫ則 其如何ᄒᆞᆫ 質理와 如何ᄒᆞᆫ 稱名을 千萬人이 均知ᄒᆞ야 營造業에 富ᄒᆞᆯ 거시오

假令 政府及警廳務에 律令을 日로提出ᄒᆞ야 此ᄅᆞᆯ 漢文으로 揭示時ᄂᆞᆫ 有識者ᄂᆞᆫ 認知ᄒᆞᆯ터이나 婦孺隷僕肉眼輩ᄂᆞᆫ 遵犯間에 迷惑ᄒᆞ야 禁罰과 保護가 如何ᄒᆞᆯ거신지 懵然ᄒᆞᆯ 거시오

假令一小賣商店에 專業을 得ᄒᆞ야 此ᄅᆞᆯ 漢文으로 標榜ᄒᆞᆯ 時ᄂᆞᆫ 有識者ᄂᆞᆫ 認知ᄒᆞᆯ터이나 婦孺隷僕肉眼輩ᄂᆞᆫ 何物을 ᄒᆞᄂᆞᆫ지 尋常看過ᄒᆞᆯ터이니 其活計營業에 損害가 如何ᄒᆞᆯ고 果然學問은 一人의 私有ᄒᆞᆯ써슨 아니라 萬人의 同由利ᄒᆞᆯ바이로다……中略……

今에 我朝鮮國이 獨立後에 政府도 一新ᄒᆞ야 社會萬事萬物을 去舊就新ᄒᆞᆷ에 國民의 新面目을 爲ᄒᆞ야 國文專用의 訓令을 領布ᄒᆞᆯ 際에 各各多少의 波瀾을 激ᄒᆞ야 一時의 動搖ᄅᆞᆯ 催ᄒᆞ고 今에 至ᄒᆞ기 家國實務에 何를 標準ᄒᆞ야 方針을 立ᄒᆞᆯ지 新舊間에 迷ᄒᆞ야 一定方向을 不整ᄒᆞᄂᆞᆫ 者ㅣ多多ᄒᆞ도다……中略……小生의 日夜企望ᄒᆞᄂᆞᆫ바ㅣ라 一國一人의 私有ᄒᆞᆯ 學問을 學ᄒᆞᆯᄭᅡ 萬國萬人의 同由利用ᄒᆞᆯ 學問을 學ᄒᆞᆯᄭᅡ 萬智萬愚의 平等均得ᄒᆞᆯ 者ᄂᆞᆫ 國文專修ᄒᆞᄂᆞᆫ 一點에 不外ᄒᆞᆯᄯᅳᆺ……4)

---

4) 大朝鮮獨立協會會報第16號(1897年 7月 15日刊) pp.1~5 '漢文字과 國文字의 損益如何'에서

漢字漢文은 그學習에 時間과 精力을 너무 많이 消費하고 古人의 言論餘滓만 惑信할 뿐 經濟의 妨害物이 된다. 故로 産學一體란 近代社會의 敎育에는 背馳된다고도 하면서 그런데 過去로부터 오늘에 이르기까지를 살펴보면 國文이 漢文한테 權利를 剝奪當해서 各가지 自由로운 表現도 빼앗기고 萬人의 平等도 이룩하지 못했다는 것이다. 故로 우리는 國文을 專用함이 萬人이 同由하는 것이라는 것을 깨닫고 國語敎育의 切實함을 痛感해서 轉機一變할 수 있는 이時期를 놓치지 말자고 하면서 國文敎育의 切實함을 다음과 같이 提示하고 있다.

(1) 國文은 배워서 익히기 쉽다.

(2) 國文은 理解하기 쉬우니 萬人에게 周知시킬 수 있는 傳達性이 强하다.

(3) 漢文은 極小數의 사람만 理解할 수 있으니 國文을 쓰지 아니하면 指導層의 뜻과 國民이 自己自身의 處身할 바를 알 수 없게 된다.

(4) 故로 萬人의 同用物인 우리 國字國文이 便利하니 이를 敎育해야 한다라고 하면서 言文一致하는 國文敎育으로 우리 語文敎育 刷新의 機會를 놓치지 말자고 했다.

2. 大韓自强會 月報

이 大韓自强會는 發足한지 4個月만에 會誌인 '大韓自强會 月報'[5]를 發行했다. 이 雜誌는 綜合誌로서 敎育에 關한 文獻과 더불어 國語科敎育에 關해서는 尹孝定氏의 '言語를 同一히 홀事'와 李能和氏의 '國文

---

[5] 大韓自强會는 1906年 3月에 發足 同年 7月에 月報인 會報를 創刊 이에서 1907年 7月에 終刊한 政治學論誌이면서 文化啓蒙誌이다.

一定意見書'와 池 錫永氏의 '大韓國文說'이란 文獻이 本稿와 有關한 글들이다.

本誌를 通하여 우리 國語科敎育에 關한 文獻을 考察해보면

吾人 人類의 意向意想을 發表ᄒ야써 相依相扶ᄒᄂ 機關이 其類不一ᄒ되 最明確ᄒ고 最普及ᄒ고 最繁重ᄒ 者를 求ᄒ則 言語와 如ᄒ者 無ᄒ도다 人으로 ᄒ여곰 或反目敵現케ᄒ며 或刎頸結托케ᄒ이 無非言語이 作用인則 國民的精神養成에 波及ᄒᄂ 動力은 實로 豫想周知키 難ᄒ도다 特히 言語의 同一은 國民으로 ᄒ여곰 共同의 精神을 保持케ᄒ며 智力의 交通을 宏深케ᄒ기에 最有力ᄒ者ㅣ되ᄂ줄 深知ᄒ則 國民된者ᄂ 必也 此를 同一케 아니ᄒ이 不可ᄒ니 言語가 相同ᄒ則 思想觀念이 亦相同ᄒ야 一致協和의 精神이 勃興ᄒ고 愛國敵愾의 氣像이 自發ᄒ며 不寧唯是라 外人으로 ᄒ여곰 明晴有無之中과 不知不識之際에 其思想을 感化케ᄒ야 彼等으로 ᄒ여곰 敬畏欽服케ᄒᄂ 妙觀이 有ᄒ거시오 若 或是를 反ᄒ야 言語의 不同으로뼈 思想이 錯亂ᄒ고 觀念이 衝突ᄒ야 一致協和의 精神을 亡失ᄒᄂ 同時에 外侮를 自招ᄒ리니 如此ᄒ則 國民的精神의 普及ᄒ을 엇지 可得ᄒ리오 故로 完全ᄒ 政治思想을 有ᄒ 國民이 되기에는 一致共同의 神精을 要ᄒ고 一致共同의 精神을 得ᄒ기에ᄂ 同一의 言語를 要ᄒ을 可知ᄒ지로다.6)

尹 孝定氏가 國民의 政治思想을 大同一致하기를 力說함에 있어 일곱가지를 내걸었는데 其中의 하나가 '言語를 同一히 ᄒ事'라고 主題를 내걸은 글이다. 이글의 根本 뜻은 標準語 敎育을 해야한다는 理由를 다음과 같이 내걸었다.

① 國民精神이 一致協和할랴면 思想槪念이 間一해야 하는데 그러랴면 言語가 相同하야 全國民이 一致한 國語를 使用해야한다.

② 自主獨立의 愛國思想도 國民의 同一한 言語에서 나온다.

---

6) 大韓自强會月報 第6號(光武10年 7月 1日發刊) pp.26~27 尹孝定의 '言語를 同一히 ᄒ事'에서

③ 國民이 同一한 國語를 使用하는 것은 一致共同의 精神을 得케하고 智力을 交通케 해주는 宏深源이다.

이래서 言語가 思想感情의 同心圓을 이루어주니 共同運命感을 意識시키는 唯一한 者임을 強調한 글이다. 따라서 이를 위한 方法은 標準語 普及敎育運動 밖에 없음을 主張했다.

伏以有一國則有一國又與語ᄒ고 則亦有文語口語之種別ᄒ니 大低口語ᄂ 繁ᄒ고 文語ᄂ 簡ᄒ니 要之暢達事理面己라 是以文明極度之國은 其文與語에 名物象數와 典章法度ㅣ 從此俱備ᄒ야 爲世適用也라 東亞文明은 支那ㅣ 取先故로 昔者에 韓日諸國이 借用漢字ᄒ니 恰如歐洲之橫文이 多源於希臘羅馬之文字也라……中略……韓日兩國이 借用漢文ᄒ고 又各有國文ᄒ니 則韓之諺文과 日之假名이라 綴字合音於象譯之用에 無有不能ᄒ니 因以漢文 交作이면 便利無比也라……中略……今取讀日本新學書籍則 其譯述字義 取屬明確ᄒ고 且於漢字右側에 附書假名하야 雖婦女兒童이라도 易於曉解라 唯我國文國語之組成이 幸與日文日語로 大體相似而但國漢文混用之法이 止於語尾ᄒ야 遂使俗者로 仍然不能讀書ᄒ니 何不效附書假名之例ᄒ야 務使言文一致ᄒ야 雅俗共讀乎아 今擧其例ᄒ야 開列于左ᄒ노라.

1. 天地之間萬物之中唯人最貴 · 純漢文惟雅者讀
2. 텬디시이만물가운디오직사람이가쟝귀ᄒ니 · 純國文俗者讀
3. 天地之間萬物之中에 唯人이 最貴ᄒ니 · 今之國漢文交用法俗者仍不能讀
4. 天地之 間 萬物ᄒ 中에 唯 人이 最 貴ᄒ니 텬지 시이 만물 가운디 오직 사ᄅᆞᆷ 가쟝 귀 · 漢字側附書諺文雅俗共讀

今欲敎育之普及인디 莫如一定國文ᄒ야 統一音義然後에 其他書籍을 從此譯刊也라 唯學部ᄂ 主持一國之文學敎育이어ᄂᆞᆯ 而使堂堂之國文으로 無一字典ᄒ니 是其敎育之不振也라 凡一國之言語ㅣ 無不含有名詞, 動詞, 過去詞, 未來詞, 等規度ᄒ니 童穉知此則語有條理ᄒ야 事物易曉ᄒ니 我國之語ㅣ 何嘗無此理오마ᄂ 但無顯用除研究ᄒ야 外國語學者外에 鮮有注意者ᄒ니 可謂食焉而不知其昧ᄒ며 語焉而不詳其義者也.

愚以爲一定國文이 其法이 有三ᄒ니

1. 延請博學多聞之人ᄒ야 模倣言泉ᄒ야 日文字典 之最良者 輯述國文字
   典一部 홀事
2. 小學敎科書漢字側에 附書諺文홀事
3. 輯述國誨規範一冊ᄒ야 添入國語一科於小學校홀事

我邦에 自有諺文以來로 先賢이 以之講解經傳ᄒ얏스니 其爲益於後學이
不可勝言이라.[7]

이는 當時 法語學校 敎官으로 있던 李能和氏가 우리 語文生活의 가
장 便利함은 國漢文交用에 있다는 것을 主張한 글이다. 그리하여 上記
列擧한 用例文中(1, 2, 3, 4)의 例를 例示하고 그中 가장 理想的인 것
은 3의 例지만, 4의 例가 當時 우리의 實情에 適合함을 選別論證하면
서 學部는 國文의 文法을 早速히 整理해서 國民으로 하여금 一定한 理
致에 맞춰 말과 글을 쓰도록해야 하며 이를 爲하여 字典과 辭典의 輯
述과 敎科書의 諺解附와 國文法 敎材一卷을 마련해서 國語科中의 一
科로 다루라는 것이다.

우리에게 正音 國文이 있어 일찌기 經書를 諺解하여 便利하게 活用
된바 있었으니 이제 우리는 새 語文生活에 있어 言文一致에 接近한 國
漢文交用文을 敎育하고 國民生活에 普及하기를 建議하면서 現代國文
敎育의 必要를 力說했다.

우리 國文硏究는 荒蕪地的 立場에서 文法硏究부터 시작했으며 사람
마다 여러가지로 서로 다른 立場에서 硏究하고 있음을 볼 수 있다.

泗構辨說一篇顏之日 大韓國文說非敢謗也 要以整正音之有失也 至若文
法有周君時經所著 大韓國語文法 此不贅焉[8]

7) 大韓自强會月報第6號(光武 10年 7月 1日發刊) pp.62~65 李能和의 '國文一
   定意見書'에서
8) 大韓自强會月報第11號(光武 10年 7月 1日發刊) pp.24~28 池錫永의 '大韓

라 하였으니 周時經은 이때 벌써 文法書를 냈음을 알 수 있다. 그리고 池錫永은 成音論 音聲論과 文字論을 形象的 立場에서 硏究하는데 比하여 周時經은 品辭, 語彙, 成語, 成意的 卽 綴字表記的 立場에서 國語文法을 다루고 있음을 알 수 있다. 그리하여 그는 이어서

> 國文의 原理와 關係가 如斯히 慕重하거날 嗚呼라 世人은 等閒이 看過ᄒ고 深思함에 不及하야 幼蒙을 敎誨할 時에 初·中聲을 倂合하야 成音ᄒ 줄을 講究치 못하고 但 成字한 後音으로 混淪讀法하야 轉轉訛誤하기에……中略……其字音은 高低의 定准을 失ᄒ으로 自然히 雪目이 混義하고 東動이 同音하야 漢文에 原依치 아니면 卞別할 道가 無하니 是 엇지 聖人의 作字ᄒ신 本意리요.[9]

라 하여 發音指導가 잘못될 염려가 있음을 말하고 嚴然히 다른 글자인데 同音으로 讀함을 評하며 이는 우리 國文音을 漢字로 轉音시키려는 데서의 誤謬임에 이렇게 되는 것은 聖人(世宗大王)의 근본 뜻이 아니니 그 뜻에 어긋나서는 아니된다고 했다. 그리하여 一字는 一音價를 가지도록해야 한다고 했으며 그러려면 訓蒙字會式의 傍點이 活用돼야 함을 말하고 있다.

當時는 그런 程度만 해도 매우 앞선 생각이며 꽤 發展한 硏究이었다고 본다. 그러나 오늘에 使用하는 우리 글은 傍點없이도 얼마든지 글이 일워짐을 볼 때 當時의 研究가 오늘에 미치지 못함을 알 수 있다. 따라서 오늘의 우리는 이를 거울삼아 學術研究에 臨해야 할 것이다.

國文說'에서
9) 大韓自强會月報第13號(光武 10年 9月 1日發刊) pp.23~27 池錫永의 '大韓國文說續'에서

3. 太極學會 學報

이 太極學會 學報[10]가 보여준 우리 國語科 教育에 關한 文獻을 調查考察하면 姜荃氏의 '國文便利及漢文弊害의 說'과 李 寶鏡氏의 '國文과 漢文의 過渡時代'란 文獻이 本稿와 有關한 글이다.

各國이 다 其文字가 互殊ᄒᆞ야 此方彼域에 往來交通은 實노 拘碍의 狀態를 呈ᄒᆞᄂᆞ 各各其國民族은 其文字를 憑據ᄒᆞ야 人類社會의 秩序를 維持ᄒᆞ고 學術程度와 機關을 活動ᄒᆞ며 經營云爲의 期會를 親密케 ᄒᆞᄂᆞ니 此에 反ᄒᆞ야 他邦의 文字를 依賴信用ᄒᆞ면 弊端의 滋蔓홈이 尋常ᄒᆞ 薄物細故에 屬치 안는 故로 卽 祖國의 人情이 變幻ᄒᆞ고 俗風이 混淆홈을 因ᄒᆞ야 他人을 尊敬ᄒᆞᄂᆞ 觀念이 重ᄒᆞ고 自家를 卑屈ᄒᆞᄂᆞ 鹿貌를 現ᄒᆞᄂᆞ니 此와 如ᄒᆞ 思想이 頭腦에 灌注ᄒᆞ고 習慣이 耳目에 侵染ᄒᆞ면 不知不覺ᄒᆞᄂᆞ 間에 日來月往ᄒᆞ고 風馳電擊ᄒᆞ야 情緖업시 去ᄒᆞᄂᆞ 光陰은 東流水를 遂ᄒᆞ야 片時도 停止치 안ᄂᆞᄃᆡ 國民社會ᄂᆞ 漸漸 其形勢와 志尙이 渙散ᄒᆞ야 人心이 朽敗ᄒᆞ고 邦本이 萎靡ᄒᆞᄂᆞᄃᆡ 至홈을 歷史上에 指로 撥치 못 ᄒᆞ깃도다……中略……我韓의 獨立精神은 此時代의 此國文에 胚胎ᄒᆞ얏스나 今日에 至토록 效蹟을 能히 奏치 못홈은 但利用ᄒᆞᄂᆞ 方法을 擴張치 못ᄒᆞ 緣故인즉 從茲以往으로 奮勵를 大加ᄒᆞ야 用路를 恢拓ᄒᆞ면 맛당이 億千萬年을 閱ᄒᆞ도록 百析不回ᄒᆞ야 世界에 屹立홀 獨立基礎가 此에 在ᄒᆞ다 ᄒᆞ노라 國文의 便利ᄂᆞ 其字體의 結構에 精當ᄒᆞ고 子母合音의 變化가 詳簡ᄒᆞ며 規模가 確實ᄒᆞ고 意味가 眩亂치 아님으로 學習키 甚히 密易ᄒᆞ야[11]

---

10) 太極學會는 1905年末頃 先任在日留學生이 新留學生을 爲하여 日語講習所가 出發됐는데 이것이 本學會의 母體가 되었다. 同學會誌 '太極學報'는 1906年(光武 10年) 8月 24日에 第1號創刊에 이어 1908年 11月 24日에 第26號로 終刊을 낸 親睦과 學術研究誌이다.

11) 太極學報 第6號(光武 11(1907)年 1月 24日 發行) pp.16~17에서

姜荃氏는 純國文化 教育運動의 必要性을 强調하는데 있어 國文 속에 獨立精神이 胚胎하고 있으니 國文을 效果的으로 利用하는 方法을 開發해야 한다고 했다. 우리 國文은 學習하기 容易하고 精細하게 表出할 수 있으며 文字體의 結構가 詳細하고 簡明하며 意味의 處象이 뚜렷한 좋은 글자와 글이라고 했다. 그는 이어서 故로 國文은 便宜하고 漢文은 弊害가 많다고 論詳하면서 日本의 敏速한 開化作業은 假名이라고 하는 便利한 日文으로 國民의 文化를 一般化시킬 수 있었고 따라서 全國民이 글을 알게돼서 開化에 先進할 수 있었으며 그效果가 높았다고 論證하고 있다.

그리고 氏는 이어서 그 다음 號인 太極學報 第7號에 우리가 列强의 틈에서 介立하는 길은 國民教育에 있는 데 아직도 漢學의 痼弊를 벗어나지 못하고 漢文을 愛好하며 學校의 教科書內容도 四書나 漢文章의 詞와 句를 教授하도록 되어 있으며, 그러는 것이 人智를 開權하고 國權을 伸張시키는 줄로 그릇 알고 있으니 恨스럽기만 하다라고 하면서 國文化 方案과 國文教育方案으로

第一은 上으로 政府로 始ᄒ야 制誥勅語等絲綸과 또 庭僚大臣의 奏御疏章의 體格과 句讀 冊繁取簡ᄒ며 祛舊就新ᄒ고 國漢文을 相半揷入하야 面目을 另用ᄒ야 써 全國의 標準을 作ᄒ며 人民의 趨向을 定ᄒ거시오 第2ᄂ 學部로부터 全國各學校의 教科書籍을 一切히 國漢文으로 改定ᄒ고 純然ᄒ 漢文은 中學校의 四五年生이나 다만 文章에 適宜ᄒ 一二冊을 編選ᄒ야 教ᄋ며 또 將來에 大學을 建設ᄒ거던 文學部에ᄂ 特히 充用ᄒ거시오 第3은 諸般社會의 應用ᄒᄂ 各種簿書와 流行小說雜誌라도 다 國漢文을 混用케 ᄒ거시니……中略……

試觀ᄒ건디 國文과 漢文의 利鈍遲速의 分岐됨은 上陳ᄒ과 如ᄒ거니와 何故로 我韓의 固有ᄒ 自國國文은 學ᄒ기 甚히 易ᄒ고 用ᄒ기 極히 便ᄒ거슬 雌文이라 稱ᄒ야 抛棄ᄒ고 漢文은 靑春으로 白首에 至ᄒ도록 攻苦

ᄒ여도 特効가 蔑흔거슬 雄文이라 稱ᄒ야 鑽硏ᄒ기에 奔走ᄒ니 哀흡고
憫ᄒ다……中略……國文을 用ᄒ드릭도 其人만 賢良ᄒ고 其國만 富强면ᄒ
人으로 足히 哲人도 作흘거시요 國으로 足히 覇國을 成흘거시니 엇지 碌
碌區區ᄒ게 漢文만 能하기를 求ᄒ리요 ᄯ 其弊害는 一身에만 止흘 ᄲᆞᆫ아
니라 一家의 運이 此로는 零替ᄒ고 一國의 勢가 此로써 興振치 못ᄒᄂ니
엇지 其輕重과 長短과 利害를 觀察ᄒ야 取捨의 志를 確定치 아니리요.12)

①은 官用文書에 國漢文을 相半揷入한 글을 取하고 表記의 標準을
作成할 것이며, ②는 敎科書와 敎育內容에 있어 이를 國漢文으로 改定
하며 ③은 社會一般事務와 言論과 文藝活動에 國漢文을 混用해야 한다
라고 强調하면서 우리 國文을 암글(雌文), 漢文을 숫글(雄文)이라하여
一生을 漢學苦로 消費해야하느냐는 것이다.

우리 國文만 가지고도 富强이 될 수 있고 뭐든지 覇國을 이룰 수 있
다라고 하면서 오히려 漢文의 弊害는 一身의 虛送에만 머무르지 않고
一家一國의 勢에도 興振의 機會를 놓치고, 그 힘을 길러내지 못한다고
主張하면서 輕重과 長短과 利害를 分別하여 取捨하라고 警告했다.

이에 對하여 中間解答이 될 수 있고 實踐方針의 設定을 促求한 글
이 있다. 卽 李 寶鏡氏는 "國文과 漢文의 過渡時代"란 글에서

우리 聖祖가 亞細亞東半島의 樂園을 開拓ᄒ샤……中略……國民의 精
粹되는 國語를 發達흘거슨 不待多言이로딕 此를 有形ᄒ게 發表ᄒ는 國文
을 維持發達 흘도 亦是國民의 義務가 아닌가 昔我邦이 未開ᄒ야슬 時에
는 國文이 無ᄒ얏기로 當時文明의 域에 達하얏딘 支那文字를 借用ᄒ 얏
나니 此가 비록 彼國에는 適宜ᄒ더라도 風敎가 不同ᄒ고 國語가 全異흔
我邦에는 不適ᄒ깃거든 ᄒ믈며 黙畵이 煩雜ᄒ고 字數가 頗多하야 此로써
一生을 費ᄒ야도 오히려 達키 不能흘 者乎아 大低文字의 要는 思想及 智

12) 太極學報 第7號(光武11 (1907)年 2月 24日發行) pp.20~21에서

識을 交通ᄒ며 古來의 事蹟을 演繹홈에 在ᄒ거늘 文字만 學홈으로 金과
如ᄒ 一生을 費ᄒ면 何暇에 思想及智識을 交通ᄒ며 古來의 事蹟을 演繹
ᄒ리요 如此ᄒ 者ᄂ 實로 完全ᄒ 文字의 價値가 無ᄒ다 ᄒ리로다……中
略……國文도 亦是 此時代에 參與ᄒ얏도다 國文의 過渡關係ᄂ 如左三者
니

一. 國文을 專廢ᄒ고 漢文을 專用홀가

二. 國文과 漢文을 並用홀가

三. 漢文을 專廢ᄒ고 國文을 專用홀가

以上 三者中 詳密히 利害關係를 斟酌商量ᄒ야 一을 定치 아니치 못홀
지라……中略……現今我邦各教科書와 新報紙가 採用ᄒ 者니 則漢文으
로 經을 삼고 國文으로 緯를 삼ᄂ 者라 此ᄂ 비록 漢文을 專用함보다ᄂ
優ᄒ리로딕 亦是 '學文不可不學'의 㢢가 有ᄒ니 其宜를 得ᄒ얏다 하지 못
하리로다 假定한 三者中 二者ᄂ 의믜 否定되얏스니 不可不 第三을 採用
ᄒ리로다.

國文을 專用ᄒ고 漢文을 專廢혼다함은 國文의 獨立을 云함이요, 絕對
的漢文을 學하지 말나함이 아니라 此萬國이 隣家와 갓치 交通ᄒᄂ 時代
를 當ᄒ야 外國語學을 研究홈이 學術上 實業上 政治上을 勿論ᄒ고 急務
될 것은 異議가 無홀바이니 漢文도 外國語의 一課로 學홀지라 此重大ᄒ
問題를 一朝에 斷行ᄒ기ᄂ 不可能ᄒ 事라 할듯ᄒᄂ 遷延히 歲月을 經ᄒ
야 新國民의 思想이 堅固케 되고 出刊書籍이 多數히 되면 더욱 行ᄒ기
難ᄒ리니 一時의 困難을 冒ᄒ야 我邦文明의 度를 速ᄒ게함이 善策이 아
닌가 玆의 淺薄ᄒ 意見을 陳ᄒ야 有志同胞의 注意를 促ᄒ며 弁ᄒ야 方針
의 講究를 願ᄒ노라.[13)

國文을 國民精神과 思想의 精粹로 規定하고 이를 維持發展시키는
것이 國民의 義務中 重要한 것의 하나라고 强調하면서 文字의 機能과
文字學習의 目的을 通해서 보면 文字學習에 오랜 時間을 消費하는 學
習을 피하고 社會活動에 時間과 努力을 돌려야 한다는 原理로 봤을 때

---

13) 太極學報 第21號(隆熙2(1908)年 5月 24日發行) pp.16~18에서

漢字보다 國文字가 더 有益하다는 것이다. 當時의 우리 나라가 뒤진
原因의 하나는 漢字에 惑醉하고 그 學習에 時間과 精力을 消費한데 있
다고 主張하며 世宗大王의 國文字創製의 뜻과 그 뛰어난 國文字의 便
利를 내세워 國文專用의 길을 擇할 것을 論誌하고 있다.

漢字漢文은 이를 排除할 것이 아니라 外國語의 하나로 取扱하자 現
在漢文專用을 捨할 게은 旣定하고 敎材와 新聞과 其他 出版에 있어 國
漢文을 並用하고 있는데 좀 困難한 點이 있더라도 이 機會에 國文專用
으로 몰고 가야한다고 좀 過激하고 좀 성급한 表現으로 急進性을 가진
判斷을 했다. 그 정신은 아주 좋으며 그럴 必要가 있다. 그러나 言語와
文字와 文化는 이어지는 世代間에 斷切을 건너뛰고 障壁을 뛰어넘어
가지고 傳達되며 發展하는 것이 아니라 便利하고 有益한데로 變化生成
하는 것이기에 어느 眞理나 어느 目標나 어느 課業으로 一時에 處理하
기는 어려운 것이 言語文字의 文化發展이다. 따라서 方向을 設定하고
長久한 歷史的 路線으로서의 無理없는 改善으로 傳統을 形成해 가는
것이 옳다고 본다. 그러나 우리의 先人의 觀點은 慧心에서 나온 慧眼
이라 하겠다. 따라서 이 뜻은 우리 民族이 代代로 이어받아 가슴에 간
직하고 歷程을 잃지말아야 할 것이라고 思慮된다.

4. 西友學會 會誌

이 西友學會 會誌[14] '西友'를 通하여 보여준 우리 國語科 敎育에 關
한 文獻으로는 朴 殷植氏의 '論幼學'과 周 時經氏의 '국어와 국문의 필

---

14) 西友學會는 1906年 10月 言論人 朴殷植外 11名이 發起組織했다. 會誌 '西
　　友는 1906年 (光武 10年) 12月 1日 創刊號發行 1908年 5月 1日 第17號로
　　終刊' 主權回復 愛國運動과 敎育啓蒙으로 人材養成에 뜻을 둔 綜合誌다.

요'란 論說이 있다.

> 古人은 言卽文也오 文卽言也러니 後世言語文字가 分홈으로부터 비로
> 소 言을 離하고 文으로써 稱하는 者ㅣ 有ᄒᆞ얏스나 然이나 必言之能達ᄒᆞ
> 後에 文之能成은 有固然矣라 故로 綴文을 學하는 者는 必先造句ᄒᆞ니 造
> 句者는 古言으로써 今言을 易홈이라 今之爲敎 者는 訓話도 未授ᄒᆞ며 文
> 法도 未授ᄒᆞ고 ᄒᆞ야곰 聖賢을 代하야 立言케ᄒᆞ되 朝甫聽講에 夕卽操觚ᄒᆞ
> 니 顧野王之記建安과 李長吉之賦富軒이 自非夙根이면 寧容躐進이리오 又
> 限其格式ᄒᆞ여 詭其題目ᄒᆞ야 速上犯下으로써 銓之ᄒᆞ며 摘釣渡挽으로써 鑒
> 之ᄒᆞ고 意己盡而敷衍之ᄒᆞ야 非三百字以上이면 勿進ᄒᆞ면 意未盡而桎侉之
> ᄒᆞ야 自七百字以外는 勿庸ᄒᆞ고 百家之書를 不必讀은 懼其用僻書也오 當
> 世之務을 不必講은 懼其觸時事也라 此所以學文數年이 되도록 下筆에 不
> 能成一字者ㅣ 此比然也이라.[15]

朴 殷植氏는 言文一致가 當然事인데 今日之人은 語言과 文이 不一
致함을 是正해야한다에 思考의 基本바탕을 두고 있다. 그는 綴文卽作
文을 배우고자 하면 먼저 옛 말을 알고 이를 오늘의 말로 바꿀 것이며
그리하여 句를 만들고 그 句를 이어서 綴文한다 하여 言文學習의 過程
을 說明하고 있다. 그리고 글의 格式卽 文章의 類型을 익히고 題目을
서로 다르게 해서 글이 서로 아래위가 맞도록 갖추어 씀이 初步의 言
文學習이라하고 있다. 그 以上은 꽤 水準높은 것이기에 줄이기로한다.
이어서 氏는 第8號에서

> 『一日 識字書
> ……前略…… 以聲爲主者는 必先學字母而後에 倂音ᄒᆞ고 以形爲主者는
> 必先學獨體而後에 合體라(獨體는 爲文이오 合體는 爲字)獨體之字는 象形

---

15) 西友學會誌 '西友' 第7號(光武 11年 6月 1日 發行) pp.8~9에서

指事가 爲多ᄒ고 合體之字는 形聲會意가 爲多라 王菉友가 文字蒙求를 著
ᄒᄆ 條理가 頗善ᄒᆫ지라 自言ᄒ되 以敎童子에 一月間이면 有用之字를 盡
識이라ᄒ니 顧其書가 於形事二端에ᄂ 善矣나 古今文字가 獨體를 除ᄒᆫ 外
에ᄂ 形聲이 居其十之八九ᄒ니 必得簡法以取之라야 乃可便易ᄒᆯ지라……
中略……一天篇과 地篇과 人篇과 物篇과 事篇과 詁天과 詁地와 詁人과
詁物과 詁事를 分ᄒ야 凡十門이라 四字韻語가 各自爲類ᄒ야 急就章과 略
同ᄒ야 頗便上口ᄒ나 惟所載字가 太多無用者ᄒ고 且虛字가 亦非韻語의
所能達이라 今宜用其實字活字等篇ᄒ되 其虛字ᄂ 先識其字ᄒ고 文法을 敎
ᄒᆯ 時에 至ᄒ야 乃詳其用ᄒ면 事甚順矣라 學者가 自離經辨志以後로 亦旣
能讀一切書하며 能屬一切文ᄒ고 幼歲之事ᄂ 不復記憶이거를 今에 鰓鰓然
以識字爲言이면 未有匿笑之者나 然이나 中國의 識字人이 小ᄒᆫ 것이 實坐
斯斃ᄒᆯ지라……中略……西人은 於三歲孩童에 欲敎以字ᄒ면 爲球二十六ᄒ
야 字母를 分刻ᄒ야 儼作玩具ᄒ야 今日에 以兩球與之라가 明日에 從彼索
一球ᄒ고 又明日從彼索一球하면 二十六日而字母가 畢記矣리라.

二日 文法書니

中國이 以文采로 名於天下ᄒ되 敎文法之書는 乃無傳焉ᄒ니 意者컨ᄃ
古人은 語言이 與文字合ᄒ야 儀體左傳의 所載辭今이 皆出之口而成文이라
故로 曰不學詩ᄒ면 無以言이라 ᄒ셧고 傳記에 亦屢言將命應待之事ᄒ니
盖學言이 卽學文이라 後世엔 兩事가 旣分ᄒᄆ 斯義가 不講이라 魏文帝劉
彦和로부터 始有論文之作이나 然이나 工文者를 爲ᄒ야 說法ᄒᆫ 것이오 學
文者를 爲ᄒ야 問律ᄒᆷ이 아니라 故로 後世에 恒常讀書萬卷ᄒ얏스ᄃ 下筆
은 冗沓尒俗ᄒ야 不足觀者가 有ᄒ고 至於半塗輟學之商學等類는 其居學이
數年이로ᄃ 不能達一字가 更不知凡幾라 兩人은 於識字以後에 卽有文法專
書ᄒ니 若何ᄒ야 聯數字而成句ᄒ며 若何ᄒ야 綴數勾而筆ᄒᄂᄃ 探淺先後
가 條理秩然이라 余가 昔敎學童ᄒᆯ식 嘗口授俚語ᄒ고 令彼以文言達之ᄒ
야 其達者ᄂ 削改之ᄒ야 初授粗切之事物ᄒ고 漸授淺近之議論ᄒ되 初授一
勾ᄒ고 漸授三四勾ᄒ야 以至十勾ᄒ면 兩月之後ᄂ 乃至三十勾以上ᄒ니 三
十勾以上은 幾成文矣라 學者가 甚易ᄒ고 敎者가 不勞ᄒ더라

三日 歌訣書니

漢人이 小學之書ᄂ 如著韻急就等篇이 皆爲韻語요 揣而上之ᄒ야 易經

과 詩經과 老子와 以及周秦諸子가 莫不皆然ᄒ니 盖取諷誦이 莫善於此라 近世通行之書 l 若三字經과 千字文은 事物이 不備ᄒ고 義理가 亦少ᄒ지라……下略……

四日 同答書

五日 說部書니

古人은 文字가 與語言合ᄒ고 今人은 文字가 與語言異하니 其利病은 旣縷言之矣라 今人이 出詩皆用今語하되 下筆은 必効古言이라 故로 婦儒農畎도 無不以讀書爲難ᄒ고 水滸三國紅樓之類는 讀者가 反多於文經이라……略……

六日 問經書니

七日 名物書니[16)]

兒童의 學習範圍와 學習對象을 ① 識字書(文字學習) ② 文法書(文法學習) ③ 歌訣書(詩句韻語學習) ④ 問答書(對話討議學習) ⑤ 說部書(이야기類글의 學習) ⑥ 問徑書(哲學에 關한 글 學習) ⑦ 名物書(單語學習) 等으로 나누었다.

① 識字는 音聲을 익힐 때는 字·母를 익힌 然後에 倂音하고, 字形을 익힐 때는 獨體文字를 익힌 然後에 合體한다(獨體之字는 象形·指事, 合體文字는 形聲·會意)이 形과 事二端이니 이 簡法을 얻어야 쉽다는 것이다. 그리고 中國人은 識字人이 小ᄒ 것이 實坐斯弊하다하고 西洋人은 26字母를 26日에 모두 記憶하고 記錄하게 된다라고 견주어 文字의 數의 적음(少量)과 익히기 쉬움을 爲主했는 데 이는 우리 國文의 뛰어나게 우수한 性能을 말함이다.

② 文法은 中國은 文法之書가 따로 없고 傳하지도 않는다. 그래서 文字를 알고 讀書萬卷을 하였으나 글을 쓸때는 번잡한 세상사를 모두 덮어씌워 모두 受容한 것 같지만 不足하게 보이는 것이 많고 西洋人은

---

16) 西友學會誌 '西友' 第8號(光武 11年 7月 1日發行) pp.6~8에서

文法專書가 있어 몇字를 늘어놔서 句를 이루고 또 몇句를 늘어놔서 成筆하는데 條理가 整然한 글을 이운다.

③ 歌辭는 韻語이니 이의 廣範한 經驗과 理論理致의 實例를 많이 接하는 것으로 했다.

④ 問答은 學을 學과 問으로 倂擧해서 學者는 由外入하고 問字는 由內出이니 그勢는 盖有間焉이라

⑤ 說部는 이야기류의 讀書學習이니 읽을 수 있는 對象의 低邊擴大와 眞實과 虛構, 興味와 敎訓·美醜등의 바른 분별등의 指導라했다.

⑥ 問徑은 覃精六經하고 汎濫群書矣하여 童蒙容態와 思容을 다듬어 주기로 했다.

⑦ 名物은 쉽고 적은 數의 글자를 알고, 文法에 通하면 읽어서 解得 못하는 것이 없으리라 이것이 事半功倍라는 所得있는 學習이다.

以上 先後連載한 '論幼學'에서는 語文學習의 秩序있는 成就課程과 語文學習의 對象에 따른 學習要素의 所得과 學習種類와 範圍로 잡았다. 卽幅 넓은 學力觀을 文字, 文法, 語韻, 歌辭, 學問, 讀書, 敎養등을 效率的 所得의 學習으로 設定했다. 그리하여 쉬운 어문교육의 方向으로 갈 것을 論證하고 있다.

한편 주 시경氏는 '국어과 국문의 필요'라는 純한글로 題하고 全文도 純한글로 다음과 같이 說破하고 있다.

　　국이와 국문의 필요　　　　회원 쥬시경
　　대뎌 글은 두가지가 잇스니 ᄒ나흔 형샹을 표ᄒᄂᆞᆫ 글이오 ᄒ나흔 말을 표ᄒᄂᆞᆫ 글이라 대개로만 말ᄒ면 형샹을 표ᄒᄂᆞᆫ 글은 넷젹 덜 열닌시ᄃᆡ에 쓰던 글이오 말을 표ᄒᄂᆞᆫ 글은 근릯열닌 시ᄃᆡ에 쓰는 글이라 그러나 형상을 표ᄒᄂᆞᆫ 글을 지금 ᄡᅵ지쓰ᄂᆞᆫ 나라도 적지 아니ᄒ니 지나(支那) 한문ᄀᆞᆺ흔 글들이오 그외는 다말을긔록ᄒᄂᆞᆫ 글 들인ᄃᆡ 의국(伊國) 법국

(法國) 덕국(德國) 영국(英國) 글과 일본 가나(假名)와 우리나라정음(正音) ᄀᆞᆺᄒᆞᆫ 글 들이라 대개 글이라ᄒᆞᄂᆞᆫ 거슨 일을 긔록ᄒᆞ여 내ᄯᅳᆺ을 남의게 통ᄒᆞ고 남의 ᄯᅳᆺ을 내가 알고져ᄒᆞᄂᆞᆫ것 ᄲᅮᆫ이라물건의 형상이나 형상업ᄂᆞᆫ ᄯᅳᆺ을 구별그여 표ᄒᆞᄂᆞᆫ 글은 말 외에 ᄯᅡ로 배호ᄂᆞᆫ 거시오 말을 표ᄒᆞᄂᆞᆫ 글은 이왕아ᄂᆞᆫ말의음을 표ᄒᆞᄂᆞᆫ거시라

이럼으로 형상을 표ᄒᆞᄂᆞᆫ 글은 일 ᄒᆞᆫ가지가 더ᄒᆞ여 그 글을빈호ᄂᆞᆫ 거시 타국말을 빈호ᄂᆞᆫ 것과 ᄀᆞᆺ치 셰월과 힘이 혜비될 ᄲᅮᆫ 아니오 텬하 각종 물건의 무수ᄒᆞᆫ 일흠과 각싁 ᄉᆞ건의 무수ᄒᆞᆫ ᄯᅳᆺ을 다 각각표로 구별ᄒᆞ여 그림을 만달매 글ᄌᆞ가 만코 ᄌᆞ획이 번다ᄒᆞ여 빈호고 닉히기가 지극히 어려오나 말을 표ᄒᆞᄂᆞᆫ 글은 음의 십여가지 분별만 표ᄒᆞ여 돌녀씀으로 ᄌᆞ획이 적어 빈호기와 닉히기가 지극히 쉬울 ᄲᅮᆫ아니라 ᄇᆞᆰ으면 곳 말인즉 그 ᄯᅳᆺ을 알기도 말 듯ᄂᆞᆫ것과 ᄀᆞᆺ고 지어쓰기도 말 ᄒᆞᄂᆞᆫ 것과 ᄀᆞᆺᄒᆞ니 그 편리흠이 형상을표ᄒᆞᄂᆞᆫ 글 보다 몃빅가 쉬울거슨 말ᄒᆞ지 아니ᄒᆞ여도 알지라

ᄯᅩ 이디구샹 륙디가 텬연으로 구획되여 그 구역안에 사ᄂᆞᆫ ᄒᆞᆫᄯᅥᆯ기 인종이 그 풍토의 품부ᄒᆞᆫ 토음에 덕당ᄒᆞᆫ 말을 지어쓰고 ᄯᅩ 그말 음의 덕당ᄒᆞᆫ 글을 지어 쓰ᄂᆞᆫ 거시니 이럼으로 ᄒᆞᆫ 나라에 특별ᄒᆞᆫ 말과 글이 잇ᄂᆞᆫ 거슨 곳 그 나라가 이 셰샹에 텬연으로 ᄒᆞᆫ목 ᄌᆞ쥬국 되ᄂᆞᆫ 표요 그 말과 그 글을 쓰ᄂᆞᆫ 인민은 곳 그 나라에 쇽ᄒᆞ여ᄒᆞᆫ 단톄되ᄂᆞᆫ 표라 그럼으로 남의 나라흘 ᄲᅢ앗고져ᄒᆞᄂᆞᆫ ᄌᆞ 그 말과 글을 업시ᄒᆞ고 제 말과 제 글을 ᄀᆞᄅᆞ치려ᄒᆞ며 그 나라흘 직히고져 ᄒᆞᄂᆞᆫ ᄌᆞᄂᆞᆫ 제 말과 제 글을 유지ᄒᆞ여 발달코져ᄒᆞᄂᆞᆫ 것은 고금텬하 사긔에 만히 나타난 바라 그런즉 내 나라 글이 다른나라만 못ᄒᆞ다 홀지라도 내나라 글을 슝상ᄒᆞ고 잘 곳쳐죠흔 글이 되게홀거시라

우리반도에 틱고적 부터 우리반도 인종이 ᄯᅡ로잇고 말이 ᄯᅡ로잇스나 글은 업더니 지나를 통ᄒᆞᆫ후로 한문을 일삼다가 아죠 셰종대왕ᄭᅴ셔 지극히 밝으샤 각국이 다 그 나라글이 잇서 그 말을 긔록ᄒᆞ여 쓰되 홀노 우리나라는 글이 완젼치 못흠을 개탄ᄒᆞ시고 국문을 교졍ᄒᆞ샤 즁외에 반포ᄒᆞ셧스니 참 거룩ᄒᆞ신 일이로다 그러ᄂᆞ 후ᄉᆡᆼ들이 그 ᄯᅳᆺ을 본밧지못ᄒᆞ고 오히려 한문만 슝상ᄒᆞ여 어릴 ᄯᅢ브터 이삼십 ᄭᆞ지 아모일도 아니ᄒᆞ고 한문만 공부로 삼으되 능히 글을 알아보고 능히 글노 그 ᄯᅳᆺ을 짓ᄂᆞᆫ자 ᅵ 빅

에 ᄒᆞ나이 못되니 이는 다름아니라 한문은 형샹을 표ᄒᆞᄂᆞᆫ 글일 ᄲᆞᆫ더러 본릭 타국 글인고로 이ᄀᆞᆺ치어려온지라

사ᄅᆞᆷ의 일평ᄉᆡᆼ에 두번오지 아니ᄒᆞᄂᆞᆫ 싱를 다 한문 흔가지 빅호기에 허비ᄒᆞ니 엇지 개탄치아니ᄒᆞ리오 지금 유지ᄒᆞ신 이들이 교휵교휵ᄒᆞ니 이왕 한문을 빅혼사ᄅᆞᆷ만 교휵코져흠이 아니겟고 ᄯᅩ 이십년 삼십년을 다 한문을 ᄀᆞᄅᆞ치 후에야 여러가지 학문을 ᄀᆞᄅᆞ치고져 흠도 아닐지라 그러면 영어나 일어로 ᄀᆞᄅᆞ치고져ᄒᆞᄂᆞ뇨 영어나 일어를 뉘 알니오 영어일어는 한문 보다 더 어려올지라 지금 ᄀᆞ흔세상을 당ᄒᆞ여 특별히 영일 법덕등 여러 외국 말을 빅호ᄂᆞᆫ 이도 반다시 잇셔야 홀지라 그러나 전국 인민의 ᄉᆞ샹을 돌니며 지식을 다널펴주랴면 불가불 국문으로 각ᄉᆡᆨ한문을 겨슐ᄒᆞ며 번역ᄒᆞ여 무론 남녀ᄒᆞ고 다쉽게 알도록 ᄀᆞᄅᆞ쳐 주어야 될지라 영미 법덕 ᄀᆞ흔 나라들은 한문을 구경도 못ᄒᆞ엿스되더럿툿 부강흠을 보시오 우리동반도 ᄉᆞ쳔여년 젼브터 ᄀᆡ국흔 이쳔만즁 ᄉᆞ회에 날로ᄉᆡᆨ로 통용ᄒᆞᄂᆞ 말을 입으로만 서로젼ᄒᆞ던 것도 큰 흠졀이어ᄂᆞᆯ 국문 난후 긔빅년에 ᄌᆞ뎐흔 칙도 만달지 안코 한문만 슝샹ᄒᆞ거시 엇지 붓그럽지 아니ᄒᆞ리오 ᄌᆞ금 이후로 우리 국어와 국문을 업수히 녁이지 말고 힘써 그 법과 리치를 궁구ᄒᆞ며 ᄌᆞ뎐과 문법과 독본들을 잘 만들어 더 죠코 더 편리흔 말과 글이 되게 흘ᄲᆞᆫ아니라 우리원 나라 사ᄅᆞᆷ이 다 국어와 국문을 우리 나라 근본의 쥬쟝글노 슝샹ᄒᆞ고 사랑ᄒᆞ여 쓰기를 ᄇᆞ라노라[17]

글에는 形像의 表現과 言音을 表現하는 두가지가 있다. 그런데 形像 表現의 글은 歲月과 精力의 消耗가 심하고, 各種事物의 無數한 名稱과 無數한 意味를 區分지어 만들자니 글자 數가 늘어나고 字劃이 많아 學習이 至極히 難하다는 섯이며, 言音(말)을 表現히는 글은 十餘種의 音만 分別하여 돌려가면서 表現하면 字劃이 적어서 學習이 쉽고 言文이 一致하니 理解하기 쉽고 表現하기가 아주 쉽다라고 比較論證했다. ② 한 國家民族에 固有한 말과 文字가 있음은 自主獨立의 集團임을 뜻한

---

17) 西友學會誌 ˙西友˙ 第2號(光武 11年 1月 1日發行) pp.31~34에서

다. 故로 侵略하여 民族을 倂合하고자 할 때는 言語와 文字를 없애고
제 나라의 말과 文字를 敎育해서 同化시켜가는 것이다. 따라서 自主獨
立을 하려면 내 말과 내 글자를 가꿔가져야 한다는 것이다. ③ 사람이
두번 오지 않는 一生을 배우기 어렵고 無數히 많은 漢字 익히기에 一
生을 보낸다면 人生이 이세상에 온 뜻이 거기에 있지 않다는 것이다.
④ 外國語도 배워서 文化도 紹介해야 하고, 쉬운 國文을 가꾸어 온 國
民을 쉽게 敎化하고 漢籍을 國文으로 번역하여 온 國民이 이를 모두
익혀 알도록해야 한다. ⑤ 우리 國民이 우리 말과 글을 學習하기 쉽도
록 字典을 만들고, 辭典을 만들고 文法을 만들고, 讀本冊을 더 좋고 더
便利하게 펴내며 國語사랑으로 겨레 사랑과 나라 사랑을 할 수 있도록
一次的으로 國語를 崇尙하도록 해야한다는 것이다.

國語를 開發하고 國語國字를 敎育해야 하는 根本的인 理由를 上記
다섯가지로 提示한 것은 아주 條理있고 絶對的으로 履行해야 할 일이라
하겠다. 卽 獨立의 根本, 文化守護의 根本, 學習의 根本, 人生의 根本,
文化交流의 根本을 爲한 國語와 國字敎育의 주춧돌을 놓은 셈이된다.

또한 同誌 第10號에서 金明濬 氏는 家政學을 譯述紹介하는 글 속에
서

吾輩가 外國의 言語 文字를 學하면 必先識其字母ᄒ야 簡短綴字法과
單語單句等에 及하며 又 必先其眼前之名稱을 由ᄒ야써 動詞와 及他品詞
에 及ᄒ 然後에 短簡의 文章을 讀ᄒ야 長篇에 漸及ᄒ고써 全體文意를 理
解홈에 至홈은 不得不循序ᄒ이니 況小兒乎아……中略……若在學校外課之
就學ᄒ야는 ᄒ여금 讀書寫字와 各種技術을 修ᄒ되[18]

---

18) 西友學會誌 '西友' 第10號 隆熙元年(1907) 9月 1日發行 pp.7~8에서

言語學習의 範疇를 綴字法, 單語, 單句, 名稱를 비롯한 各品詞, 簡單한 文章 읽기, 長篇文, 全體文理解라 보고 初步는 글읽기와 글자 옮겨쓰기로부터 시작한다라고 하였다.

이 '西友'誌부터는 槪括的인 面만 다루던 學術이 좀 具體的인 데로파고들어 가는 一面을 보여준다. 이 時期는 乙巳五條約을 맞고 近一年에 접어들고 있기 때문에 內外的 狀況이 많이 달라지고 또 開化 10年을 지난지라 무엇인가 外形的인 것보다는 內面的으로 그리고 實用性있는 學術이 돼가는 것으로 指向하고 있음을 알 수 있다.

그래서인지 '論幼論'에서 國語科 學習의 順序 範圍 對象 等이 言及되고 있으며, '국어와 국문의 필요'에서는 國語敎育普及의 必要性, 系列化, 文化性, 學問과 人生, 全國民에의 國文普及, 國文學習을 爲한 基礎作業提示 등을 했으며 家政學 譯述에서는 語文學習의 成長過程을 紹介하고 있다. 이래서 西友誌가 學術史的으로는 새로운 一期의 始發點이되고 있다고 判斷된다.

5. 大韓留學生會學報

이 大韓留學會 學報[19]를 통하여 보여준 우리 國語科 敎育에 關한文獻으로는 韓 興敎 氏의 '國文과 漢文의 關係'라는 說壇 글이 있다.

　　今日 吾人이 文字로 因ᄒ야 享受ᄒᄂ 利益은 不庸多言이어니와 大低人類社會가 形成된 以後 生活의 方法이 逐漸複雜ᄒ게되야 드듸여 思想을記現ᄒᆯ 文字를 要求ᄒ게 되니 於是乎 埃及의 象形文字와 巴比倫의 揳楔

---

19) 1906年 7月 閔忠正公 一周碁에 出發하고 會報는 1907年 3月 3日에 創刊
　同年 5月 20日에 第3號로 終刊된 學術誌로 一種의 綜合誌이다.

36

形文字 又흔 一種의 記號가 發明되야 맛춤니 今日 西歐文字의 本源이 되얏스니 此는 다만 西文의 由來이어니와 至若東洋文字의 起源은 如何ᄒ뇨 黃帝時에 蒼頡이 비로소 圖畫的 文字를 造成ᄒ얏스되 形體만 模寫ᄒ야 理解키 極難ᄒ고, 唐虞 以後로는 蝌蚪文字를 用ᄒ고 周初에 史籍ㅣ 비로소 大篆體로 改正ᄒ나 아직도 便利치 못ᄒ야 秦時에 小篆과 隷書가 案出되얏고 漢以後로 楷行草三體가 變遷되야 吾人의 只今實地應用上에 一六便宜를 與ᄒ니 그 由來흔 沿革을 楷考ᄒ면 決코 一朝一夕에 容易造成된 것은 아니느 然이느 文字의 煩疊흠과 語尾의 無變흠으로 今日 新學術을 明瞭히 記出키 難ᄒ니 此는 卽 漢字의 一大弊端이요 兼ᄒ야 我國이 固有흔 文字가 아님으로 不便不利흠이 不遑枚述이라 然이나 我國文은 邦人의 固有흔 思想을 記出ᄒ기 爲ᄒ야 自然흔 理勢로 發見된 文字니 字數는 비록 日本假名와 羅馬字보다 數多ᄒ느 習得키 容易ᄒ고 應用에 便利흠은 世界에 無比라 可謂흘지라 嗟흠다 何故로 邦人은 五百年來 固有흔 文字를 無用ᄒ티 專然棄過ᄒ고 흔갓 他邦으로 輸入된 漢文만 崇尙하야 四聲을 辨別하고 人體를 學習ᄒ는 間에 一平生을 虛度ᄒ니 所謂學究라ᄒ면 李杜의 詩와 韓柳의 文에 不出ᄒ니 何暇에 實學을 探究ᄒ리오 마춤니 數千年弊源이 滾滾濁流가 되야 末流의 弊가 드듸여 人民의 智識이 蒙昧ᄒ야 今日二十世紀上에 如斯히 腐敗흔 國勢를 自作ᄒ얏스니 엇지 痛哭大息 티아니 ᄒ리오 日本은 最後에 我國으로써 傳敎된 漢文을 利用ᄒ야 假名를 製出하여 日漢兩文의 調用法을 實施ᄒ니 極히 簡括ᄒ고 平易흘 뿐아니라 西學의 飜譯에도 大効力이 有흔고로 民智가 速히 發展되야 不過四十年에 歐米列强과 爭雄ᄒ니 此로 因ᄒ야 比較ᄒ면 文字와 國家의 關係가 尋常티 아니흠을 可知ᄒ리로다.

然而國漢文의 關係를 皮解ᄒ는 者는 煩雜흔 漢文은 全癈ᄒ고 簡易흔 國文만 收用흠이 便宜ᄒ다ᄒ니 此는 그 詳細흔 裏由와 密接흔關係를 不知흠이로다. 何者오 我國文은 原來一般人民의 純粹흔 語音으로 組織되야 個字의 意味가 無흠으로 漢文과 并用ᄒ여야 비로소 解釋이 分明ᄒ니 萬一 漢文과 調和키 不能ᄒ면 엇지 言語上 說明을 得ᄒ리오 假令孝悌忠信과 仁義禮智를 한갓 音으로만 人民을 敎育흘딘듸 무삼 意味가 其中에 含有흔지 確知티 못흘디라 由是로 現今日本에셔는 漢文廢止ᄒ야는 論者가 起ᄒ야

多年運動홀뿐더러 甚至於 國漢文을 并廢ᄒ고 純全히 羅馬字를 採用ᄒ댜ᄒ
야 集會를 組織ᄒ고 當局者의게 建議ᄭ디ᄒ얏스나 時勢에 適當티 못홈으
로 遽然히 實行되다 못ᄒ니 以若 日本의 現勢로 오히려 如此ᄒ거든 하믈
며 漢文만 專尙ᄒ든 我韓이리오 此ᄂ 過渡홀 愚論이지 顧察홀 必要가 更
無ᄒ거니와 오즉 時宜에 合ᄒ 者ᄂ 國漢文을 調和并用ᄒᄂ 一法섄이다.

  餘의 論辯이 비록 庸恟ᄒᄂ 誠心으로 勸告ᄒ노니 我國內同胞ᄂ 今日
二十世紀의 優勝劣敗ᄒᄂ 形影을 猛察ᄒ고 四十年來로 日詩日賦ᄒ던 習
慣을 翻然改悟ᄒ야 自慈以往으로 弊痼沉塞홀 漢學腦髓에 新鮮홀 空氣를
注入ᄒ야 至簡至易홀 國漢文調和法을 實施ᄒ되 몬져 日本으로 前鑑삼아
早速히 歐米新學問을 硏究ᄒ야 世界上 第一等文明國되기를 心香으로 勞
祝ᄒ고 葵誠으로 望熱ᄒ노라.20)

人類의 文化社會는 生活이 煩雜해지면 煩雜해질수록 思想感情의 記
現도 이에 맞도록 要求되고 있다. 그러나 오늘의 우리가 漢字를 지나
치게 使用함으로 두가지 不便이 있다. 그것은 新學術을 正確하게 그리
고 明瞭히 記出키 어렵다는 것과 우리의 말소리에 맞는 우리의 固有한
文字가 아닌 점에 있다. 故로 우리의 말과 생각을 便利하게 나타낼 수
있는 便利한 方法을 찾아서 擇해가지고 使用해야 한다. 日本은 그렇게
해서 좋은 成果를 걷우고 있다는 것이다. 文字와 文化와 國家와 民族
의 歷史와는 언제나 運命을 같이함을 다시한번 强調하고 있다.

  그런데 우리의 記出方法은 有意個字와 無意個字를 合한 國漢文을
調和倂用하는 方法이 時宜에 가장 알맞는다는 것이다. 이런 表現記出
方法을 探擇하고 우리도 歐美의 新學問을 輸入해서 硏究하는데 온갖
勞力을 기우리자고 했다. 當時 우리의 實情에 맞는 最善의 方法은 國
漢文을 調和해서 쓰는 길임을 主張했다.

20) 大韓異學生學報 第1號(光武 11年 3月 3日 發行) pp.28~30에서

6. 大韓協會 會報

이 大韓協會 會報[21]를 通해서 보여주는 우리 國語科 敎育에 關한 文獻으로는 李 鍾一 氏의 '論國文'과 洪 弼周 氏의 '論幼學'이라는 글이다.

　　環球萬區에 各建邦國ᄒᆞ야 人文이 各殊ᄒᆞ고 語言이 不同일ᄉᆡ 隨其方言而 皆有文字ᄒᆞ니 均是自國之國文이라 考諸東西列邦之言語文字則 日·淸·英·德·法·俄·義等國은 言語各殊故로 其文亦殊ᄒᆞ고 英美兩國은 言語同 一故로 文亦同一ᄒᆞ니 然則 文字者ᄂᆞᆫ 不過是言語之代表也 撮影也어ᄂᆞᆯ 今我韓人士ㅣ 輒曰非漢文則國將亡矣오 人道蔑矣오 人世事爲를 不得施措라 ᄒᆞ고 歸國文於婦女童稚之學ᄒᆞ며 指泰西及日本之文曰非文也라 ᄒᆞ니 是何謬 見之甚也오

　　夫漢文者ᄂᆞᆫ 卽漢土之國文也니 源出於其國言語故로 漢土人士則容易學則이어니와 我韓則其音義與言語가 大相逕庭ᄒᆞ야 每多有其言而無其字者ᄒᆞ며 有其字而無其物者ᄒᆞ며 又或文義雖美나 有不可以言語名狀者ᄒᆞ며 言雖至美나 亦不可以文字寫出者ᄒᆞ고 言文背馳故로 學習甚難ᄒᆞ야 雖俊乂之才라도 若無十年之工이면 不可與於士流ᄒᆞᄂᆞ니 歲不延我어ᄂᆞᆯ 終老於漢文之中ᄒᆞ야 何暇於全球上愈出愈奇之學이며 學習이 如彼其難이라 非聰俊子弟則不可學이오 不學則無智니 民無智而國不微者無幾라……中略……

　　夫國文者ᄂᆞᆫ 勿論東西何邦ᄒᆞ고 皆以易學爲本ᄒᆞ야 原文이 不過三四十字則雖至愚之姿라도 不費幾個月之工而能學習其字ᄒᆞ야 至文於高等學問이라도 只學其義오 切無學字之勞也어니와 此漢文者ᄂᆞᆫ 非特言文不合而難學이라 字數甚多ᄒᆞ야 文章巨擘이 老於學海라도 未聞有盡學其字者로다.

　　惟我國文則徒以二十八字로 能成千言萬語之奇文이오 其學法이 亦易ᄒᆞ야

---

21) 1907年 11月 10日에 組織 大韓自强會가 强制解散된 後 再組織된 會. 會報는 1908年 4月 25日에 創刊해서 1909年 3月 25日까지 通卷 12號로 終刊됐다. 一種의 啓蒙誌이다.

無過一二日四五日內에 能曉其義ㅎ야 對卷輒讀ㅎᄂ니 其便宜易曉之術이
可居於世界國文中第一地位也오 且論運用之方而較諸國漢文則其孰勝孰負ᄂ
不待問而自明矣라 可使國文으로 敎之以孝悌忠信則能不孝不悌乎아.22)

李鍾一氏는 '論國文'을 通하여 當時 고루한 人士들의 謬見이 甚했음
을 알려주고 있다. 이에 對해 自身은 漢學이 學習하기가 어렵고, 國文
이 學習하기가 쉬우며 漢文은 고분고분한 精細한 表現이 어렵고 말과
글이 서로 背馳한다라고 했으며 또한 漢字와 漢文은 學習時間이 길어
서 世界를 理解하는 學習은 언제 하느냐는 것이다. 이에 比하여 國文
은 字數가 적고 배우기 쉽고, 쓰기 쉽고, 배우는 기간이 짧고 어떤 高
等學問도 모두 學習할 수 있다는 것이다. 이것을 가지고도 孝悌忠信할
수 있는 敎育이 可能하다는 것이다. 그런데 이 글은 純國文專用인지
並用인지 交用인지 混用인지 調用·和用인지의 提示가 없고 分析體系
도 그리 發展한 方法은 못된다고 하겠다. 또한 漢文보다는 國文使用을
主張하면서도 自身의 文章은 純漢文 투의 글이어서 精細한 뜻을 담지
못했으며 細巧한 敍述이나 調密한 表現이 좀 뜨고 있다.

한편 洪 弼周氏는 '論幼學'에서

古人之言은 卽文也이오 文은 卽言也러니 自後世로 語言文字가 分ㅎ야
始有雖言而以文稱者ㅎ나 然이ᄂ 必言之能達이라야 而後文之能成ㅎ나니
有固然矣라 故로 學綴文者ᄂ 必先造句니 造句者ᄂ 以古言易今言也어ᄂ
今之爲敎者ᄂ 未授訓詁ㅎ며 未授文法ㅎ고

洪 弼周氏는 國文國語學習에서 文法敎育의 强化를 强調하면서 作文
을 배우고자하면 먼저 句를 지어보고 句를 짓고자 하면 옛 말을 오늘

22) 大韓協會會報 第2號(隆熙 2年 5月 25日發行) pp.11~13에서

의 말로 쉽게 바꿔 봐야한다. 오늘의 敎育者라고 하는 者는 訓詁도 받
지 아니하고 文法學習도 받지 못한 者들이라고 하겠다. 故로 國語國文
學習의 基礎는 文法敎育에 있음을 강조했다. 이때는 文法이 신기한 學
習이고 또 外國語를 學習하는 데는 文法과 作文이 늘 重要學習으로 되
어 있었기에 우리 言文學習에 이를 導入하고자 한 것이다.

7. 畿湖興學會 月報

이 畿湖興學會 月報[23]를 通하여 보여준 우리 國語科 敎育에 關한
文獻으로는 申采浩 氏의 '文法을 宜統一'과 窺豹子의 '小別漢文'이 있
으며 李世春 氏는 同誌 第11號와 第12號에 걸쳐 '讀書法'이란 主題를
내걸고 讀書의 여러가지를 論述하고 있다.

> 漢文으로는 國民智識均啓홈이 難홈을 大覺ᄒ며 又自國國文을 無視ᄒ
> 고 他國文만 尊尙홈이 不可홈을 不悟ᄒ고 於是乎國文을 純用코자 ᄒ나
> 但屢百年慣習ᄒ던 漢文을 一朝에 全棄홈이 時義와 時勢에 均是不合ᄒ지
> 라 所以로 國漢字交用의 議가 起ᄒ야 十餘年來 新聞雜誌에 此道를 遵用
> 홈이 己久ᄒ나 然ᄒ나 其文法을 觀ᄒ건딕……中略……故로 今日에 文法
> 統一이 卽亦一大急務라 此를 統一ᄒ여야 學生의 精神을 統一ᄒ며 國民의
> 智識을 普啓홀지어늘[24]

大衆敎育은 漢文으로 할 수 없으며 또 이제까지 써 오던 漢文을 一
朝에 버릴 수 없으니 '國漢文交用'이라야 하는데 그 文法이 一定치가

---

23) 1908年 8月 1日에 學會創立 1908年 8月 25日에 創刊하여 1909年 7月 2日
   까지 第12號로 終刊한 敎育誌.
24) 畿湖興學會 月報 第5號(隆熙 2年 12月 25日發行) pp.8~9에서

못하다. 故로 이 文法을 統一해야 學生의 精神과 思考方式이 統一되고 一般國民에게 智識을 普及할 수 있다는 것이다. 學校 文法統一은 지금의 일이 아니라 이미 開化期부터 問題로 擡頭됐던 것이다. 그러나 이때의 文法은 國文法과 漢文法과 갈등이었다고 본다.

한편 窺豹子는 '小別漢文'에서

> 漢文이 爲亞東列國通行之文에 廢之不可ㅎ나 以我韓言之ㅎ면 國文敎育이 勝於漢文ㅎ니 以其淺而簡捷에 易於牗蒙ㅎ야 適於我民之程度也니 今此云云이 率爾狂妄에 得無近於小兒之强作解事耶아 尙望漢文諸先生은 庶其諒止ㅎ노라25)

라하며 漢文은 버리기 어려우나 그보다는 國文敎育이 더 重要하니 이를 優先으로 해야한다는 것이다. 글이 簡單하고 글 익히기가 쉽고 童蒙을 눈 뜨도록 이끌기가 쉽다는 것이다. 比重과 事理를 다룬 아주 思慮 깊은 判斷의 말이다.

그리고 李 春世 氏는 '讀書法'에서 '讀書의 利益'을

> 法國學者 陸修富克' 氏가 言ㅎ되 心의 智識이 身의 康强과 同一ㅎ니 智識의 必要홈은 多言을 不待홀지라 故로 書籍者는 吾人最良의 師友가 되야 吾人의 智識을 授ㅎ는 者라 ㅎ얏고, 伊國詩人 佩拉克 氏가 書籍의 功能을 說ㅎ야 曰余는 最良홀 師友가 有ㅎ느니 此師友中에는 古人도 有ㅎ고 今人도 有ㅎ며 本國人도 有ㅎ고 異國人도 有ㅎ야 各各 林林홀 偉業을 樹ㅎ야 卓然히 有名홀 者라. 余가 彼輩로 交홈을 得홈이 此에서 樂홈이 斐無ㅎ니 凡余의 所請을 彼가 不應ㅎ는바 一無ㅎ며 且余로 大慰홈이 特有ㅎ니 余一感之佩ㅎ노라 柳彼等이 余의 感홀바를 釋홀 뿐아니라 余의 問을 常答ㅎ며 및 余의 問치 못홀바도 指示ㅎ고 或古代의 事跡을 語ㅎ며

---

25) 畿湖興學會 月報 第5號(隆熙 2年 12月 25日發行) p.10에서

或宇宙幽玄生死의 故를 說ᄒᆞ며, 或快ᄒᆞᆫ 言論으로 余의 憂를 釋케ᄒᆞ며, 或
吾의 義勇을 鼓舞ᄒᆞ며 或吾의 情慾을 抑制ᄒᆞ며, 或吾의 自由不覊의 精神
을 發揚ᄒᆞ야 余로ᄒᆞ야금 萬般의 智識을 發ᄒᆞ며, 機를 當ᄒᆞ야 立斷ᄒᆞ고
應ᄒᆞᆷ이 不當ᄒᆞᆷ이 無케ᄒᆞᆷ은 皆此師友의 力이라 ᄒᆞ얏고 米國文學家 汀能古
氏曰 世界의 何物이 能히 書籍의 效能과 如ᄒᆞ랴 ᄒᆞ얏스니 書籍者ᄂᆞᆫ 獨을
慰ᄒᆞ며 憂를 去ᄒᆞ야 余의 樂趣를 發ᄒᆞᄂᆞ니 兩大陸의 富를 合併ᄒᆞ기로 엇
지 書籍이 我의 利益을 餉ᄒᆞᆷ을 能及ᄒᆞ리오. 丁抹文學家 而特陵 氏曰 書
籍이 無ᄒᆞᆫ즉 精神이 闢ᄒᆞ며 正義가 黷ᄒᆞ며 科學進步가 塞ᄒᆞ야 哲學은 跛
ᄒᆞ고 文學은 聾ᄒᆞ야 萬物이 闇黑ᄒᆞᆫ 中에 永久埋沒ᄒᆞᆷ을 將見ᄒᆞ리라ᄒᆞ니
彼古今諸名人의 異口同誇로 書籍을 贊揚ᄒᆞᆫ 者ᄂᆞᆫ 何耶오 實로 讀書로써
吾人幸福의 宏利益을 付授ᄒᆞᆷ이 有ᄒᆞ다 ᄒᆞᆷ이라 吾人이 今日에 一室에 幽
居ᄒᆞ야 千百載의 變態와 地球萬國의 殊情을 能ᄒᆞ며 凡事物의 道理原則을
靡不講究ᄒᆞᆷ이 書籍의 賜가 안니면 是誰의 賜ᄒᆞᆷ이뇨[26]

라 紹介하며 自身의 意見을 披述했다. 그리고 이어서 '讀書의 快樂'을

書籍者ᄂᆞᆫ 吾人을 指導訓誨ᄒᆞ야 吾人의 圓滿ᄒᆞᆫ 幸福의 生涯를 永保케
ᄒᆞᄂᆞᆫ 者니 讀者ㅣ 少許의 煩苦로 多大의 快樂을 卽得ᄒᆞᄂᆞᆫ바이로다 吾ㅣ
世間事物의 其時其地를 觀ᄒᆞ건ᄃᆡ 盛衰가 容有ᄒᆞᆯ 것마ᄂᆞᆫ 獨書籍은 宏大ᄒᆞᆫ
效益이 有ᄒᆞᆷ으로써 自古로 少衰치안이 ᄒᆞᄂᆞᆫ도다 英國詩人 德馮士富蘭氏
曰 當汝在外ᄒᆞ야 遊戱無事터니 退ᄒᆞ야 汝, 書齊에 坐ᄒᆞ야 身의 韋衣와
心이 正直ᄒᆞᆫ 古人을 友ᄒᆞ면 彼等이 汝를 將優待ᄒᆞ야 種種의 效益을 付與
ᄒᆞ리니 不亦樂乎아 ᄒᆞ얏고 英國政治家 利倫特古蒲騰氏曰 余, 社會種種의
狀態를 目擊ᄒᆞ건ᄃᆡ 余心의 放蕩ᄒᆞᆷ을 不覺ᄒᆞᆯ지라 因ᄒᆞ야 職業上 少許의
樂趣를 求ᄒᆞ야 抵制코져 ᄒᆞᆯ시 各方面으로 余心을 奮起ᄒᆞᆯ 方法을 會試ᄒᆞ
다가 今乃得之ᄒᆞ얏기로 汝等을 爲ᄒᆞ야 是告ᄒᆞ노니 無他라 卽此普世界人이
皆當書籍을 涉獵ᄒᆞᆷ이 是라 吾人이 爐를 圍ᄒᆞ야 卷을 握ᄒᆞᆷ에 千古의 哲人
偉人을 得友ᄒᆞ야 歡然히 晤語ᄒᆞᆷ이 眞交를 是締ᄒᆞᆷ과 如ᄒᆞ니 何事가 此樂

---

26) 畿湖興學會 月報 第11號(隆熙 3年 6月 25日 發行) pp.17~18漢書의 利益에서

에 過홀가 ᄒ얏고 佩特蘭克氏가 又嘗日彼等異齡異國의 人이 余와 期치
안이코도 種種 余의 好를 投ᄒ며 余의 悶을 釋ᄒ거ᄂᆞᆯ 我의 彼를 奉酬ᄒ
ᄂᆞᆫ바ᄂᆞᆫ 一椽敝屋으로 彼等靜息의 場을 作홈에 不過ᄒ고 此外에ᄂᆞᆫ 要求ᄒ
ᄂᆞᆫ바가 無ᄒ다 ᄒ얏고 法國文學家 輝乃侖氏日 地球諸大國 林林한 王冕으
로써 余의 最親最愛ᄒᄂᆞᆫ 書와 讀書癖을 易코자ᄒᄂᆞᆫ 者ㅣ有ᄒ면 余ᄂᆞᆫ 直
將其冠을 蹴ᄒ야 擲ᄒ겟다ᄒ얏고 英國歷史家 吉明氏. 亦日 讀書ᄂᆞᆫ 余生
의 最愉快ᄒᆞᆫ 生涯라 雖全印度의 富라도 此와 易ᄒ기 不足ᄒ다 ᄒ얏스니
諸家의 說을 觀ᄒ건ᄃᆡ 讀書의 意味를 可히 推知ᄒ리로다.[27]

라引用紹介하였으며 그 다음 號에 '讀書의 定則'을

吉明氏又日 吾人의 讀書은 一定의 方法을 當用홀거시오 又ᄂᆞᆫ 吾人이
勉學ᄒ야 可達홀 目的點을 先定홀지니 盖讀書ᄂᆞᆫ 吾人攷力의 不足ᄒᆞᆫ바를
補充홈이나 然이나 讀書의 用이 讀홈에 不在ᄒ고 思홈에 在ᄒ니 其思를
善코져ᄒ면 不得不定法을 遵据ᄒ야 其心을 一點에 聚ᄒ여야 光明ᄒᆞᆫ 境에
易至어ᄂᆞᆯ 今日學生의 讀書ᄒᄂᆞᆫ 狀態을 顧觀ᄒ건ᄃᆡ 新奇를 徒競ᄒ며 多讀
을 且貪ᄒ야 規律次序를 全然히 不願ᄒᄂᆞ니 其善讀치 못홈을 因ᄒ야 書
의 一得홈도 無ᄒᆞᆫᄃᆡ 遂至ᄒ야 其心은 反紛ᄒ고 其身은 益瘁ᄒ니 엇지 可
惑홈 者ㅣ안이리오 人의 腦力이 有限ᄒ야 隨讀隨記를 不能ᄒᄂᆞ니 多多ᄒᆞᆫ
見聞을 貯藏ᄒ랴면 一定의 法則으로 整齊ᄒ고 貫串ᄒ야 記憶을 堅케ᄒᆞᆫ
然後에야 得濟홀지니 故로 規律과 次序ᄂᆞᆫ 可缺치 못홀바이라 英國文學家
慾彌而約翰森氏日 靑年이 每日에 五時間만 讀書ᄒ야 智識을 求홈이 合
當ᄒ니 此時間을 先定ᄒ고 其餘에도 一定ᄒᆞᆫ 方法으로 各科理由를 研究發
見ᄒ며 先哲의 學을 解識ᄒ며 自己의 實驗에 裨益되이 不尠ᄒ리로다 英
國哲學家 陸克氏가 諸大家의 說을 嘗採ᄒ야 讀書者의 詳細ᄒᆞᆫ 法則을 定
ᄒ야스니 今에 其最著ᄒᆞᆫ 者諸修를 左擧ᄒ건ᄃᆡ
　① 有益ᄒᆞᆫ 書籍을 精選ᄒ야 專攻홈을 務홀事
　② 著者의 文詞에 拘拘치 말고 其意義를 瞭解키를 力求홀 事

27) 畿湖興學會 月報 第11號(隆熙 3年 6月 25日 發行) pp.18~19讀書의 快樂에서

③ 其議論의 有無紕繆을 玩味홀 事

④ 其讀書能力(卽 理解力, 思攷力, 註意力, 記憶力)을 培養홀 事

⑤ 疑惑處가 或有ᄒ거든 識者에게 立質홀 事

⑥ 序·跋·凡例ᄂ 其書의 內容을 發明ᄒ 者이니 當先細讀홀 事

⑦ 題目과 論說中 適要의 思想과 關係의 思想과 關係의 輕重을 區別ᄒ야 何如ᄒ 依据가 有홈을 推究홀 事

⑧ 諸科의 書籍을 幷讀홀진딕 其連絡ᄒ 意義가 有ᄒ 者에 當就ᄒ야 先後의 次序를 以爲홀 事

⑨ 力의 能讀홀 者라도 多讀홈을 當勉홀 事

⑩ 心氣가 平和ᄒ고 精神이 健爽홀 時에 當讀홀 事

右ᄂ 一般으로 常히 異意홀 事項을 略示홈이오 其詳別은 次章下에 發明ᄒ노니 盖讀書의 法則은 讀者効力의 一定方法을 指示홈에 不外하니라[28]

라하며 陸克氏의 讀書十要를 整理하여 提示하였다. 이에 이어 '讀書法'의 沿革을

太古結繩의 代에ᄂ 文字가 無홈으로 書籍이 無ᄒ얏스니 讀書法이 未作은 知者의 論을 不待홀지어니와 文字가 旣與ᄒ야 著述이 漸行ᄒ나 書籍은 猶少홀 此時代에도 所謂讀書法이 尙히 今日의 要大홈과 未如ᄒ고 一人이 一書를 著述홀 則 謄寫를 幾十幾百回에 至ᄒ야 能히 暗誦홈에 至ᄒ얏ᄂ니 羅馬政治家 塞乃加氏ᄂ 古今의 書籍을 博覽ᄒ되 其得ᄒ바ᄂ 熟讀과 著述을 好홈에 在ᄒ도다 凡著書를 善히ᄒᄂ 者ᄂ 皆勤讀으로 自來ᄒ야 一回을 旣終ᄒ면 因ᄒ야 復始ᄒᄂ니 雖然이나 此等先哲의 謄寫, 復習, 暗記, 精選等 諸訣이 讀書法의 議論과 多少의 關係가 有ᄒ얏ᄂ니 特別한 硏究가 안니면 今日의 標準을 足爲치 못홀지로다.[29]

---

28) 畿湖興學會月報 第12號(隆熙 3年 7月 25日 發行) pp.22~23에서

29) 畿湖興學會月報 第12號(隆熙 3年 7月 25日 發行) pp.23~24에서

以上 李 春世 氏가 畿湖興學會 月報 第11號와 第12號에 連載한 '讀書法'이란 題目의 論說을 要旨化하면

① 讀書의 利益

② 讀書의 快樂

③ 讀書의 定則

④ 讀書法의 沿革

이란 小題를 달아 讀書의 方法과 讀書指導事項과 讀書의 要素的 要領을 밝혀 讀書者로 하여금 讀書效用値를 높이도록 했다. 卽 그는

① 讀書의 利益에서 書籍은 最良의 스승이요 벗이며 東西古今 그리고 我國과 他國의 諸賢을 모두 만나게 해주는 媒介體요 對象이다. 또 書籍은 온 世界의 利益을 모와서 나에게 날라다 주며, 나로하여금 闇黑에서 光明으로 나아가도록 引導해 주어서 나를 다스리고, 북돋우고, 일깨우고, 이끌어서 보다 成長하고 보다 힘 있게해서 내 能力을 갖추고 行使하도록 해주는 源泉이다.

② 讀書의 快樂에서 讀書는 最少의 苦를 支拂해서 多大의 快樂을 得하는 것으로써 書籍은 늘 正直한 벗이 돼주니 즐겁고, 나의 그릇된 생각을 바로잡아 주니 즐겁고, 哲人과 賢人 등 偉人을 벗으로 얻으니 즐겁고 누구든지 만나서 좋은 것을 求할 수 있어 즐거우니 독서의 즐거움은 그 무엇보다 貴重하다는 것이다.

③ 讀書의 定則에서 讀書는 읽는데 있지 아니하고 생각하는데 있다면서 그 많고많은 見聞(讀書에서 얻은 知識情報)를 一定한 10法則으로 整齊하여 貯藏해 두어야 活用된다고 했다. 그리하여 앞에 列擧한 10箇條의 讀書定則을 提示하고 있다.

④ 讀書法의 沿革에서 두가지의 讀書方法卽 讀書技法 讀書處理法을 提示하고 있다. 前者는 〈暗誦(朗讀)〉〈熟讀(精讀)〉〈博覽(多讀)〉하는

것이고 後者로는 謄寫(筆寫), 後習(再讀), 暗記(整齊), 精選(取要), 著述(自己形成)을 얻어내는 것으로 整理해서 提示하고 있다. 卽 讀書方法의 發展的 變遷이 위에 提示한 次序로 二大系列를 가지고 發展해왔음을 알 수 있다.

이時期는 1909年 後半期이니 亡國의 半年前에 該當하며, 開化 20餘年의 時間이 흘렀으므로 꽤 分析學的이고 體系가 서 있는 硏究가 일워져가고 있음을 알 수 있다. 特히 讀書 10則같은 것은 대단한 整理物이라고 하겠다.

8. 大韓學會 月報

이 大韓學會 月報[30]를 通하여 보여준 우리 國語科 敎育에 關한 文獻으로는 李 東初 氏의 '歎無學之弊'와 弘村羅生이란 倭式으로 匿名한 사람의 '敎育者 討伐隊'와 柳 承欽 氏의 '敎育方針에 對한 意見'中의 一部 文獻이다.

> ……愛我韓國者, 不可默默處地로다 然則先浴文明之澤하야 達其日新之學者는 必以演說論文으로 明其歸着之點ᄒ야 刷新學理之 眞面目ᄒ고 新聞社雜誌家는 可成的取以易解簡要之文法(言文一致)으로 揭布說論ᄒ야 使其一般同胞로 普闢智德之基ᄒ며 共躋之文明之域이면 豈不美哉야[31]

---

30) 異學生의 分裂를 止揚하기 爲하여 統一된 總和體로 出發한 學會로서 月報는 1908年 2月 25日에 創刊되어 1908年 11月 25日에 第9號로 終刊한 在日本留學生들의 學會誌로 文化 啓蒙誌이다.
31) 大韓學會月報 第1號(隆熙 2年 2月 25日 發行) p.20에서

우리 國民이라면 가만히만 있지 말고 文明에 뛰어들어 學理의 眞面目을 刷新해야하며 簡單하고 要領있게 풀어서 알기 쉽게 說論해야 하는데 이는 言文一致의 國文敎育에 있다. 이래야 全國民이 글을 알게 되고 그래야 先浴者(먼저 깨우친 사람)가 智德을 闡明해서 普及할 수 있으며 文明世界를 다같이 밟을수 있으니 이것이 바로 우리의 할 일이라는 것이다. 卽 前決 問題는 言文一致의 國語敎育이라는 것이다.

또한 '敎育者 討伐隊'란 作品化된 글도 위의 글과 거의같은 意味의 글이다. 이의 拔萃品을 보면

隆熙 2年 3月 19日 卽 陰曆戊申 2年 17月日이라 中略 時有一巾頭靑年이 敢殺的氣象으로 從衆席登演壇來ᄒ야 擊壇再三에 嗚咽聲調로 一場大檄言을 宣ᄒ야日 諸君, 암만히도 討伐ᄒᄂ수밧게업소, 吾等에겐 「國文」도 아니分配ᄒ야주ᄂ 져 所謂敎育者, 암만ᄒ야도 討伐ᄒ수 밧게 업소, 大抵 學問이란 것은 天下의 公器이지 決코 一人一國의 能私ᄒ바이 아니요, 我國이 自光武維新以後로 兩班이니 常漢이니 ᄒᄂ 亡國的階級이 打破되던 同日에 前日갓치少數階級者의 學問專有ᄒ던 惡俗이 一變ᄒ얏소, ……中略……

그ᄲᆫ 아니라 ᄯᅩ 四書三經再三讀ᄒ고도 片紙一張祝文一式 못쓰던 그글은 다 秦始皇文庫에 깁히 藏置ᄒ고, 得一字ᄒ면 用一字ᄒ고 得百字ᄒ면 用百字ᄒᄂ 實用的活學問이 出來ᄒ얏소, ᄯᅩ壓制, 束縛, 階級, 盲從으로 主義삼던 敎育은 先天事되고 卽今은 져 우리 四千餘年前先祖쩍부터 願之欲之하던 自由, 平等, 博愛, 公理로 主義삼난 敎育이요, ……中略……吾輩는 年過二三十ᄒ고 ᄯᅩ糊口ᄒ기에 汲汲한 者인즉 普通學校에 다닐수도 업고 ᄯᅩ如彼ᄒ 比較的 콘글을 敢望ᄒᄂᆫ 者이 아니지마는 旣爲, 大韓同胞의 一人되야 餘年이 尙多四五十ᄒ즉 이 餘年다ᄒ기까지는 國家事에 盡瘁ᄒ 義務가 自有ᄒ거늘 彼所謂敎育者가 我等에겐 「國文」도 分配ᄒ야 주지아니ᄒ니 我等은 何로 由ᄒ야愛國의 眞義를 知ᄒ며 應分의 義務를 盡ᄒᆯ지요, 我等이 渠輩에게 「國文」을 請求ᄒᆯ 權利만 有ᄒᆯ 것아니요 渠輩가 同胞

된 義務로 ᄒ던지 先覺者된 義務로 ᄒ던지 當然히 吾에게 「國文」을 知得
케ᄒᆯ 義務가잇소……中略……渠等은 暇隙업단 말못ᄒ오, 萬若 「國文」이
學得ᄒ기 甚難ᄒ야 日字가 太掛ᄒᆯ것 갓흐면 吾輩의 此請求가 沒廉無理ᄒ
깃지마는 妙乎哉我國文善乎哉我國文은 才者면 半日無才者라도 五六日乃
至二十日이면 千萬事物을 能書能讀ᄒᄂ 그「國文」이요. ……中略……今日
我國의 所謂教育者로 全國皆文主義를 能히어어 實行ᄒ깃나냐ᄒ면 我는
斷言ᄒ노니, 今日我韓의 執政者로 大韓獨立을 回復ᄒ랴ᄒᄂ 것보다는 或
易ᄒᆯ난지 未知로대 반다시 環指也似盃로 太平太西兩大洋水를 汲汲盡ᄒ
翌日될 것이요. ……中略……ᄒ고壇에 下ᄒᆯ새 前後左右에서 言快理正ᄒ
다고大喝采, 大贊成大贊成ᄒᄂ소래에 長夢을 驚罷ᄒ니 故로其會議의決議
如何는 得知치못ᄒ고 又是夢中事라 其會議의 果有與否도 亦未確知로대
夢甚歷歷ᄒ고 又其窮村僻處의 無依我同胞의 國文求願ᄒᄂ 聲임으로 同情
之地에 不敢隱之ᄒ고 隨聽追記ᄒ야써 我國教育者同胞에게 告ᄒ노라, 다
만 夢中에라도 故國ᄭ지 가서 故鄉에 못간것은 夢者獨心에 甚히 帳憾ᄒᆯ
處러라.[32]

이 作品은 一名 '夢遊故國記'라고 되어 있으며, 倭名을 빌린 匿名으
로 出品되었다. 國文教育의 必要性을 中心으로 階級打破의 새로운 平
等社會 乃至文化社會路線으로 가주기를 期待하는 글이다. 이 作品 속
에 담겨 있는 要旨를 추려 뽑으면

① 言文一致의 開化國文教育이 다시 後退해서 國語及漢文科 教育으
로 反進步的 反光武維新的 復古風이 再生되는 지음에 一般民衆의 心思
를 代辯하는 것으로 皆國民教育에 逆行하는 處事나 傾向에 對한 批評
을 作品化한 것이다.

② 쉽고 쉽게 익혀 實用할 수 있는 國文教育을 해서 自由·平等·
博愛·公理할 수 있는 教育을 하자.

③ 愛國의 眞義를 쉬운 國文으로 배우자 그러랴면 國文을 分配받아

32) 大韓學會月報 第3號(隆熙 2年 4月 25日 發行) pp.35~40에서

야 한다. 國文을 分配받으랴면 이것이 國民敎育의 公用 글이 돼야한다
는 것이다.

④ 우리 國文은 배우기 쉽고 千萬事物을 能讀하고 能書할 수 있는
쉬운 글이니 몇일 걸려 글을 깨우치고 싶다는 마음이 염치없다고는 말
할 수 없다는 것이다.

⑤ 現執政者는 全國皆文主義 敎育에 뜻이 없다. 그리고 自主性이 없다.

⑥ 國民皆文化 敎育을 爲하여 國文을 求願해야 하며, 國文求願 敎育
을 爲하여 隨聽追記하는 國文을 敎育해야 하고, 敎育用文으로 해야한다.

以上을 爲하여 이것을 一次的으로 作品에다 실어서 뜻을 쉽게 밝게
펴고 二次的으로 '꿈'에다 실어서 간절함과 理想으로 추구하고 버릴 수
없는 所願所望의 實現意志를 鮮明하게 나타냈다.

이것으로 現實的 狀況에 알맞으며 實用的이고 國民皆文的이고 現代
國家가 追求하는 政治理想을 實現할 수 있는 '國文敎育'을 强調하고 있
다. 이 時期에 이것을 또다시 새삼스럽게 꼬집어 내가지고 强調한다는
事實과 作品 속에 設定한 一定集團 乃至 階級對象에 對한 不信을 表示
한 것은 開化初期에 設定했던 言語 語文政策에 變質이 오고 있음이나
임이 왔음을 指摘하고 是正을 提求하고 있음을 알수 있다.

柳 承欽 氏는 各科의 敎育方針에 對혼 意見을 陳述한 속에서 國語
科에 對한 見解를 다음과 같이 펴고 있다.

『漢字國文을 交用制作홈이 亦歸一혼 決論이라 然이나 原來我國은 言
辭國이나 支那의 文化를 受홈이 年代가 頗久ᄒ야 全國의 通用習慣이 始
히 文辭國을 化作ᄒ야거늘 此를 不拘ᄒ고 一朝에 國文의 蘊奧를 講究ᄒ
야 原則에 輒返코져 홀진딕 反히 人의 耳目을 眩惑케ᄒ며 口舌을 澁滯케
ᄒ야 急進의 功效를 奏ᄒ기 難홀것이오 且今日新文化의 輸入이 時刻惟急
혼 時를 當ᄒ야 一編을 學得혼 者ㅣ면 卽一編을 譯述홀 것이오 一科를

學得혼 者 l 면 亦一科를 譯述호고야 可호잇거늘 此國文原則을 未曉홈에
遲疑不能혼 事도 有홀지라 實例를 擧홀진딕 前者에는 爲字에 對혼 호디
與하지의 區別과 好字에 對혼 됴타 與죠치의 區別 等과 如혼 者이며 後
者에는 余도 其例에 在혼 一人이라 是에 反호야 其綴文字義에 全不審愼
호야 淸國에셔 著述혼 書를 漢字로만 但取호거나 日本에셔 編纂혼書를
日音으로만 直譯홀진딕 遂히 地理學을 卒業혼 者 l 地名을 言치못호며
歷史學을 專攻혼 者, 人名을 說치 못홀지니 實例를 擧홀진대 前者는 「우
라지호스더크(浦監斯德)를 보룹사득」이라호거시오 後者는 「와신톤(ワシ
ン의 ン)을 와신동」이라홀 것이나 其精神單位와 如혼 重要主義는 已無加
論이어니와 如此혼 細瑣點에도 不可不 注意라 今에 若難易의 關係로 平
汎看過홀 진대 此後十年이면 遂히 全國學問界에 痼疾을 作호야 欲醫不得
홀지라 於此에 余의 一意見이 有호니 第一敎科書編에는 雖何如者라도 外
人의 干涉은, 一切拒絕호고 中學以上程度及歷史地理誌와 如히 育性的或不
動的種類에 屬한 敎科書는 其蘊奧을 硏鑽호며 原則을 明確히 호기 爲호
야 一定혼 編述家에 專任호며 其他中學程度以上 及各科學에 就호야 育智
的 或可動的種類에 屬할 者는 廣히 多衆學者에게 放任호야 細瑣혼 規則
을 不拘호고 各其意見딕 多數翻譯及纂述 호기를 是望호노라.33) 』

國語科 敎育의 方針에 對한 意見으로서 提出된 것이다. 柳承欽 氏는
決論的으로 國文과 漢字를 交用할 것이며, 急進的인 純國文化의 獎와
지나친 固字로 漢文을 脫皮못하는 緩弊가 모두 不當하니 이를 調整하
면 바로 國漢交用이라는 것이다. 그뿐아니라 標準綴字法其準製定의 必
要와 外來地名과 人名의 表記에 中國이나 日本의 譯을 다시 二重譯을
하면 말이되지 아니하니 이것이 問題가 된다는 것이다. 또한 우리 나
라는 言辭國이니 言辭國의 特色과 文辭國의 特色을 區別할 줄 알아야
한다는 것이다. 特히 敎科書의 編纂에는 外部나 外國의 干涉을 排除하
고 編纂해내야 한다. 이때 基礎敎育에 該當하는 不動不變的 種類에 屬

---

33) 大韓學會月報 第9號(隆熙 2年 11月 25日 發行) pp.18~21에서

하는 敎科의 敎材는 一定한 專門編述家에게 專任시키며, 中等以上의 可變可動的 種類에 屬하는 學科의 敎材는 多衆學者에게 開放放任하는 것이 좋다는 것이다. 이로서 氏는 4個項(①育性(德性)敎科書, ② 育智(識智)敎科書, ③ 可動的 敎科書 ④ 不動的 敎科書)을 論證提議했는데 이는 우리 國語科에서도 매우 重要한 것이며 오늘에 와서도 曰可曰否하고 있어 未解決의 章으로 남아 있어 氏의 不動性과 可動性의 分別은 매우 앞선 分類라 하겠다.

9. 西北學會 月報

이 西北學會 月報[34]를 通하여 보여준 우리 國語科 敎育에 關한 文獻으로는 李 承喬 氏의 '國漢文論'과 敎育部에서 執筆한 '學科의 要說' 이라 하겠다.

『盖國文者는 我國之文也오 漢文者는 支那之文也라 國文을 崇之可乎아 漢文을 崇之可乎아 國文을 崇之ᄒ면 我國을 愛ᄒ는 者오 漢文을 崇之ᄒ 면 他國을 愛ᄒ는 者라 自親而及踈ᄒ고 由近而擧遠은 天理人情之所固然 이니 不持智者而可辦이로다……中略……一蔽一言曰而先我國文者가 爲今 日之 急務르다 엇지 所有를 棄而不用ᄒ고 他의 所有만 崇拜ᄒ야 愛國的 精神을 遺失케 ᄒ리오 弘儒侯 薛聰은 新羅人이라 句讀之吐語를 刱造ᄒ야 九經을 解ᄒ고 俚讀을 作ᄒ야 公私文牒에 行用ᄒ니 是乃爲漢文稍變之權 輿오 我世宗朝게오서 子母28字로 國文을 創造ᄒ시니 天地自然의 正音이 오 古今字母의 眞詮이라 簡易便捷ᄒ야 雖婦人儒子라도 難解者 無ᄒ니 實

---

34) 1908年 1月 西友學會와 漢北學會가 合同이 되어 새로 組織한 學會로 月 報는 1908年 6月 1日에 創刊하여 1910年 1月 1日 第19號로 終刊된 政治 言論誌的인 綜合誌

萬世文明之基礎와 獨立之前導라 天下萬般事物을 無不記誌ᄒ고 天下萬國
言語를 亦無不譯述ᄒ리라……中略……大抵文者ᄂ 言語之記也니 文卽語也
오 語亦文也라 漢人之語ᄂ 以漢文之音으로 爲語者오. 諸邦之語ᄂ 其國文
之音으로 爲語者어늘 我邦之語ᄂ 不然ᄒ야 以漢文爲語者가多ᄒ니……中
略……權然後에 知輕重ᄒ고 度然後에 知長短이니 寧莫如姑從權度ᄒ야 有
國文專用者ᄒ며 有國漢文幷用者ᄒ고 無漢文純用文ᄒ야 待其國文發達而抛
斥漢文者가 其惟次序也이니 初等小學은 以國文으로 專爲課程ᄒ고 其次에
可用漢文字學이나 以千字文爲蒙學初階者ᄂ 誤謬舛錯이 莫此爲甚이라……
中略……惟以實地實名으로 簡率取用ᄒ면 國文程度가 自爾發達ᄒ리니 有
志敎育者ᄂ 母失秩序ᄒ며 母忽方針이어라.35)

李承喬氏는 國文敎育을 强調하면서 國文使用與否를 가지고 愛國과
非愛國의 分別基準으로 삼고 있다. 우리 國文은 文明의 基礎요 獨立의
前導的役割을 하며, 어떤 事物이나 어느 나라의 言語나를 莫論하고 記
誌못하는 것이 없는 便利하고 優秀한 文字라는 것을 絕叫하고 있다.
글이란 제 나라 말을 담을 수 있어 言文이 一致해야 한다. 그런데 우
리는 그러하지 못했다. 이로 봐서, 우리의 表文은 純國文, 國漢幷用文,
純漢文이 있는데 이의 受容方法은 初等 小學課程에서는 國文專用으로
하고 그 以上의 程度에서는 漢文字를 배울 수 있고, 쓸 수 있게 해서
國漢文, 幷用으로 發展시키는 것은 無妨한 것으로 보고 있으며 國文만
쓰면 自然國文이 發達할 것이니 이에 힘쓰라는 것이다. 그의 '蔽一言曰
而先我國文者가 爲今日之急務로다'로 그의 全心情을 吐露하고 있다.

表現의 語辭는 좀 過激하나 國家와 國民과 言語와 文字에 關한 事
理分別은 自主的 主體性이 살아 있으며, 過去와 現在와 未來에 一貫된
現實的 處地判斷이 正確하며 學習者의 成長課程에 따른 段階的 發展을
爲한 實踐可能性은 體系있게 整理했다고 본다.

---

35) 西北學會月報 第1卷第1號(隆熙 2年 6月 1日 發行) pp.20~22에서

그리고 同誌 敎育部에서 執筆한 '學課의 要說'에서

　　現今我國의 敎育情況이 稍稍興起ᄒ다 云ᄒ나 地方各校의 內容을 觀察
ᄒ건디 不完全不規則의 缺點이 居多ᄒ지라 此를 改良進步케 홈이 實是急
務인 故로 玆에 先進國에서 制定ᄒ 中學校 學課表를 參攷譯載ᄒ야 一般
敎育家의 模範될 材料를 供獻ᄒ노라……中略……
　　第二 國漢文附作文習字
　　最初에ᄂ 國語와 漢文에 區別이 無ᄒ다가 漸進ᄒ 後에 各異ᄒ 敎科書
로 敎ᄒ며, 授業時間은 第一, 二, 三年級에ᄂ 每週 講讀 五時間, 文法作文
一時間, 習字 一時間, 都合 七時間인데 其材料ᄂ 現代 著述家의 平易ᄒ 記
事文, 叙事文 演說, 談話, 書牘, 及 新體詩 等(中略)이오. 第四五年級에ᄂ
古文, 史記, 蒙求論語의 一端 國文學史 等을 敎授ᄒ디 時間은 五年級 第
二學期신지ᄂ 每週 講讀이 五時間이며 同第三學期ᄂ 每週 三時間式 敎授
ᄒ야 卒業케 ᄒᄂ니라.36)

中等學校에서의 國語科의 敎科運營을 紹介한 資料文이다. 이에서 우
리는 세가지를 參考할 수 있다.
　① 國語科의 漢文科가 國語及漢文으로 出發해서 運營되다가 차츰
發展함에 따라 各各分化해서 別個의 敎科로 나누인다.
　② 國語科의 細部 敎科構成은 講讀, 文法作文, 習字로 形成되며 高
學年에가서는 國文學史가 追加된다.
　③ 이들의 具體的인 敎材는 記事文, 叙事文, 演說文, 談話文, 書牘文
新體詩이며 高學年에 가서는 古文, 史記文, 蒙求文, 論語의　一端 等으
로 編纂된다.
　④ 國語科의 時間은 1年(7), 2年(7), 3年(7), 4年(5), 5年(5)인데 但
5年의 三學期에 가서는 3時間으로 短縮한다.

36) 西北學會月報 第1卷 第9號(隆熙 3年 2月 1日 發行) pp.5~7에서

이를 보면 國語科에 對한 時間配當은 오늘에 比하여 훨씬 充實하며
敎科構成은 大同小異하고, 敎材採錄(收錄)의 種類와 範圍는 꽤 엉성함
을 볼 수 있다. 이의 具體的인 것은 敎育課程의 章에서 論했으므로 이
곳에서는 敎科運營의 傾向과 方針에 關한 것만을 言及한다.

10. 大韓興學報

이 大韓興學報[37]를 通하여 보여준 우리 國語科 敎育에 關한 文獻으
로는 李 寶鏡 氏의 '文學의 價値'란 文學敎育의 論述이 있을 뿐이다.

> '文學'이라는 字의 由來는 甚히 邃遠ㅎ야 確實히 其出處와 時代는 攷
> 키 難ㅎ나 何如턴 其意義는 本來 '一般學問'이러니 人智가 漸進ㅎ야 學問
> 이 漸漸複雜히 됨애 '文學'도 次次 獨立이 되야 其意義가 明瞭히되야 詩
> 歌, 小說等 情의 分子를 包含한 文章을 文學이라 稱ㅎ게 至하여시며(以
> 上은 東洋)
>
> 英話에(Literature) '文學'이라는 字도 쏘흔 前者와 略同흔 歷史를 有
> 흔 者ㅣ라……中略……人民이 智와 意에만 汲汲티 아니ㅎ고 情의 存在와
> 價値를 覺한다 그럼으로 文學의 發達이 速히 되야뻐 今日에 至하얏노
> 니라……中略……
>
> 그러면 '文學'이라는 거슨 무엇이며 쏘 何如흔 價値가 有ㅎ뇨? 文學의
> 範圍는 甚히 넓으며 쏘 其境界線도 甚히 朦朧ㅎ야 到底히 一言으로 弊之
> 흘 슈는 無ㅎ나 大槪 情的分子를 包含흔 文章이라 하면 大誤는 無ㅎ리라
> 故로 古來로 幾多學者의 定義가 紛紛호딕 一定흔 者는 無ㅎ고 詩歌 小說
> 等도 文學의 一部分이니 此等에는 特別히 文藝라는 名稱이 有ㅎ니라.
>
> 元來文學은 다못 情的滿足 卽 遊戲로 싱겨나실며 쏘 多年間 如此히

---

37) 1909年 3月 20日에 創刊되어 1910年 5月 20日까지 第13號로 終刊된 舊韓
末最後의 學術誌다. 在日 留學生에 依하여 最後까지 남은 精神文化啓蒙誌

알아와시나 漸漸此가 進步發展홈에 及ᄒ야ᄂ 理性이 添加ᄒ야 吾人의 思
想과 理想을 支配ᄒᄂ 主權者가 되며 人生問題解決의 擔當者가 된지
라……中略……

　一國의 興亡盛衰와 富貴貧弱은 全히 國民의 理想과 思想如何에 在ᄒ나
니 其理想과 思想을 支配ᄒᄂ 者, 學校敎育에 有ᄒ다 ᄒ다나 學校에셔ᄂ
다못 智나 學홀디요 其外ᄂ 不得ᄒ리라 ᄒ노라 然則何오 日文學이니라.[38]

　開化期 國語科 敎育에 關한 文獻中에서 唯一하게 文學을 取扱한 글
이라 하겠다. 李寶鏡氏는 本欄에서 文學의 價値를 紹介, 確認하고 文學
의 性格과 範疇를 말하고, 文學의 定義를 내리고, 文學敎育의 意義를
論했다. 그는 文學은 사람으로 하여금 情과 意를 다듬어 가지게 하여
精神的 生活에 餘有와 効能을 주는 價値를 가진다. 그리고 文學은 本
來는 學問인데 오늘에 와서는 詩歌 및 小說등의 情의 分子를 包有해서
다루는 創作이며 藝術이다. 卽 文章에다 情的分子를 包含해내는 文學
藝術이다. 그리고 文學은 人間의 思想과 理想을 支配하는 主權者이며
人生問題解決의 擔任者인 것이다. 그런데 이것을 支配하는 者가 바로
學校敎育에 있다고 했다. 卽 이는 學校에서 缺如시킬 수 없는 것이 곧
文學敎育이란 뜻을 強調한 말이 된다.

　이 1910年 3月에 와서야 겨우 國字, 國文, 國語에서 맴돌던 國語科
敎育이 文學에까지 關心를 가지고 손을 펼 수 있는 餘有인지 定地作業
인지가 됐다고 하겠다. 國語科 敎育史中에서 文學敎育은 李氏의 論攷
가 草創을 이루었다고 하겠다.

---

38) 大韓興學會 第11號(隆熙 4年 3月 20日 發行) pp.14~18에서

Ⅲ. 開化期를 論攷한 文獻에 關한 考察

開化期를 中心으로 國語와 國語學 그리고 國文學과 더급어 國語敎育에 關해서 論攷한 文獻은 아주 希小하다. 그러나 當時 資料만 가지고 整理를 하면 偏見에 흐를 염려가 있다. 그래서 可及的이면 本稿와 若干의 關聯만 있더라도 이에 關한 論攷文獻이 있으면 當時의 것이건 現時의 것이건 間에 다루어서 客觀度를 높이기로 한다.

李基文 敎授는 開化期의 國文研究에서

　　近世朝鮮 특히 그 後半에 있어서의 文字生活에는 크게 漢文과 諺文의 두 文體가 上層과 下層을 이루고 있었고 그 中間層位로서 吏讀文과 諺漢文이 있었다고 할 수 있다. 이러한 文體層位들의 構成은 한편으로는 당시의 社會階層과의 關聯에서 또 한편으로는 우리나라 文字生活의 發展過程과의 관련에서 매우 示唆的이라 하지 않을 수 없었다.

　　위에 略述한 것이 19世紀 後半, 開化의 먼동이 틀 무렵까지 계속된 우리 나라의 言語生活, 特히 文字生活의 모습이었다. 이것은 開化過程에서 根本的으로 고쳐지지 않으면 안 되었다. 開化와 더불어 급격히 增大한 言語文字의 機能은 종래와 같은 言文二致의 상태로는 감당할 수가 없었기 때문이었다. 各種 公文・私文書의 量이 엄청나게 늘었을 뿐 아니라, 官報・新聞・雜誌는 말할 것도 없고 各種敎科書를 비롯한 單行本등 出版이 불어났고 敎育・結社・集會등 社會活動도 활발해 져서 言語文字의 使用에 새로운 秩序가 요청되기에 이른 것이다. 訓民正音 이후에도 오랫동안 消極的으로 部分的으로 追求되어 온 言文一致의 理想을 積極的으로 全面的으로 追求하는 것이 가장 긴급한 時代的要請의 하나로 등장한 것이다.[39]

---

39) 李基文氏의 `開化期의 國文研究`(一潮閣發行) pp.15~16에서

開化期 우리 言語生活과 文字文章生活의 實情에 言文一致의 國語國文이 必要했으며 現實生活에 맞는 國語敎育의 必要性이 절실했다. 이러한 證據로 開化以前에는 國語와 國文은 있었어도 國語敎育은 그 資料에 있어서나 그 運營에 있어서나 그 指導方法에서 全無했음을 알 수 있다. 故로 本稿는 우리의 近代 國語敎育의 始發點을 開化期에다 두는 것이다.

이 國語 國文에 關해서 硏究 내지 運動을 일으킨 것은 近代化의 時代的 要請에서 피할 수 없고 第1 먼저 치뤄내야 할 當然한 課業이었다. 이 言文一致의 運動 및 言文一致를 實現하는 國語敎育運動은 우리 겨레의 至上 目標이며 이 運動은 現今도 그 課業을 進行中이라고 봐야 할 것이다.

開化期의 國語硏究 및 語國敎育에 對한 意識을 紹介하는 論述에서 康允浩 敎授는 '國語意識의 高吹'란 題下에

……舊態에서 脫皮하여 새로운 學問을 받아드리고, 또 한편으로는, 自主獨立精神을 國民들의 마음 속에 불어넣어 주려한 그들의 活動은 우선 國語意識에 대한 自覺心을 높혀야 한다는 점에 置重되었다.

當時의 韓國敎育의 實態는 朴殷植이 '師範敎育의 急務'라는 글에서 指摘하고 있듯이 '浮虛不實하고 固陋未開한 風氣'에서 完全히 離脫하지 못한 채 千字文, 童蒙先習, 史略, 通鑑, 小學, 孟子 等書에 依存하는 敎育이었기 때문에 世界各國의 歷史나 算術 等 實用的인 知識을 받아들이는 데 等閑한 實情이었고, 漢文을 崇尙하는 氣風이 아직도 國民들의 머리를 支配하고 있었다. 이리하여, 先覺的인 位置에 있던 救國 靑年들은 무엇보다도 먼저 自己 나라 글에 대한 自覺을 높이고 外國 勢力에 依附하려는 根性을 打破하는 마음 가짐을 力說하게 되었는데……中略……

國文 崇尙이 곧 愛國임을 强調한 이러한 말은 光武 9年 7月 19日字 議政府學部 聯署 奏本으로 上奏된 新訂國文 實施件의 決裁가 내려지고,

光武 11年 7月 8日字 內閣·學部 聯署 奏本으로 國文研究所 設置件이 通
過되면서 더욱 高潮되었다.[40]

라하여 國語意識과 獨立意識, 國語崇尙과 愛國意識, 國文研究所의 設置
와 國語愛 乃至 國語에 對한 關心이 高潮되었음을 披歷하고 있다. 그
리고 漢字·漢文敎材에서 脫皮하지 못한 國語敎育으로는 새로운 學問
이나 敎育이 그 成果를 걷을 수 없었음을 指適하고 있다.

俞吉濬은 「小學敎育에 對ㅎ는 意見」[41]에서 '國文專主漢文全廢'가 小
學敎育에서 어려운 문제점이 있음을 지적하는 말로

然則 小學 敎科書의 編纂은 國文을 專主홈이 可ㅎ가 曰 然ㅎ다. 然則
漢字는 不用홈이 可ㅎ가 曰 否라 漢字를 用ㅎ면 是乃 漢文이니 子의 全廢
라 ㅎ는 說은 吾人의 未解ㅎ는 바이로다. 曰 漢字를 連綴ㅎ야 句讀을 成ㅎ
然後에 始可曰 漢文이리오 且夫 吾人이 漢字를 借用홈이 己久ㅎ야 其同化
ㅎ 習慣이 國語의 一部를 成ㅎ야시니 苟其 訓讀ㅎ는 法을 用ㅎ則 其形이
雖曰 漢字이나 卽 吾國文의 附屬品이며 補助物이라.

라하여 國漢文混用體文章으로 敎科書를 作成해야 함을 主張하면서 主
는 國文이요 附또는 補는 漢文아닌 漢字인데 이를 當場에 져버릴 수
없다고 하였다. 이는 漸進的 改善을 提示하면서 當時의 現實에 맞는
것을 擇하도록 권하면서 訓讀의 不可避性을 認定하고 있으나 이것이
永遠할 것이라고는 보고 있지 아니하고 있다. 또 그는 '西遊見聞'[42]의
序文에서 "我文과 漢字를 混集해야 文章의 體裁를 不飾ㅎ고 俗語를 務

---

40) 康允浩 著 '開化期의 敎科用圖書' pp.110~111에서
41) 皇城新聞 2799號 隆熙 2年 6月 10日字 所論에서
42) 1889年 完成 1895年(高宗 32年)에 刊行한 美國紀行錄이다. 國漢文交用體
   文章의 著述이다.

用ᄒ고 其意를 達ᄒ기로 主ᄒ니"하여 어디까지나 漢文아닌 漢字에 局限함을 明示했다. 그리하여 그는 글의 主는 國字國文임을 밝히고 잠정적 現實妥協案을 말하고 궁극의 結論은 말하지 아니했다.

李光洙는 '今日我韓用文에 對하여'[43]라는 論題에서 當時의 國漢文이라는 것은 純漢文에 國文으로 懸吐한 것임을 指摘하고 "純國文으로만 쓰고 십흐며 쓰ᄒ면 될 줄을 알되 다만 其甚히 困難ᄒᆯ 줄을 알음으로"라 하면서 그 例로 "新智識의 輸入에 沮害가 되ᄭᅵᆷ으로"등을 들었다. 그러면서 그는 純國文이 "비록 困難ᄒ드릳도 此ᄂ 萬年大計로 斷行ᄒ여야 ᄒ다는 思想도 업슴이 아니로되"라 한 것은 現實과 理想을 區分해서 밝힌 것이며 이는 國漢文이 漸次 純國文을 指向한 立場에서 純國文에 接近하는 國漢文으로 發展할 것을 예견한 것이라 하겠다.

以上 俞吉濬과 李光洙의 所論에서 共通點은 ① 現實에서 國漢文交用을 어쩔수 없이 許用한다. ② 交用 또는 混用을 하되 漢文아닌 漢字를 國文에 從으로 하여 國文이 主가 될 것 ③ 只今은 漢文에 懸吐ᄒᆫ 정도의 交用이지만 이는 漸次 國文을 主로하고 나아가서는 純國文을 指向할 것으로 集約했다.

當時 言論의 評을 찾아보면 大韓每日申報는 "國文宜潤邑"[44]에서 '方言이 居半이요 漢文이 居半하야……中略……國文은 可以偏用也요 不可以全用也何以則 完成全用耶아'라던가 "國語國文 獨立論"[45]에서 '今日新聞의 國漢文交用을 過度時代 不得已의 法門이라 ᄒ노라'에서 國文全用으로 指向하는 言文一致를 꾀하는 主張을 보여주고 있다. 그리고 이어서

---

43) 皇城新聞 3430～3432號(隆熙 4年(1910) 7月 24日～27日)에 連載한 所論에서

44) 1904(光武 5)年 6月 10日字 大韓每日申報 4卷 128號 所載參照

45) 1908(隆熙 2)年 8月 30日字 大韓每日申報 6卷 894號 所載參照

……目下 我國이 疆土人民의 獨立恢復이 非難이라 言語文字의 獨立維
持가 尤難이니……中略……日本이 有흔 以上에는 日文學者가 不可無요,
淸國이 無흐면 己어니와 淸國이 有흔 以上에는 漢文學者도 不可無요,
英·法·德·俄 等 國이 有흔 以上에는 各種國文學도 不可無니 卽今外文
을 何存則廢리오만은 此를 學흐야 國文을 輕侮흐라 흠이 아니라 國文을
補助하라 흠이며 此를 習흐야 國文을 棄却흐라 흠이 아니다. 國文을 發
達흐라 흠이언대 萬一 此와 相文흐야 自家所學흔 外國文으로 我國文을
嘲侮흘진대 其末流의 弊가 廢然外國人을 頭戴흐야 本國을 反嗾코흘
지라 故로 我國의 疆土人民의 獨立을 恢復흐라 흘진대 言語文字의 獨立
을 專重흠으로 爲始흘지어날 今日에 坐흐야 自己所嗜가 漢文이라고 其輕
重을 顚倒흠이 可乎아.46)

이는 國語國文의 獨立이 疆土人民의 獨立을 恢復하는 길이라고 했
으며 外國語文을 學하는 것은 우리 國語를 補助하는데 目的이 있음을
亡却하고 外國語文을 바뜰고 我國語文을 嘲侮하는 어리석은 傾向이 있
다고 痛駁하고 있다. 이로봐서 國文敎育의 主張과 人民의 啓蒙이 切實
함을 알 수 있다. 卽 國文普及 敎育이 獨立敎育의 先行礎業임을 强調
하고 있다.

이어서 同言論은 標準語의 製定과 이의 普及을 啓導하고 있다. 이에
關한 記事로는 '國文硏究에 對흔 管見'47)이란 글과 '國文學校의 日
增'48)이란 記事를 通하여 그 主張이 切實했고 또한 强力했음을 알 수
있다.

開化期의 國語科 敎育의 資料가 決定的으로 어떻게 어떤 方向으로
結末를 지어 가졌나를 알아보면

46) 1908(隆熙 2)年 8月 30日字 大韓每日申報 6卷 894號 所載參照
47) 1908(隆熙 2)年 3月 1日字 大韓每日申報 6卷 744號 所載參照
48) 1908(隆熙 2)年 1月 26日字 大韓每日申報 6卷 718號 所載參照

開化期에 있어서의 國漢文體란 오늘의 그것과는 本質的으로 다른 것
이었다. 漢文을 풀어서 거기에 토를 단 정도에 지나지 않았다. 이것은 言
文一致와는 도시 距離가 먼 것이었다. 그리하여 종래의 諺文體의 傳統은
여전히 남아서 國文體로 계승되었던 것이다. 國文體는 新文學에서 小說
의 文體로 되었고, 한편 基督敎가 聖經의 飜譯에 이 文體를 채택하는 등
劃期的인 事件을 通하여 더욱 發展해 갔던 것이다. 이리하여 실례로 開
化期에 있어서 행해진 것은 國漢文體를 主르하고 國文體를 從으로 하는
두 文體의 倂用이었다.49)

이는 化期開에 두개의 文體가 있었는데 그는 言文一致라고 할 수
없는 國漢文體와 言文一致라고 할 수 있는 純國文體가 있었음을 말하
고 있다. 우리 나라 國文體의 促進的 發達은 新文學과 聖經飜譯이 그
功이 큼을 말하고 있으며 이로서 當時 國語敎育의 現實 乃至 現實資料
에 두개의 世界가 있었음을 알 수 있다. 그러나 敎育界에서 말하는 言
文一致는 李基文氏의 判斷과 같은 뜻의 言文一致가 아니라 國漢文交用
體인 當時 사람들의 國文套 漢文套가 섞인 말투의 글을 言文一致라고
보고 있다.
   이어서

開化期의 國漢文體가 전체적으로는 傳統的 諺漢文體보다도 오히려 漢
文에 가까왔던 사실도 주목할만 하다. 이것은 역시 이 文體가 漢文의 代
役이었음에 基因하는 것이라고 성각된다. 즉 그 基本性格은 漢文과 諺漢
文의 妥協 내지 折衷이었나. 이섯이 漢文의 급속한 退潮와 國文의 漸次
的 擡頭로 文字 그대로의 國漢文體로 발전해 갔던 것이다. ……中略……
사실상 이때는 國文과 國漢文이 날카롭게 對立되어 그 어느 쪽이 새로운
時代의 代表的 文體로 되느냐 하는 판가름이 지어진 重大한 고비였다고
할수 있다. ……中略……開化期에 있어서 大部分의 論說은 비록 國漢文

49) 李基文氏의 開化期의 國文硏究(一潮閣) p.17 參照

體를 채택하기는 했지만 그것은 어디까지나 過度的인 것이요 究極的으로
는 國文體가 單一文體로서 세워져야 하리라는 것을 展望하고 있었다. 이
와같이 開化期에 있어서의 文字生活의 變革은 한마디로 國文의 機能이
급격히 커진 것으로 要約될 수 있다. ……中略……開化期에 있어서는 國
語問題보다는 國文問題가 더욱 절실한 課題로 인식되었고 따라서 이에
對한 研究와 運動이 불만했던 것이다.[50]

라하여 氏는 言文一致라고 하는 글이 네종의 文體가 있는데(①漢文主
國文從의 文體, ② 國漢文半半의 文體, ③ 國文主漢文從의 文體 ④ 純
國文體) 이것이 現實妥協 乃至 折衷에서 國漢文 半半의 文體線에서 머
물렀다고 본다. 그리하여 保守派는 ①번 편에 기울고, 改革派에서는 ③
번 편에 기울었다. 그리고 ①②는 漢文이지만 ③은 漢字임을 確實히
認識해야 한다. 또한 이때의 國漢文體 探擇은 어디까지나 過度的인 것
임을 또한번 確認해 두어야 한다. 그러니까 窮極에는 ④번인 純國文體
가 目標이었던 것을 알 수 있다. 따라서 開化期의 國語科 敎育은 國語
問題보다는 國文敎育이 더 重要한 問題이었음을 알 수 있다. 言文一致
의 定義 過度的 折衷, 純國文化의 目標, 母國語敎育의 方向과 路線等의
問題는 當時의 言論과 뜻있는 人士들의 글이 一定한 方向과 路線에서
는 同一한 意見임을 알수 있다.

끝으로 開化期에 있어 純國文化의 言文一致로 이끌어간 先驅는 무
엇이었나를 알아보면 開化期에 있어 우리 國文化의 促進濟는 大衆를
相對로하는 新聞과 小說이었다. 이 新聞의 導入과 小說의 發達 乃至
小說의 多量生産은 言文一致의 國文章化로 이끄는데 先驅的 位置를 가
졌다고 할 수 있다.

新聞의 發達과 小說의 發達을 보면 漢城新報의 小說 `木東崖傳` 大

---

50) 李基文氏의 `開化期의 國文研究`(一潮閣) pp.113~114 參照

韓日報의 '灌頂醍醐錄', 一鶴散人의 '一捻紅' 金華山人의 '龍含玉' 白雲
山人의 '女英雄' 等과 國文小說인 '斬魔劍' '返魂香'이 있으며 中央日報
에서 漢雲의 '明月奇緣' 大韓每日申報에서의 '적선 여경록' '청루 의녀
전' 萬歲報의 '血의 淚' 等은 國文小說로 言文一致의 國文運動及 國語
敎育의 礎石이 되었다. 그리고 崔 峻氏는 韓國新聞史에서 '新聞의 紙幅
의 擴大와 連載小說'이란 題로

　　민간 신문은 한글 普及에 노력하는 동시에 連載小說을 실려 新聞小說
의 길을 터놓았다. 卽 '萬歲報'는 처음으로 李人稙 作의 '血의 淚'를 連載
하여 新聞連載小說의 첫 記錄을 남겨 놓았으며 이어 大韓每日申報가
1906年 2月 6日부터 小說 '靑樓義女傳'을 실었고 다시 '뎨국신문'은 1907
년 3월 20일부터 '許小僧'을 連載하였다. 이것은 한글로 된 우리 나라의
첫 連載小說들이다.[51]

　여기서 우리 나라의 한글(國文)小說의 出現과 그 功勞는 한글 普及
과 國語敎育 資料史 및 國文敎育史에 寄與한바 그 功이 큰 것이라 하
겠다. 卽 開化期 國文化의 主役은 新聞과 그에 連載한 小說이었음을
알 수 있다. 이 開化期小說이 우리의 文學運動과 國語科敎育에 功獻한
點을 간추려보면

1. 한글 專用文章으로 國語國文 敎育에 進一步를 促進시켰다.
2. 文學敎育 中心의 國語科敎育으로 이끌어 人間의 情緒와 人生의
   問題를 中心으로 다루는 國語科 敎育觀을 形成시켜줬다.
3. 言語藝術的 方面에서 文藝學을 通한 國語科의 文學敎育路線이 形
   成됨을 알 수 있다.
4. 새로운 人間形成의 思考方式과 人間의 價値的 思考構造를 改革시

---

51) 崔埈著 韓國新聞史(一潮閣) p.173 參照

키는 文學敎育의 길을 터놨다.

5. 敎科書 資料로 西歐文學作品을 받아드려 人智의 開化와 人間의 發見을 中心한 敎育으로 促進시켰다.

6. 1900年代에 접어들면서 日帝에 對한 抵抗意識을 底邊에 깔아 民族意識과 自主意識을 意識構造의 主軸으로한 精神思想敎育의 國語科 敎育을 形成시켰다.

7. 文學作品 속에 使用된 새로운 語彙들은 새로운 國語로 받아들여져서 새로운 國語語彙를 豊富하게 했다.

8. 우리 國文의 近代的 語文驅使의 새로운 樣相을 登場시켜서 새로운 國文敍述이 形成하게 됐다.

Ⅳ. 結 論

開化期 學術 文化界 및 敎育界에 關한 文獻을 調査 分析한 結果를 간추려 集約하면 다음과 같다.

(1) 1896年代에 와서야 비로서 學術·敎養·政治를 다루는 綜合誌가 나왔다. 이時期의 國語科 敎育에서 다룬 問題들은 言文一致의 具體案 選定을 爲한 分圍氣 造成과 言文一致 敎育을 해야 獨立 精神을 길러낼 수 있다고 보고 論壇를 냈으나 具體的인 方法이나 方案은 내놓지 못하고이를 模索하는 程度에 머물었다.

(2) 敎養·學術誌가 本格的으로 登場하게된 것은 乙巳五條約 成立 直後라하겠다. 따라서 1895年代 부터 1905年代까지는 學術活動의 胚芽期 1905年代부터 1907年代까지는 覺醒期, 그 以後는 抵抗과 內實活動期로 區分된다.

- 胚芽期는 國文의 所重함과, 漢文에서 벗어나 國文으로 새 文化를 이룩 해야 한다는 一般啓蒙의 글이었다.
- 覺醒期는 言文一致와 標準語 整理의 必要性 提高, 國文敎育을 爲한 敎材開發의 重要性과 漢文爲主의 弊害反省運動, 國字國文의 長點과 功獻性의 發掘.
- 內實活動과 外勢에 對한 抵抗期는 西友學會의 出現부터인데 이에서부터는 槪括的인 學術所論에서 具體的인 데로 파고들어가기 시작했다. 그리하여 朴 殷植의 '論幼學'에서는 國語學習의 範圍, 對象 등 文章類型別 學習까지도 言及하고 있다. 그리하여 그는 일곱가지 要素學習을 提示하고 있다. 그리하여 各論壇은 國文學習의 目的, 機能 言語와 精神, 辭典, 文法, 綴文(作文), 讀書, 文學學習까지 具體的으로 다루어 내고 있다. 1908年代 부터는 國語科의 敎科經營의 構造化까지 다루고 있으며 學習要素와 學習方法까지도 紹介되고 있다.

(3) 後期로 접어들면서 學術方法은 整然해지고 內容에 깊이가 있고 眼目과 視野가 國內外로 넓어지고 銳利 眞摯해지는 反面에 乙巳·丁未 兩條約 締結後 日帝의 侵透로 國語科 敎育은 敎科書에서 부터 敎科經營에 이르기까지 受難期에 접어든다. 이로 因하여 言論과 一般社會와 學校界에서는 論難이 있고 抗爭的 姿勢로 들어간다.

(4) 開化期의 論攷 文獻에서는 國文硏究所의 活動과 業績을 中心으로 새로운 國語와 새로운 國文의 整制를 言文一致의 類型과 그의 選定에 관한 妥協 意見을 重視하고 있으며, 當時國語과 國語敎育의 바른 모습 찾기의 論評을 通하여 새 국문의 消化路線을 發見할라고 하고 있다. 그리고 現代 國語國文化 運動에서 言文

66

一致와 國語國文敎育의 急進的 成就에 新聞과 小說 等이 功獻度가 높았음을 異口同聲으로 主張하고 있다.

(5) 國語科敎育의 專門誌가 없고 各科敎育으로 分化되지 못한 學問風土 이어서 큰 期待는 어려우나 그런대로 廣範하게 다루어 주었다고 보며 오히려 敎育學分野에서 우리 國語科의 內容이 꽤 發見되며 심지어는 家政學에서까지 言語敎育이 言及되어 近代國語敎育技術에 關해서는 이런 論壇에서 收獲이 높았다.

說話敎育 序說(1980)

崔 雲 植*

I. 序 言

說話는 民族的 集團의 共同生活 속에서 共同心意에 依하여 自然發生的으로 形成된 文字記述 以前의 口傳文學으로 그 속에는 民衆의 思想·感情·風習 및 世界觀이 投影되어 있다. 그래서 說話는 民衆 사이에 널리 流布되어 오면서 民族的 情緒 涵養과 價値觀, 人生觀이나 世界觀確立에 至大한 影響을 미쳐왔고 科學文明이 發達한 現代에도 이러한 影響力은 繼續되고 있는 것이다. 特히 자라나는 어린이와 少年·少女들에게 미치는 影響은 至大하다고 하겠다. 그래서 說話는 核心敎材 및 補充敎材로 活用되고 있다. 우리는 說話敎育을 通하여 民族的 思考와 倫理 및 民族情緒를 形成涵養하여 學生들의 圓滿한 成長을 돕고, 主體思想을 高揚하도록 하여야겠다.

最近에 와서 說話敎育의 重要性을 認識하고 이에 對한 論議가 일고는 있지만, 대체적으로 說話에 對한 理解가 不足하고, 說話敎育의 方向도 제내로 設定되어 있지 않아 敎育現場에서는 混線을 일으키고 있는 實情이다. 이에 筆者는 說話에 對한 理解를 돕고, 說話敎育의 올바른 方向 設定에 도움을 주려는 뜻에서 說話敎育의 한 序說로 이 글을 試圖해 본 것이다.

* 國際大學敎授

II. 說話의 理解

1. 說話의 性格

(1) 說話의 槪念 및 區分

說話는 民謠, 巫歌, 판소리, 民俗劇, 俗談, 수수께끼 等을 包含하는 口碑文學(oral literature, 民俗文學)의 한 分野이다.

說話는 個人의 創作物이 아니요 民族的 集團의 共同心意에 依해서 이루어진 一定한 構造를 가진 꾸며낸 이야기이다. 그렇기 때문에 日常의 身邊雜談이나 歷史的 事實을 傳하는 이야기는 說話에 包含되지 않는다. 說話中에는 事實을 假裝하는 이야기가 많이 있으나, 이것은 어디까지나 事實이 아닌 事實的 이야기이며, 事實 與否보다는 文學的인 興味와 敎訓 때문에 存在하는 것이다.[1]

다음에는 說話의 區分에 對하여 簡單히 살펴보겠다.

說話를 英國에서는 myth, legend, folktale로 區分하고 있으며,[2] 日本에서는 神話, 傳說, 昔話[3](또는 民話[4])로 區分하고 있다. 우리 나라의 境遇, 說話의 區分이 明確하지 않아 混線을 빚어 오다가[5] 最近에

---

1) 張 德順 外, <u>口碑文學槪說</u>(서울: 一潮閣, 1971), p.15.

2) Burne. C.S., *The Handbook of Folklore*, 1914, London.

3) 大林太良, <u>神話學入門</u>(東京, 中央公論社, 1971), p.48 및 日本民俗學會編<u>民俗學辭典</u>(東京, 1960).

4) 松村武雄, <u>神話學原論</u>(上)(東京: 培風館, 1940), pp.34∼35.

5) 孫 晋泰는 「民族說話는 民族 사이에서 說話되는 神話・傳說・寓話・笑話・雜話의 總稱」이라 하였고(<u>朝鮮民族說話의 研究</u>, 서울: 乙酉文化社, 1947, 緖說), 趙 潤濟는 說話・神話・傳說・說話로 區分하였으며(<u>國文學史</u>, 서울: 東國文化社, 1953, p.19), 金 烈圭는 從來에 說話・神話・傳說로 불

와서야 神話·傳說·民譚으로 區分하는 三分法이 通用되고 있다.6)

說話를 傳承說話와 制作說話로 區分하고, 傳承說話는 神話·傳說·童話를 包含하며, 制作說話는 童話(藝術的인 것)·寓話·個人作品에 나타나는 創作說話를 包含한다는 별다른 見解7)가 있고, 이에 同調하여 發展시킨 見解8)도 있으나 이는 說話의 槪念을 지나치게 擴大한 것으로 說話가 創作童話 및 小說까지 包含하게 되는 矛盾을 안고 있어 贊同할 수 없다.

筆者는 最近에 널리 通用되고 있는 三分法에 따라 說話를 神話(Myth, Mythus)·傳說(Legend, Legende)·民譚(folktale, Märchen)으로 區分하고 이들의 槪念을 說明한 다음, 이들을 比較해 보고자 한다.

가. 神話: 神聖視되는 이야기를 말한다. 이것은 대체로 神의 起源·性質·行動 및 現象을 敍述한 非文化的 心意·原始思考에서 이루어진 이야기로 神秘性·宗敎性을 띠고 있으며, 民衆的인 것으로 民族의 範圍 內에서 傳承된다.

檀君神話, 朱蒙神話, 新羅 始祖神話, 首露王神話, 濟州島의 三姓始祖神話 等을 비롯한 文獻 所載 神話와 지금도 口誦되고 있는 敍事的 形態의 巫歌들이 이에 屬한다.

나. 傳說: 特定한 場所·時代·人物에 關한 眞實한 이야기 또는 事

려진 敍事的 陳述이라는 特性을 갖는 民間傳承을 一括하여 民譚이라 하였다.(韓國民俗과 文學研究, 서울: 一潮閣, 1971, p.26)

6) 張德順 外, 前揭書, p.17.
  張德順, 韓國說話文學研究(서울: 서울大出版部, 1970), p.4.
  張籌根, "韓國口碑文學史(上)", 民族文化史大系Ⅴ(서울: 高大民族文化研究所, 1971), p.639.
  任東權, 民俗學論考(서울: 宣明文化社, 1971), p.34.
7) 朴晟義, 韓國古代小說史(서울: 日新社, 1958), p.110.
8) 柳增善, "說話文學과 國語敎育", 安東敎大論文集 第1輯(安東: 1968), p.31.

物의 起源이나 自然現象·物的現象에 對한 人間이 경탄할만한 이야기로 民衆的인 것이다. 傳說에는 眞實性·事實性은 있으나 宗敎性은 없고, 證據物이 提示된다. 傳說이 人物에 置重하면 英雄譚이 된다.

　다. 民譚: 흔히 쓰는 '옛말' 또는 '옛날이야기'에 해당하는 것으로 特定의 場所, 時代, 人物이 지적되지 않고 必然性이 결여된 이야기 또는 虛構的인 것으로 想像的·驚異的인 興味 本位의 이야기이다. 笑話, 童話, 寓話를 包含한다.

　神話, 傳說, 民譚의 差異點을 表로 나타내면 다음과 같다.[9]

神話 · 傳說 · 民譚의 差異點

	神　話	傳　說	民　譚
傳承者의 態度에서	○眞實하고 神聖하다고 認識	○眞實되다고 믿고, 實際로 있었다고 主張	○興味本意로 眞實性 神聖性은 問題되지 않음
時間과 場所에서	○日常的인 經驗으로 測定할 수 있는 範圍를 넘어선 太初의 일 ○特別한 神聖 場所	○具體的으로 制限된 時間과 場所	○具體的인 時間과 場所가 없다.
證據物에서	○매우 抱括的이다.	○特定의 個別的 證據物을 갖는다.	○證據物이 提示되지 않는다.
主人公 및 그 行爲에서	○主人公은 神 ○神이 지닌 能力을 發揮	○여러 種類의 人間 ○人間과 人間, 人間과 事物 사이에서 일어나는 豫期지 않던 關係	○日常的인 人間 ○運命을 開拓해 나가는 것.
傳承의 範圍에서	○民族의 範圍에서	○地域的 範圍에서	○地域이나 民族으로 限定되지 않는다.
機能面에서	○全集團의 信仰을 要請하며 集團 團結의 核心的 役割	○一定 地域을 발판으로 愛鄕心 鼓吹	○興味本爲의 社交的 交歡物로 藝能的이며 文學性이 두드러진다.

---

9) 張 德順 外, 前揭書, pp.17~20 및 張 籌根, 前揭書, pp.640~641 參照.

위 表에서 보는 바와 같이 神話·傳說·民譚은 서로 槪念을 달리 해서 區分되어야 할 理由를 充分히 가지면서도 口碑文學 또는 說話文學이라는 同一 範疇의 共通性 때문에 이 三者는 심한 混淆를 이루어 그 區分이 困難할 때가 적지 않다. 그리고 이 三者는 長久한 傳承過程에서 서로 넘나들며 그 이웃을 豊饒하게도 해 왔다.10)

(2) 說話의 特徵

說話의 全般的인 特徵은 다음과 같다.11)

첫째, 說話는 말로 된 文學이다. 말로 存在하고, 말로 傳達되고, 말로 傳承된다. 說話의 口傳은 一定한 몸짓이나 唱曲과 關聯없이 보통의 말로써 이루어지며, 이야기의 構造에 힘입어 可能하게 된다. 說話의 口傳은 句節句節을 완전히 記憶해서 이루어지는 것이 아니고, 核心이 되는 構造를 記憶하고, 이에 話者 나름대로의 修飾을 덧보태서 이루어진다. 그러므로 說話는 保存과 傳達의 狀態가 可變的이다.

둘째로, 說話는 口演되는 文學이다. 어떤 狀況 속에서 音聲的 變化·表情·몸짓 等을 使用하며 文學作品을 말로 나타내는 것을 口演(oral presentation)이라고 한다면 說話는 口演되는 文學으로 口演에 알맞도록 單純하면서도 잘 짜인 構造를 갖고 있다.

說話는 보통의 말로서 口演되며 規則的인 律格이 없고 散文的이다. 說話의 口演 機會에는 대체로 制限이 없고, 이야기를 하고 들을 분위기가 이루어지면 口演할 수 있는 것이다. 說話의 口演은 聽者와 話者의 對面關係에서 이루어지며 話者(口演者)로서의 資格 制限은 없고 一定한 修練이 없어도 可能하다.

---

10) 上揭書, p.639.
11) 張 德順 外, 前揭書, pp.2~9 및 pp.15~16 參照.

72

세째, 說話는 共同作의 文學이다. 說話의 口演者는 口演을 通해서
다른 사람으로부터 들은 바를 自己의 創作을 보태서 自己대로 再現하
여 다시 새로운 口演者에게 넘겨 준다. 새로운 口演者는 또 이를 받아
서 같은 性格의 行爲를 되풀이한다. 個人的인 創作은 個人的인 創作으
로 그치기도 하지만, 共同的인 創作으로 累積되기도 한다. 共同作은 個
人作의 集結을 通해서 이루어질 수 있고, 個人作은 共同作에 參與하면
서 이루어지기 때문에 說話는 共同作이면서 個人作이기도 한 것이다.

네째, 說話는 單純하면서도 普遍的이다. 說話는 口傳에 적합한 單純
하면서도 잘 짜인 構造를 지니며 表現 亦是 複雜할 수 없다. 單純하지
않고서는 記憶되기도 어렵고, 또한 듣고 理解하기도 어렵다. 單純할 수
록 普遍性이 커진다.

다섯째 民衆的·民族的이다. 兩班으로 이루어진 少數의 支配層 또는
知識層을 除外한, 農民을 中心으로 하는 大多數의 民衆은 生活을 通해
서 說話를 創造하고 즐겨 왔다. 그러므로 說話 속에는 民衆의 生活經
驗·意識·價値觀 等이 投影되어 있으며, 支配層에 對한 批判과 抗拒
를 나타내기도 한다.

說話는 民衆의 文學인데 그치지 않고 民族의 文學이다. 說話는 民族
을 構成하고 있는 大多數 사람들이 共有하고 있는 文學이기에 生活 및
意識共同體로서의 民族이 지닌 文學을 構築해 왔다.

여섯째 說話는 口碑文學의 여러 部門 中에서 文字로 記載될 수 있
는 機會를 가장 많이 갖어 왔다. 이는 說話가 兩班이나 知識人을 포함
해서 누구나 즐길 수 있는 것이기 때문이기도 하지만, 說話는 글로 적
어도 變質될 可能性이 적은 탓이기도 하다. 文字로 記錄된 說話, 즉 文
獻說話는 이미 口碑를 벗어나고 可變性이 淸算되어 嚴密히 따진다면
이미 說話가 아니나 文字로 定着되기 前에는 口口傳承되었을 것으로

認定되고, 說話로서의 構造와 表現이 意識的으로 바뀌지 않았다면 說話의 範圍를 넓혀 이에 包含시킬 수 있다.

다음에는 神話·傳說·民譚 各各의 特徵을 살펴보겠다.

가. 神話의 特徵

神話의 特性을 列擧하면 다음과 같다.12)

① 超自然性: 神話는 人間 以上의 存在, 人間 以上의 能力을 이야기하고 있다.

② 人格化性: 神話는 超自然的 存在態의 이야기를 하되 모두 人格化되어 人格體로 登場한다.

③ 共生性: 神話에서는 人間이 人間 以外의 存在態와 生活을 共享하며, 서로의 生活을 區別하지 않으며 相互依存的이다. 따라서 人間과 같은 生命體로 生存意義를 人間과 同一視하고 있다.

④ 宗敎性: 神話는 宗敎를 前提로 形成된다. 俗性神話는 聖性神話가 宗敎性이 弱化되고 俗性化한 것이고, 神話의 原形은 宗敎性을 띠고 있다. 그리스神話는 宗敎性이 弱化되고 文藝化하였다. 神話의 宗敎性은 그것의 存在契機를 基礎로 해서 本質的·先天的인 것과 附隨的·後天的인 것으로 나눌 수 있다.

⑤ 文化的 能力性: 神話는 神話를 形成시킨 社會를 背景으로 하고 있다. 따라서 神話는 原始社會의 敎訓, 道德, 社會制度 等을 反映한 것으로 文化를 形成·改造하는 能力을 갖는다. 神話는 社會的 事象의 正當性을 裁決하는 힘이 되었으며, 聖性的 社會生活의 推進力이 되었고, 俗性的 社會生活·活動의 諸部分의 脊柱가 되어 왔다.

⑥ 說明性: 神話는 自然界 및 人文界의 여러 가지 事象을 說明하고

---

12) 松村武雄, 前揭書, pp.425~703 參照.

있다. 原因에 關한 好奇心을 滿足시키기 爲하여 說明을 加하게 되었는데 이러한 意味에서 神話는 原始人의 科學이기도 했던 것이다.

⑦ 不合理性: 神話의 內容은 文化 民族의 科學的 思考로는 到底히 納得하기 어려운 일들이 많다. 自然의 이치를 無視하고, 어떤 觀念이나 實生活의 支持를 얻기 어려운 荒誕無稽한 것이 많이 있다. 그러나 神話人－神話를 産出하는 心理的 段階에 있는 自然民族에 있어서 이것은 가장 合理的인 것이었으며, 最高의 知識이며 科學인 것이다.

⑧ 主觀的 事實性: 神話가 文化民族의 觀點에서 볼 때 不合理한 것이라 할지라도 神話人의 立場에서는 가장 合理的일 뿐 아니라 實際生活에서 일어나며, 實際로 存在하는 事實로 믿었던 것이다. 그래서 神話의 內容은 低級 文化階層의 社會 集團이 過去의 어떤 時期에 實際로 經驗한 史的 事實과 現在에도 일어나고 있거나 經驗한 社會的 事實, 그리고 該 社會集團의 觀念·信仰上에서 일어나는 갖가지의 觀念的 事實과 該 社會集團의 理想에서 派生한 理想的 事實 等으로 構成되어 있다.

⑨ 類同性: 비슷한 內容의 神話가 世界의 많은 地域·民族 間에 存在한다. 韓國의 神話가 日本, 中國, Europe, Africa의 神話와 類似한 점이 있는 것은 神話의 類同性을 말해 주고 있다. 이것은 한 民族이 他地域으로 分散 移住하거나 民族間의 接觸·交通·漂流·掠奪·征服·通婚 等의 媒體를 通해서 한 說話가 많은 地域·民族 間에 擴散·傳播되기 때문이기도 하지만, 많은 民族이 低級한 文化期에는 비슷한 思考法이 그 心的活動을 支配함에 따라 비슷한 事象에 對하여 各地域에서 獨自的·平行的으로 類似한 解釋을 試圖한 데서 起因된다.

⑩ 民族的 發生性: 神話는 한 個人에 依해서 創作되기보다는 大衆的 呼吸에 依해서 發生·傳承되었다.

나. 傳說의 特徵

① 眞實性: 이야기의 年代, 事件 發生의 場所, 主人公 等이 明示되어 있고, 民衆의 經驗과 事件의 眞實性이 表現되며, 具體的 證據物을 가지고 있는만큼 傳說은 話者나 聽者나 다 眞實로 믿으려고 한다.

② 歷史性: 傳說은 自己 스스로가 歷史化함으로써 自己를 合理化시키려는 움직임이 보인다. 어느 孝女 이야기가 나오면 그 本人이 누구이냐 하는 것이 問題가 되고, 그 當事者를 歷史的인 人物로서 孝心이 至極하였던 사람이 있으면 傳說의 主人公이 바로 그 사람이라고 끄집어 댄다. 한 岩石에 어떤 흔적이 있으면 처음에 傳說에서는 옛날 난리가 나서 將帥가 지나가다가 남긴 말발자국이라는 이야기가 나오고 그 다음에는 그 장수가 누군고 하면 壬亂 때의 바로 누구였다는 式으로 結論을 맺는다. 傳說은 歷史化하여 鄕土愛 培養의 口實을 하기도 한다.

③ 體驗性: 傳說에 나타나는 事象들은 生活體驗을 基礎로 하여 形成된 것으로 先人들의 옛 모습을 發見할 수 있다.

④ 說明性: 河川, 村落, 島嶼, 寺刹, 橋梁 等의 形成 由來 等을 說明하고 있다.

⑤ 飛躍性: 傳說이 時空 問題에 具體性을 가지면서 이야기의 叙述이나 事件의 結果에 있어서는 飛躍이 있는 것으로 傳說이 神秘性을 갖는 原因이 여기에 있다. 무슨 이야기를 남한테 말할 적에는 事實을 强調하기 爲하여 어느 場面을 無意識 中에 特히 誇張하는 수가 있다. 그러한 結果 이야기는 飛躍의 世界로 이끌려 간다. 例를 들면 主人公의 能力을 說明하는데 큰 돌을 손가락으로 굴렸다든지 法堂을 하룻밤 사이에 完成했다든지 縮地法을 쓴다든지 하는 것들은 하나의 飛躍으로 事件을 더욱 인상 깊게 傳達하며 興味를 갖게 한다.

⑥ 話術의 自由性: 傳說은 이야기의 서술 절차가 一定하지 않으며,

이야기의 構成도 單純하다.13)

傳說에 나타난 人間觀을 보면 첫째, 傳說의 主人公은 豫期치 않던 事態에 直面하여 당황하거나 矮小해지는 경우가 많다. 이것은 卓越한 能力을 發揮하여 試練을 克服하고 自然의 秩序를 이룩하고 國家를 創建하는 神話의 主人公이나 日常的인 人物도 運命 開拓에 樂觀的인 民譚의 主人公과 對照的이다. 이것은 傳說이 證據物에서 오는 特殊性 때문이라 생각한다. 둘째로 傳說은 人間의 限界로 인해 생기는 不幸을 敏感하게 그리며, 세째, 傳說은 悲壯한 것이 많다.14)

다. 民譚의 特徵

① 民譚에는 時間과 空間이 提示되지 않는다. 民譚에서는 序頭에 常套的으로 '옛날에' 또는 '옛날 옛적에', '옛날 옛적 호랑이 담배 먹던 시절에'라고 하면서 옛날 중에서도 아주 옛날의 일이라는 것을 象徵的으로 表現할 뿐 具體的인 時代가 주어지지 않는다. 그리고 序頭에서 '옛날 옛적에' 하면 그 다음에 '어떤 곳에 어떠한 사람이 살고 있었다'고 말하여 事件의 場所가 어디인지 알 수 없다.

② 民譚은 興味 本位이다. 傳說이 說明的인데 比하여 民譚은 웃고 즐기는 것을 目的으로 꾸며진 이야기이므로 極端的인 飛躍이 있고, 非自然的 神奇한 일이 發生하여 論理를 無視하는 境遇가 많다. 그러나 民譚의 本質이 興味에 있는만큼 그 自體의 事實性 與否는 問題가 되지 않고 웃고 즐길 수 있으면 되는 것이다. 다만 童話에 있어서는 敎訓性을 內包하고 있다.

---

13) 柳 增善, 前揭書, p.39 및 任 東權, "傳說", 世界大百科事典 卷12(서울: 學園社, 1971), pp.527~528 參照.

14) 張 德順 外, 前揭書, pp.45~48.

③ 民譚은 想像의 世界를 그린다. 이것은 民譚의 興味性과도 關係
있는 일이다.15)

(3) 說話의 起源과 傳播

說話의 起源과 傳播에 關히여는 지금까지 여러 學說들이 提起되어
왔다. 이제 그 要點을 간단히 적어 보겠다. 論議의 對象은 主로 神話와
民譚이고 傳說은 包含되지 않는 것이 예사이다. 그것은 傳說이 神話나
民譚처럼 原初的이지도 않고, 世界的인 것도 아니기 때문이라 생각한다.

說話의 發生 時期에 對하여는 ①動物期說 ②身振語(Jesture language)
時代說 ③詩的 表現 衝動生起時代說 ④多神教期說 ⑤Animism 期說 ⑥
Animatism期說 等이 있다.16) 이것은 神話를 主로 하여 論議한 것이다.

①은 人間이 進化하기 以前의 高等動物期(類人猿과 같은)의 心理에
서 神話가 發生하였다는 것으로 Tito vignoli가 主張하였다. 神話 發生
의 時期를 가장 이른 時期로 想定한 學說이다.

②는 神話가 言語 以前에 記號나 象徵이 motif가 되어 形成되었다는
것으로 A. Churchward의 說이다.

③은 人間의 마음이 詩的으로 神을 讚揚하고 싶던 時期에 司祭者에
依하여 神話가 發生하였다는 것으로 T.W. Rolleston의 說이다.

④는 神話의 發生期를 가장 늦은 時期로 想定한 說로 神話 속의 神
의 名稱, 個性, 性格 等이 多樣한 것으로 보아 神은 여러 種類이다. 그
러므로 神話는 多神教 時代에 發生하였다는 것이다. 이것은 英國의 人
類學者 R.R.Marett의 說로 妥當性이 있는 主張이다.

⑤는 萬物에는 靈魂이 깃들어 있다는 原始的인 Animism의 基盤下

---

15) 任 東權, 前揭書 卷 6, pp.369~370.
16) 松村武雄, 前揭書, pp.377~418.

에 大衆的인 思考에 依하여 神話가 形成되었다는 것으로 E.B. Tylor의
說이다. 이것 亦是 妥當性이 있는 것으로 생각된다.

宗敎의 發達段階를 보면

㉠ Animatism: 萬物을 生命體로 봄(例: 山은 神이다.)

㉡ Animism: 二元論的으로 봄(例: 山에는 神靈이 있다.)

㉢ Theism: 人格化시키는 段階(例: 神靈을 人格化시킨다.)

의 세 段階가 있는데 ⑥은 神話는 Animism期 以前 卽 Animatism
期에도 있었다는 說이다.

위 學說은 모두 一理 있는 것들이기는 하지만 많은 弱點들을 가지
고 있으나 ④의 多神敎期說과 ⑤의 Animism期說이 妥當性이 큰 것으
로 생각된다.

說話가 무엇으로부터 始作되었는가에 對하여는 自然神話學派, 人類
學派, 心理學派, 祭儀學派의 主張이 있다.17)

自然神話學派(mythological school)라고 불리는 19世紀 中葉 獨逸의
Adalbert Kuhn, 獨逸 出身의 英國學者 Max Müller 等은 神話는 벼락
(쿤의 主張)·해(뮐러의 主張)·바람·구름 等의 自然 現象을 擬人化
하는 데서 始作되었다고 主張했다. 이 見解는 妥當性이 적은 것으로
人類學派의 많은 공격을 받았다.

英國의 Edward Tylor와 Andrew Lang에 依해서 始作된 人類學派
의 主張은 說話를 이미 사라진 原始文化가 남긴 痕跡이라는 것이다.
그리고 類似한 說話가 世界的으로 分布되어 있는 現象은 人類의 精神
的인 共通性과 文化發展過程의 類似性 때문에 일어난다고 하여 多元發
生說의 立場을 取했다. 이 學派의 見解는 쉽사리 否定되지 않고 오늘
날까지 有力한 前提로 通用되고 있다.

---

17) 張 德順 外, 前揭書, pp.20~22.

心理學派(psychological school) 또는 精神分析學派(psycho analystic school)는 說話의 起源을 心理的인 現象에서 찾고자 하는 것이다. 분트(Wilhelm Wundt)는 說話가 꿈이나 夢幻狀態에서 이루어졌다 했고, 프로이드(Sigmund Freud)는 한걸음 더 나아가 억압되어 있는 性(libido)的인 無意識의 發露로 說話가 생긴다고 했다. 프로이드가 외디 푸스(Oedipuo)神話를 아들의 어머니에 대한 性的 親近과 아버지에 對한 性的 敵意를 나타낸다고 해석한 것은 널리 알려져 있다. 이 見解가 갖는 그 自體로서의 妥當性에 論難의 餘地가 많다.

James Frazer에 起源을 두고 Jane Harrison 等에 依해서 確立된 祭儀學派(ritual school)는 人類學派의 立場을 特殊하게 發展시킨 것으로 神話는 祭儀 특히 豊饒祭(fierlity rite)나 成年式(initiation ceremony)에서 行動으로 나타내던 것을 말로 옮긴 祭儀의 口述的 相關物(oral correlative)이라고 主張한다. 이 學派의 勢力은 오늘날 美國에서 상당히 擴大되고 있는데, 神話 以外의 說話 全般을 祭儀와 結付시킬 수 있을지에 對하여는 疑問이 있다.

'說話가 어디서 始作되었는가?'에 對하여는 印歐起源說, 印度起源說과 歷史地理學派의 說이 있다.[18]

자곱 그림(J.Grimm)에 依해 提起된 印歐起源說(Indo-European theory)은 印歐의 各國語가 印歐共通祖語에서 비롯했듯이 印歐 各國의 神話도 印歐 共通神話라고 할 수 있는 것에서 由來되었다고 하는 見解다. 따라서 비롯한 時期는 아리안族이 分派되기 前이고, 생거난 場所도 原始 아리안族이 居住하던 곳이라는 것이다. 그러나 言語에서 共通祖語說은 오늘날까지 認定되고 있지만, 說話는 事情이 달라 印歐起源說은 이미 낡은 學說로 취급되고 있다.

---

18) 上揭書, pp.23~24.

獨逸의 梵語學者 벤파이(Theodor Benfey)는 印度起源說(Indianist theory)를 提唱했다. 즉 說話는 古代印度에서 생겨서 여러가지 經路를 거쳐서 西歐 各國으로 傳播되었다는 것이다. 이러한 見解는 벤파이의 主張과는 달리 實際로 立證된 것이 아니고 歷史地理學派에 依해 심각한 批判을 받았다. 韓國의 說話도 대부분 佛經을 通해 印度에서 왔으리라는 推測은 韓國版 印度起源說이라 할 수 있다.

歷史地理學派(historie-geographic school, 一名 핀란드學派 Finnish school)는 說話는 어느 한 時期, 한 자리에서 생겨난 것이 아니라 類型마 다른 歷史를 가지고 있다는 前提에서 出發했다. 크론(Kaarle Krohn)과 아르네(Antti Aarne)에 依해 開拓된 이 方法은 어느 한 類型의 說話(거의 民譚)를 擇해 可能한 모든 口傳 및 文獻上의 各篇(Version)을 蒐集하고, 蒐集된 資料를 重要 特徵에 따라 分析해서 共通的인 特徵에 입각해 原型(archetype)을 推定한 다음, 原型과 가까운 것이 어디에서 主로 發見되는가에 따라 그 類型이 생겨난 地域과 時期를 判斷하고, 原型으로부터 現在의 各篇들에 이르기까지의 變化 過程을 說明한다는 것이다. 이 方法은 앤더슨(Walter Anderson) 等에 依해 더 진척되고, 톰슨(Sith Thompson)[19]에 依해 美國으로 건너가 한때 大端한 勢力을 가졌다. 이 學派에 依한다면, 韓國의 어느 說話가 中國·蒙古·日本 等의 것과 같은 類型에 속한다 해도 嚴密한 檢證이 없이 어디서 어디로 傳播되었다고 말할 수는 없게 된다.

그러나 歷史地理學派의 이 方法도 說話의 原型의 再構가 無理이며, 原型이 가장 完全하리라는 생각은 退化的 前提에 입각한 잘못된 假定이라는 點과 說話의 多元發生의 可能性을 無視한 점이 批判되고 있다.

要컨대 說話의 發生에 對한 考察은 多元說(獨立發生說)의 立場에서

---

19) S. Thompson, The folktale (Holt, Rinehart and Winston: New York, 1946).

一次的으로 考察한 다음에 單元說(傳播說)의 立場에서 考察하여야 하리라고 생각한다.

　說話는 空間的으로 傳播되고, 時間的으로 傳承되면서 끊임없이 變化하고 있다. 그것은 說話가 口傳에 依해서 傳播 傳承되기 때문이다. 그러면 說話가 變化되는 原理는 무엇일까? 다음의 몇가지로 나누어 생각해 볼 수 있다.

가. 一般 心理的 條件에 依한 變化

　說話의 口傳은 說話 全體를 暗記하여 傳達되는 것이 아니고 類型(type)의 要點만을 記憶하고 話者가 자기 나름대로의 살을 붙여서 聽者에게 傳達함으로써 이루어진다. 이러한 口傳過程에서 話者의 忘却으로 本來의 說話의 一部分이 短縮되어 結末이 되기도 하고, 때로는 이 忘却된 部分을 채워넣으려는 心理에서 揷話, motif를 끼워 넣어 敷衍하는 現象이 일어난다. 이 忘却과 敷衍에 依해서 說話는 變化하게 된다. 이야기 自體로 보면 忘却은 退化요, 敷衍은 發展이다. 그러나 敷衍되는 揷話나 motif가 지나치게 强調·擴大되면 本來의 이야기가 변모하게 된다.

나. 文化的 地理的 條件에 依한 變化

　첫째, 宗敎의 變化에 따라 說話도 變化한다. 宗敎는 모든 文化의 中心要素가 되므로 宗敎와 表裏關係에 있는 神話의 內容이 變하고, 傳說·民譚의 內容도 따라서 變하게 된다.

　둘째, 社會制度에 따라 變化한다. 古代의 母系社會에서는 女性說話가 많고, 後代의 父系社會에 와서는 說話의 主人公이 男性으로 變化한 것은 좋은 例라 하겠다.

세째, 生活樣式에 따라 變化한다. 狩獵漁撈期의 神話의 主人公은 動物이었는데 農耕文化期에는 穀靈(穀神)이 主役을 하게 된 것들은 生活樣式의 變化에 따른 것이다. 現代에 와서는 神이 商工神의 機能을 갖게 되었다.

네째, 異民族과의 接觸에 依해서도 說話는 變化한다.

다섯째, 自然環境에 따라서 風土化한다. 國土, 地勢, 海流, 山岳, 氣候, 動植物 等의 條件에 따라 그곳의 自然環境에 맞도록 說話의 內容이 變한다. 舊約 創世記 19章의 소돔과 고모라城에서 脫出하던 롯의 아내가 소금 기둥이 된 것과 비슷한 이야기가 中國・韓國에서는 바위 또는 돌기둥으로 나타나는 것은 死海 隣近地域에는 鹽石이 많은데 比하여 中國이나 우리 나라에는 岩石이 많기 때문인 것이다. 이것은 說話가 風土化한 例라 하겠다.

다. 民族共同意識의 變化에 따른 變化

사람의 智慧가 發達함에 따라 民衆의 道德觀念이 變化하고, 階級意識・歷史意識이 鮮明해짐에 따라 說話속의 非道德的 要素가 醇化되고, 氏族과 民族의 權威意識에서 다른 民族의 說話(特히 神話)를 借用하여 文學化・歷史化시킴으로 說話는 變化한다.

라. 話者・聽者에 依한 變化

먼저 話者에 依한 變化를 보면, 話者가 司祭者 혹은 古代詩人일 경우 이들의 知力, 特殊한 意識에 따라 合理化되어 가고, 道德化 되며 文學化된다. 話者가 一般 農漁民일 경우에는 口演者의 話術, 才能, 體驗,

人生觀에 따라 道德的인 方向, 宗敎的인 方向으로 變化된다.

　다음으로, 聽者에 依한 變化는 이야기를 듣는 對象이 成人, 兒童, 男女, 地方人, 外來人 等으로 바뀜에 따라, 또 口演時의 雰圍氣에 따라 娛樂的, 道德的인 面 等이 달라진다.

　以上의 原理에 依해서 說話는 內的인 變化 혹은 外的인 變化를 가져오게 되는데, 外的 變化의 경우에는 部分的인 變化가 있고, 全體的으로 變化를 일으켜 Genre가 變하는 경우가 있다. 神話가 傳說이나 民譚으로 바뀌는 것이 그 例이다.

(4) 說話의 構造

　說話의 組立的 構造에 對하여 살펴보겠다. 먼저 類型(type), 話根(root), 話素(motif)의 槪念을 알아 두어야 하겠다.

가. 類型·話根·話素

　類型(type)은 獨立的으로 存在하는 傳承的인 이야기이다.[20] 따라서 이야기가 아무리 復雜하거나 單純하더라도 다른 이야기에 依存하지 않는 獨立的인 이야기라면 類型(type)으로 認定한다.

　話素(motif)는 이야기의 最小單位要素로 이야기를 이루는 核이 된다. Motif는 特異하고 인상적인 內容으로 이루어져 있어서 쉽사리 파괴되지 않고 쉽게 記憶되며 獨立的인 生命을 갖는나.[21] 사람은 話素가 될 수 없으나 '혹부리 영감'은 特異하고 인상적이므로 話素가 될 수 있다.

　話素(motif)는 다음의 3가지로 區分된다. 첫째는 이야기의 行爲者들

---

20) 上揭書, p.415.
21) 上揭書, 同面.

로 神, 怪物과 魔女, 도깨비, 妖精과 같은 魔術的인 것들, 사랑스러운 꼬마, 邪惡한 繼母 等과 같은 因襲化된 人間 等과 같은 것들이다. 둘째는 魔術, 怪常한 慣習이나 信仰 等과 같이 行爲의 背景을 이루는 것들이다. 세째는 單一事件들로 이것이 motif의 大部分을 이룬다. 이것 亦是 獨立的인 存在이므로 type을 堅持하게 해 준다.[22] Type은 하나의 motif로 이루어지기도 하고, 여러 개의 motif들로 이루어지기도 한다.

이야기는 motif를 基點으로 事件이 形象化되고, 이 事件을 叙述하여 이야기가 進行되지만 motif는 形象化 以前의 觀念的인 것이다. 이런 關係로 motif는 이야기를 만들 수 있는 無限한 可能性이 있지만, 形象化 以前의 觀念的 狀態에 머물고 있어서 motif 獨自의 힘으로는 이야기의 形成이 不可能하기 때문에 여기서 plot[23]의 介入이 不可避하게 된다. Motif에 plot이 介入하게 되면 plot의 構成力에 依해서 素材가 選擇 動員되어 그 調和에 따라 이야기의 骨格을 갖추게 된다. 이렇게 motif가 plot의 介入으로 形象化된 이야기의 最底 單位의 骨格이 話根(root)이다. 卽 motif+plot=root 이다.[24]

Root와 motif를 比較해 보면 다음과 같다.

---

22) 上揭書, pp.415~416.

23) 이야기를 形成하는 줄거리, 또는 줄거리에 나오는 여러 가지 事件을 하나로 얽어 짜는 일과 그 手法, 卽 構成의 뜻으로 썼음.

24) 金 泰坤, "巫歌의 形成構造", 栖園龐溶九博士 華甲紀念論叢(서울: 同發刊委員會, 1975), p.359. cf. 松村武雄, op. cit. II, pp.128~135.

Root와 Motif의 比較

Root	Motif
1. 說話 內容의 組立에 있어서 形態的 인 面	1. 說話內容의 組立에 있어서의 觀念的 인 面
2. 複數的이다(motif+plot=root)	2. 單數的이다.
3. 이야기의 骨格을 進行시키는 要素	3. 이야기의 觀念을 集約시키는 要素
4. 이야기의 構造를 多樣化시키는 能力을 갖고 있다. 즉 몇개의 Root가 配列組合하여 서로 다른 이야기를 形成할 수 있다.	4. 이야기의 構造를 單一化시키는 機能 밖에는 없다.
5. 形態的, 外的, 動的, 變化的	5. 觀念的, 內的, 靜的, 固定的

나. 組立 構成

① 從的 構造(內的 構造)

話素(motif)에 플롯(plot)이 作用하여 話根(root)이 되고 話根(root)에 다시 플롯이 作用하여 하나의 이야기 類型(type)이 成立한다. 하나의 話根에 또 다른 話根이나 episode[25]가 합쳐져 하나의 類型이 되기도 한다. 이것을 圖式化하면 다음과 같다.

A. motif+plot→root

B. root+plot+root→type

C. root+plot+root+episode→type

B의 root가 C의 episode의 口實을 할 수도 있어서 混同의 우려도 있으나, B는 여러개의 root가 모여 있다 해도 形成過程에서의 統一的 調和를 이루어 type 全體의 一貫된 統一性이 있고, C의 episode는 旣存의 type에 外部로부터의 揷入으로 type全體에 一貫된 統一的 調和 均

---

25) 이야기의 type 속에 揷入되는 揷話로 하나의 葛藤이 始作되어 解決되기까지를 말함.

86

衡이 잡히지 않는다는 點에서 差異가 있다.[26]

② 橫的 構造(外的 構造)

說話의 構造를 橫的으로 分解해 보면 發端·展開·結末의 三段階로 되나 傳說의 境遇에는 여기에 證據物을 提示하는 部分이 添加되어 있다.[27]

發端→展開→結末……神話·民譚

發端→展開→結末→證據……傳說

(5) 說話의 形式

說話의 形式에 對하여는 여러 角度의 考察이 可能하나 여기서는 序頭와 結末의 形式, 對立과 反復의 形式, 進行形式에 對하여 간단히 살펴보겠다. 이것은 勿論 說話 全般에 적용되는 것이지만 특히 民譚에 잘 적용된다.

가. 序頭와 結末의 形式

이야기를 시작할 때와 마칠 때에 使用되는 一定한 表現을 말한다. 시작할 때에는 「옛날 옛적에……」, 「옛날 옛적 간날 갓적에……」, 「옛날에도 아주 옛날 호랑이 담배 먹던 시절에……」, 「그전에……」라고 하고, 끝날 때에는 「이런 얘기야」라고 하거나 「잘 살다 죽었단다.」 「잘 살다 엊그제 죽었단다.」 「그래 가지고 그 사람이 죽었는데, 어제가 바로 장삿날(제삿날)이었단다.」라고 한다. 이러한 序頭와 結末은 첫째, 日常的인 이야기와는 區別되는 作品世界의 獨自的인 小宇宙를 確立할

26) 金 泰坤, op. cit., p.360.
27) Ibid, p.360 및 崔 來沃, "說話와 그 小說化過程에 對한 構造的 分析", 國文學研究Ⅷ(서울大學校 文理大 國文學研究會, 1968), p.10.

수 있게 해 주며, 둘째 이야기가 敍事的 過去時制로 展開됨을 明白히 하고, 끝나고 나서는 이야기하고 있는 現在로 되돌아오게 해 주고, 세째 이야기가 虛構임을 나타내고, 結末에서는 虛構的인 그럴듯함을 强調하며, 네째 興味를 돋워주는 口實을 한다.[28]

나. 對立과 反復의 形式

對立과 反復의 形式은 人物이나 狀況을 創造할 때 흔히 使用된다.

對立에는 첫째, 善과 惡의 對立이 있다. 善한 사람은 처음에는 窮地에 몰리지만 마침내 勝利를 거둔다. 善은 平民으로, 惡은 兩班으로 나타나는 境遇도 있고(例, 螺中美婦說話), 善이 人間으로, 惡은 怪物로 나타나는 境遇도 있다.(例, 地下國大賊退治說話) 둘째, 힘과 꾀의 對立이 있다. '호랑이와 토끼' 이야기가 그 좋은 例이다. 세째, 美와 醜의 對立도 있다.(例 콩쥐와 팥쥐) 그러나 이것들은 善‧惡의 對立과 關係가 있다.

對立은 仔細한 描寫를 하지 않고도 現實의 問題를 鮮明하게 反映하는 方式이며, 또한 善이 勝利하고 惡이 敗北해야 한다는 信念을 나타내기 爲한 手段이기에 形式的인 것만은 아니다.[29]

反復은 비슷한 內容을 되풀이하는 것으로 仔細한 描寫나 敍述을 省略하고서도 效果를 올릴 수 있는 强調의 手段이다. 이것은 $a+a'+a''+a'''+\cdots\cdots+a^n$으로 表示할 수 있는데 慵齋叢話 卷五에 나오는 「渡水僧」이야기가 그 좋은 例다.

對立과 反復의 形式은 民譚이 記憶과 口演을 쉽게 해 주는 口實도 한다.

---

28) 張 德順 外, 前揭書, p.61.
29) 上揭書, 同面.

다. 進行形式

民譚進行形式의 가장 큰 特徵은 作中時間의 進行에 따라 이야기가 展開된다는 點이다. 이렇게 되어야만 記憶과 理解가 쉬워지기 때문이라 하겠다. 小說에서처럼 作中時間을 잘라서 건너 뛰거나 다시 되돌아 가거나 한다면 話者나 聽者가 다 혼란에 빠질 염려가 있다.

한 人物의 行動을 時間의 흐름에 따라 계속 이야기하는 單線的 進行이 民譚의 基本的인 形式이다. 人物이 二人 以上일 경우에는 이야기의 中間部分에서 並立的인 形式을 취한다.

進行의 形式에는 한 行爲가 원인이 되어 다음 行爲가 생기는 결과가 계속되는 累積的 形式(例: '새끼 서 발'), 反復되는 事件들이 서로 因果關係가 없는 連鎖的 形式(例: '심보 사나운 호랑이와 할머니'), 그리고 回歸的 形式이 있다.[30]

(6) 說話의 內容

說話의 類型(type)은 수없이 많다. 이러한 說話의 內容을 整理한다는 것은 不可能에 가깝다. 다만 說話가 內包하고 있는 內容意味를 要約해 보는데 그치려 한다.

說話는 民衆의 意識과 原初的 思惟를 文學的으로 形象化한 것으로 先人들의 世界觀, 人生觀이 投影되어 있다. 說話속에는

① 民間信仰(家神信仰, 洞神信仰, 自然信仰, 占卜信仰, 風水信仰, 巫俗信仰)

② 儒敎 · 佛敎 · 道敎思想

③ 忠 · 孝 · 節 · 友愛 · 信義 等 倫理意識

---

30) 上揭書, pp.62~64.

④ 民族意識

⑤ 民衆들의 生活의 멋과 知慧

⑥ 民衆들의 所望

⑦ 民衆들의 治者에 對한 反抗

⑧ 재치와 諧謔

等 說話를 享有한 民衆늘의 諸意識이 文學的으로 形象化되어 있다. 文學的 形象化의 過程에서 必要한 motif를 取하고, 이 motif를 核으로 plot이 作用하여 root를 이룬다. 여기에 다시 plot이 作用하여 하나의 類型(type)을 이루는 組立的 構成 過程에서 위에 보인 바와 같은 諸意識이 投射된 것이다.

2. 說話와 文學

文學이란 言語와 文字라는 形式을 通하여 人生을 具體的으로 탐구하고 表現하는 創造의 世界다.31) 文學은 言語藝術이란 말로 定義되기도 한다. 言語는 時間的인 것이며 반드시 意味를 갖는 것이기 때문에 言語藝術은 時間的인 意味藝術이라고 規定할 수 있다. 이러한 觀點에서 볼 때 口碑文學과 記錄文學은 전혀 同一한 것이다.32)

口碑文學은 記錄文學보다 先行한다. 처음에는 記錄文學은 없었고 口碑文學만 존재하였다. 記錄文學은 口碑文學의 記錄化에서 始作되었고, 자츰 口碑文學을 떠나서 獨自的인 性格을 지녀갔다. 그렇게 됨에 따라 文學 하면 記錄文學만을 생각하고 口碑文學은 文學이 아닌 것처럼 생각하기도 하였다. 그러나 口碑文學은 記錄文學의 成立 後에도 外面的

---

31) 丘 仁煥・丘 昌煥, <u>文學의 原理</u>(서울: 法文社, 1973), p.19.

32) 張 德順 外, <u>前揭書</u>, p.2.

인 變化는 있었으나 形式과 內容의 核心的인 面은 바뀌지 않고 傳承되어 왔다. 文學史의 全過程을 통해서 볼 때 기록문학은 구비문학으로부터 필요한 영양소를 쉬지 않고 섭취했다.

說話는 구비문학의 諸쟝르 중 문학성이 가장 높은 叙事쟝르로 記錄文學으로의 전환이 가장 두드러지게 나타난다. 따라서 설화의 고찰은 설화 그 자체를 文學作品으로 보고 설화를 수집·정리하며 설화의 傳承樣相, 形態, 構造, 意味 등에 대한 연구를 진행하는 한편, 판소리 및 小說과의 關係를 살펴야 한다.

「金鰲新話」, 「洪吉童傳」을 비롯하여 「春香傳」, 「沈淸傳」, 「興夫傳」, 「콩쥐팥쥐」, 「장화홍련전」, 「옹고집전」 등등 일일이 예거할 수 없을 정도의 많은 古典小說들이 說話를 背景으로 이를 受容·潤色하여 構成되었고, 판소리 또한 설화적 배경하에서 형성·발전되어 왔다. 說話와 小說 및 판소리의 관계는 다음과 같이 圖式化할 수 있다.[33)]

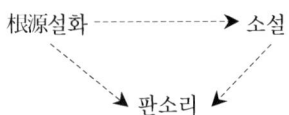

根源說話는 판소리 과정을 거쳐서 小說로 定着되기도 하였으며, 根源說話가 직접 소설로 정착되고 이것이 廣大들에 의해 脚色되어 판소리로 형성되기도 하였다.

說話는 판소리나 古典小說 外에 現代小說 및 戱曲과도 밀접하게 관련되어 있다. 「無影塔」(현 진건), 「아랑의 정조」(박 종화), 「睡蓮」(오 영수), 「실걸이꽃」(오 영수), 「黃土記」(김 동리), 「돌」(한 무숙) 等의 現代小說과 「옛날 옛적에 훠어이 훠이」, 「어디서 무엇이 되어 만나랴」, 「둥둥 樂浪둥」(이상 최 인훈) 등의 戱曲作品들은 說話를 背景으로 했

---

33) 金東旭, 韓國歌謠의 研究(서울: 乙酉文化社, 1976), p.357 및 金 泰坤, 黃泉巫歌 研究(서울: 創又社, 1966), pp.145~146 참조.

거나 說話를 素材로 하여 構成한 例이다.

　説話는 口碑文學으로서의 機能을 갖는 한편 記錄文學 특히 小說의 源泉이 되었음을 看過해서는 안될 것이다.

Ⅲ. 說話教育

1. 說話教育의 意義

　'幼兒期에 感得한 이야기가 그 사람의 人格形成의 기초가 된다.'[34] 고 흔히 말하는데 이는 筆者나 주위 사람들의 經驗과도 一致된다.

　兒童들은 옛이야기(説話)를 좋아한다. 어린이들은 옛날이야기를 통하여 옛부터 있어온 藝術의 世界를 이해하고 생활의 지혜를 배우며, 自己中心에서 벗어나 認識의 世界를 넓히면서 自己를 形成해 나간다. 여기서 説話의 教育的 配慮가 重要한 問題로 대두되는 것이다.

　兒童의 發達段階에 따른 讀書興味의 變化를 보면 다음 圖表와 같다.[35]

---

34) 內山憲尙, 童話學入門(東京: 文化研究所出版部, 1962), pp.235～237. 柳增善, 前揭書, p.49에서 再引用.

35) 阪本一郎, "讀書指導と兒童文學", 兒童文學論(東京: 牧書店, 1963), pp.398～399.

藏	3	4	5	6	7	8	9	10	11	12	13	14	15	16
읽을 거리의 종류	자장얘기									少年文學				
		옛 이 야 기										大 衆 文 學		
			寓 話									本格文學		
				童 話										
					神 話 · 傳 說									
						架空想像物								
						少年少女物								
								冒險探偵物						
								少 女 物						
									傳 記 物					
			逸 話							歷 史 物				
段 階	자장얘기期	옛이야기期	寓 話 期	童 話 期	物 語 期	傳 記 期	文 學 期							

위의 圖表에 나타난 바와 같이 說話에 대한 흥미와 관심은 幼年期에서 靑年前期까지 걸쳐 있다. 특히 兒童期는 說話에 대한 흥미와 관심이 集中되는 시기이다. 그러므로 說話敎育은 兒童期에 效果的으로 이루어져야 한다고 생각한다.

說話(童話) 文學의 敎育的 價値를 ①民族精神의 形成 ②情操의 醇化로 豊富한 人間性 育成 ③同情心의 養成 ④人生의 길의 暗示 ⑤正義感의 育成 ⑥想像에서 創造로 ⑦言語의 敎育에서 찾으려는 見解가 있다.[36] 그러나 筆者는 다음의 몇가지 점에서 說話敎育의 意義를 찾고자 한다.

첫째, 說話敎育을 통하여 說話에 담긴 우리 民族의 精神, 信仰, 思惟 등을 理解하고 이를 繼承할 수 있게 한다. 說話가 民族精神을 일깨우고 民族的 矜持를 갖게 한다는 것은 洋의 東西를 막론하고 예로부터 있었던 일이다. 이것은 高麗朝 文豪의 한 사람으로 꼽히는 李奎報의 '이름없는 남녀들의 입에까지 자주 오르내리며 「舊三國史」에 기록된

---

36) 柳 增善, 前揭書, pp.49~50.

東明王의 神異한 일등을 金富軾이 「三國史記」에서 略記한 것을 통탄하
고, 이를 詩로 지어 天下人으로 하여금 우리 나라의 근본이 聖人의 나
라임을 알게 하겠다.'[37]고 한 말에도 잘 나타나고 있다. 이러한 생각은
「帝王韻紀」나 李朝의 「龍飛御天歌」에도 나타난다. 三國遺事에 所載된
檀君神話를 비롯하여 駕洛, 三國의 開國神話 및 傳說들이 國家的으로
어려움을 겪는 高麗人들에게 民族的 自覺과 矜持를 갖게 해 주었으리
라는 점은 짐작하기 어렵지 않다. 前章에서 말한 바와 같이 說話는 우
리 民族의 精神, 信仰, 思惟를 바탕으로 하여 形象化된 것이니, 說話를
통하여 이를 理解하고 民族精神을 기르도록 하여야겠다. 유태민족이
'탈무드'를 통하여 유태인의 정신을 기르고, 어린이들의 智慧를 일깨워
나가고 있다는 점을 他山之石으로 삼아야 하겠다.

둘째, 民衆意識을 理解하고, 韓國人의 傳統的인 價値觀을 기르도록
해야 하겠다. 說話에는 孝行, 友愛, 信義, 貞烈을 題材로 한 說話가 있
는가 하면 게으르거나 욕심많은 자, 간사한 자를 懲罰하는 內容의 說
話가 있다. 또 民俗을 알려주고 民衆의 哀歡을 담은 說話가 있다. 說話
속에는 善의 勝利에 대한 信賴가 담겨 있으며, 어떠한 試練이나 어려
움도 극복하려는 民衆의 强한 意志가 들어 있다. 이러한 것들을 說話
를 통해서 자연스럽게 認識시킴으로써 올바른 가치관을 가진 건전한
한국인으로 성장시킬 수 있을 것이다.

세째, 說話를 통하여 先人들이 지녀온 生活의 智慧를 터득하여 올바
른 삶의 자세를 확립하게 할 수 있을 것이다. 說話 속에는 어려움을
극복하려는 創造的이고 開拓的인 생각이 스며 있고, 生活의 苦痛을 중
화시켜 주는 格調 높은 웃음이 있으며 諷刺와 諧謔을 통한 生活의 멋
이 담겨 있다. 支配階層의 억압과 수탈, 强者의 힘 앞에서 生存을 유지

37) 李奎報, 東國李相國全集 卷三 東明王篇并序.

하는 方法은 오랜 生活 속에서 터득한 生活의 智慧와 임기응변하는 재치 밖에는 없었을 것이다. 그래서 强者와 弱者의 對立에서 弱者가 智慧로 勝利한다는 內容의 說話가 많이 생겨났다. 특히 전래동화에는 Wit가 많은데 그 理由로는 欲求不滿인 현실에서의 해방을 얻고, 無學子女에게 知的 敎養을 주기 위함이었으며, 兒童들이 智慧萬能의 眞理를 攄得케 하고자 함이었다는 점[38]을 들 수 있겠다.

네째, 이야기 構成力, 말하기 能力을 비롯한 國語實力의 向上을 꾀할 수 있다. 說話는 말로된 文學으로 말로 存在하고, 말로 傳達되고, 말로 傳承된다. 說話의 口傳은 句節句節을 完全히 기억해서 이루어지는 것이 아니고 核心이 되는 構造를 記憶하고, 이에 話者 나름대로의 修飾을 덧보태서 이루어진다. 그러므로 話者는 核心構造를 토대로 再構成해서 聽者에게 들려주게 된다. 說話를 口演할 때에는 聽者와 그 분위기에 알맞게 말의 억양, 속도를 조절하고 語彙를 選擇하며 표정, 몸짓 등도 사용하게 된다. 여기에서 複合的으로 國語實力이 向上되는 것이다. '說話를 구수하고 재미있게 口演할 수 있는 村老는 다른 말에도 調理가 서고 對人關係에도 의연할 수 있구나.' 하는 것이 筆者가 오랜 동안 說話蒐集을 하면서 探錄現場에서 느끼곤 하던 생각이다.

家庭이나 學校에서 자주 이야기를 해 주고 說話集을 읽게 하며 서로 이야기하도록 권장하기만 하면 자기가 알고 있는 說話들을 다투어 口演하게 될 것이다. 여기에서 國語實力은 자신도 모르는 사이에 向上될 것이다.

위에서 說明한 것 외에도 여러 가지 관점에서 說話敎育의 意義를 찾을 수 있을 것이나, 基本的 理論을 제시하는 것으로 끝을 맺고 敎育課程이나 敎育內容에 근거하는 것은 다음 기회로 미룬다.

---

38) 孫 東仁, "大阜島의 傳來童話", 畿甸文化硏究 2輯(仁川: 仁川敎育大學 畿甸文化硏究所, 1973), p.89.

2. 說話敎育의 方案

說話敎育의 方案에 대하여는 多角的으로 깊이 있는 연구가 진행되어야 할 것이므로 本稿에서는 筆者의 提言을 겸하여 몇 가지 問題를 제기하는 것으로 그치고자 한다.

첫째, 敎師, 學父母이 說話에 대한 識認을 새롭게 하여야 하겠다. 說話에 대한 理解가 없이 荒唐無稽한 것이라고 일축해 버리거나, 說話의 文學性, 說話 속에 屈折되어 있거나 內在되어 있는 뜻을 알지 못한 채 合理的인 思考로 說話를 해석하려는 최근의 傾向은 시정되어야 한다. 단편적인 例를 들어 보겠다.

數年前 筆者가 中學校 二學年 敎室에서 學生들에게 國史 敎科書에 실린 檀君神話를 읽고 느낌을 말해 보라고 했더니 大部分의 學生들이 '창피하다'는 것이었다. 그 理由를 물은즉 '우리들이 곰의 후손이라니 얼마나 창피하냐'는 것이었다. 그래서 筆者는 古代人들의 信仰과 totemism, 偉大한 人物의 出生을 聖化하려는 古代人의 意識과 思惟 등에 대하여 알기 쉽게 說明해 준 다음에 "우리는 天神(桓雄)과 地神(곰)의 結合에 의해서 태어난 가장 聖스러운 檀君의 후예라는 점을 단군신화를 통해서 알 수 있다. 그래도 창피하다고 생각하는가?"라고 물었더니 모두가 기뻐하며 '단군의 자손 됨이 자랑스럽다.'는 것이었다.

現代人들은 檀君神話를 外面하려 한다. 西曆紀元前 2333년에 古朝鮮이 建國됐고 우리의 祖上은 檀君할아버지라는 사실을 곧잘 믿고, 開天節은 紀念하고 公休日로 즐기면서도 檀君神話에는 無關心하려 한다. 檀君神話에 나오는 '弘益人間'의 理念이 우리 나라 敎育의 基本理念이고 그 理念아래서 敎育을 받았다는 事實 마저도 忘却하거나 否認하려는 것은 아닌지 모르겠다. 이러한 현상은 檀君神話의 경우에 限한 것이 아니다. 自己 氏族의 族譜에 실려 있는 始祖神話의 내용을 모르는 경우가 많고, 어쩌다 그 내용을 알게 되면 매우 부끄럽게 여기는 사람이 많다. 이러한 현상은 餘他 說話의 경우에도 많이 있는데 이것은 說話에 대한 理解가 부족한 데서 오는 현상인 것이다.

說話에 대한 인식을 새롭게 하는 방안의 하나로는 敎育大學과 師範大學의 敎育課程과 敎員再敎育講習의 內容에 說話敎育에 관한 것을 反映시켜, 說話에 興味와 關心을 갖고 있는 兒童期 및 靑年前期의 敎育을 담당하는 敎師들의 認識을 새롭게 하여 指導에 임하게 하는 일이다. 한편으로는 大衆傳達媒體를 통한 弘報와 學問的인 著述을 통한 硏究成果의 파급으로 社會와 學父母의 인식을 새롭게 하는 일이다.

둘째 說話 各篇(virsion)에 대한 敎育的 검토가 진행되어야 한다. 說話各篇은 그 자체가 하나의 作品이므로 이에 대한 손질이나 變改는 바람직한 일이 아니다. 그러나 說話敎育이라는 측면에서 볼 때는 교육적 측면에서의 검토가 있어야 한다. 이 때에는 前章에서 說明한 說話의 變化原理를 생각하며 聽者가 兒童이라는 점을 감안한 정도 이상으로 說話의 內容이나 構成을 變改시키는 일은 없어야 하겠다.

文學의 敎育性은 結果이지 目的이 될 수는 없다.[39] 說話의 敎育的 檢討過程에서 說話 自體의 美意識이나 價値보다 倫理的 効用價値나 敎訓性이 重視되거나 露出되어서는 안된다. 그렇게 되면 그것은 說話文學이 아닌 倫理나 道德敎科書와 다를 바 없이 될 것이다.

세째, 韓國의 神話·傳說·民譚集을 많이 發行하여야 한다. 어린이용으로 발간된 說話集은 우리나라 것은 一部 國肇神話와 敎訓性이 짙은 傳來童話에 限定되어 있고 大部分이 外國童話集이다.

우리나라에는 많은 說話가 傳承되어 왔다. 우리 祖上들이 물려준 값

---

39) 石 庸源, <u>兒童文學槪說</u>, (서울: 藝文舘, 1974), p.26.

진 자료들이 오늘날에 와서는 라디오 · 텔레비젼 · 出版物 등 科學文明
에 의해서 소멸되어 가고 있다. 一部 뜻있는 學者들이 이를 蒐集 整理
하고 있으나 人力, 經費 면에서 많은 어려움을 겪고 있으며, 이 貴重한
資料의 出版도 그리 容易한 일이 아니다. 學者들이 애써 採錄한 資料
들은 採錄狀況과 함께 傳承의 모습을 그대로 알 수 있도록 出版하여
學問的 硏究資料로 活用될 수 있도록 하는 한편, 兒童들이 읽을 수 있
도록 語彙를 바꾸고 文章을 손질하여 發刊되어야 한다. 그래서 이미
文獻에 定着된 說話를 위시하여 口傳되고 있는 說話까지를 포함한 說
話集이 刊行되어 說話를 통한 敎育의 成果를 거두도록 해야겠다.

　네째 說話資料를 活用하여 말하기 훈련과 讀書指導를 하면 效果的
이라고 생각한다. 좋은 資料는 敎科書에 실려야 한다. 이것은 現在 施
行하고 있는 바이나 韓國說話敎材 收錄의 比率이 問題가 되겠다. 자기
가 아는 說話를 여러 사람 앞에서 말할 기회를 주어 말하기 능력을 길
러 주는 한편 發刊된 說話集을 活用하여 體系的인 讀書指導를 하여 國
語實力을 기르도록 해야 한다.

Ⅳ. 結 語

　說話는 民族的 集團의 共同生活 속에서 共同心意에 의해서 이루어
진 一定한 構造를 가진 꾸며낸 이야기이다. 說話는 民衆의 意識과 思
惟를 文學的으로 形象化한 것으로 先人들의 思想, 感情, 風習 및 世界
觀이 投影되어 있어서 民族的 情緒 涵養과 價値觀, 人生觀이나 世界觀
確立에 至大한 影響을 미쳐왔다. 특히 어렸을 때 들은 이야기가 一生
동안 記憶되며 人格形成의 基礎가 된다는 점을 생각하면 說話가 어린

이에게 미치는 영향은 至大하다 하겠다.

說話教育을 통해서 說話에 담긴 우리 민족의 精神, 信仰, 思惟를 理解하고 民族的 矜持를 갖고 계승하도록 하는 한편, 民衆意識을 理解하고 韓國人으로서의 傳統的인 價値觀을 갖도록 해야 하겠다. 또 說話에 담긴 生活의 知慧를 터득하고 삶을 개척해 나가는 지혜와 올바른 자세를 갖도록 하는 한편 이야기의 構成力, 말하기 能力을 伸張할 수 있도록 해야겠다. 여기에 說話教育의 意義가 있는 것이다.

說話가 教育에서 차지하는 比重이 높고 說話教育의 意義가 높다는 事實을 안다고 해서 說話教育이 저절로 이루어지는 것은 아니다. 教師나 學父母가 說話의 性格, 特徵, 構造, 形式 및 內容에 대한 理解를 통하여 說話에 대한 認識을 새롭게 하고 說話教育에 관심을 기울일 때 비로소 成果를 期待할 수 있을 것이다. 說話를 황당무계하다고 일축하거나 低級하고 無價値한 것이라고 일축하는 최근의 경향은 說話에 대한 認識의 부족에서 緣由한 것이다. 說話에 대한 認識을 새롭게 한 후에 說話 各篇에 대한 教育的 檢討를 하고, 이를 土臺로 많은 說話集을 發行한 다음 이를 體系的인 讀書指導 資料로 活用한다면 說話教育은 좋은 成果를 거두게 될 것이다.

說話教育 方法에 관한 깊은 연구와 教育的 活用에 대한 검토가 계속될 것을 기대한다.

高校 國語教科書에 나타난 樂章의 問題點(1981)

金 炳 鶴*

I. 序 論

高麗를 이은 朝鮮은 新興國家로서의 면모를 갖추기 위해 旺盛한 意慾을 보이면서 出發했다.

政治的으로는 崇儒斥佛의 强力한 推進으로 모든 社會的 價値를 朱子學(＝性理學)을 通하여 規範化했다. 또한 親明政策을 써서 新王朝의 政權을 明에 보고하여 李朝建國을 보장받아 國內的으로는 '麗末 以來의 舊世代 官僚들에게 대하여 國王의 地位와 王室의 權威를 確認[1] 시키려 노력했다. 이것은 四代 世宗代에 이르러 德治主義로 말미암아 많은 文物制度가 자리 잡혔고 六鎭과 四郡의 設置로 朝鮮의 領土가 고정되었던 것이 비로소 世祖 때에는 中央集權體制의 確立으로 뿌리를 내리게 되었다.

社會的으로는 兩班이란 身分이 생겨 여러 가지 特權을 누리면서 世襲되는 바람에 平民과는 유리된 感情의 儒敎的 特殊社會가 形成되었다.

文化的으로는 科擧制度의 실시로 兩班官僚制度를 더욱 양성화한 셈

---

* 조선대학 부속고등학교 교사
1) 韓佑劤, 「韓國通史」(서울 乙酉文化社, 1972), p.237.

이나 集賢殿이나 弘文館 시설을 通하여 政治나 社會를 安定시키는 데 必要한 書籍을 刊行하게 되었다.

이와 같이 政治·社會·文化的 側面에 있어서 新王朝의 不安을 해소하고 指導層 貴族들의 秩序確立을 爲한 努力의 일환으로 發生한 것이 소위 '樂章'이다.

李朝開國 以後 樂章은 約 一世紀 동안 指導體制의 整備나 秩序確立의 努力으로 일시적으로는 全盛期를 맞았으나, 成宗代에 이르러 政治, 經濟, 社會, 文化的으로 安定되자 곧 衰退하였다.

이러한 樂章의 詩歌文學史上 位置에 대하여 金東旭 教授는 '國文學史에 있어서 다만 過渡期의 文學形式으로 擧論될 뿐 別다른 價値를 줄 수 없는 것 같다.'2)라고 言及했다.

그 뒤, 尹貴燮氏가 하나의 Genre 設定問題에 관하여 '音樂에 있어서의 樂章은 統一된 어느 類型을 찾을 수 있을지 모르나, 文學面에서의 樂章을 하나의 詩歌 Genre로 볼 수 있을지 모르겠다3)는 懷疑的인 態度를 취하고 있는 것을 보아 아직도 文學的 Genre의 名稱에 대한 限界性이 分明치 않고 있음을 볼 수 있다.

筆者는 지금까지 이룩해 놓은 先學들의 많은 研究에 힘입어 高校 國語教科書에 나타난 樂章(新都歌, 感君恩, 霜臺別曲, 龍飛御天歌)을 中心으로 樂章에 대한 槪要 및 名稱의 妥當性, 樂章의 內容, 形態, 音樂的·文學的 特質을 살펴보고자 한다.

그리하여 實際로 高等教育 古典教育에서 指導되어지는 詩歌文學, 그 中에서도 樂章이 志向하는 意圖가 무엇인가를 밝혀 여기에 따르는 제반 問題點을 지적하고자 한다.

또한, 本 論文이 효율적인 古典文學教育을 爲한 國語學習에 보탬이

---

2) 金東旭, 「國文學槪說」(서울, 民衆書館, 1980), p.67.

3) 尹貴燮, 「國語國文學 34, 35호」(서울, 국어국문학회, 1967), pp.89~122.

되도록 努力한바 앞으로도 계속적인 硏究를 通하여 새로운 詩歌文學史에서 樂章의 位置를 굳히도록 노력해야 되겠다.

II. 樂章의 槪要 및 名稱

古典文學은 생생한 歷史性이 있어서 오늘의 文學生命의 源泉이 되며 同時에 끊임없이 오늘의 文學에 힘차게 뻗어 나갈 수 있도록 生命을 부여해 줌을 意味한다. 그런 뜻에서 이제는 '古典文學'[4]을 자기만의 領域이라는 閉鎖的인 훈고주석학의 領域에서 벗어나, 文化人類學·精神分析學的 方法이든지 現象學的 方法이든지 간에 隣接學問을 通한 再照明을 試図하여 大衆들이 소화할 수 있도록 古典이란 딱딱한 베일을 벗겨 버려야 되겠다.

원래 '樂章'이란 語彙에서 '樂'[5]이란 뜻은 天地의 和한 氣雲 가운데서 振動하여 나온 氣雲소리가 사람의 목소리로 하여금 빛나게 단장한 소리로 根本을 삼는 것인데, 그 소리를 여러 樂器에 옮기면 사람의 音聲에 따라 喜·怒·哀·樂의 感動을 주게 된다.

이러한 樂은 그 曲이 지어진 본바닥 고장과 또는 지어진 年代에 따라 다소 부르는 名稱이 다른데 新羅 統三 以後로 들어온 中國系의 俗樂인 唐樂은 佛敎의 伝來와 더불어 梵唄가 들어오게 되어 新羅의 音樂은 高度로 發達되어 왔었다.

또한, 高麗時代의 樂은 「雅樂·唐樂·鄕樂」으로 나누어지는데, 雅樂은 보통 古典音樂을 통틀어서 말하는 경우도 있지만 唐代 以後로 들어

---

4) 鄭炳昱, 李御寧共著, 「古典의 바다」(서울, 玄岩社, 1980), p.16.

5) 具本燖, 「樂의 硏究」 국어교육 11호(서울, 한국국어교육연구회, 1965), p.206.

온 中國系 正樂을 말한 것이고, 鄕樂은 우리나라 伝來 固有의 音樂으로 左坊의 唐樂에 대하여 右坊樂이라고 하였다.

한편, 李朝初期의 音樂은 高麗의 것을 그대로 이은 것으로 世宗時의 朴堧을 비롯한 여러 사람들이 中國典籍을 參考하여 雅樂器를 改良하고 새로 調律함으로써 雅樂의 演奏法과 그 制度 등을 周制에 가깝도록 整備하느라 努力하였다.

이러한 意味의 樂章은 나라의 祭享과 宴享에 奏樂할 때에 부르는 歌詞로 辭說은 祖宗의 功德과 聖德을 讚揚하는 것을 內容으로 한 詩體라 볼 수 있다.

그러나 樂章이란 하나의 詩歌 Genre에 대하여 생각해 볼 때 音樂的 意味에 있어서는 統一된 하나의 詩歌類型을 찾을 수 있을지 모르나 高麗俗謠와 宗詞가 또는 景幾體歌와 詩經詩가 같은 音樂으로 불리어졌다 해서 반드시 같은 詩歌 Genre로 볼 수 없듯이 아무리 內容이 이른바 '李氏祖宗의 功德과 聖德을 讚揚하는 樂章으로 使用되었다 하더라도 그 表現形式에 따라 여러 가지 名稱을 使用할 수 있다6)고 보겠다.

그런데 아직까지 적당한 Genre的 名稱이 設定되어 있지 않아 樂章을 하나의 情緖를 지닌 李朝詩歌로 볼 때, 名稱에 대한 問題가 宿題로 남게 된다.

從來의 名稱에 대한 諸設을 檢討해보면, 頌禱를 內容으로 한 鮮初의 詩歌를 大部分이 '樂章'7)이라고 称했고 혹은 '雅頌文學'8) '頌祝歌'9)

---

6) 李鍾出, "鮮初期 樂章體歌의 硏究" 省谷論叢 10집, p.151.
7) ① 趙潤濟, 「韓國文學史」(서울: 探求堂, 1976), p.125.
　　② 李秉岐・白鐵共著, 「國文學 全史」(서울: 新丘文化社, 1980), p.120.
　　③ 張德順, 「國文學 通論」(서울: 新丘文化社, 1980), p.150.
　　④ 鄭炳昱, 「韓國 古典詩歌論」(서울: 新丘文化社, 1980), p .125.
　　⑤ 金俊榮, 「韓國 古典 文學史」(서울: 螢雪出版社, 1980), p.240.
　　⑥ 金東旭, 「國文學 槪說」(서울: 民衆書舘, 1980), p.62.

'頌詩'10) '頌禱詩'11) 等 多樣한 名稱設定을 볼 수 있다.

그러나 이들 중에는 時調까지를 包含한 분도 있고 時調를 除外한 분도 있다.

한편, 趙潤濟 博士는 「韓國文學史」12)에서 다만 '朝鮮이 開國한 以後 國家가 制定되어 이제는 우리말로 詩歌를 마음대로 表記할 수 있으니 이것으로써 官中廟樂에 쓸 수 있는 樂章이라는 獨特한 하나의 노래체를 만들어 보자하는 그 樂章을 말하고자 한다'라고 보아 鮮初의 樂章 이라는 것도 一般 노래와는 別다른 하나의 노래체를 構想한다고 봄으로, 實際 龍飛御天歌도 엄격한 意味에서 樂章으로 보지 않을 수도 있을 것이다.

이와 같이, 音樂的인 意味에서 包括的으로 使用하던 '樂章'이라는 名稱을 朝鮮初期의 頌禱를 內容으로 한 全詩歌를 包括하여 文學的인 用語로 使用하기엔 미흡하다고 보겠다.

또한, 굳이 鮮初로 局限한다면 音樂的 意味 以外에도 高麗 때부터 이어온 景幾體歌의 形式도 그 나름대로 Genre的 名稱이 設定되어 있는 셈이다.

그러므로 漢詩體나 漢詩懸吐體 및 그 以外의 나머지 國文歌詞만을 指稱하여 音樂的인 意味의 樂章과는 多少 區別된 意味에서 '體歌'를 더 붙여 '樂章體歌'13)라고 假稱한 詩歌 Genre의 設定도 볼 수 있다.

上記 사실을 土代로 '高校 國語敎科書'14)에 나타난 樂章의 編制에

---

8) 金思燁, 「李朝時代의 歌謠研究」(서울: 學園社, 1962), p.15.

9) 李能雨, 「人間을 爲한 國文學槪論」(서울: 以文堂, 1955), p.62.

10) 金起東, 「國文學 槪論」(서울: 進明文化社, 1973), p.159.

11) 金文基, "鮮初 頌禱詩의 性格考察" 「韓國語文學大系Ⅲ」(서울: 螢雪出版社, 1980), p.248.

12) 趙潤濟, op. cit., pp.125~126.

13) 李鍾出, op. cit., p.150

관해서 살펴보면 '國語 Ⅱ'에 수록된 '樂章'이란 單元에서 '新都歌·感
君恩·霜臺別曲'과 國語Ⅲ에 수록된 '龍飛御天歌'를 한 單元으로 묶어
景幾體歌의 形式인 '霜臺別曲'을 따로 떼어내고, 國文歌詞 爲主의 '新都
歌, 感君恩, 龍飛御天歌'만을 묶어 '樂章體歌'라는 名稱을 使用한다면
보다 明確한 詩歌 Genrer가 될 것이다.

Ⅲ. 樂章體歌論

1. 作者論

　高校 國語敎科書에 실려 있는 네 편의 '作者層'15)을 살펴보아 이들
中 같은 內容의 類型別로 作品을 모아 그 性格을 糾明하면서 共通點을
찾아보고자 한다.
　이들 作者層이 그 당시 누렸던 最高官職과 年代, 文名, 諡號, 功臣關
係를 도표로 나타내면 다음과 같다.16)

---

14) ① 人文系 高等學校 國語Ⅱ. pp.208~210.
　　② 人文系 高等學校 國語Ⅲ. pp.68~71.

15) 이들 作者中
　　① 感君恩은 鄭道傳 또는 河崙의 作(金臺俊, 朝鮮歌謠集成 古歌篇) 혹은
　　　 "世宗初期 以前의 作"(金思燁, 李朝時代의 歌謠研究, p.28)이라고 推
　　　 定하기로 하나, 筆者는 尙震(梁柱東, 麗遙箋注. p.20, 高校 國語Ⅱ.
　　　 p.209)으로 처리했다.
　　② 霜臺別曲은 翰林別曲體를 好用했다는 점에서 卞季良(金思燁, 李朝時代
　　　 의 歌謠研究. pp.18~19)으로 보지만, 權近으로 처리했다.

16) 金文基, op. cit., pp.257~258 참조

〈도표 1〉

作　者	生存年代	號	諡　號	文　明	官　職	功臣關係
鄭道傳	？～1398	三　峰	文憲	成均大司成	門下侍中	開國 一等功臣(忠義君)
尙　震	1493～1564	松　峴	成安	副提學	領議政	
權　近	1352～1409	陽　村	文忠	大提學	大司成	左命功臣(吉昌君)
權　踶	1387～1445	止　齊	文景	大提學	右贊成	
鄭麟趾	1396～1478	學易齊	文成	大提學	領議政	河東府院君(靖亂功臣)
安　止	1377～1464	皐　隱	文靖	大提學	工曹參判	

　　위의 〈도표 1〉을 통하여 살펴보면 作者層은 한결같이 高官大爵이고 그들이 官職에 있으면서 樂章을 지었다는 点이 共通點으로서, 尙震을 除外한 그들 모두가 死後에 〈文〉字의 號를 받았으며 當代의 詩文에 能하여 文柄을 잡았던 뛰어난 분들이었다.

　　이들 作者層의 生存年代를 보더라도 高麗時代부터 李朝에 걸쳐 다양하지만 설령 그들이 麗末에 忠臣이었다 할지라도 鮮初에 있어서는 모두 新興士大夫로서 開國과 함께 뜻을 같이 해오던 大臣으로 結局 王의 信任을 받아 富貴榮華를 누리던 전세가들이었다.

　　이와 같이 新王朝와 뜻을 같이 해온 이들의 富貴는 계속적인 王權維持에 있으므로 建國後 淘淘한 人心과 無秩序를 바로잡아 그들이 추구하던 目的達成을 爲해 最大限의 努力이 必要하게 되었다.

　　그러므로 이러한 新王朝의 集權勢力이 그 基盤을 確固히 하는데 必要로 하는 것은 우선 朝廷內의 兩班階級을 相對로 한 선동적인 樂歌의 製作이 急先務이었다고 볼 수 있나.

　　따라서 이들 樂歌의 製作이 作者層에 미치는 영향은 新王權의 伸張과 富貴를 爲해서 不可不의 相關關係를 지녔음을 알 수 있다.

2. 作品論

이들 作品의 發表된 創作年代와 王朝 및 出典은 다음과 같다.

〈도표 2〉

作品名	王朝 및 年代	出　典
① 新都歌	太祖 2-3(1393~1394 A. D)	樂章歌詞
② 感君恩	明宗 재위(1545~1567 A. D)	樂章歌詞 古今歌曲
③ 霜臺別曲	世宗 1(1419 A. D)	樂章歌詞
④ 龍飛御天歌	世宗 27~29(1445~1447 A. D)	單行本

　위의 〈도표 2〉에 例示된 樂章中 代表作이라 할 수 있는 龍飛御天歌가 世宗代에 이르러 製作됨으로 訓民正音 創製에 이은 훌륭한 文化社業으로 成果를 보인 점을 들어 이 時期를 樂章의 융성기라고 볼 수 있으며 나머지 作品도 太祖의 제위와 더불어 民心을 安定시키려는 意圖的인 創作의 性格임을 알 수 있다.

　한편, 作品의 創作年代 및 王朝를 中心으로 지금까지 通說로 되어있는 鮮初 樂章의 時期를 '朝鮮建國 太祖 二年(1393年)부터 成宗 三年(1472年)까지 約 80年[17]으로 볼 때, 感君恩의 作者 尙震을 明宗재위(1545~1567 A. D)의 期間으로 연장한다면 적어도 73~95年이라는 상당한 期間의 差異 때문에 그 뒤에 나타난 丁克仁의 賞春曲〈=歌辭文學의 효시〉이 成宗 元年(1470年)으로 推定한 사실과 비교하여 여기에 따르는 樂章을 一世紀에 整理하는 데 무리가 있다고 본다.

---

17) Ibid., p.264.

3. 作品分析

(1) 樂章의 音樂的 特質

音樂的인 名稱에서 包括的으로 使用하던 樂章은 물론 「音樂에 얹는 글」[18] 또는 「國家의 祭奠이나 宴禮, 宴享 때 奏樂하는 歌詞」로써 이 時代에 必要한 새로운 音樂이 要請되었다.

이러한 新國家의 탄생과 함께 聖君의 恩德을 頌祝할 새로운 音樂의 必要性은 다음 '太祖實錄 卷四'[19] (太祖二年 七月 己己)에서 찾아볼 수 있다.

「臣觀歷代以來 受命之君 凡有功德 必形之歌樂 以焜燿當時 而垂示後 來故曰一代之興 必有一代之製作」(傍点 筆者)

(臣이 보건데 역대로 천명을 받은 임금은 무릇 공덕이 있으니 이를 歌樂으로 드러내어 당시에 훤히 빛낼 뿐 아니라 후대에까지 드리워 보이는 것이옵니다. 그래서 일대의 흥함이 있으면 반드시 일대의 제작 이 있는 것입니다.)

또한 太祖實錄 卷八(太祖四年 十月 乙未)에는 다음과 같은 記錄이 실려 있다.

「自昔 聖帝明王之作 必有文臣歌詠 頌讚發揚聖德神功之 懿被諸管絃 勤諸金石有苦周詩大明綿爪生民淸廟之類 或美其受命定都 或称其立廟奉 祀宣明德烈 因以勤戒」(傍點 筆者)

(예로부터 聖帝와 明王이 일어나면 반드시 문신의 歌詠이 있어서

---

18) 鄭鈺東, 「國文學史」(대구, 螢雪出版社, 1965), p.53.

19) 金文基. op. cit., pp.253~254에서 再引用.

성스러운 덕과 신령스러운 공업의 아름다움을 기리고 드날려 음악에 싣습니다. 이는 周詩의 大明, 綿瓜, 生民, 淸廟와 같은 것입니다. 受命과 定都를 기리기도 하고 혹은 立廟와 奉祀를 일컫고 밝은 德과 烈을 밝혀 돈독히 規戒합니다.)

위의 引用文에서「聖帝와 明王이 일어나면 반드시 여기에 따르는 새로운 歌樂 또는 歌詠」이 있어서 當代에서뿐만 아니라, 後代에까지 길이 빛낼 수 있도록 樂章製作의 必要性을 言及하고 있음을 본다.

이와 같이 李朝의 開國과 함께 李太祖는 新國家를 일으키게 된 易姓革命이 天命에 依한 것임을 强調하고 六代祖 先祖들의 功德을 讚揚하는 새로운 歌樂을 갖춤으로써 政治上의 體裁와 같이 官中에서 宗廟祭享과 公事宴享이 있을 때 器樂에 맞추어 노래하게 되었다.

더욱 오늘날 남아있는 高麗俗謠의 12首가 모두 官中樂의 書籍인 樂章歌詞와 樂學軌範에 머물러 伝하는 것을 보아서 李朝初의 音樂은 高麗의 것을 그대로 이어온 것이라 볼 수 있다.

이러한 音樂的 必要性에 의해서 世宗時에는 慣習都監을 設置하고 朴堧, 孟思誠 等으로 하여금 樂器新製를 契機로 해서 宗廟朝會의 樂을 製作하게 되었고 마침내 世宗 12年에는 雅樂譜가 完成되어 13年에 賀正禮의 新製에 雅樂을 演奏하는 데 얼마나 心血을 기울였는가 알 수 있다.

더구나 祖宗의 盛德과 創業의 艱難을 노래하기 爲하여 世宗께서는 鄕樂과 中國의 鼓吹樂을 參酌하여 宗廟祭禮樂인 定大業(呈才 때는 女樂, 祭享 때는 男樂으로 추는 춤으로 鄕樂과 唐樂을 섞어 추는 춤) 11曲(昭武 篤慶 濯征 宣威 神定 奮雄 順応 寵綏 靖世 赫整 永觀)과 保太平(呈才 때 추는 춤으로 鄕樂과 唐樂을 섞어 演奏하며 祭享 때는 男樂을 쓰므로 樂工이 代身함) 11曲을 지어 中國式 雅樂에 代身하여 쓰게

되었다.

이제 李朝 樂章 속에 스며있는 宋詞를 "太宗實錄 卷 235"[20] (太宗 2年 6月 丁巳條)를 通해서 살펴보자.

「前朝承三國季 因用其樂 又從宋朝 請用敎坊之樂 及其季世 又多哇淫之聲 朝會宴享 一切用之 無足可觀」

위와 같이 高麗에서는 在來의 三國音樂을 쓰면서 宋의 敎坊樂을 請用했고 麗末에 이르러서는 哇淫之聲이 많이 섞여 亂雜해진 音樂을 李朝에서 받아들여 썼으므로 自然 李朝 樂章 속에 스며있는 宋詞와 詞音樂을 發見할 수 있다. 이러한 鮮初 音樂의 混沌과 貧困의 斷面을 보충하기 爲해서도 樂製의 整備는 시급한 실정에 놓여 있었다.

李朝 樂章中 代表作이라 할 수 있는 龍飛御天歌는 먼저 國文歌詞로 되어 노래를 音樂的인 樂譜에 실은 致和平(一章에서 十六章及 卒章)과 醉豊享(一章에서 八章及 卒章)이며, 漢詩에 曲을 붙인 與民樂(一, 二, 三, 四章及 卒章)으로 되어 있다.

또한 龍歌의 '音樂的 形式[21]'은 第一章, 二章, 百二十五章으로 이루어지는 〈前腔·中腔·後腔·大葉·二葉·三葉·四葉·五葉〉이 基本形인데, 이것은 結局 麗謠의 眞勺 곧 鄭瓜亭曲의 擴大發展形이라고 볼 수 있다. 즉 이러한 龍歌의 音樂은 麗謠의 鄭瓜亭·井邑詞·處容等이 모여 處容舞合說이라는 大合樂에 擴大 集大成된 後에 다시 龍歌를 뒷받침해주고 있는 것을 볼 수 있다.

上記, 言及된 樂章 속에 스며있는 音樂的 特質을 몇 가지로 整理하면 다음과 같다.

첫째, 聖帝와 明王이 일어나면 新國家의 體裁를 整備하는 데 必要한 手段으로 새로운 歌樂이 創作되었음을 알 수 있다.

20) 尹貴燮, op. cit., pp.97~98 參照
21) 李惠求, "龍飛御天歌의 形式"〈亞細亞研究 通卷 17號〉, p.58.

110

둘째, 鮮初의 樂章 創作에 宋詞와 麗謠의 詩歌가 폭넓게 살아 움직이는 音樂의 形態로 使用되고 있음을 볼 수 있다.

셋째, 龍歌의 音樂은 國文歌詞로 된 致和平과 醉豊亭 또는 漢詩로 된 興民樂과 함께 宗廟祭禮樂과 公事宴享及 擧動에까지 쓰여 貴重한 音樂底 價値를 發見할 수 있다.

(2) 樂章의 內容

樂章이 지니고 있는 具體的인 內容分析을 通하여 이들이 추구하는 根本的인 意圖가 무엇인가를 살펴보고자 한다. (단, 分量上 敎科書에 收錄된 作品만을 對象으로 했다)

① 新都歌
漢陽이 高麗時代에는 楊州고을이었던 歷史的 變遷을 먼저 들고, 漢江과 三角山等 地勢의 웅장하고 아름다우며 덕성스런 모습의 새로운 都邑地에 對한 환희와 聖主의 萬壽가 이 江山과 같이 長求하기를 頌祝한 노래다.

② 感君恩
임금의 聖德과 聖恩의 그지없음을 讚頌한 全四章으로 構成되어 있다.
㉠ 第一章: 聖德을 四海의 깊이에 비유하여 讚揚하였다.
㉡ 第二章: 聖德을 泰山의 높이에 비유하여 讚揚하였다.

③ 霜臺別曲
司憲府에서의 生活을 通하여 新興王朝의 훌륭함과 정연함을 憲府燒尾宴에 使用되어 노래한 全五章 構成이다.

㉠ 第一章: 新興國家의 文物制度가 왕성함을 讚揚하였다.

④ 龍飛御天歌

李氏朝鮮의 創業을 頌詠한 作品으로 朝鮮王朝 六代 祖宗인 穆祖・翼祖・度祖 桓祖 및 太祖, 太宗에 걸쳐 이루어진 王業이 天命에 依한 것임을 밝히고 이들의 建國事蹟을 中國의 歷代帝王의 事蹟과 견주어 新王朝의 建國 由來가 遠大하고 조정의 聖德이 거룩함을 讚揚함과 아울러 이 王朝를 後孫들이 길이 保全할 것을 訓戒할 目的으로 製作된 것이다.

全 十卷 二册 百二十五章으로 構成되었는데, 第一章과 二章은 序詞고 第三章에서 百九章까지는 本詞로 六祖의 事蹟을 前朝 및 中國의 故事를 끌어다 노래하여 朝鮮建國의 當爲性을 그리고 第百十章부터 百二十五章까지는 結詞로써 後世 嗣王의 戒鑑을 삼는 內容으로 되어 있다.

㉠ 第一章: 李氏의 創業이 天命임을 밝히고 易姓革命을 合理化하여 中國歷代 聖君의 事蹟과 일치함을 主張했다.

㉡ 第二章: 朝鮮의 建國을 나무와 물을 끌어 들여서 결코 遇然이 아닌 累代 祖先의 쌓고 쌓은 功績深遠의 터전 위임을 밝혔다.

㉢ 第二十章: 三韓天地를 李氏에게 맡기기 爲하여 危機에서 하늘이 保護하신 天佑神助를 나타내고 있다.

㉣ 第三十章: 李太祖가 危殆로운 處地에 놓여 있을 때 하늘의 保護로 天佑神助함을 나타내고 있다.

㉤ 第三十五章: 李太祖의 뛰어난 智略과 勇猛으로 적을 물리친 武功을 稱頌하였다.

㉥ 第八十七章: 李太祖의 超人的인 힘을 通하여 威力을 나타내고 있다.

㉦ 第百十章: 開國을 爲한 祖上들의 苦行을 생각하며 나라를 잘 다

112

스리도록 後王들에게 警戒하고 있다.

　◎ 第百十六章: 李太祖의 몼天之心을 본 받아 나라를 잘 다스리라는 後王에 대한 警戒를 나타내고 있다.

　㋩ 第百二十五章: 敬天勤民하여 더욱 굳센 나라를 계승시키도록 後王에 대한 警戒를 나타내고 있다.

　위에서 言及된 四作品의 內容을 類型別로 分類하여 〈도표 3〉으로 제시하면 다음과 같다.

〈도표 3〉

作品名	作品內容	作品名	作品內容
新都歌	讚　王	龍飛御天歌二十, 三十章	讚王(天佑神助)
感君恩 一, 二章	頌 王 德	龍飛御天歌三十五章	讚王(武功)
霜臺別曲一章	讚文物制度	龍飛御天歌八十七章	讚王(威力)
龍飛御天歌 一章	讚王(天命)	龍飛御天歌百十, 百十六	讚王(後王에 警戒)
龍飛御天歌 二章	讚王(功績深遠)	龍飛御天歌百二十五章	

　위 〈도표 3〉에 나타난 內容分類를 살펴보면 大部分이 李氏의 王業을 讚頌하는 讚王으로 되어있고 여기에 수반되는 新都邑地의 地理的인 位置와 文物制度를 讚揚하여 朝鮮의 建國을 累代 祖先이 이룩해 놓은 完成된 터전임을 積極的으로 敷衍·說明해 주고 있다.

　이제 이들 作品內容을 中心으로 몇 가지로 정리해 본다.

　첫째, 大部分의 內容이 讚王을 노래하여 李氏의 創業이 天命에 依한 것임을 알려 中國 歷代 聖君의 事蹟과 一致시키고 있음을 볼 수 있다.

　둘째, 王의 聖德을 기리기 爲하여 超人的 威力이 뛰어난 武力을 통하여 임금으로서 姿格을 부여받았으며, 나아가 後王들에게 敬天勤民할 것을 警戒하여 王權의 確立을 圖謀코자 하였다.

　셋째, 新都 形勝과 文物制度의 왕성함을 讚揚하여 李氏朝鮮의 開國

以來 發展된 양상과 創業의 偉大함을 誇示했다.

넷째, 鮮初는 讚王이나 頌王德, 讚文物制度 등을 瓜祝함으로 보다 王權維持에 積極的인 詩歌가 盛行되었으나, 感君恩에 나타난 王의 聖德・聖恩 또는 太平聖代를 노래한 內容으로 變貌됨을 볼 때 後代로 갈수록 政治・社會가 점차 安定되어감을 느낄 수 있다.

(3) 樂章의 形態

李朝의 開國과 함께 新興士大夫들에 依해 政治・經濟的인 不安을 제거하기 爲하여 새로운 形態의 樂歌들을 製作하는 데 心血을 쏟았다.

이에 따라 수많은 樂歌들이 製作되었으며, 이들의 詩形을 주로 雅體・頌體・六言絶句體・楚辭體 等 大部分의 漢詩體 形態가 世宗祖 訓民正音 創製時 以前까지 많이 쓰였다.

그러나 訓民正音 創製以後에는 文字 그대로의 漢詩에다 우리말 助詞나 活用語句를 섞어 만든 漢詩懸吐體를 使用하였다.

이러한 漢詩懸吐體의 出現은 漢詩에 訓民正音을 補助表記의 手段으로 使用하여 우리 詩歌文學史上 國文歌詞로서의 轉換点을 마련했다는 데 커다란 意味를 지니고 있다고 보겠다.

① 霜臺別曲

詩歌 Genre 中 景幾體歌(金思燁, 翰林別曲體)에 속하는 비교적 製作年代가 빠른 權近의 霜臺別曲을 通하여 變貌되어가는 形態를 살펴보고자 한다.

〈第一章〉

華山南　漢水比　千年勝地
　　3　　　3　　　　4
廣通橋　雲鍾街　건나드러
　　3　　　3　　　　4
落落長松　亭亭古栢　秋霜鳥府
　　4　　　　4　　　　4
위　萬古清　風人景　긔엇더ᄒ니잇고
　　　3　　　3　　　　7
葉　英雄豪傑　一時人才　英雄豪傑　一時人才
　　　4　　　　4　　　　4　　　　4
위　날조차　몃분이잇고
　　3　　　5
(以下 二, 三, 四章은 同形임)

위와 같이 鮮初의 作品에 속하는 景幾體歌의 形式中 華山別曲・五倫歌等의 基本型이 (334 / 334 / 444 / 위 334 4444 / 위 334)로 이루어져 大部分이 3・3・4와 4・4의 混用으로 볼 수 있으며, 특히 各行 三分節 構成은 麗謠의 特徵이다.

이와 같이 霜臺別曲에 있어서 第一章부터 第四章까지는 基準型이 지켜지고 있으나, 第五章에서는 字數律이 破格됨을 볼 수 있다.[22]

楚澤醒吟이아　녀는 됴ᄒ녀
　　6　　　　　5
鹿門長往이아　녀는 됴ᄒ녀
　　6　　　　　5
明良相遇　河清盛代예
　　4　　　　5
聰馬會集이아　난 됴하이다.〈敎科書外〉
　　6　　　　5

이와 같이 第五章은 字數律이 基本型에서 벗어난(65 / 65 / 45 / 65) 또는 (623 / 623 / 45 / 614)의 形態로밖에 分析할 수 없기 때문에 字數 律이야 말할 것도 없이 音步律도 三音步格이 지켜지지 못했으며, 이것

---

22) 李鍾出, op. cit., pp.159~160.

을 (65/65/45/65)로 볼 때 完全히 二音步格이 되고 마는 것이다.

　그러므로 景幾體歌의 가장 重要한 形態的 特徵의 하나인 前後·大小節의 機能도 없어지고 여기에 感嘆的 餘音句인 〈위〉나 〈葉〉과 같은 感嘆詞도 없어진 것을 보아 霜臺別曲의 第五章에서는 景幾體歌의 形態的 特質을 거의 찾아보기 어려우며, 오히려 二音步 爲主의 漢詩懸吐體의 形態와 비슷한 것을 알 수 있다.

② 新都歌

　李氏朝鮮의 開國功臣인 鄭道伝이 新都邑地에 대한 환희와 聖主의 萬壽가 무궁하기를 祈願한 頌祝歌로서, 單聯體 構成임을 엿볼 수 있다.

　　　네½ 楊州ㅣ ½올히여
　　　　2　　3　　　4
　　　더위예 新都形勝이샷다
　　　　3　　　　7
　　　開國聖王이 聖代를 니르어샷다
　　　　5　　　3　　　5
　　　잣다온뎌 當今景 갓다온뎌
　　　　4　　　3　　　4
　　　聖壽萬年ᄒ샤
　　　　4　　2
　　　萬民의 咸樂이샷다
　　　　3　　5
　　　아으 다롱다리
　　　2　　4
　　　알ᄑ 漢江水여
　　　2　　4
　　　뒤흔 三角山이여
　　　2　　5
　　　德重 ᄒ신 江山즈으메
　　　4　　　5
　　　萬歲를 누리쇼서
　　　3　　4

　위와 같이 新都歌는 單聯體構成으로 麗謠體의 普遍的인 形式을 취한 每行 三分節하여 "各節句 三字形"23)임을 볼 수 있으며, 특히 感嘆

句 "아으"는 新羅 때부터 있었고 "다롱다리"는 百濟歌謠에도 나타난 것을 보아 感嘆的 餘音인 〈아으, 다롱다리〉를 起点으로 前大節과 後小節로 나누어지는 소위 "11句體鄕歌"[24] (三句 六各體)인 詞腦歌의 形態的 殘影으로 볼 수 있겠다.

그러므로 新都歌의 形態的 骨格은 멀리 11句體 鄕歌인 詞腦歌에서 이어받고 다시 詞腦歌의 形態的 繼承이라고 할 수 있는 景幾體歌로부터는 後小節에서 二步格의 音步律을 계승하고 高麗俗謠로부터 〈아으다롱다리〉와 같은 後斂的 機能을 襲用하고 다시 〈샷다〉와 같은 感嘆終止形을 多用하면서 李朝의인 새로운 詩形을 形成코자 無盡 애를 쓴 痕跡이 歷歷한 "複合的 形態의 詩歌"[25]라고 볼 수 있겠다.

이와 같이 新都歌에서 二音步格이 많이 쓰인 적과 점진적인 詩歌의 分化 發展을 通하여 李朝初期에 國文을 使用했던 점을 한층 發展된 詩形임을 알 수 있다.

③ 感君恩

聖德을 四海의 깊이와 泰山의 높이에 비유하여 君王에 대한 忠誠을 그린 感君恩의 形態的 構造를 살펴본다.

〈第一章〉

四海바닷	기픽는	닫줄로	자히 리어니와
4	3	3	6
님의德澤	기픽는	어닉줄로	자히리잇고
4	3	4	5

---

23) 金思燁, op. cit., pp.106~107.

24) 李鍾出, op. cit., p.162. 一般的으로 鄕歌의 形式을 10句體로 보고 있으나, 本考에서는 感嘆詞의 揷入口를 분리해서 11句體로 보는 見解에 따랐다.

25) 李鍾出, Ibid., p.166.

```
     ┌─享福無疆ᄒ샤  萬歲를  누리쇼셔
     │      6       3     4
後 敍 ┤─享福無疆ᄒ샤  萬歲를  누리쇼셔
句   │      6       3     4
     └─一竿明月이  亦君恩이샷다
            5        6
```

〈第二章〉

```
泰山이  놉다컨  마ᄅᆞᄂᆞᆫ  하ᄅᆞᆯ해  몬밋거니와
  3      3      3      3       5
님의  놉ᄑᆞ샨  恩과德과ᄂᆞᆫ  ᄒᆞᄂᆞᆯᄀᆞ티
 2     3        5          4
노ᄑᆞ샷다  (後敍句 省略)
  4
```

感君恩의 形態的 構造를 살펴보면 第一章에서는 二音步格을 維持하고 있으나 第二章에서 二音步格과 三音步格이 섞여 있는 것을 보아 李朝初期의 製作品中 比較的 後期에 속하는 形態의 詩歌임을 알 수 있다.

또한, 全體的인 詩歌形이 連章體로 된 점이나 每聯마다 同一後敍이 添加되고 後敍句 안에서 同一詩形의 反復 등은 高麗俗謠의 前代形式에서 영향 받았음을 볼 수 있으며 이 作品이 樂章體歌의 基準型에 상당히 接近하고 있음을 알 수 있다.

④ 龍飛御天歌

龍歌는 李氏朝鮮의 創業을 頌詠한 노래로 全體의 構成은 125章의 國文歌詞와 漢詩 그리고 各 章에 붙어 있는 漢文註로 되어 있는데 首章은 單章, 末章은 三章 그 外 三章 以下 百二十四章까지는 例外없이 二章으로 形成되어 있다.

訓民正音 創製以來 첫 試圖作品으로 使用된 龍歌의 主된 形態인 三音步格과 二音步格의 使用頻度를 收錄作品을 中心으로 分析해 보았다.

118

㉠ 第1章

海東六龍이 ᄂᆞᄅᆞ샤/ 일마다 天福이시니/ 古聖이 同符 ᄒᆞ시니
　5　　　　　3　　　　3　　　　5　　　　　3　　　2　　　3

㉡ 第2章

불휘기픈 남ᄀᆞᆫ/ ᄇᆞᄅᆞ매 아니 뮐ᄊᆡ/ 곶됴코 여름 하ᄂᆞ니
　4　　　　2　　　3　　　　4　　　　3　　2　　　3

시미기픈 므른/ ᄀᆞ므래 아니그츨ᄊᆡ 내히이러 바ᄅᆞ래 가ᄂᆞ니
　4　　　2　　3　　　　5　　　　4　　　3　　3

㉢ 제20章

四海를 녀믈주리여/ ᄀᆞᄅᆞ매 빈업거늘/ 얼우시고 또 노기시니
　3　　　5　　　3　　　4　　　4　　1　　4

三韓ᄋᆞᆯ ᄂᆞ뒿주리여 바ᄅᆞ래 빈업거늘 녀토시고 또 기피시니
　3　　　5　　　4　　　4　　4　　1　　4

㉣ 第30章

뒤헤는 모딘도ᅐᆞᆨ/ 알ᄑᆡᆫ 어드븐길헤/ 업던번게를 하ᄂᆞᆯ히 ᄇᆞᆯ기시니
　3　　　4　　　3　　　4　　　5　　　3　　4

뒤헤는 모딘 충ᄉᆡᆼ/ 알ᄑᆡᆫ 기픈모새/ 열본 어르믈 하ᄂᆞᆯ히 구티시니
　3　　　4　　　3　　　4　　　5　　　3　　4

㉤ 第35章

셔ᄫᅳᆯ긔벼를 알ᄊᆡ/ ᄒᆞᄫᆞᅀᅡ 나ᅀᅡ가샤/ 모딘 도ᅐᆞᆨᆯ 믈리시니이다
　5　　　2　　　3　　　4　　　2　　3　　6

스ᄀᆞᄫᆞᆯ軍馬를 이길ᄊᆡ/ ᄒᆞᄫᆞᅀᅡ 믈리조치샤/ 모딘 도ᅐᆞᆨᆯ 자ᄇᆞ시니이다
　6　　　3　　　3　　　5　　　2　　3　　6

㉥ 第87章

ᄆᆞᆯ 우횟 대버믈/ ᄒᆞᆫ소ᄂᆞ로 티시며/ 싸호는 한쇼를/ 두소내 자ᄇᆞ시며
　3　　　3　　4　　　3　　　3　　3　　3　　4

ᄃᆞ리예 떠딜ᄆᆞᄅᆞᆯ/ 넌즈시 치혀시니/ 聖人神力을 어느다 ᄉᆞᆯᄫᆞ리
　3　　4　　　3　　4　　　5　　3　　3

㈆ 第110章

<u>四祖</u>ㅣ <u>便安히 몯겨샤</u>/ <u>현고돌</u> <u>올마시뇨</u>/ <u>몃間ㄷ지비</u> <u>사ᄅ시리잇고</u>
　3　　　　6　　　　3　　　4　　　　5　　　　6

<u>九重에</u> <u>드르샤</u>/ <u>太平을</u> <u>누리싫제</u>/ <u>이쁘들</u> <u>닛디마ᄅ쇼셔</u>
　3　　3　　　3　　4　　　3　　　6

◎ 第116章

<u>道上애</u> <u>僵屍ᄅᆯ보샤</u>/ <u>寢食을</u> <u>그쳐시니</u>/ <u>昊天之心애</u> <u>긔아니</u> <u>뜬디시리</u>
　3　　　5　　　3　　4　　　5　　3　　4

<u>民瘼을</u> <u>모ᄅ시면</u>/ <u>하ᄂᆞᆯ히</u> <u>ᄇ리시ᄂᆞ니</u>/ <u>이쁘들</u> <u>닛디마ᄅ쇼셔</u>
　3　　4　　　3　　　5　　　3　　6

㈈ 第125章

<u>千世우희</u> <u>미리定ᄒ샨</u>/ <u>漢水北에</u> <u>累仁開國</u><u>ᄒ샤</u>/ <u>卜年이</u> <u>ᄀ업스시니</u>
　4　　　5　　　　6　　　6　　　3　　　5

<u>聖神이</u> <u>니 샤도</u>/ <u>敬天勤民</u> <u>ᄒ샤ᅀᅡ</u>/ <u>더욱</u> <u>구드시리이다</u>
　3　　4　　　3　　　2　　6

<u>님금하</u> <u>아ᄅ쇼셔</u>/ <u>洛水예</u> <u>山行가이셔</u>/ <u>하나빌</u> <u>미드니잇가</u>
　3　　4　　　3　　　5　　　3　　5

　上記 제시한 分句表示를 具體化하여 龍歌 全篇에 흐르는 音步律의 傾向을 〈도표 4〉를 通하여 보이면 다음과 같다.

〈도표 4〉

章別 音步數	一章	二章	二十章	三章	三十五章	八十七章	百十章	百十六章	百二十五章	合計
二音步句數	2	4	4	4	4	4	6	5	7	40
三音步句數	1	2	2	2	2	1		1	1	12
四音步句數						1				1
合　計	3	6	6	6	6	6	6	6	8	53

위에서 밝힌 龍歌의 句數처리를 綜合해보면 首章과 卒章 以外는 모두 6句로 보고 끊는 結果, 総 53句中 二音步格이 40句(75%)로 단연 우세한 것을 보아 多分히 李朝的인 새로운 律格임을 알 수 있다.

이러한 龍歌의 形式은 麗謠의 四・四・四調에서 三分節式을 취한 前代의 三音步律格에서 새로운 四・四調의 二音步律格을 指向하고 있음을 볼 수 있다.

그러므로 龍歌를 "麗謠의 殘形(下句形)과 李朝의 新形(上句形)을 綜合한 것"[26]으로 볼 적에 鮮初의 新都歌에서 部分的인 二音步格의 摸索과 感君恩에서 後斂을 除한 各章에서 兩節並立하면서 二音步格을 指向하는 点 또한 이것을 龍歌와 같은 四・四調의 새로운 二音步律格으로 다듬어서 내놓은 것이 일명 樂章體歌라 볼 수 있겠다.

(4) 樂章의 文學的 特質

李氏王朝는 前代에 없던 새로운 詩歌形態로 樂章을 創造하기에 이르렀다. 이러한 詩歌形이 完成되고 널리 퍼지게 되자 점잖고 有識한 모든 선비들에게 자기네의 새로운 文學形態로 發見하고 즐겨서 이 形態를 본받아 別曲體와 樂章을 한때 儒家들의 손에 依하여 芸苑을 風靡하는듯 하였으나, 널리 그 基盤을 갖지 못하고 消滅하는 運命을 낳고 말았다.

前述한 이들 作品이 詩歌文學으로서 지니는 特質이 어떠한가를 살펴보고자 한다.

① 霜臺別曲

鮮初의 景幾體歌에 속하는 霜臺別曲은 高麗 때의 그것을 模作한 擬古品으로서, 正當히 말하면 벌써 鮮朝의 文學이라고는 할 수 없고 오

---

26) 金思燁, op. cit., pp.158~159.

직 擬古文으로서 그 存在 價値가 있을 뿐인데 이것조차도 이 무렵에
이르러서는 그 形式을 完全히 保存하지는 못했다. 따라서 景幾體歌의
形式으로서 그 形跡은 차츰 文學界에서 감추어짐으로 뚜렷한 文學的
價値를 發見하기가 어렵다.

특히, 霜台別曲 收錄作 第一章의 內容은 이미 前述했거니와 "위
(爲)"라는 感嘆詞와 같은 後斂句가 붙어 멋을 돕고 音樂的 調和를 돕
는 意味로 使用되었다.

그러나 作品의 內容이 서울 雲鍾街를 지나 老松 古栢이 울밀한 터
전에 자리 잡은 司憲府의 凜凜한 肅氣가 떠돔을 단순히 노래했기 때문
에 마치 名詞의 나열에 불과한 形態를 보이고 있다.

차라리 "文字的인 表現"[27]에서는 "一章"보다는 二·三·四章이 霜
臺의 特色을 寫實的으로 表現한 秀句이니 音韻·諧調가 簡潔하면서도
鮮明하게 描寫한 名句라고 볼 수 있다.

그러므로 위에서 제시한 霜台別曲의 第一章에 나타난 文學的 特質
은 그 作品의 소개 以外에 別다른 点을 發見하기가 어려우므로 차라리
樂章이란 單元에서 따로 떼어 놓는 편이 낫겠다.

② 新都歌

新都歌의 國文學的 價値에 대하여 趙博士는 "이 노래는 漢文이 아
닌 國語로서 어떻게 하면 樂章다운 樂章을 써볼까 하는 데에 相當한
苦心을 한 作品이다"라고 보았고 또한 鄭炳昱 敎授는 "別曲의 伝統을
이어받고 새로운 詩形을 모색하는 當時의 事情을 잘 表現해 준 것"이
라 봄으로써 比較的 國文學的 價値를 認定해 준 셈이다.

또한 11句體鄕歌의 가장 두드러진 形態的 特徵이라고 할 수 있는
感嘆句 "아으"와 助興句 "다롱다리"의 揷入을 들 수 있다.

---

27) 金思燁, Ibid., p.116.

한편, 作品의 內容이 新都에 대한 頌祝으로 簡潔한 가운데 輕快 明朗한 모습의 表現은 麗謠의 리듬이 무르익은 秀作이라고 볼 수 있으며, 鮮初 詩歌文學中 國文學的 價値를 認定할 수 있는 作品이다.

③ 感君恩

感君恩의 國文學的 價値에 대하여 살펴보면 麗謠의 詩歌形에 나타난 殘滓가 이제 점점 稀薄해지고, 代身 새로운 李朝 歌辭體의 新形이 多分히 나타난 点을 들어 鮮初 製作品中 後期에 속하는 作品임을 알 수 있다.

또한 이 作品의 內容에 나타난 後斂에서 同一行인 "一竿明月이 亦 君恩이샷다"라는 句節이 恩誠의 短歌 "江湖四時歌"에 나타난 点을 들어 이러한 同一行의 反復式은 麗謠의 形態에 머물고 있음을 볼 수 있고 또한 引喻에 適實感이 稀薄하며 詩想의 變化가 없어 단조로운 느낌을 준다.

그러나 前述한 新都歌보다는 훨씬 틀이 잡혀진 比較的 各聯詩形이 整齊되어 있는 셈이며 특히 每聯의 後斂句만 除去된다면 이른바 對稱的인 雙分·平行構造가 잘 이루어진 詩形으로서 樂章體歌의 基準型에 相當한 接近을 보이고 있다.

그러므로 感君恩은 國文歌詞로 이루어진 새로운 歌辭體의 形態에 接近한 後期作으로서 보다 樂章體歌에 가까운 作品임을 볼 수 있다.

④ 龍飛御天歌

訓民正音 創製以後 우리말과 글을 最初로 表記한 龍歌의 國文學的 特質에 관하여 살펴보면,

趙博士는 龍歌가 '訓民正音 製定以後 처음으로 이 表記에 利用하였고, 作品自體로 보아 雄大한 하나의 敍事體를 이루고 있다'고 칭찬했으

나, 反面 詩形에 있어서는 '朝鮮伝來의 形式을 無視한 關係上 充分한 表現과 韻律을 얻지 못하여 詩歌로서는 차라리 失敗하였다'라고 보아 詩歌的 立場에서 그 價値를 높이 評價하지 않았음을 본다.

또한 龍歌의 文學的 價値에 대하여 鄭炳昱 敎授는 이 作品의 全篇에 흐르는 內容 가운데 特히 '2章'에서 '龍歌는 「나무」로서 王孫의 번성함을 象徵하고 「물」로서 國家의 영원무궁함을 象徵하여 이른바 象徵詩로서의 면모를 갖추는 데 부끄럼이 없게 되어 있다'라고 前提했다.

이제 過去 中世國語의 資料的 性格만으로 다루어왔던 테두리에서 벗어나 올바른 하나의 文學作品으로 理解와 評價를 부여하여 그 참된 價値를 發見해야겠다.

한편 龍歌의 語學的 價値에 대하여 金思燁 敎授는 龍歌의 歌曲名이 풍기고 자아내는 語感에 관해 說明하면서 '官室의 莊嚴·豪侈의 威風이 切實히 感觸되어 남음이 없고, 音韻上 더욱 豪宕·遠大한 氣象을 북돋우기 爲하여 '歌'를 덧붙였다'고 보았으며, 金享奎 敎授는 終止詞中 제일 많이 使用된 '니'를 解釋하면서 '各章마다 떨어지지 않고 餘韻을 남겨서도 連結되어 있는 노래로서 全體의 生命이 살아 있는 것으로 볼 때, 字數制限과 아울러 餘韻을 두는 重要한 手法도 겸했다'고 보았다.

이러한 龍歌는 全 10卷 125章의 長篇敍事詩로서 방대한 構成과 整然한 二行詩의 巧妙한 對句의 排列을 이루고 있다. 더욱 豊富하고 多彩로운 史實의 素材에다 自由·自在로운 語의 驅使는 물론 表現方法이 貧弱하지 않고 능란한 點을 通해 宮廷文學의 巨壁이라고 볼 수 있겠다.

이와 같은 龍歌의 國文學的 價値는 무엇보다도 訓民正音 創製以後 우리말로 表記된 最初의 文學作品으로선 文學的인 面에서는 象徵詩로서의 면모를 갖추었고 語學的인 面에서도 中世國語의 音韻上에 나타난 特質과 獨特한 終止詞의 使用法을 通하여 명실상부한 鮮初의 樂章體歌라는 詩歌文學을 形成하는데 그 存在 價値를 發見할 수 있겠다.

Ⅳ. 結 論

　以上으로 概括的이나마 高校 國語敎科書에 나타난 韓國詩歌文學史
上 보기 드문 形式으로 看做되어온 樂章을 中心으로 "古典(國語Ⅱ)敎
育"[28]이 指向하는바 現場敎育에 必要한 樂章의 槪要 및 問題點을 通
하여 다음과 같이 몇 가지로 정리해 본다.

　1) 作品의 名稱設定에 관한 문제점이다. 高校 國語敎科書中 "國語
Ⅱ"의 "樂章"이란 單元과 國語Ⅲ의 龍歌를 한 單元으로 묶어 景幾體歌
의 形式인 "霜臺別曲"을 따로 떼어내고, 國文歌詞 爲主의 "新都歌・感
君恩・龍飛御天歌"만을 묶어 "樂章體歌"라는 名稱을 使用한다면 보다
明確한 詩歌 Genre가 될 것이다.

　2) 作者에 대한 年代設定 問題다.

　鮮初 樂章의 創作年代를 "朝鮮建國 太祖二年부터 成宗 三年까지 約
80年"으로 볼 때, 感君恩의 作者 尙震을 明宗재위의 期間으로 연장한
다면 적어도 73年~95年이라는 상당한 期間의 差異때문에 樂章을 一世
紀에 整理하는데 무리가 따른다.

　3) 樂章의 音樂的 特質은 新國家・體裁의 整備에 必要한 手段으로
歌樂이 創作되었고, 이들 作品 속에 宋詞와 麗謠의 詩歌가 樂章의 形
態로 使用되었으며, 龍歌의 音樂 또한 宗廟祭禮樂과 公事宴享에 널리
쓰여 貴重한 音樂的 價値를 지님을 알 수 있다.

　4) 樂章의 內容은 鮮初에는 李氏 創業의 偉大함을 노래한 讚王이

---

28) 人文系 高等學校 國語Ⅱ 목표
　　① 우리나라의 고전 및 이에 대한 기초이론을 학습하게 하여, 국어의 변
　　　천과 선인의 문학세계를 바르게 파악하도록 한다.
　　② 문예창작을 포함한 작문의 기능을 더욱 세련시켜서, 자기표현을 효과
　　　적으로 할 수 있게 한다.

大部分이며, 그 外에 頌王德, 讚文物制度를 頌祝함으로 보다 王權 維持
에 積極的인 詩歌가 盛行되었고, 感君恩에 이르러서는 임금의 聖德·
聖恩·太平聖代를 노래하는 內容으로 變貌되어 後代로 갈수록 政治·
社會가 점점 安定됨을 느낄 수 있다.

5) 樂章의 形態的 構造는 國文歌詞類인 新都歌에서 部分的인 二音
步格의 摸索과 感君恩에서 後斂을 除한 各章에서 兩節并立하면서 二音
步格을 指向하는 점, 또한 이것을 龍飛御天歌와 같은 四·四調의 새로
운 二音步律格으로 다듬어서 내놓은 것이 일명 樂章體歌의 形態的 特
質이라 하겠다.

6) 樂章의 文學的 價値를 살펴보면 먼저 新都歌에서 漢文이 아닌
國語로서 어떻게 하면 樂章다운 樂章을 써볼까 하는 苦心作으로 麗謠
의 리듬이 무르익은 秀作으로 보이며, 感君恩은 比較的 後期作으로 新
都歌보다 훨씬 틀이 잡혀진 各 聯詩形이 比較的 整齊되어 있는 셈이
며, 한편 龍歌는 訓民正音으로 이루어진 最初의 文學作品으로 文學的
인 面에서 象徵詩로서의 면모를 語學的인 面에서 中世國語의 音韻上에
나타난 特質과 終止詞 使用 등의 獨特한 점을 通하여 鮮初 樂章體歌라
는 詩歌文學을 形成하는데 그 文學的 價値를 認定할 수 있겠다.

글짓기活動에서 小集團相互協力學習을通한
價値目標深化方案(1982)

李 仁 五*

I. 서 론

1. 연구의 필요성

오늘날 교육은 전인교육을 중시하고, 국어교육을 통한 가치관의 확립, 국민상의 정립, 인간형성을 강조하며, 국어 사용 技能과 아울러 가치관교육에 역점을 두고 있다.[1]

그러나, 국어과 가치 목표를 의도적으로 지도하지 못하는 형편이며, 독해 위주의 설명식 학습지도 전개로 인하여 글짓기 학습을 통한 바른 표현력 신장은 물론, 思考・心情의 교육이[2] 실현되지 못하고 있다.

또한 글짓기 교육이 부실하여, 글짓기의 기초적이고 기본적인 기능과 태도의 지도가 절실하며, 어린이는 지시, 강요, 억압, 결과를 중시하는 현실 속에서 수동적으로 공부하고 있다.

따라서 주체적인 개인학습과 협동적인 집단학습 활동으로 국어속에

---

* 인천동암국교 교사

1) 문교부, 국민학교 교사용 교과용 도서 국어6 (서울: 교학도서, 1976), P.5.
2) 유형진 편저, 국민교육헌장의 이론과 실제(서울: 배영사, 1969), P.102.

포함된 단원별 지도 가치를 심화시킬 필요성을 절감하고 본 연구를 착수
하였다.

2. 연구의 목적

국어과 단원별 가치 지도 목표 심화를 위해

첫째, 글짓기 과정으로 교재를 재구성 하는 방법을 제시하고,

둘째, 소집단 상호협력학습 중심의 글짓기 활동 방안을 밝히는 데
목적을 둔다.

3. 연구의 설계

1) 연구의 대상 및 기간

가) 대상 연구반: 인천동암국민학교 6학년 3반 63명

비교반: 인천동암국민학교 6학년 6반 64명

나) 기간: 1980년 9월 1일부터 1981년 8월 31일까지

다) 연구 절차(생략)

1) 교재의 대상: 6학년 1학기 국어 교과 단원(제재)의 부분적 접근
단계에서 1시간, 통합적 접근 단계에서 1시간, 총 26시간으로 하였다.

2) 교수 학습 지도: 산문 중심의 글짓기 과정을 소집단 상호협력 학
습 형태로 전개하였다.

3) 연구 진행 과정: 엄격한 통제를 가하지 않으며 학교 연구 운영
내용을 수용하면서 본 연구를 진행하였다.

II. 이론적 배경

1. 이론적 배경

이론적 배경의 정립은 국어과에서의 가치 목표, 대문 학습, 완성 글 짓기 지도를 살펴보고, 주체적인 소집단 상호협력 학습과의 관계를 고찰하여 연구의 실천 문제에 접근시켰다.

1) 국어 교과의 가치

가) 가치 목표

문교부에서 교과서의 제재를 선정한 기준은 그 제재 속에 포함된 가치[3]이다. 그리고 교과서 제재 선정 기준인 가치는 그 제재를 수업할 때 다루어야 할 목표이다. 이 목표들은

    1) 투철한 국가관을 확립하고, 국민으로서의 사명감을 깊게 하며, 나라의 발전에 이바지하고자 하는 마음을 기름.
    2) 국어에 대한 관심과 국어애를 높임.
    3) 우리 국토와 문화의 이해, 우리 국토와 문화를 사랑함 등 19개 항으로 되어 있다.

국어과 교육과정의 구조 체계는 지식 자체와 기능 능력과 가치관 등의 균형된 성장을 목표로 했다. 형식적인 목표보다는 운영 내용이나 학습 내용이나 기능 능력의 성장에다 목표를 두어야 기초적이고, 본질

---

3) 문교부, 국민학교 교육과정(서울: 상문출판사, 1973), PP.64~65.

적인 가치 목표가 된다.4) 현대 교육에서는 가치적 내용의 충실을 더욱 요구하고 있다.

국어과 지도상의 유의점 ⑥항에서는 국어 학력의 신장은 언어생활의 원활에만 그 목적이 있는 것이 아니라, 언어를 통하여 얻은 내용의 가치를 캐는 데에도 목적이 있으므로5) 이를 감안하여 지도하도록 하고 있다.

또, 국어 사용 기능 신장과 가치관 교육의 조화를 강조하면서 통합하여 학습시킬 것을 요구하고 있다.6)

따라서 본 연구에서는 국어를 통하여 얻은 내용의 가치를 글짓기를 통해 확언시키고, 상호협력 집단에 의해 존중되게 하며, 일일생활 다짐에 의해 행동화시키고자 한다.

나) 가치 탐구 과정의 분석

헌트와 메트칼프(M.P.Hunt & L.E.Metcalf)의 가치 분석 교수모형, 마시알라스(B.G.Massialas)의 가치 탐구 모형, 라츠(L.E.Raths)의 가치 탐구 모형, 한국교육개발원의 가치 탐구 과정, 정 원식의 정의 학습 모형을 중심으로 단계를 비교 분석7)하였다.

그 결과 모든 과정이 문제를 인식하고 그에 대한 가치를 제시하고, 제시된 가치 문제를 직관에 의해 선택하고, 선택된 가치를 분석적으로 사고 과정에 의해 수정하고, 자기 가치를 확인하는 과정을 거치도록

4) 최영복, 국민학교 교육과정 해설(서울: 교학도서, 1973), P.89, P.106.
5) 문교부, 전게서, P.66.
6) 문교부, 국민학교 교사용 교과용 도서 국어6, 전게시, P.6.
7) 정세구외 3인, 사회과 탐구수업(서울: 화신출판사, 1975), P.17.
   정원식편, 지력과 정의의 교육(신교육학전서)(서울: 배영사, 1961), PP.169~172.

구성되어 있다.

다) 태도와 가치관의 학습 원리

태도와 가치관의 학습 원리를 정리하여[8] 제시하면 다음과 같다.

① 모형 제시의 원리

가치관을 제시할 때 대표가 될 수 있는 모형을 제시함으로써 학생들에게 바람직한 인간상을 구체적으로 제시한다.

② 행동화의 원리

학생들에게 교수한 가치관을 바탕으로 하여 거기에 합당한 학습을 직접 행동화할 수 있는 기회를 제공하여야 보다 효과적이다.

왜냐하면, 가치관이란 경험의 산물이기 때문이다.

③ 집단 참여의 원리

가치관이란 개인이 그가 사는 문화적 상황과의 관계에서 얻어지는 것이지 때문에 집단내에서 상대적인 의미를 가지고 있다. 따라서 집단의 가치관과 개인의 가치관이 일치할때 그 개인의 가치관이 보다 강한 의미를 가질 수 있다. 이런 면에서 개인의 행동이 집단의 행동과 일치하도록 경험하게 하는 것이 중요하다.

④ 강화의 원리

학습은 일반적으로 동인, 단서, 반응, 강화의 과정을 겪는다. 따라서 가치관 학습도 이 과정을 이용하여야 효과적일 것이다. 강화 중에서도 사회적 강화가 그 중심을 이루어야 한다.

⑤ 인지적 정보 제공의 원리

가치관이란 정의적인 특성이 강하지만 인지적 요소가 절대 필요하다. 왜냐하면 가치관의 외현적 표현이라고 할 수 있는 태도는 정의적

---

8) 정원식, 전게서, PP.238~249.

요소, 행동적 요소와 아울러 인지적 요소로서 구성되어지기 때문에 인지적 요소가 결여되면 가치관은 일관성을 상실한다.

태도와 가치관 학습 원리를 요약하여 본 연구 내용과 관련시키면

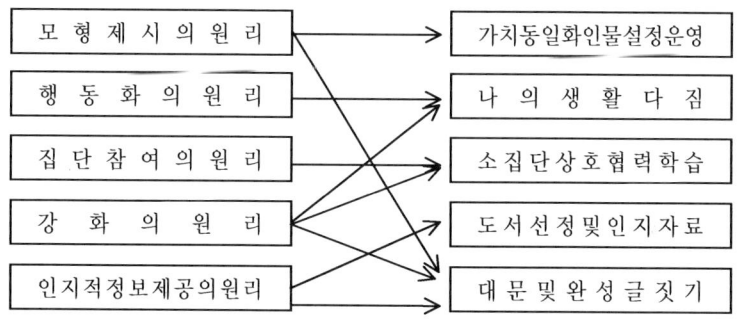

2) 글짓기 학습

가) 대문 학습

대문은 몇 개의 글월이 연결되어 총체적 글 안에 한 부분으로 작게 뭉뚱그려진 것으로써 일반적으로 문단이란 용어로 사용되기도 하는데, 문교부 국어과 교육과정에서는 대문이라고 한다.

대문은 처음, 가운데, 끝맺음보다 작은 생각의 단위 속에 하나의 중심 글월이 들어 있고, 하나의 대문 속에서 하나의 중심 글월을 제외한 나머지 글월들은 중심 글월의 뜻을 분명히 하기 위한 예시, 근거, 원인, 정의들로 이루어지며 관습적으로 대문이 바뀌면 줄을 바꾸어 씀으로써 대문을 표시한다.[9]

대문은 문장의 조직 부분으로 매우 중요한 구실을 하므로 대문으로서 성립하려면 연속성, 통일성, 강조성, 상관성 등을 필요로 하는데 주

---

9) 한국교육개발원, 학교교육체제(서울: 한국교육개발원, 1979), P.254.

제 문장을 찾아내고, 주제 문장과 보조 문장 사이의 관계를 밝히고, 주어진 주제에 맞는 보조 문장들을 덧붙여 대문을 완성하게 하는 활동을 시킴으로써 생각을 논리적으로 구성하여 표현하는 능력을 길러주어야 한다.

대문의 성격으로 보아 주제 및 요지, 중심 사상, 발전과 전개, 설명, 비유와 예, 이유와 근거, 비교와 대립, 강조와 보충의 대문으로 분류할 수 있는데[10] 대문 속의 모든 문장은 하나의 중심 문제에 관하여 말해야 한다. 각각의 문장들은 딴 문장이 제시하는 것에 대한 또 하나의 의미를 보태주어야 하는 것이므로[11] 대문의 시작 글월과 마침 글월을 어떻게 하면 잘 쓸 수 있을까 하는 문제와 글월의 정리, 배열, 내용 구조 작성 등의 활동이 적절히 이루어져야 하며, 작자 마음 속에서 주체적으로 관찰되는 통일체가 되려면 첫째, 중심이 잡혀야 하고, 둘째, 요지가 분명해야 하고, 셋째, 일관성이 있어야 한다.

중심 글월이 어디에 위치하느냐에 따라 두괄식, 미괄식, 쌍괄식, 열서식 구성을 할 수 있다.

나) 완성글 짓기 지도

문헌을 통하여 글짓기 지도 과정을 살펴보면,

문교부와 김 민수는 취재, 구상, 표현, 퇴고. 김 은전과 박 붕배는 기술 전 지도, 기술 지도, 기술후 지도 박 동순은 도입 과정(사전 지도) 전개 과정(작업 과정) 종결 과정(사후 지도) Robert Moor는 주제의 결정, 계획의 수립, 초고의 작성, 퇴고라고 말할 수 있다.[12]

---

10) 임 헌도, 국어 교육자료 사전.(서울: 학우사, 1976)

11) 한국교육개발원, 교과지도법 Ⅰ(서울: 서울인쇄, 1979), P.47.

12) 문교부, 국민학교 교사용 교과용 도서. 전게서, P.65 김 민수외, 국어 교육론(일조각, 1979), PP.261~262. 이응백외, 국어과 교육(서울: 한국능력

한국교육개발원의 새 수업 체제에서는 글짓기 제재 중심의 수업과
정(준비, 분석, 종합, 평가)에서 이루어지는 글짓기 관련 수업을 산문
과 운문으로 구별하며, 산문은 다시 여러 가지 영역으로 분류할 수 있
는데,13) 크게 창조적 작문과 실용적 작문으로 분류14)하고 있다.

이 대규는 작문이 이루어지기 위해서는 문장 부호, 쓰기의 습관적
양식지키기 등의 기본 기능이 습득되어야 한다.15)고 밝히고 있다.

짓기 능력은 수많은 작은 능력들의 복합적인 능력으로 작문을 잘
하려면 작문의 하위 기능들을 학습하기 위한 활동이 집중적으로 자주
주어져야 한다.16)

국어 교육과정상의 글짓기 능력은 교육과정 일반 목포 가항을 보면
국어 경험을 통하여 정확한 이해 기능과 표현 기능을 높혀서 원활한
언어생활이 이루어지는 것을 목표로 하고 있으며, 말의 쓰임에서 밝히
고 있는 글짓기에 관계되는 지도 내용의 기본 기능으로는 주제, 문자,
맞춤법, 어휘, 어법, 글월, 대문, 글, 기교 등을 들고 있다.

다) 대문 학습과 완성글 짓기 지도

대문은 몇 개의 글월들이 모인 의미의 덩어리이며, 몇 개의 대문이
모여서 완성된 글을 이루고 있으므로, 대문의 본질을 이해하고 이를

개발사, 1975), PP.295~299. 박봉배, 국어교육 방법론(서울: 학우사,
1973), PP.225~226. 박동순, 국어교육의 혁명(서울: 배재출판사, 1976),
PP.18~21 정우상·최현섭, 글짓기 지도의 실제(서울: 배영사, 1977),
PP.13~18.

13) 박봉배, 전게서. PP.57~61.
14) 한국교육개발원, 교과지도법 Ⅰ, 전게서, P.46.
15) 이대규, 학습지도의 원리와 실제(언어교육: 국어), (서울: 교육위원회,
1976), pp.140~155.
16) 한국교육개발원, 새교육체제의 운영 전게서, p.5.

작성할 수 있는 것이 글짓기를 위한 기능[17]이다.

글은 글월이나 대문의 의미상 긴밀한 연관성을 갖고 연결되어 하나의 통일된 이미지를 전달할 수 있어야 완성된 글로서의 구실을 할 수 있는 것으로, 대문은 완성된 글이라는 의미 구조체를 구성하는 성분이므로 대문 구성 능력을 길러주는 것은 완성글 짓기의 기본 기능을 길러주는 것이며, 이와 같은 능력을 바탕으로 가치 요소를 내용으로 하는 글짓기의 서술 능력을 길러준다면 가치 목표가 심화되고, 완성글 짓기 능력이 신장될 수 있다고 생각되어진다.

3) 주체적 학습과 소집단 학습

가) 주체적 학습의 의의

자기의 생각을 지니고(自主), 모두 힘을 합하여(協同), 보다 나은 사회 생활로의 방안을 모색해 나가는(問題解決力) 기능이 유기적으로 활용되는 학습을 말한다.

즉 교사의 명령적인 지시나 설명에 따라 수동적으로 학습을 진행시키는 것이 아니라, 학생 스스로가 문제 의식을 지니고 자주적 적극적인 태도로 학습하자는 것[18]인데, 그 당위성은

첫째, 학습을 주체화한다는 것은 그것이 학습의 기본 원리로써 중시되고 있기 때문이다.

둘째, 주체적 학습은 공식으로 승인되고, 강조되는 학습 방법이다. 학습의 주체화가 지닌 의의를 살펴보면 선택, 행동, 책임의 모든 것이 인간의 자주적이고 구체적인 사고와 판단에 의해서 이루어진다고 볼

17) 한국교육개발원, 교과지도법 I, 전게서, PP.46~49.

18) 함 종국, 학습지도(서울: 공익사, 1970), P.81.

때, 학습의 주체화 문제는 현대적 인간 형성적인 면에서 더욱 더 깊은 의의를 지닌다고 볼 수 있다.

나) 소집단 학습

① 소집단 협력 학습의 의의

한 학급의 학습자들을 학습의 목적이나 목표에 따라 몇 개의 작은 집단으로 나누어 학습 효과를 거두려는 학습 방법이다. 이것은 어린이들의 학습, 인간의 태도, 행위, 사고의 변용이라는 것을 중요한 목적으로 하고 있다. 따라서 소집단원이 공유된 목표 아래 서로 협조하여 노력해 가며, 집단 사고와 공동 노력으로 학습 과제를 해결해 가는 학습 방법이다.

② 소집단 협력 학습의 효과

다인수의 학급에서 단위 시간에 학습자 전원이 참가하여 공동 과제의 의식 및 학습에 기대적 흥미를 가지고, 소집단에서 서로 협력하여 도와줌으로써 학습 밀도가 높아지고 개개인의 학업 성취 수준의 향상에 도움이 된다. 학습자의 지도 능력이나 협동성 등 사회적 자질을 육성하는데 유효하다.

이와 같은 이론적 배경을 근거로 본 연구에서는 한국교육개발원의 새수업 체제를 도입하여 단원 학습과 단위 시간의 학습에서 중심 수업에 관련되는 가치 심화 글짓기 관련학습으로 대문 학습, 완성글 짓기 지도를 다음과 같은 모형에 의해 접근을 시도하였다.

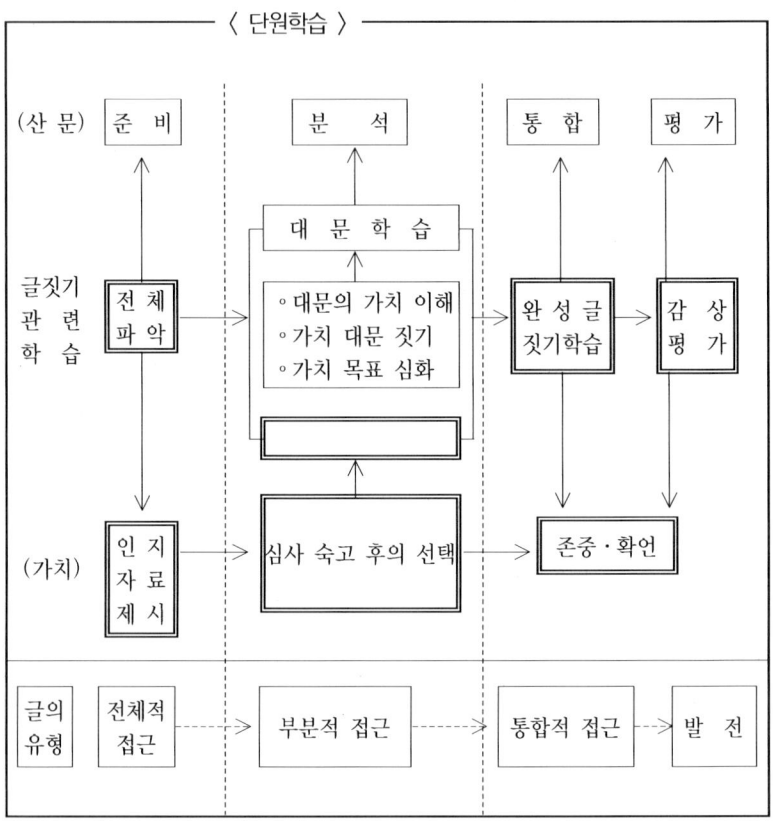

[도-1] 단원 학습에서의 가치 심화 글짓기 관련 학습의 접근 모형

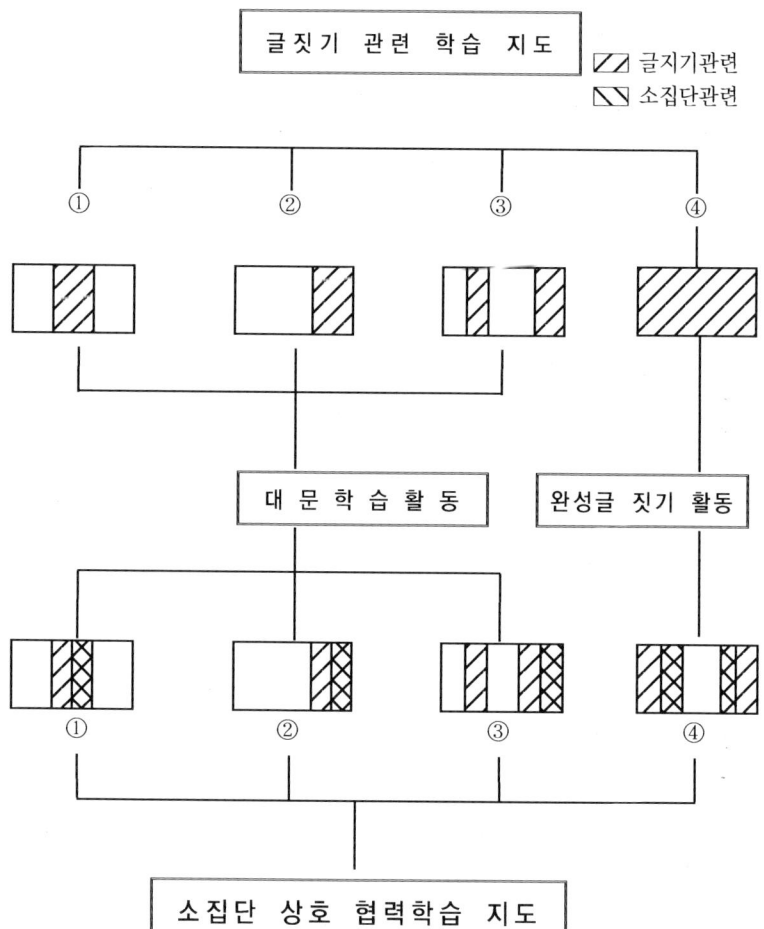

[도-2] 단위시간 학습에서 글짓기와 소집단 관련학습의 접근 모형

2. 실행 연구 분석

글짓기에 관한 선행 연구[19]를 종합해 볼때, 글짓기 기능 신장을 위한 내용과 방법은 본 연구에 시사를 주고 있었으나, 글짓기 기능신장

에 따른 가치 지도목표 심화에 대하여는 문제점이 있었다. 국어과 가치관 형성을 위한 선행 연구[20] 종합해 볼때, 가치관 형성을 위해 국민교육헌장과 관련지어 실천한 내용과 방법은 본 연구에 시사를 주고 있었으나, 가치를 국어과의 가치 목표보다 더 폭넓게 다루었고, 위인전의 읽기만을 연구 실천하였다.

따라서 글의 이해에 이어진 글짓기에서의 소집단 상호협력 학습을 통한 단원별 가치 목표 심화에 대한 연구는 아직 이루어지지 않았다.

3. 용어의 정의

1) 가 치
본 연구에서의 가치는 국어과 가치 목표, 즉 제재 선정 기준을 말한다.

2) 가치관
행동의 목표와 양식의 선택에 영향을 주는 바람직성 여부를 판단하는 평가적[21] 개념의 행동 표준

---

19) 윤정남, 「글짓기 기능 신장을 위한 효과적 태도」(대한 교련 현장교육연구논문, 1968)

유명원, 「생활 글짓기의 효과적 지도 방법」(대한 교련 현장교육연구논문, 1972)

정만영, 「아동의 작문 능력 신장을 위한 단계별 문장 유형별 종합 지도에 관한 실천연구」(대한 교련 현장교육연구논문, 1978)

20) 현광희, 「조상의 얼을 본받기 위한 고전 읽기의 효율적인 지도 방안」(대한 교련 현장교육연구논문, 1973)

서 상현, 「역대 위인의 전기문 읽기를 통한 가치관 형성에 관한 실천 연구」(대한 교련 현장교육연구논문, 1974)

김 용태, 「아동기의 독서 활동이 가치관 형성에 미치는 영향」(대한 교련 현장교육연구논문, 1979)

21) 정원식, 정의의 교육, 신교육학 전서9(서울: 배영사, 1972), P.120.

3) 소집단 학습

소집단의 공유된 목표 아래 서로 노력해 가며 집단 사고와 공동 노력으로 학습 과제를 해결해 나가는 학습 방법을 가리킨다.

4) 대문 학습

제재 중심 학습을 통하여 교재의 대문을 이해시키고 관련 학습으로 자기의 생각을 대문으로 구성히여 표현해 보게 하는 짓기 영역의 학습 활동을 포함한다.

5) 글짜기 활동

생각을 질서있게 구성하기 위하여 글월과 글월의 관계, 대문과 대문의 관계를 고려하여 소재를 배열하고 구성하는 활동을 말한다.

6) 글짓기 능력

본 연구에서의 글짓기 능력은 '말의 쓰임' 기본 기능[22]과 새교육 체제 운영의 글짓기 능력[23]을 종합한 것이다.

III. 문제 분석 및 실천 과제 실정

1. 문제 분석

1) 문제 분석 방법과 내용

연구 문제의 분석은 교사, 아동을 대상으로 1980년 10월 1일부터 12월 31일까지 실시하였다. 교사에 대한 분석은 인천동암초등학교 교사

---

22) 문교부, 국민학교 교사용 교과용 도서 국어, 전게서, P.8.
23) 한국교육개발원, 새교육 체제 운영, 전게서, P.5.

45명, 인천시내 교사 70명을 대상으로 본교를 포함하여 4개교에 설문지를 투입하였으나 본교 41, 인천시내교 59명분이 회수되어 이것을 분석하였다. 그리고 아동은 본교 연구반 63명, 비교반 64명에게 투입했던 설문지를 분석하였다. 그 내용과 방법을 보이면 다음과 같다.

구 분	내 용	방법(도구)
1. 교사면	① 국어과 학습 지도 실태 ② 국어과 수업 연구 분석	설문지 연구자 분석
2. 아동면	① 가치 의식 실태 ② 가치 생활화 실태 ③ 학습 의식 실태 ④ 표준화 학력 실태 ⑤ 글짓기 능력 실태 ⑥ 대문 이해력	설문지(자아개념, 성취동기 검사 문항에서 추출) 설문지(학생 행동발달항목의 설문화) 윤 형모의 학습 의식 척도표 표준화 검사지 K. T. C 나형 평가 기준표 작성 실시 평가 기준표 작성 실시
3. 자료면	① 자료 보유 및 활용 실태	연구자 분석

2) 문제 분석 결과 종합

가) 가치 목표 심화를 위한 체계적이고 계속성있는 학습 계획이 필요하다.

나) 가치 목표 심화를 위한 글짓기 활동을 할 수 있는 대문 구성 능력이 부족하여 기초 기능의 체계적 지도가 필요하다.

다) 아동 스스로 주체적이고 협동적인 학습을 하지 못하고 있어 소집단 협력 학습 집단의 조직 운영이 필요하다.

라) 가치 요소가 교사 중심의 교수 과정에서 설명식으로 지도되고 있어 가치 태도가 바르게 정립되지 못하고 있다.

2. 실천 과제의 설정

1. 단원별 가치 지도 목표에 따라 글짓기 과정으로 교재를 재구성 한다.
2. 글짓기 학습 과정을 소집단 활동 중심으로 전개한다.

Ⅳ. 실천 과제의 실천

1. 실천 과제 "1"의 실천

단원별 가치 지도 목표에 따라 글짓기 과정으로 교재를 재구성 한다.

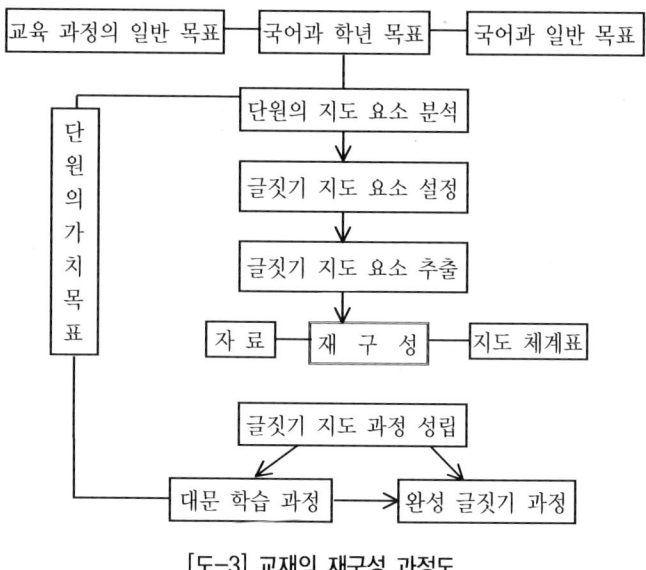

[도-3] 교재의 재구성 과정도

단원별 가치 목표를 글짓기 활동을 통해 심화하기 위하여 [도-3] 같은 과정으로 교재를 재구성하였다.

1) 단원의 지도 요소 분석

6학년 1학기 10개 단원 28개 제재를 대상으로 다음과 같은 양식에 의해 분석하였다.

〈표-1〉 단원의 지도 요소 분석표

단원(제재)	시간	단원 학습목표	과제 분석	어휘	글짓기 학습 요소		가치
					말의 쓰임 요소	공부할 문제 요소	

2) 글짓기 지도 방향 분석

단원의 가치 지도 목표를 토대로 글의 형식과 글짓기 지도 목표를 관련시켜 가치 목표 심화를 위한 글짓기의 지도 방향을 밝혔다.

〈표-2〉 글짓기 지도 방향 분석표

단 원	형식	가치 지도 목표	쓰기(짓기) 지도 목표	짓기 지도 방향
7. 우리 (1)사랑에 먹 감는 사랑	논 설 문	○사랑과 봉사의 정신을 기르고, 남과 협동하는 태도를 기르도록 한다.	○주지가 뚜렷이 나타나도록 감격한 일을 쓰도록 한다.	○사랑, 봉사, 협동에 대하여 감명 깊은 대목을 찾아 주지가 뚜렷하게 짓기

3) 글짓기 지도 요소 추출

가) 글짓기 지도 요소 추출 기준

① 대문 짓기

단원(제재)의 부분적 접근 단계, 중심 가치가 있는 차시에서 대문 구성이 분명한 것으로 추출.

② 완성글 짓기

단원(제재)의 통합적 접근 단계, 마지막 차시에서 추출

나) 교재의 재구성과 지도 요소 추출

〈표-3〉 교재의 재구성과 지도 요소 추출표

단원	제재	차시	지도내용	가치	재구성 내용
7. 우리	(1) 사랑에 멱감는 사랑	1	○협동과 사랑의 필요성 알기 ○글을 대충 읽기	사랑 봉사 협동	○협동과 사랑의 필요성 알기 ○글을 대충 읽기 ☆ 사랑과 협동에 대한 속담·격언 조사하기
		3	○어려운 낱말 익히기 ○글을 읽고 대문 나누기 ○각 대문의 중심 글월 찾기		○어려운 낱말 익히기 ○글을 대문으로 나누기 ○각 대문의 중심 글월 찾기 ☆ 중심 가치의 낱말로 짧은 글짓기
		4	○대문을 확인하고 내용 간추리기 ○글의 짜임 알기		○대문을 확인하고 내용을 간추리기 ○글의 짜임 알아보기 ☆ 중심 가치가 앞에 있는 대문 짓기
		5	○내용 연구 ○글쓴이의 의도 찾아보고, 자기의 의견을 가지기		○내용 연구 ○글쓴이의 의도 찾아보기 ☆ 감명 받은 글월이나 대문을 찾아 지기화하기
		6	○논설문을 써 보기 ○감상하여 좋은 글을 찾아 보기		☆ 사랑, 봉사에 대하여 주지가 뚜렷한 글짓기

4) 지도 체계표의 작성

추출 절정된 가치 심화 학습 활동 내용과 관련된 자료를 체계있게
조직하여 지도 체계표를 작성하였다.

〈표-4〉 지도 체계표

제제 (차시)	주	월일	가치	관련 대문	학습활동내용	중심 학습 형태	관련자료	
							동일화인물	인지자료
1-(1) 율곡의 어머니 (4/6)	2	3 · 10	신념 책임 사랑 봉사 성실	4	·신 사임당이 남편을 설득시킨 과정 알기 ·사임당이 주장한 근 본 정신 알기	소 집 단	이율곡	①자랑스런 동암 어 린이 ②한 번에 열 줄씩

5) 가치 인지를 위한 자료의 개발

가) 단원별 가치 동일화 인물 및 관련 도서 선정

단원별 가치 목표와 추출된 가치 요소에 알맞은 가치 동일화 인물
을 선정하고, 관련 도서를 안내하였다.

〈표-5〉 단원별 가치 동일화 인물 및 관련도서 선정표

단원	형식	가치	가치동일 화인물	관련도서명	도서내용	제제 선정기준
1. 빛을 남긴 사람들	전기문	의지신 념책임	이율곡	·이 율곡(정문사, 1964) ·한국 위인전(경학사, 1969) ·한국 위인전집(제문 출판사, 1974)	·율곡 선생의 높은 성품 ·율곡 선생과 모녀 ·글을 열 줄 씩 읽음	1, 3 5, 7 13, 16

2. 실천 과제 "2"의 실천

글짓기 학습 과정을 소집단 활동 중심으로 전개한다.

글짓기 학습을 소집단 활동 중심으로 전개하기 위해서는 소집단 활동 훈련 과정이 필요하여 다음과 같이 실천하였다.

1) 훈련 단계

기 간	연구 운영 시간	연구 운영의 국어 시간	연구 운영 시간 외
3월 1주 ~3월 4주	글짜기 방법의 구안을 통해 실시	대문 이해 과정에서 실천	생활 집단과 학습 집단을 겸하여 조직 운영

가) 대문 글짜기 방법의 구안과 훈련

① 중심 글월의 위치에 따른 글짜기

　㉮ 글짜기의 기본 양식

　　두괄식, 미괄식, 쌍괄식

　㉯ 지도 순서

　　① 두괄식→미괄식→쌍괄식

　　② 교과서에서 예문 찾기→글짜기 학습지에 옮겨 쓰기→예문과 같은 대문 짓기

　　③ 초기에는 두괄식, 미괄식, 쌍괄식 학습지를 모두 제공→후기에는 쌍괄식 학습지만 제공하고 자유로 활용하게 함.

　　④ 대문의 상호 관계 파악으로 발전

　　⑤ 완성글의 글짜기 방법으로 발전

② 연상 자료를 이용한 글짜기

㉮ 그림 보고 하나의 대문 구성하기

㉯ 이야기 듣고 중심 글월을 살려 구성하기

㉰ 시작 글월과 마침 글월을 생략해 놓고, 생략된 부분 구성하기

㉱ 몇 개의 도막 장면으로 돕는 글월을 주고, 중심 글월을 만들어 구성하기

나) 소집단 상호 협력 학습 방법의 구안과 훈련

집단 활동을 통한 가치 심화를 위해 글짜기, 대문 짓기, 완성글 짓기 활동이 소집단 상호협력 학습 중심으로 이루어지도록 그 방법을 구안하여 조직, 운영하였다.

① 소집단 조직

㉮ 소집단 조직을 위한 기초 조사

성적, 성별, 선호아, 학습 의식, 역할, 특기, 거주지

㉯ 소집단의 구성 원칙

6명 1조의 혼성 집단, 등질 집단, 생활 집단과 학습 집단의 동일 조직, 집단명은 아동 스스로, 아동의 희망 존중

② 소집단 협력 학습 방법 훈련

㉮ 토의 진행 요령 기본안 작성 지도

㉯ 리더의 훈련안 작성 지도

㉰ 소집단 토의 요령 기본안 작성 지도

① 제1단계: 의견 내놓기(노란 삼각 표지판)

② 제2단계: 내놓은 의견 묶기(파랑)

③ 제3단계: 결론 내리기, 확인하기(빨강)

㉱ 소집단 협력 훈련 과정

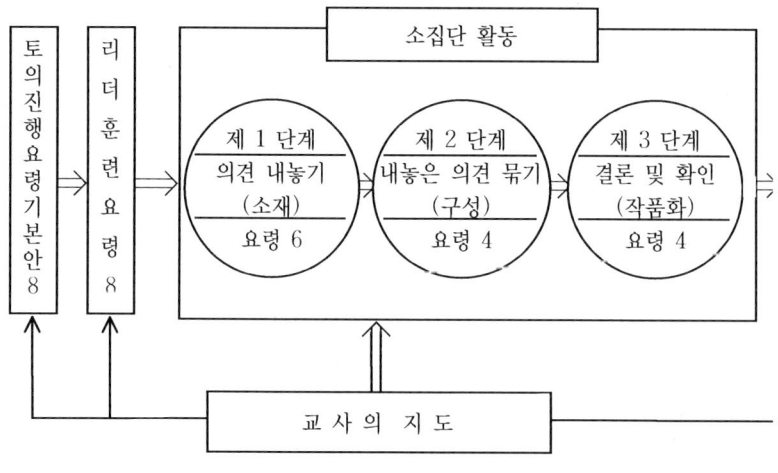

[도-4] 소집단 협력활동 훈련 과정도

㉲ 의사 소통을 위한 아동의 발언과 훈련

아동의 발언과 유형을 일반적인 훈련, 의견을 말할 때 대립 의견, 보충할 때(확대, 조정 의견), 질문 의견, 수정 의견으로 구분하고 수준을 3단계로 설정하여 훈련하였는데 그 예가 다음과 같다.

〈표-6〉 아동 발언 유형 및 단계

단계유형	제1단계	제2단계	제3단계
의견을 말할 때	1. ○○입니다. 2. ○○이라고 생각합니다.	4. 이를테면 ○○입니다. 5. ○○가지 입니다. 　첫째는 ○○이고, 　둘째는 ○○이며, 　끝으로 ○○입니다.	6. ○○에 대하여는 ○○이라고 생각합니다. 8. 저는 ○○이라고 생각하는데 여러분(○○는)은 어떻게 생각하십니까?

㉳ 소집단 협력 글짜기 훈련 사례(무궁화 분단)

학습문제 주어진 글월에 따라 중심 글월을 살려 대문 구성하기

주어진 글월	① 학교를 깨끗이 하는 것도 애국의 길이다. ② 친구나 이웃에게 친절하게 대하없. ③ 숙제도 잘 하며, 몸도 튼튼히 하여야 한다.

의견 내놓기	○중심 글월을 무엇으로 할까? 내놓은 의견: 글월①　　　글월②　　　글월③ (제 안 자) : (　이형찬　) (김광호) (송지현 박재각　　　　　　장복희) 　　　　　　　　　　　　전 진

내놓은 의견 묶기	1) 김 광호가 모처럼 분명한 의사를 발표 ·협의내용 2) 친절은 주 생활 실천 사항에 있음 　　　　3) 친절에 대한 제안 설명이 자세했음. ·묶어진 사항: 글월② 친절을 중심 글월로 한다.

결론 및 확인	1) 중심 글월은 글월 ② 친절로 한다. 2) 중심 글월의 위치는 자유로 한다. 3) 돕는 글월①, ③에 대한 순서도 자유 4) 발표는 김 광호가 먼저 한다.

2) 글짓기 활동 단계

가) 대문 짓기 수업 실천

① 단　원

② 학습 과제 분석

③ 단원 학습 목표

④ 글짓기 학습 내용 분석

⑤ 지도 계획

제재	차시	학습내용	글짓기학습요소		자료
			말의 쓰임 요소	공부할 문제 요소	
7-(1) 사랑에 멱감는 사람	4/11	○대문을 확인하고 내용 간추리기 ○글의 짜임 알아보기	중심 글월이 앞에 있는 대문 짓기		○HP, TP, 글 짜 기 학습지
	5/11	○내용 연구 ○글쓴이의 의도 찾아보고 자기 의견 가지기		뜻이 다른 말을 사용하여 글월 짓기	
	6/11	○논설문 써 보기 ○감상하여 좋은 글을 찾아보기	사랑, 협동에 대한 논설문 쓰기		원고지

6) 대문 짓기 학습 활동안

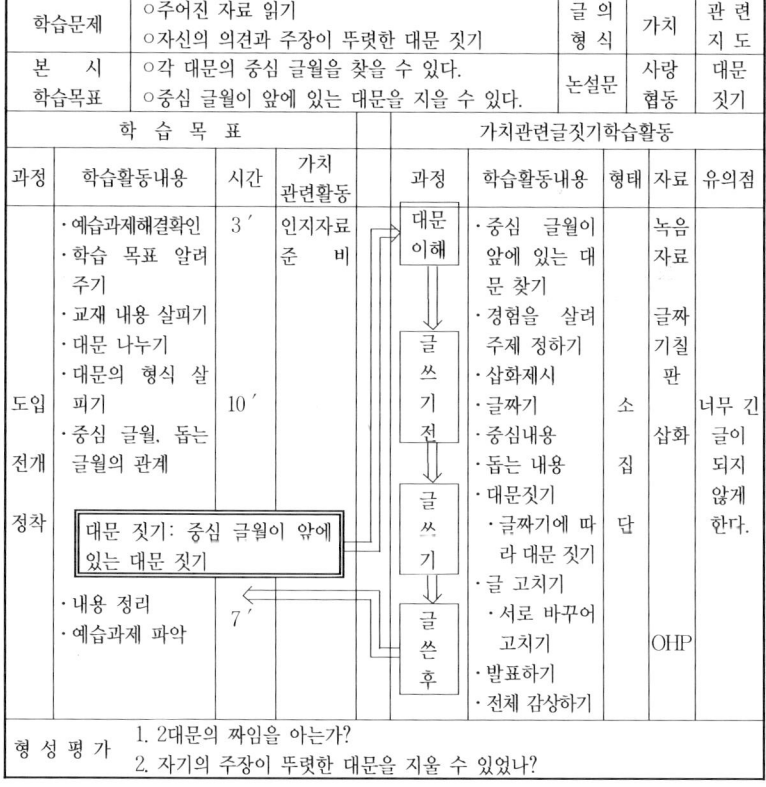

학습문제	○주어진 자료 읽기 ○자신의 의견과 주장이 뚜렷한 대문 짓기			글 의 형식	가치	관 련 지 도
본 시 학습목표	○각 대문의 중심 글월을 찾을 수 있다. ○중심 글월이 앞에 있는 대문을 지을 수 있다.			논설문	사랑 협동	대문 짓기

학 습 목 표				가치관련글짓기학습활동				
과정	학습활동내용	시간	가치 관련활동	과정	학습활동내용	형태	자료	유의점
도입 전개 정착	·예습과제해결확인 ·학습 목표 알려 주기 ·교재 내용 살피기 ·대문 나누기 ·대문의 형식 살피기 ·중심 글월, 돕는 글월의 관계	3′ 10′	인지자료 준 비	대문 이해 ⬇ 글 쓰 기 전 ⬇ 글 쓰 기 ⬇ 글 쓰 후	·중심 글월이 앞에 있는 대문 찾기 ·경험을 살려 주제 정하기 ·삽화제시 ·글짜기 ·중심내용 ·돕는 내용 ·대문짓기 ·글짜기에 따라 대문 짓기 ·글 고치기 ·서로 바꾸어 고치기 ·발표하기 ·전체 감상하기	소 집 단	녹음 자료 글짜 기칠 판 삽화 OHP	너무 긴 글이 되지 않게 한다.
	대문 짓기: 중심 글월이 앞에 있는 대문 짓기							
	·내용 정리 ·예습과제 파악	7′						
형 성 평 가	1. 2대문의 짜임을 아는가? 2. 자기의 주장이 뚜렷한 대문을 지을 수 있었나?							

7) 대문 짓기 학습 활동 실천기(생략)

나) 완성글 짓기 수업 실천(생략)

V. 검증 및 평가

1. 검증 및 평가의 내용, 도구, 결과

내 용	도구 및 방법	결과 및 해석
1. 가치 의식의 변화	·자아 개념, 성취 동기 검사 문항에서 추출 변용한 설문지	·전후 비교에서 +44% ·전후, 좌우 비교에서 '자기 결의' 내용이 가장 높게 변화함.
2. 가치 생활화변화	·행동 발달 항목을 설문화한 설문지	·좌우 비교에서 상급 +11.75, 중급 −4.13 하급 −7.62이며, 전후 비교에서 중급 이상이 91%로 균형잡힌 학교 생활을 하고 있음.
3. 학습 의식의 변화	·윤 형모의 학습 의식 척도표[24]	·전후 비교에서 과제 의식기 42.85%, 교재적 훈련기 34.92%로 좋은 학습 태도가 형성되고 있음.
4. 학업 성취도의 변화	·표준화 학력 검사지, KTC 가형	·좌우 비교에서 M +2.68, SD +2.59이며, 개인차가 좁아지고 있으나 아직도 심함.
5. 글짓기 능력의 변화	·글짓기 능력의 영역별 평정표	·대문 구성력 전후 비교 +20점 좌우 비교 +9점 ·완성글 서술력 전후 +15, 좌우 +6점 ·구체적인 내용의 서술로 가치를 표현하고 있음.
6. 태도 및 행동의 변화	·관찰 기록부 면접 및 관찰	·자신 있게 자기 의사를 말과 글로 표현하고 있음. ·협력 태도 형성
7. 가치 동일화 인물의 영향	·설문지 좌우 비교	·가치 동일화 인물에 대한 동일화 이유가 분명하며 구체적임.
8. 작품 분석	·작품의 전후 비교	'나의 생각'을 긍정적 진취적으로 서술하고 있음

---

24) 윤 형모, 버즈 학습의 이론과 실제(서울: 문화각, 1965), PP.109~113.

VI. 결 론

본 연구를 통하여 국어과 가치 목표 심화는 개인 학습보다는 개인 학습을 토대로 소집단 상호협력 학습 중심의 글짓기 활동을 적용하여 지도하는 것이 보다 효과적임이 고찰되었다.

가. 가치 목표와 짓기 목표를 분석하여 지도 가치 요소를 추출하여 동일화 인물, 도서 자료, 인지 자료를 관련지어 통합적으로 지도하는 것이 가치 목표 심화와 동시에 글짓기 능력 신장에 효과적이었다.

나. 국어과 가치 목표 심화의 효율화는 집단 학습의 기본 태도와 짓기의 기초 기능 훈련이 선행될 때 가능했다.

다. 6명의 소집단 조직 운영은 상호 협력 태도와 소속감을 길러 주고, 학습 의식을 높이며, 적극적인 발표 태도를 길러 주었다.

라. 연상 글짓기 자료를 활용한 글짓기 방법의 대문 짓기 내용은 가치 의식 심화에 크게 작용하였다.

마. 일인칭 서술의 완성글 짓기는 소집단을 통한 퇴고 과정에서 자신이 선택한 가치가 분단원들의 가치와 동시에 확언, 존중되어질 수 있었다.

○ 소집단 대문 짓기의 결과를 발표하는데 필요한 암막, 영사막의 시설 준비가 번거로웠다.

○ 완성글 짓기한 작품을 그 시간에 아동 모두가 볼 수 있도록 할 수 없는 것이 문제점이었다.

참고문헌

권오병외, 국어과 지도의 실제, 서울: 동화사, 1977.

김민수외, 국어 교육론, 서울: 일조각, 1979.

문교부, 국민학교 교육과정, 서울: 교육과학, 1973.

　　　　국민학교 교사용 교과용 도서, 서울: 과학도서, 1976.

박동순, 국어 교육의 혁명, 서울: 배제출판사, 1976, 글짓기 지도, 서울:
　　　　배재출판사, 1976.

박붕배, 국어 교육 방법론, 서울: 학우사, 1973.

　　　　국어 독해 학습의 이론과 실제, 서울: 교학사, 1978

이대규, 언어 교육, 서울: 교육위원회, 1976

이응백외, 국어 교육, 서울: 한국능력개발사, 1975.

전문수, 국어과 기초 학습의 이론과 실제, 서울: 학우사, 1974.

정우상 최 현섭, 글짓기 지도의 실제, 서울: 배영사, 1977.

한국교육개발원, 교과 지도법 I, 서울: 서울인쇄, 1979, 새교육 체제의 운
　　　　영, 서울: 서울인쇄, 1980.

인천동암국민학교, 연구보고서(국어 기본 학습방법을 적용한 언어 기능
　　　　신장), 1980.

청주덕성국민학교, 연구보고서(글월과 대문지도를 통한 글짓기 능력 신
　　　　장), 1980.

讀解力 伸張指導의 理論的 研究(1982)

朴 熙 商*

I. 序 論

意圖的인 敎育의 읽기에서는 正確한 理解를 爲한 機能習得의 方法論이 必然的으로 要請된다. 여기에서 읽기란 文章을 媒介物로 하는 것이며 理解란 文章內容의 把握과 定着된 文意의 認知를말함이다. 本 研究는 添加語로서의 國語의 語尾活用 發達과 그 機能에 依하여 敍上한 바를 效率的으로 習得시키기 위한 方便의 一翼으로 삼았다. 特히 國語의 特殊性에 비추어 連結語尾 活用에 따라 構文 分析에 依한 文類型이 다르면 그 內容物도 달라지며 複文, 重文, 混文의 連結語尾는 接續語의 代役으로서 意味內容의 定着 部分과 形式構造와의 相關性에 따라 呼應하게 된다.

兒童의 作文에서 接續語의 濫發로 單一文으로 一貫되어 있다는 事實을 勘案하면 連敎語尾에 依한 긴 文章의 形式構文의 特徵을 讀解指導에서 소홀히 했다는 證據이며 또한 긴 文章은 읽으나 要旨를 正確하게 指摘 못하고 文章의 어느 部門에 글쓴이의 力點이 있는가를 알지 못한다는 것은 這間의 事實을 立證할 수 있다고 하겠다.

* 京畿商業高等學校 敎師

따라서 本 硏究에서는 하나의 文을 基準으로 그 構造上 類型에 따라 活用되는 連結語尾의 種類와 그 意味機能에 따라 文意의 歸着點을 相關的으로 正確히 把握할 수 있는 理論的 背景을 提示하여 敎育의 一臂之役으로 삼으려는데 目的이 있다.

II. 術語의 意味 規定

本 硏究의 理解와 展開의 便宜를 爲하여 몇가지 用語 定義를 規定해 둘 必要가 있다.

1. 連結語尾의 뜻

(1) 움직씨가 월의 풀이말이 되어서 그 월을 끝맺지 아니하고 다시 다른 월이나 풀이씨에 있는 법을 이름이라.[1]

(2) 어간에 붙어서 그 문장을 끝맺지 못하고 그 다음에 다른 말이 계속되는데 이러한 어미를 연결어미라 한다.[2]

(3) 연결어미는 문장의 서술을 마치지 아니하고 말뜻이 뒤에 오는 서술어와 연결되는 어미이니 그 연결하는 형식에 따라 대등형과 종속형으로 나누어진다.[3]

(4) 글이 동사로서 끝을 맺는 것이 못되고 다시 새 글을 잇는 구실

---

1) 최현배 「우리말본」(서울, 정음사, 1960) p.28
2) 이희승 「새 문법」(서울, 일조각, 1968) p.53
3) 강복수·유창균 공저 「문법」(서울, 형설출판사, 1967) p.43

을 가진 어미[4]

以上의 諸學者들의 語尾 定義는 大同小異하다.

위의 諸說을 바탕으로 筆者는 다음과 같이 定義를 내리고자 한다.

「用言(動詞, 形容詞)의 語幹에 붙어 敍述을 마치지 못하고 <u>다른 文을 이어가거나</u>① <u>다른 用言에 이어가는</u>② 口實을 하며 그 連結하는 形式에 따라 對等形과 從屬形으로 나누어지는 語尾를 連結語尾라 한다」

위의 筆者의 定義에서 밑줄 ①은 節을 가지는 文이며 밑줄 ②는 單文에서 두 가지 動作이나 狀態의 境遇를 말한다.

①의 例. 나는 가고 너는 온다. 버스는 지나가는데 그 사람은 타지 않았다.

②의 例. 나는 약을 달여 먹었다.

2. 文의 概念

文章의 隣接 概念인 文의 性格을 보면, 文이라면 우리는 文法學的 單位로서의 一文을 想起한다.

文法學的 意義로서의 文의 性格에 對한 定義를 내려 보면, "한 개의 정돈된 생각을 나타내는 한 줄거리의 글(A Sentence is a group of words which makes sense)"[5]이라는 말은 主述關係가 있어야 한다는 前提이므로 Sentence는 반드시 그런 것이 아니고, 또 一項文이나 單語文을 是認한 定義를 보면,

"A Sentence is word or group of words standing bentween on ritinal capital letter and a mark of end punctuation or between

---

4) 이숭녕 「문법」(서울, 을유문화사, 1969) p.97

5) 李仁模 「文體論」(서울, 東華文化社, 1950) p.8에서 E.A Sannenschein: A New English grammar p.10을 再引用

marks of and punctuation."6)은 單語文까지 是認한 定義이다.

　이상의 文의 定義를 보면 文은 文體論, 文學에서의 文章의 下位單位에 屬한다. 따라서 文體論, 文學에서의 文章이란 것은 文法學에서의 文 槪念에 對한 上位 次元에서의 槪念이 되므로 文法學에서의 文章論 (Syntax)은 文論으로 해야 마땅하다. 그래서 金敏洙 敎授도 「文 成立 의 三大要件으로서 統一性의 指標와 敍述性의 指標와 終結性의 指標가 三大要件이 된다고 했으며 이 構造指標들이 意味와 結合하여 文을 形 成한다고 했다.

$$文 < \begin{matrix} 소~풀~먹~\cdots\cdots\cdots意味 \\ ~가~을~는다\cdots\cdots指標 \end{matrix}$$

　文의 指標는 一定한 構成形에 딸린 符號와 같은 것이다」7)라고 한 것은 文法學에서 文의 槪念이고, 文章의 組立되는 質的 單位로는 單語 →句→節→文→文章8)으로 되어 있다.

　以上 諸學說을 보더라도 文은 文章의 下位單位이며 文章은 文의 集 合體라고 할 수 있다. 따라서 本 硏究에서의 對象은 文章이 아니라 文 이 된다.

3. 文의 構造上 類型 分類

　文의 種類는 다음과 같이 規定하여 둔다. 單語文, 單一文, 複文, 重文, 混文으로 普通 分類하고 있다. 本節에서는 本 硏究에 必要한 文 種類의 意味 規定만 내리겠다. 먼저 세 분의 文의 構造性, 類型을 紹介하면

---

6) Chorles Capenter Fries: 「The Stracture of English」
　　(Harcount Brace and Co. IWC. 1952) p.9

7) 金敏洙 「國語文法論」(서울, 一潮閣, 1972) p.64

8) 時枝誠記 「文章研究序說」(東京, 山田書院, 昭和 40) p.12

㉠최현배: ·單文~임자말과 풀이말과의 걸림이 단 한번만 성립한 월

·複文~둘 이상의 홑 월이 그 꼴에서 서로 얽히어서 한 덩어리가 된 월. 겹월은 그 마디의 어우름의 모양을 따라 包有文. 竝列文. 連合文의 세 가지로 나눈다.

·竝列文~벌림으로 된 겹월

·連合义~어우름으로 된 겹월

·包有文~거느림으로 된 겹월9)

㉡金敏洙: ·單文~主語＋敍術語 또는 主語＋客語＋敍語術 等의 形式으로 構成된 文(句節을 問題삼지 않음)

·複文~둘 以上의 句·節 또는 文으로 이루어졌으나 對等關係로 拘束된 것이 아니고 主·從關係로 拘束된 文

·重文~둘 以上의 句·節 또는 文으로 構成되었으며 더욱이 그들은 對等關係로 맺어진 文

·混文~重文과 複文을 다 包含한 것으로 混成 構成된 文10)

㉢이명권: 金敏洙 教授와 同—11)

以上 諸學說을 보면 ㉡㉢과 ㉠에서의 差異는 ㉠에서는 ㉡㉢의 重文을 複合文에 包含시키고 있다. 또 金敏洙 教授는 別書12)에서 複文 속에 附屬文(내가 좋아하는 꽃이 진다)과 包有文(힘이 세기가 황소와 같다)으로 나누고 있으나 이는 한마디로 成分節과 같은 것이라 보아진다.

本 研究가 文의 構造上 類型에 依한 讀解研究인 만큼 連結語尾로 因한 文 構造性의 類型만 對象이 되기에 本論에서 取扱되는 文이 類型

---

9) 崔鉉培, 「前揭書」, pp.793~812

10) 金敏洙 「新國語學」(서울, 一潮閣, 1964) p.200

11) 李明權 文法教育의 方法論 韓國 國語教育研究會編 「국어교육」 7號(서울, 大韓教科書株式會社, 1963) p.61

12) 金敏洙 「國語文法論」 前揭書 p.241

만 整理해 보겠다.

○ 單一文～金敏洙 敎授의 定義로 代置함. (나는 밥을 앉아서 먹는다.

○ 複文～둘 以上의 節로 이루어지나 主·從關係의 文으로서 挿入句節(成分節)을 內包하고 있는 卽 主語에 묻힌 文(꽃이 핀 마을이 있다)과 各個 主語와 各個 敍述語를 가진 內面連結複合文[13]이 있으나 本論에서는 後者의 境遇를 對象으로 한다.(나는 불렀으나 움 그대는 움직이지 않았다.)

○ 重文～둘 以上의 節로 이루어지나 對等關係의 文이며 各個主·述로서 等位節이 되는 文이다.(人生은 짧고, 藝術은 길다.)

○ 混文～重文과 複文을 다 包含한 文(산은 높고, 강은 푸르나 마을은 초라하다.)

以上 文의 類型에 쓰인 語尾가 바로 敍上한 筆者의 連結語尾의 定義를 뒷받침해 준다.

4. 接續語

學界에서는 文을 잇는 말(그리고 따라서……)을 接續語, 接續副詞 等으로 用語를 定하고 있으나 本論에서는 文을 잇는 語節이나 句節을 一括하여 接續語라 한다.

Ⅲ. 文의 構造上 類型에 依한 讀解 辨別力 調査

test에 依한 調査를 一瞥하여 本 研究의 目的에 寄與시키고 指向의

---

13) 金敏洙「上揭書」p.354

바탕이 되고자 한다.

1. 複文에서의 文意 定着 認知力

圖表에 쓰인 符號풀이: ① 等位比重의 表＝

② 文意 包括의 程度에 따라 작은 차례로
말하면 ( ) → [ ] → { }

③ 文意의 輕重度를 輕〉重으로 한다.

④ 文意의 益甚表 →

⑤ 選擇表 〉

⑥ 添加表＋〈

複文은 어떤 구절 全體가 한 구절 全體에 맺어진 複合命題이므로 各個 主語에 各個 敍述을 取하는 文이며, 從屬節과 主節이 있는 主從 關係에서 成立되는 文이라 할 수 있다. 이 때 글의 力點部分(話者의 意圖)은 主節에 있게 되며 國語의 語順에서 보면 主節은 뒤에 있게 된 다. 그러므로 作者의 意圖는 從屬節에서 意圖, 原因, 必要, 目的, 說明 等으로 前提해 놓고, 倒置 아닌 正常的인 語順에서 보면 글의 力點部 分은 뒤의 主節에 있게 됨을 注意해야 한다. 이와 같은 關係는 連結語 尾의 意味機能에 따라 定해지므로 다음 test로서 學生들의 實力 調査 를 分析해 보기로 한다.

사임당은 학문에 대한 지식도 많았고, 문장을 잘 하였으며, 글씨와 그 림에 이르기까지 예술가로서 이름이 높았으니 우리는 사임당을 한국이 자 랑할 여성의 거울이라 보는 것이다.

(1) 위 글은 결국 사임당의 무엇을 말하기 위해서 씌어졌는가?

　　(-친 부분을 잘 생각하시오)

① 사임당은 학문에 대한 지식도 많았고 문장도 잘했다.

② 사임당은 한국이 자랑할 여성의 거울이다.

③ 사임당은 예술가로서 그림에 뛰어났다.

④ 사임당은 학문과 문장과 그림에서 모두 뛰어났다.

문항수별번호 각항목지적자수 및 % 총응시자수	지적자수	%	② 지적자수	%	지적자수	%	지적자수	%
587	154	26.23	232	39.52	23	3.91	178	30.32

　總 應試者 587名 中 正答者 232名(39.5%)으로 半을 너무 下廻하고 있음을 알 수 있다. (1)의 問題文은 「……높았으니」까지가 한 구절
　　　　　　　　　　　　　　　　　　　　　　　　a

全體이며 그 以下가 各個 主語 「우리는……」으로 始作되는 한 개의
　　　　　　　　　　　　　　b

구절 全體이다. a와 b의 連結語尾〈(으)니, 이니〉는 意味上 機能으로 보면 說明 및 사후의 일을 前提하는 語尾이므로 a가 主節임과 同時에 話者의 意圖하는 바는 b에 있게 된다. 特히 b에서의 中心語는 「여성의 거울」이므로 문케 文의 關鍵되는 Key Word는 隱喩인 「여성의 거울」이 話者의 意圖하는 바 核心이 된다. 그리고 1項과 4項의 指摘者가 各各 154名(26.2%), 178名(30.3%)으로 誤答이 상당수가 나온 것은 「많았고」・「하였으며」의 고, 며가 對等의 意味機能을 가지고 있다는 事實을 몰랐기 때문이며, 또 a句節에는 이들 고, 며로서 세 개의 句節이 높았으니에 예속되어 있는 揷入並立의 揷入複文임을 알아야 한다. 問題는 위 問題文의 讀解에서의 文意, 定着 部分의 認知는 고, 며, (으)니

等 語尾의 意味機能 把握 與否에 달려 있다.

위의 語尾 關係로써 文의 定着部分을 보이면

(고 = 며 =(으)니) 〉b 句節

　　　 a 句節

2. 重文에서 文意 定着 認知力

重文 역시 複文과 같이 구절 全體와 또한 한 구절 全體가 맺어지는 複合命題이며 各個 主語와 各個 敍述語를 取하는 文인데 이는 複文과는 달리 連結 方式은 等位構成인 羅列(竝列)關係를 取하는 文이다. 이 때의 句節을 對等節(等位節)이라 하며 諸者의 意圖는 前後 양쪽의 節에 있게 되는 對等의 글이다. 즉 連結語尾의 意味機能은 重複的 連結로서 같은 方向으로 거듭된 連言으로 되는 境遇다.

　㉠ 나이 먹은 사람들은 이 숲속에서 나무로 집을 짓고, ㉡ 아이들은 소를 쳐서 젖을 짜며 ㉢ 청년들은 물고기를 잡고, ㉣ 부인들도 들에다 밭을 일구면서 마을 사람들은 평화로운 살림을 꿈꾸었다.

(2) 위 글에서 마을 사람들은 어떻게 하여 평화로운 살림을 이루겠나고 하었는가?

　　① ㉠㉡으로써　　　② ㉡㉢으로써

　　③ ㉢㉣로써　　　　④ ㉠㉡㉢㉣로써

문항수별번호 각항목지적자수 및 % 총응시자수	1		2		3		④	
	지적 자수	%	지적 자수	%	지적 자수	%	지적 자수	%
587	82	13.95	128	21.80	100	17.03	277	47.19

問題文 2 역시 問題文 1과 같이 正答者는 587名 中 277名(47.1%)으로서 半을 下廻하고 있다. 여기에서 對等節로 連言시킨 連結語尾를 보면 ㉠의 고, ㉡의 며, ㉢의 고, ㉣의 면서 等이다. 이들 고, 며, 면서의 意味機能이 重複 對等 시키는 機能을 가지고 行動의 一次的인 完了와 二次的인 完了를 시키면서 그 行動들이 同等한 比重으로 重複된다는 事實을 認知한다면 話者의 意圖하는 바가 ㉠㉡㉢㉣과 그 以下 句節까지 重複的 連結로 歸一됨을 알 수 있다. 즉 마을 사람들이 평화로운 살림을 하기 爲하여 ㉠㉡㉢㉣ 중 어느 하나의 行爲도 소홀히 할 수 없으며 이들 全 行爲가 相互 同等한 作用으로 目的을 이룩하게 되는 것이다. 이들 語尾 關係를 보이면 다음과 같다.

　　　　고, =며, =고, =면서

3. 誤用度 測定

한 文을 이루고 있는 둘 以上의 句節 要素는 서로 密接한 形態的 特徵을 가지게 된다. 이 現象은 文法的으로 이루어지는 義務的인 一致의 要求의 하나로써 上下 句節文의 文脈的인 共起關係에서 連結語尾의 意味機能에서도 일어나는 呼應規則이 있다.

特히 國語가 添加語라는 事實에서 보면 連結語尾의 文脈上 呼應關係는 讀解指導의 方便으로 重要한 口實을 한다. 前後 句節과 語節間의 文

脈關係에서 呼應 一致되지 않는 語尾를 活用하여, 正確한 語尾 使用으로 文意를 把握하려는 態度와 能力의 測定이 本章에서의 測定意圖다.

> 그러나 어린이들을 위하여 힘을 바치면[㉠] 바치도록[㉡] 정성을 들이면[㉢] 들이도록[㉣] 선생님 자신의 생활은 점점 비궁해졌다.

(3) 위 글에서 ㉠㉡㉢㉣ 중 잘못 쓰인 것을 고르시오.
① ㉠㉡   ② ㉠㉢   ③ ㉡㉣   ④ ㉢㉣

문항수별번호 각항목지적자수 및 % 총응시자수	1		2		③		4	
	지적 자수	%	지적 자수	%	지적 자수	%	지적 자수	%
587	54	9.19	40	6.80	339	57.75	154	26.23

　(3)의 項을 보면 587名中 339名(57.75%)로서 半을 약간 上廻하고 있으나, 成績 不振이라 診斷할 수 있다. 問題 (3)을 보면 ㉠㉢의 면은 假定의 前提이므로 ㉡㉣의 도록이라는 到及 및 意圖의 意味로서는 前後 文脈이 相應되지 못한다. 「힘을 바치고 또 바치고 ……정성을 들이고 또 들이고……, 이렇게 하여도 生活은 貧窮해 졌다」라고 하여야 一致된다. 이 例文에서 着眼點은 면이라는 語尾의 意味機能의 점점이라는 副詞의 뜻으로 呼應시켜야 한다. 그러므로 도록 대신에 갈수록 더욱 甚하게 되는 뜻 즉 去去益甚의 意味를 지닌 (ㄹ)수록이라는 益甚形 語尾 使用法을 알아야 한다. 이들 關係를 보이면 다음과 같다.

　면 → 바칠수록 = 면 → 들일수록

물론 이 지도는 실지로 가서 본 것을 그린 것도 아니고[㉠] 오늘날처럼 세계의 사정을 잘 알고[㉡] 그린 것도 아니므로[㉢] 틀린 점이나 잘못된 점도 많았고[㉣] 지도자로서의 형식을 갖춘 점이나[㉤] 당시 사람들이 알고 상상했던

ⓐ   ⓑ

세계를 실었다는 점으로 보아[㉥] 훌륭한 것이었고[㉦] 확실히 새로운 과학문명의 발전을 보여주는 자료로서 귀중한 것이다.

(4) 밑줄 그은 ㉠㉡㉢㉣ 중에서 잘못 씌어 말이 잘 안되는 것은?
① ㉠   ② ㉡   ③ ㉢   ④ ㉣

문항수별번호 / 각항목지적자수 및 % / 총응시자수	1		2		3		④	
	지적자수	%	지적자수	%	지적자수	%	지적자수	%
587	51	9.54	48	8.17	158	21.91	325	55.36

問題文은 (4)는 問題文 (3)과 같은 test지만 正答率 역시 비슷하다. 이 問題에서는 ㉠㉡의 고는 對等이며, 이것들은 ㉢의 므로라는 原因의 意味機能에 包括된다. 따라서 ㉠㉡㉢의 句節은 ㉣의語尾를 가진 句節의 文脈을 爲한 原因을 前提한 글이므로 原因에 대한 結果인 틀린 점이나 잘못된 점도 많았다에 文意定着이 되었다. 그리고 그 以下의 글을 보면, 많았다 위의 文脈은 이 지도가 잘못되었다고 規定해 놓고는 밑에서 훌륭하고 과학문명의 發展을 보여 주는 자료라고 前後 對立되는 異意를 내놓고 있다는 事實이다. 고로 많았고의 고라는 對等語尾를 使用하면 前後에 共히 話者의 意圖가 定着된다. 그러나 이 問題文의 文意 定着 部分은 後部에 歸一되었으며 이는 前敍한 바와 같이 前後文의 異意 對立으로 되었다는 事實에서다. 그러므로 많았고의 고는 對立

의 語尾인 ～나를 잘못 活用하였음을 알 수 있다.

그리고 後文에서도 ⓐⓑ 句節을 連結하는 ～나는 重複連結이며 ⓑ 句節의 ～아(서)는 ⓒ 句節의 原因形이다. 以上을 볼 때 話者의 意圖 定着의 核心部는 ⓒ 句節이며 ⓒ 句節 中에서도 ～것이었고의 고 役시 그 後文과 對等의 連結이다. 이제 問題文(4)의 文意를 찾아 쓰면 이 지도는 훌륭한 것이며 과학 문명의 발전을 보여주는 자료로서 귀중하다로 될 것이다. 이들 語尾 關係를 보이면 다음과 같다.

〈問題文 中에서 設問에 關係없는 符號 밑줄은 本 分析을 爲하여 表示된 것임. 以下 같음〉

　　ㄱ　ㄴ　　　ㄷ　　　ㄹ　　ㅁ　ㅂ

{[(고＝고＝(으)므로＞나]＞(나＝아)}＞……고 ＝ (고)의 밑句節
　　　　　　　　　　　　　　　　　　　C 句節

4. 推理力 測定

推理力 問題는 前後 文脈 關係로 미루어 알맞는 連結語尾의 意味機能을 생각해 내어 文脈을 通하게 하는 問題 卽 주어진 例文에 對하여 그와 類似한 旣知의 事實을 미루어 判斷해서 例文에 주어진 事實에 새로운 判斷으로 導出하는 能力 test다.

이 때 旣知의 事實 卽 前提가 하나일 때는 直接 推理가 된다.

밤이면 아이들이 늘□ 노래하□ 하여 아주 흐뭇하다.

(5) 위 글의 속은 다음 보기의 밑줄 그은 뜻과 같이 쓰인 말이다.

보기　밥을 먹거나 말거나 네 자유다.

166

위 보기의 말을 참고로 하여 위 글 □속에 적당한 것을 고르시오.

① 고   ② 든지   ③ 면서   ④ 며

문항수별번호 각문항지적자수 및 % 총응시자수	1		②		3		4	
	지적자수	%	지적자수	%	지적자수	%	지적자수	%
587	189	32.19	219	37.32	86	14.65	93	15.84

問題文 (5)의 結果는 大端히 成績이 不振한 便이다. 587명 중 219名 (37.32%)로서 100分率의 $\frac{1}{3}$ 밖에 正答이 나오지 못했다.

問題文의 〈보기〉를 參考하여 보면 먹거나 말거나의 거나는 둘중의 하나를 擇하여 行爲하라는 前提 判斷이다. 여기서 거나의 意味機能을 正確히 活用할 줄 안다면 設問 項聞 ①②③④의 語尾를 미루어 찾아 낼 수 있으리라 본다. 特히 ①項 指摘者가 全體의 32.19%로서 正答과 同率을 나타내고 있다는 것은 이 方面의 讀解의 緊要性을 示唆한다. 初等教育에서는 專門化된 文法보다 文脈上 文法機能 敎育이 必要한 以上 어떤 語尾의 機能에 對하여 스스로 짧은 글을 지어 보면 本 設聞의 答이 推理될 수 있을 것이다. ①項을 指摘한 者가 많다는 것은 다음과 같은 事實도 立證된다. 卽 ①의 고 ③의 ~면서 ③의 ~며가 全部 對等의 뜻이 있다는 共通的인 意味機能을 把握 못했음을 意味한다.

만약 ①의 고가 正答이 된다면 ③ ④項의 語尾도 正答으로 될 수 있음을 생각하지 못한 結果라 하겠다. 問題文 (5)의 意味比重을 보이면 다음과 같다.

놀든지 〉 노래하든지

5. 比較의 能力

比較의 能力 測定은 連結語尾의 意味機能上 同質의 것과 異質의 것을 區分하는 能力 測定을 말한다. 이의 測定은 多角的으로 測定할 수 있겠으나 研究의 制限點에서 旣述했듯이 本章에서 極히 制限하여 敎科書 分析에서 많이 活用된 語尾類 몇 가지에서 比較해 보았다.

율곡은 옳은 일이 아니<u>면</u> 따르지 않았다.

(6) 위 글의 밑줄 그은 말을 참작하여 위 글과 다른 내용의 글을 래에서 찾으시오.(밑줄 그은 부분에 주의해서 생각하시오.)

① 김군이 월급을 타<u>거든</u> 축하하자.

② 네가 일을 하<u>거들랑</u> 꼭 조심해 하라.

③ 봄이 올<u>지라도</u> 나는 우울하기만 하다.

④ 우등생은 못할<u>망정</u> 낙제를 하다니.

문항수별번호 각항목지적자수 및 % 총응시자수	1		2		3		③	
	지적 자수	%	지적 자수	%	지적 자수	%	지적 자수	%
587	101	17.20	145	24.70	145	24.70	196	33.39

正答者 역시 全體의 33.39%로 半을 휠씬 下廻하고 있다. 주어진 語尾機能은 假定形이다. 면, 거든, 들랑, <u>(으)ㄹ지라도</u> 는 모두 假定形이다. 正答의 <u>(으)ㄹ망정</u>은 讓步나 固執의 意味機能을 가진 語尾다. 이들 比較는 文脈上 文意 把握에 留意해야 한다. 文意比重을 보이면 다음과

같다.

   ……아니면 〉 따르지 않았다.

> 바다는 무우청처럼 싱싱하고 시퍼런 물결은 하얗게 부서지고 척척 갈
> 라지며, 시원한 바람은 얼굴에 상쾌하다.

(7) 위 글의 내용과 가장 가까운 것을 다음에서 고르시오. (-친 부
분에 주의해서 생각하시오)

① 바다가 싱싱하면 물결은 부서지고 갈라지며 바람이 얼굴에 상쾌
  하다.

② 바다는 싱싱하고 물결이 부서지면 갈라면서 바람이 얼굴에 상쾌
  하다.

③ 바다는 싱싱한데 물결이 부서지고 갈라지며 바람이 얼굴에 상쾌
  하다.

④ 바다는 싱싱하고 물결도 부서지면서 갈라지며 바람이 얼굴에 상
  쾌하다.

문항수별번호 각항목지적자수 및 % 총응시자수	1		2		3		④	
	지적 자수	%	지적 자수	%	지적 자수	%	지적 자수	%
587	96	16.35	137	23.33	139	23.67	215	36.62

 問題文 (7)도 問題文 (6)의 境遇와 같은 性質의 물음이며 正答 역
시 問題文 (6)의 境遇와 大同小異하다. 本 調査에서는 對等型 고, 며를
提示하고 고, 며와 같은 機能인 면서와 比較시키고 이들과 다른 면 이

라는 假定形과 (으)ㄴ(는)데 라는 說明形과의 差異를 比較하여 出題된
問題다. 이 問題에서 上記한 고며, 면서 가 同質的 機能임을 안다면 쉽
게 正答을 구할 수 있는 問題다. 意味比重은 다음과 같다.

　　　고 ＝ 며 ＝ 면서

6. 混用의 識別力

　本章에서의 混用이라 함은 같은 形態의 語尾가 文에 따라 여러가지
意味機能을 發揮하게 된다. 이 때 하나의 文 속에 그 多樣한 意味 差
異點을 混用시켜 놓고 그들 語尾의 差異點을 識別하는 能力을 말한다.
國語 連結語尾에서 같은 形態가 여러가지 意味機能을 가지게 되는 語
尾를 列擧하면 다음과 같다. 거든, 거니, 고나, 나니, 나마 ㄴ들 니 다
다가 아(어)서
　이들 語尾類는 이미 連結語尾의 意味上 分類에서 밝힌 바다.
　以上 語尾 中 活用度가 가장 많았던 아(어)서를 한 文속에 混用시
켜 놓고 意味 識別하는 問題로 測定을 試圖했다.

　우리는 나라를 빼앗기어서[ㄱ] 차디찬 겨울 나라가 되어 버렸지만[ⓐ] 새로
핀 버들잎을 따서[ⓑ] 강남으로 부치면[ⓑ] 제비가 푸른 편지를 받아보고[ⓒ] 우
리 나라가 그리워[ⓓ] 다시 찾아 올 것입니다.

　(8) ㉮ 위 글의 밑줄 친 ㉠과 같은 뜻으로 쓰인 것을 다음에서 고
르시오.

　① 네가 놀아서 그 일이 안 된다.

② 새를 잡<u>아서</u> 구워 먹었다.

③ 한 젊은이가 이 골짜기를 떠<u>나서</u> 먼 항구로 갔다.

④ 벌 한 마리를 잡<u>아서</u> 촉각을 끊어 버렸다.

문항수별번호 각항목응시자수 및 % 총응시자수	①		2		3		4	
	지적 자수	%	지적 자수	%	지적 자수	%	지적 자수	%
587	164	27.93	53	9.03	218	37.13	152	25.89

㉴ 위 글의 밑줄 친 ㉡과 같은 뜻으로 쓰인 것을 다음에서 고르시오.

① 여러 사람의 의견을 한데 <u>모아서</u> 가장 적절한 방법을 찾아 냈다.

② 그는 러시아에서 기계와 무기를 만드는 공장을 경영하게 <u>되어서</u> 다시 가족과 함께 살게 되었다.

③ 나그네가 수루에 홀로 <u>앉아서</u> 휘파람을 분다.

④ 그는 술을 먹<u>어서</u> 못 쓰겠다.

문항수별번호 각항목지적자수 및 % 총응시자수	1		2		③		4	
	지적 자수	%	지적 자수	%	지적 자수	%	지적 자수	%
587	265	45.14	168	28.62	129	21.97	25	4.25

問題文 (8)에서 ㉮ ㉯ 二問으로 <u>아(어)</u>서의 두 가지 機能差異를 試驗해 보았다. (8)文의 ㉮問은 極히 不振한 成績으로 全體의 27.93%이며 ㉯문의 경우는 21.97%로 역시 부진하기는 같다. ㉮問에서 보면 ③項을 지적한 學生이 많은 畸現象이 나타났고 ㉯問에서 亦是 問項番號

①번을 지적한 學生이 많다는 것은 아(어)서의 意味活用에 전혀 無知함을 말한다.

(8)問의 ㉠은 原因形이며 問項 ①②③④에서 ①번이 原因形으로 正答이고 나머지는 行動의 前後 關係이지만 意味上 比重은 對等形으로 된다. ㉯問의 ㉡은 對等形이며 問項 ①②③④에서 ③번이 正答이고 나머지는 原因形으로 因果의 關係를 말하고 있다.

이런 問題는 連結語尾 代身 그와 同質의 副詞語 또는 接續語를 代用하여 識別하면 쉽다. 8問의 ㉮問은 「나라를 빼앗기었기 〈때문에〉 차디찬 겨울 나라가 되었다」 或은 「……빼앗기었다. 그 때문에(그렇게 해서, 그래서) 겨울 나라가 되었다」로 이 때의 「그래서」는 因果의 連結語다. 8問의 ㉯問은 「새로 핀 버들잎을 땄다. 그리고 이것을 강남으로 부치면……」 等으로 고쳐 본다. 이 때의 [그리고]는 行動 前後의 關係를 말한다. 萬若 위 글을 8文의 ㉮問과 같이 고칠 때 文脈이 통하지 않음은 這間의 事實을 證明하는 것이며 意味機能의 差를 알 수 있게 된다.

「새로 핀 버들잎을 땄기 때문에 이것을 강남으로 부치면……」으로 이상의 問題文의 意味比重을 보이면 다음과 같다.

8文의 ㉠과 ⓓ는 原因形, ㉡은 對等形 ⓐ는 對立形, ⓑ는 假定形이다. 本 問題文의 構造上 類型을 聯合複問이 두 개 겹친 점에 먼저 留意해서 보면 ㉠은 ⓐ와 因果關係인 고로 ⓐ에 文意가 일단 定着되었고 ⓐ와 ⓑ까지의 글은 하나의 連合複文으로서 文意는 ⓑ에 定着된 셈이다. 그런데 ⓑ앞의 ㉡은 ⓑ와 對等 比重이다. 그런데 ⓑ와 그 以下의 句節은 또 다른 하나의 聯合 複文이면서 ⓑ以下의 글에 또 일단 文意가 定着된다. 그렇게 보면 제비를 主語로 하는 글에서 ⓒ語尾로 因하여 제비의 行動이 對等하게 되어서 즉 ……받아보고, 그리워서가 重複 連語가 되었는데 이들 重複 連語가 ⓓ以下의 句節에 對한 原因形으로 因果關係를 맺고 있다. 그러므로 이 글의 文意 定着點은 「제비가 다시

온다」는 뜻이 된다. 이를 표로 보이면 다음과 같다.

$$[(\bigcirc > ⓐ) > (\bigcirc = ⓑ)] > (\bigcirc = ⓓ) > \text{이하의 구절}$$

7. 接續語의 活用 能力

連結語尾의 代役으로 쓰이는 것이 接續語다. 따라서 긴 文을 짧게 만들 때 대개 省略되지만 前後文의 連結된 狀態와 意味比重에 接續語 는 큰 役割을 한다. 이에 對한 具體的인 說明은 連結語尾와 接續語의 比較에서 이미 밝힌 바 있다. 逆으로 짧은 文을 긴 文으로 變形시킬 때 接續語가 省略되므로 接續語에 代役되는 連結語尾의 活用을 正確히 알아야 한다. 卽 單一文을 複文으로 複文을 둘 以上의 單一文으로 變 形시키는 것이기에 本 研究의 目的 達成을 爲해서는 接續語의 活用 測 定과 그 機能의 培養을 度外視할 수 없었다.

> 그는 항상 엄지와 집게 손가락으로 수염을 치켜 꼬기도 하고 어루만지 기도 하면서㉠ 점잖게 책을 읽다가㉡ 흥이 나면㉢ 눈 앞의 적과 대하듯 큰 소리로 외치곤 하였다.

(9) 위 글의 ㉠, ㉡, ㉢을 바꾸어 다른 말을 대신 넣어서 여러 글월 로 만들었다. 밑줄 그은 부분을 주의해서 보고 위 글의 뜻에 어긋나지 않게 고친 글을 다음에서 찾으시오.

① …… 어루만지기도 하였다. 그러면서 점잖게 책을 읽는다.

그런데 그는 흥이 나는 수 있다. 그래서 눈앞의 적과 대하 듯 ……

② …… 어루만지기도 하였다. <u>그러면</u> 점잖게 책을 읽는다.

<u>그러다가</u> 그는 흥이 나는 수가 있다. <u>그러면</u> 눈앞의 적과 대하듯 ……

③ …… 어루만지기도 하였다. <u>그러면서</u> 점잖게 책을 읽는다.

<u>그러다가</u> 그는 흥이 나는 수 있다. <u>그러면</u> 눈앞의 적과 대하듯 ……

④ …… 어루만지기도 하였다. <u>그렇지만</u> 점잖게 책을 읽는다.

<u>그러면</u> 그는 흥이 나는 수 있다. <u>그러자</u> 눈앞의 적과 대하듯 ……

문항수별번호 각항목지적자수 및 % 총응시자수	1		2		③		4	
	지적자수	%	지적자수	%	지적자수	%	지적자수	%
587	84	14.31	83	14.14	362	61.66	58	9.88

接續語 問題에서 이제까지의 成績보다 比較的 나은 61.66%의 效率을 보이고 있다. 이것은 대개 言語能力의 低級 level에서는 接續語 活用을 많이 하는 段階이기에 나타나는 結果라 본다.

普通 連結語尾의 部分에다가 <u>그렇다의</u> 形容詞 語根과 造語시키면 接續語가 된다. 따라서 問題文의 ㉠의 <u>하면서는</u> 그러+면서=<u>그러면서</u>로 ㉡의 <u>읽다가는</u> <u>그러+다가</u>=그러다가로 ㉢의 면은 그러+면=그러면으로 代置시키면 된다. ㉠은 對等 ㉡은 中途 連發形 ㉢은 假定形이다. 위 問題文은 複文을 單一文으로 만드는 境遇다. 이의 意味比重의 表를 보이면 다음과 같다.

[(㉠ = ㉡) 〉㉢] 〉㉢이하의 구절

ⓐ 로마글자는 여러 겨레의 우수한 손을 거쳐 수천년 동안에 이루어지고 일본의 카나는 중국 한자의 조각을 떼어 만들었다.

ⓑ 그런데ⓘ 우리 겨레는 아득한 신라 시대에 벌써 카나와 같은 이두를 만들어 쓰다가 그것에 만족하지 않고 이와 같이 독특한 한글을 창조하였다.

ⓒ 그러므로ⓛ 그 슬기로움과 끊임없이 진보하려는 민족성을 자랑하지 아니할 수 없다.

(10) 위 글에서 ㉠, ㉡을 빼어 버리고 말을 이으면 다음 중 어느 것이 적당하겠는가?

② ┌ ……일본의 카나는 중국 한자의 조각을 떼어 ㉠만들었는데 우리 겨레는 ……
  └ ……이와 같이 독특한 한글을 ㉡창조하였지만 그 슬기로움과 ……

④ ┌ ……일본의 카나는 중국 한자의 조각을 떼어 ㉠만들었으므로 우리 겨레는 ……
  └ ……이와 같이 독특한 한글을 ㉡창조하였으므로 그 슬기로움과 ……

④ ┌ ……일본의 카나는 중국 한자의 조각을 떼어 ㉠만들었으나 우리 겨레는 ……
  └ ……이와 같이 독특한 한글을 ㉡창조하였는데 그 슬기로움과 ……

① ┌ ……일본의 카나는 중국 한자의 조각을 떼어 ㉠만들었는데 우리 겨레는 ……
  └ ……이와 같이 독특한 한글을 ㉡창조하였기에 그 슬기로움과 ……

문항수별번호 각항목지적자수 및 % 총응시자수	1		2		3		④	
	지적 자수	%	지적 자수	%	지적 자수	%	지적 자수	%
587	94	16.01	90	15.33	133	22.65	270	45.99

問題文 (10)의 경우 正答者는 全體의 45.99%로서 이도 半을 下廻하
고 있다. 本間의 性格은 單一文을 複合文으로 變形시키는 境遇인데 자
연 接續語를 省略하고 連結語尾의 行用이 必要하게 된다.

이렇게 볼 때 連結語尾 活用 問題에서는 거의 全部가 成績이 低調
함을 볼 수 있다. 이 間의 解決 方法은 10問을 逆으로 하면 納得이 간
다. 接續語의 虛辭 部分을 위 글 敍述語의 語根 및 語幹에 造語시키면
文脈上 意味의 蹉跌이 없다. 問題文의

㉠에서 그러+ㄴ데=만들었 +는(ㄴ)데=만들었는데 ⎤
  ⎟ 로
㉡에서 그러+므로=창조하였+(으)므로=창조하였으므로 ⎦

代役시키면 같은 意味機能이 된다. ㉠의 接續語는 說明 및 사후형. ㉡
은 原因形인데 設問 ④번에서는 比較 能力도 測定하기 위해서 意圖的
으로 같은 原因形의 기에를 活用해 보았다. 亦是 比較 問題에서의 低
調한 事實이 傍證된다. 이의 文意比重은 다음과 같다. ⓐ文은 ⓑ文을
위한 前提된 說明 ⓑ文은 ⓒ文의 原因으로 ⓑⓒ는 因果關係다.

    (ⓐ ＞ ⓑ) ＞ ⓒ

8. 主述 關係의 認知力

主語와 敍述語의 呼應 關係를 爲한 test다. 設問에도 讀解와 作文을
爲한 一環으로써 要請되는 바다. 더욱이 文의 構造上 類型의 識別로는

共同主語냐 各個主語냐에 달려 있으므로 文 中에 묻혀 있거나 省略된 主述關係의 把握 能力을 向上시킨다는 것은 重要한 일이다. 그런데 本 設問의 未洽點은 問題文이 適切하지 못함을 自認하는 바다. 왜냐하면 共同主語, 各個 主語가 混入된 文을 選定하지 못했기에 本 test의 妥當 度가 어느 程度의 不合理性을 內包하고 있다고 보아야 한다.

ⓐ 톰은 몸이 튼튼해서 일을 잘 할 뿐더러 ⓑ 마음씨가 곧고 ⓒ 친절 하여 ⓓ 집 주인에게 특별한 사랑을 받으며 ⓔ 가족과 함께 살고 있었다.

(11) 다음에서 위 글의 내용과 다른 것은?

① 몸이 튼튼하고 일을 잘하는 사람은 톰이다.

② 마음씨가 곧고 친절한 것은 톰이다.

③ 가족과 함께 산 사람은 집 주인이다.

④ 사랑을 준 사람은 집 주인이다.

문항수별번호 각항목지적자수 및 % 총응시자수	1		2		③		4	
	지적 자수	%	지적 자수	%	지적 자수	%	지적 자수	%
587	49	8.34	67	11.41	421	71.22	50	8.51

主·述 關係와 連結語尾의 意味機能을 잘 把握하면 把握은 쉬우리 라 본다. 比較的 좋은 成績으로 71.72%로서 主·述 關係의 識別能力을 一段 갖추고 있다고 보아야 한다.

그러나 421名의 나머지 166명 全體의 28.28%의 학생 實力이 疑心스 럽다.

위 글의 文意比重을 보이면 다음과 같다. ⓐ는 ⓑⓒ에 添加된 구절이며 ⓑ와 ⓒ는 對等이다. ⓑ와 ⓒ에서 ⓒ는 ⓑ와 對等이면서 ⓓ의 原因形으로 因果關係로 되어 있다.

ⓓ와 ⓔ는 역시 對等이면서 結果部分이므로 文意 定着은 ⓓ와 ⓔ에 있다.

$$[\ ⓐ\ +\ (ⓑ\ =\ ⓒ)\ ]\ \rangle\ (ⓓ\ =\ ⓔ)$$

9. 結 果

以上에서 얻어진 學生 test調査의 結果를 보면 다음과 같다.

① test 11問項 中 主·述語의 把握 問題를 除外하고는 41.7%로 50%를 下廻하고 있는 實情이다. 全體 平均은 56.7%로써 역시 不振을 免치 못하고 있다.

② 特히 構造上 文 類型의 識別力과 句節을 잇는 連結語尾의 意味機能과 또 語尾 間에 意味上 同質的인 것과 異質的인 것의 區別을 認識 못한 채 現行 國語 讀解의 學習을 運營하고 있음을 알 수 있다.

③ 그러므로 讀解란 正確한 文意 認知와 把握을 要하는 基本學習임에 비추어 連結語尾의 活用法과 意味機能을 철저히 文脈에서 認識시키므로써 讀解目的을 達成할 수 있으리라고 본다.

④ 特히 國語는 읽으면 안다는 安易한 習慣을 버릴 수 있도록 問題 抵抗을 주어야 하며 긴 文에서 話者의 意圖는 어디에 있는가를 아는 것이 讀解의 切實한 問題임을 本 調査에서 들어난 셈이다.

以上의 結果를 反省하여 讀解面에 A well balance program을 위하여 다음 實際面을 通하여서 指向해 보고자 한다.

IV. 文의 構造上 類型에 依한 讀解指導上의 理論

1. 單一文의 境遇

單一文은 主語·敍述語가 한번만의 呼應關係를 말하나 이에는 다음과 같은 境遇에 異論이 생기기에 整理해 보기로 한다. 共同主語와 複合主語의 境遇, 共同敍述語와 複合敍述語의 境遇를 包括시켜 單一文으로 規定한다. 本論에서는

① 〈共同主語〉라 함은 두 개 以上의 敍述語에 對한 主語가 같은 때를 말함.

② 〈共同敍述語〉라 함은 하나 또는 두 개 以上의 主語를 받는 하나의 敍述語

③ 〈複合主語〉라 함은 하나 또는 두 개 以上의 主語를 말한다.

④ 〈複合敍述語〉라 함은 하나 또는 두 개 以上의 主語를 받는 두 개 以上의 敍述語를 가지는 경우를 말한다.

以上 例文을 들어 보이면 다음과 같다.

①의 경우: (ㄱ) 산은 높고 푸르다.〈산은 높고 (그리고) 산은 푸르다〉

(ㄴ) 나는 약을 달여서 먹었다.(나는 약을 달여서 나는 먹었다)

(ㄷ) 산이 푸르면 높은 법이다.〈산이 푸르면 산은 높은 법이다〉-의 主語는 嚴密하게 省略된 것이라. 할 수 있다.

㉠, ㉡은 對等, ㉢은 主從

②의 境遇: (ㄱ) 나와 누나는 학생이다. 나는 학생이다.

③의 境遇: (ㄱ) 철수와 나는 학교에 갔다.

       (ㄴ) <u>철수와 나는</u> 밥을 먹고 갔다.
④의 境遇: (ㄱ) 나는 <u>갔으나</u> 보지 않았다.
       (ㄴ) <u>나와 철수는 갔으나 보지 않았다.</u>

  以上 ①②③④의 境遇는 主語가 省略되었고 어디까지나 主體는 同一한 境遇나 單一文으로 取扱힘이 마땅하나. 이에 순하여 單一文에의 連結語尾의 意味機能에 따라 文意의 主眼點을 찾는 讀解指導를 實際 試圖해 보기로 한다.

  [實際文 1] ① 노벨은 이 때에 각국을 살피면서 ② 과학의 진보에도 놀랐지만 ③ 아름다운 인정과 풍경의 영향을 받아(서) ④ 평화를 사랑하고 ⑤ 인간과 자연을 사랑하는 마음을 가득히 품게 되었다.

  위 實際文은 共同主語(노벨)에 對한 複合敍述語(살피면서, 놀랐지만, 사랑하고, 품게 되었다)로 된 文이다.

  連結語尾의 意味機能을 보면 <u>살피면서</u>(對等關係, 同時 進行의 意味), <u>놀랐지만</u>(從屬關係, 對立의 意味) <u>받아(서)</u> (從屬關係, 原因의 意味) <u>사랑하고</u>(對等關係, 同時進行의 意味) 等 밑줄 친 것인데 이것을 接續語의 挿入으로 여러개의 짧은 文을 만들어 보면 語尾의 意味機能이 明確해 진다.

  「노벨은 이 때에 각국을 살폈다. (그러면서) 노벨은 과학의 진보에도 놀랐다. (그렇지만) 노벨은 아름다운 인정과 풍경의 영향을 받았다. (그 때문에, 그래서) 노벨은 평화를 사랑했다. (그리고) 노벨은 인간과 자연을 사랑하는 마음을 가득히 품게 되었다」.

  그러면 讀解의 主眼點인 文意 定着은 어디에 있는가 하는 指導方法이 要請된다. 上記 實際文은 共同主語인 만큼 〈노벨〉의 行爲와 思考의 內容이다. 그러면 話者가 强調한 바의 把握은 連結語尾에 있다. ①과

②는 〈면서〉라는 對等機能으로 되어 있으므로 ①과 ②는 同位의 力點으로 作用한다. 그런데 ①②와 ③은 〈지만〉이라는 對立機能이므로 ①②를 前提로 力點部分은 ③을 이끌어 내기 위한 글임을 알 수 있다. 故로 ①②③까지의 文意, 定着은 ③에 있다. 그러나 ①②③과 ④의 關係는 〈아(서)〉로써 全體가 結果를 誘導하기 爲한 原因의 글이다. 故로 ④는 ①②③과 因果關係에서의 果에 해당되므로 力點은 ④에 있게 된다. ④와 ⑤는 〈고〉라는 同位의 力點으로 作用하게 된다.

그러므로 ①②③은 ④⑤를 誘導하기 爲한 原因이라면 ④⑤는 서로 並列로서 ①②③을 받는 結果가 된다. 故로 이 글의 文意定着은 ④⑤에 있게 된다. 여기에 共同主語인 〈노벨〉을 揷入시켜 要點을 말하면

「(노벨은) 평화를 (사랑하고) 인간과 자연을 사랑하는 마음을 (품게 되었다)」로 된다.(괄호 속은 主·述 關係임) 이 때 ④와 ⑤를 잇는 〈고〉의 意味機能과 比較시키기 爲하여 被教育者에게 文脈을 通하여 …… 사랑하면서 인간과…… 또는…… 사랑하며, 인간의…… 等으로 連結語尾의 意味機能에 對하여 活用시켜 認知시킨다.

以上과 같이 連結語尾의 意味機能의 活用差와 比較, 接續語의 揷入으로 因한 相關性 等으로 指導해야 될 것이다. 以上의 文脈의 흐름에서 文意의 定着을 도표로 보이면 다음과 같다.

$$[(① = ②) > ③] > ④ = ⑤$$

[實際文 2] ① 검거나 붉은 바탕에 희고 파릇한 자개로 박은 여러 가지
② 그림이나 무늬는 참으로 산뜻하고 화려하다.

위 실제문은 複合主語(그림이나 무늬는)에 對한 複合敍述語(산뜻하고 화려하다)로 된 文이다.

連結語尾의 意味機能을 보면 검거나 (從屬關係 選擇의 意味), 희고

(對等關係) 그림이나 (從屬關係 選擇의 意味, 〈나〉는 敍述格助詞의 語尾) 산뜻하고 (對應關係) 等이다.

이것에 接續語를 揷入한다.

「검거나(혹은, 또는) 붉은 바탕에, 희고(그리고) 파릇한 자개로 박은 여러가지 그림이나(혹은, 또는) 무늬는 산뜻하고(그리고) 화려하다」로 된다.

이 글의 文意 定着 部分을 먼저 보면 ①의 글은 複合主語에 對한 修飾句節이므로 要點은 「그림이나 무늬는 산뜻하고 화려하다」가 된다. 複合敍述語의 〈산뜻하고〉와 〈화려하다〉의 〈고〉는 對等關係이므로 力點의 同位 作用力을 가지고 있다. 그러나 問題는 어떤 그림이나 무늬인가다. 이제 文脈關係를 連結語尾로 把握하면 〈거나〉는 選擇, 〈고〉는 對等이므로

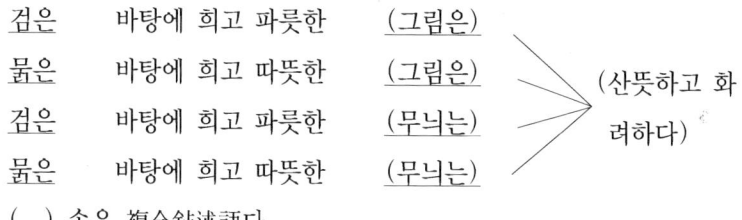

( ) 속은 複合敍述語다

위 글의 語尾機能을 理解시키기 爲하여 同種(든지)와 異種(고)으로 比較시켜 본다. 〈든지〉 比較形을 代身해도 뜻은 같다. 그러나 對等形 〈고〉를 代身하면 文意의 要點은 이 글 全部가 되어 輕重이 없어진다.

「검고 붉은 바탕에, 희고 파릇한 자개로 박은 여러가지 그림과 무늬는 참으로 산뜻하고 화려하다」로 된다.

圖表로서 選擇形의 文脈關係와 對等形 〈고〉의 文脈關係를 보면 알 수 있다.

〈 **選擇形의 境遇** 〉

[(검거나 〉 붉은 바탕에+희고=파룻한……)] 〉 〈 무늬는+산뜻하고= 화려하다.

〈 **對等形의 境遇** 〉

[(검고=붉은)(바탕에+희고=파룻한……)] 〉 그림과 = 무늬는, 산뜻하고 화려하다.

2. 複文의 境遇

本章에서도 複文의 性格을 敷衍해 두면 複文의 境遇는 各個 主語와 그 各個 主語에 따른 各個 敍述語의 呼應關係인데 이는 從位構成인 主 從의 關係를 이룰 때를 말한다. 主從文에서도 한 句節이 어떤 複文要 素로 되면 그 句節은 단지 그 要素의 構成 問題로 轉落되고 만다. 따 라서 從屬되는 挿入句節이란 點에서 挿入複文(包有文)이 되는 경우가 있는데 卽 어떤 句節이 한 母體文의 要素로 挿入 擴張되는 挿入複文이 있고 句節들이 要素아닌 한 單位로서 連結 擴張된 것이 있다. 곧 어떤 句節 全體가 한 句節 全體에 맺어진 複合命題[14]인 경우가 된다.(等位 構成은 除外)

前者는 名詞形, 副詞形, 冠形詞形의 轉成語尾로 되는 最大單位의 成

---

14) 金敏洙 「國語文法論」 前揭書 pp.242~248

分節을 내포하는 경우고, 後者는 連結形을 갖게 되는 句節의 境遇다. 表로 나타내면 다음과 같다.

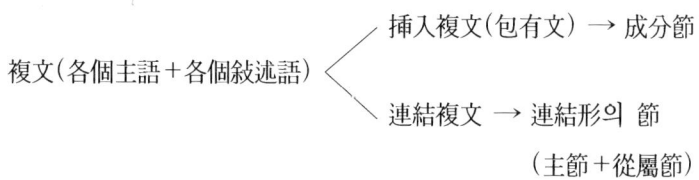

複文(各個主語＋各個敍述語)

挿入複文(包有文) → 成分節

連結複文 → 連結形의 節

(主節＋從屬節)

그러나 本 研究의 對象은 後者의 連結複文이 對象이며 이를 複文으로 略稱했다. 그리고 複文은 主節과 從屬節로 되어 있으므로 從屬關係의 連結語尾가 活用됨은 當然한 일이며 文意의 要點은 主節에 있기 마련이고 國語의 語順으로 보아 主節은 倒置아닌 以上 文의 後部에 오게 된다는 特性을 豫備 知識으로 하면 讀解는 容易해진다.

例 1) 挿入複文～ ㉠ 물이 흐르는 것이 시원하다.

㉡ 강은 물이 흐르는 것이다.

㉢ 물이 흐르는 바다가 보인다.

2) 連結複文～ ㉠ 해가 돋으나 달이 진다.

㉡ 해가 돋으면 달이 진다.

㉢ 해가 돋으니까 달이 진다.

以上 例文 以外에도 主語가 表現되지 않는 構文은 判斷하기 어렵다. 이 境遇는 意味上으로 그 場面에 숨은 것을 고려에 넣어야 한다. 숨겨진 主語를 意味上으로 보아 共同主語인가 各個 主語인가를 알아야 單一文과 複文의 限界가 뚜렷해진다.

184

[例文]

(ㄱ)
(아이가) 놀고 잔다〜單一文

(나는) 놀고, (그는) 잔다〜複文

(ㄴ)
(바다가) 넓고 깊다〜單一文

(마음이) 넓고, (뜻이) 깊다〜複文

[實際文 1] (A) 〈 ㉠ 우리는 나라를 빼앗기어서 ㉡ 차디찬 겨울 나라가 되어 버렸지만 ㉢ 새로 핀 버들잎을 따서 ㉣ 강남으로 부치면 〉(B)〈 ㉤ 제비가 푸른 편지를 받아 보고 ㉥ 우리 나라가 그리워 ㉦ 다시 찾아 ㉧ 올 것입니다.

위 實際文은 各個 主語(우리는, 제비가)와 各個 敍述語(부치면, 올〜 것입니다)로 된 文이다. 連結語尾를 찾아보면 빼앗기어서(從屬關係, 原因의 意味), 버렸지만(對立形)서 (對等形), 부치면(從屬關係·假定의 意味) 받아 보고, 그리워 찾아(對等關係, 同時進行의 意味) 等의 意味다.

(A)(B) 글을 各各 하나의 單一文으로 본다면 (A)는 從屬節 (B)는 主節이다. (A)와 같은 假定下에서 (B)라는 事實이 이루어지기를 바라는 것이 글의 要旨다. 故로 文意의 定着은 (B)에 있다.

(A) 글의 構成을 보면 (A) 글 속의 ㉠의 語尾〈어서〉는 原因으로 ㉡은 ㉠의 結果이며 文意가 一次的으로 ㉡에 머물렀고 ㉢과 ㉣의 連結語尾〈(아)서〉는 對等形이므로 輕重의 差가 없다. 여기에서 ㉠의〈어서〉와 ㉢의〈(아)서〉의 比較와 誤用度를 文脈에 依하여 被教育者에 識別시켜야 한다. ㉡의〈지만〉은 對立形이므로 二次로 文意가 ㉢㉣에 머물러졌다. 그런데 ㉢㉣을 잇는 語尾〈면〉은 (A) 全體를 假定으로 誘導하고 있기에 (B) 글이 實際文이 바라는 要旨가 된다.

(B) 글의 ㉤㉥㉦㉧은 對等形〈고〉〈어〉〈아〉로서 行動의 前後關係가

있지만 意味上 機能의 比重이 同一하므로 (B) 全體가 文意의 定着이
될 수 밖에 없다. 그러나 위 실제문을 다음과 같이 變形시켜 본다.

　[變形文] 「……㉠남으로 부치면 ㉡제비가 푸른 편지를 받아 보게 되므로
㉢우리 나라가 그리워 다시 찾아 올 것이다」

　이 變形文에서 ㉠은 假定인데 다음 ㉡㉢에 미치는 度가 ㉢보다 ㉡
에 있다. 故로 ㉠의 假定에 對한 直接 結果는 ㉡이고 ㉡의 〈므로〉는
原因이므로 ㉡의 結果는 ㉢에 있게 된다. 그러므로 要旨는 ㉢에만 文
意 定着이 된다는 相異點은 連結語尾의 活用 如何에 달려 있음이 立證
된다.

　(A)와 (B)文의 關係를 接續語를 使用하여 從屬節과 主節을 區分해
보면 「……부치자, 그러면 제비가……」로 된다.

　以上 語尾에서 ㉠의 〈어서〉와 ㉢의 〈(아)서〉의 比較와 ㉤의 〈고〉,
㉥의 〈어〉㉦의 〈아〉의 共通點의 意味 發見에 留意해야 할 것이다. 이
를 圖表化 하면 다음과 같다.

　　　　　(A)글　　　　　　　　　　(B)글
　[((㉠>㉡)>　　(㉢=㉣)]>　　(㉤=㉥=㉦=㉧)

　[實際文 2] 「(A) 사회는 국내 사회와 국제 사회의 두 가지로 나눌 수 있었
　　　　　　는데 (B) 국내 사회는 그 나라의 경찰권을 가지고 질서의 문란
　　　　　　을 방지하게 되어있으나, (C) 국제 사회는 나라마다 주권을 가
　　　　　　지고 있으므로 어떤 강한 나라가 나라 사이의 질서를 문란하게
　　　　　　할 때에는 (E)이를 막아내는 완전한 방법이 없는 것이다」

좀 더 複雜한 複文이다. 各個主語(사회는, 국내 사회는 국제 사회는)와
各個敍述語〈나눌 수 있는데〉〈방지하게 되어 있으나〉〈가지고 있으므

로 문란하게 할 것이다〉)로 된 글이다. 各個主語가 세개이므로, 그에 對한 것만 連結語尾의 意味機能에서 보면 있는데(從屬關係, 說明의 意味), 있으나(從屬關係, 對立의 意味)이고 接續語를 使用하면

「……나눌 수 있다 (그런데) 국제 사회는……되어 있다. (그러나) 국제 사회는……가지고 있다. (그러므로) 어떤 강한……때에는……방법이 없는 것이다」로 된다.

(A)는 (B)(C)를 말하기 위한 前提 說明이므로 이때의 一次 文意定着은 (A)에 있게 된다. 그러나 (B)와 (C)는 相互 比較 對立의 關係인데 이 글의 마지막 (E)의 主語가 〈국제 사회〉인 만큼 (B)는 (C)를 위한 比較 對立이 되겠다.

(C)는 (D)(E)를 말하기 위한 原因의 글이므로 結果의 글은 (D)(E)가 되어 全體 글의 要點은 (D)(E)에 있게 된다.

그런데 (D)는 揷入複文의 冠形節이므로 窮極的으로 이 글이 알려주는 要點은 (E)가 된다. 이를 整理하면

「국제 사회는 이를 (나라 사이의 질서를 문란케 하는 것) 막아내는 방법이 없는 것이다」

로 되어 歸納이 된다.

實際文 2를 變形시켜 演譯으로 하면

[變形文 2] 「국제 사회는 나라 사이의 질서를 문란하게 하는 것을 막아내는 방법이 없다」

왜냐하면 〈(A)글……있는데, (B)글……있으나 (C)글……주권을 가지고 있기 때문이다〉로 되어 (E)글 이하 (A)(B)(C)는 (E)의 結論에 對한 原因의 글인데 (E)에 對한 直接的인 原因은 (C)가 된다. 故로 實際文 2는 歸納이고 變形文은 演譯이다. (C)와 (E)의 因果 關係로

充分한 글이 된다. 故로 本 實際文에서의 讀解 主眼點은 〈는데〉, 〈으나〉, 〈으므로〉의 連結語尾의 意味機能 把握에 있다 하겠다. 다음에 實際文 2를 圖解해 본다.

[(A) 〈 (B) 〉 (C)] 〉 [(d) 〉 (E)]

3. 重文의 境遇

本 研究에서 重文은 各個主語와 各個叙述語로 되어 있되 等立構成인 並立(對等)文을 말한다. 이에는 必히 對等關係의 連結語尾가 活用되며 文意는 前後 對等한 比重을 가지게 된다. 그러므로 前後의 節은 對等節로 이룩됨이 原則이다.

[實際文] (A) 나이 먹은 사람들은 이 숲을 나무로 집을 짓고 (B) 아이들은 소를 쳐서 젖을 짜며 (C) 청년들은 물고기를 잡고 (D) 부인들도 들에다 밭을 일구면서 (E) 마을 사람들은 평화로운 살림을 할 것을 꿈꾸었다.

위 글은 各個主語(사람들은, 아이들은, 청년들은, 부인들도, 마을 사람들은)와 各個叙述語(짓고, 짜며, 잡고, 일구면서, 꿈꾸었다)로 된 글이다. 語尾 〈고, 며, 고, 면서〉는 모두 文意의 比重을 對等하게 하는 語尾들이다. 故로 文意의 定着은 (A)＝(B)＝(C)＝(D)＝(E)가 된다.

接續語를 使用하여 單一文으로 만들면

「……지었다. (그리고)……짰다. (그리하며)……잡았다. (그리고)……일구었다. (그러면서)……꿈 꾸었다」

로 된다.

그러나 行動의 前後繼續의 時間으로 따지면 (ㅌ)에 궁극적인 目的이 있게 된다.

4. 混文의 境遇

混文은 複文과 重文이 包含된 하나의 文으로 規定한다. 그러므로 混文에는 主節, 對等節, 從屬節로 混合이 된다.

[實際文 1]「Ⓐ 로마글자는 여러 겨레의 무수한 손을 거쳐 수천 년 동안에 이루어지고 Ⓑ 일본의 카나는 중국 한자의 조각을 떼어 만들어 졌는데 Ⓒ 우리 겨레는 아득한 신라 시대에 벌써 카나와 같은 어두를 만들어 쓰다가 그것에 만족하지 않고 이와 같이 독특한 한글을 창조하였으니 Ⓓ 그 슬기로움과 끊임 없이 진보하려는 민족성을 자랑하지 아니 할 수 없다」

各個主語(로마글자, 카나는, 우리 겨레)는, (우리는)와 各個敍述語(이루어지고, 만들어졌는데, 쓰다가, 않고, 창조하였으니, 자랑하지 아니할 수 없다.)

위 各個主語의 (우리는)은 마지막 敍述語를 받는 主語로 本文에는 省略된 것이다. 旣述한 바와 같이 숨겨진 主語를 場面을 考慮하여 찾아 單一文, 複文으로 規定되므로 마지막 敍述語의 主語는 文脈上 〈우리 겨레가〉가 아니라 〈우리는〉이 되어야 한다.

連結語尾의 意味機能을 보면 이루어지고(對等關係) 만들어졌는데(從屬關係, 說明의 意味) 쓰다가(從屬關係, 中途連發의 意味) 않고(對等關係) 창조하였으니(從屬關係, 原因의 意味)로 된다. 이를 接續語를

使用하여 單一文으로 만들면

> 「……이루어졌다 (그리고) ……만들어졌다(그런데) …… 창조하였다
> (그러니까, 그러므로) ……아니 할 수 없다」

로 되어 네 개의 單一文이 成立된다.

이제 接續關係와 文意의 比重度를 따져 보면 Ⓐ와 Ⓑ는 並列로서 比重은 同等하다. 그런데 ⒶⒷ를 統合하는 〈는데〉의 機能으로 보아 Ⓐ Ⓑ는 Ⓒ를 위한 比較 說明의 글임을 쉽게 알 수 있다. 故로 이 글은 他國의 文字를 말하기 爲한 것이 아니고 우리 나라의 文字를 말하기 위함임을 알 수 있다. ⒶⒷ는 對等節이어서 重文이지만 ⒶⒷ는 Ⓒ에 對한 從屬節이고 Ⓒ가 ⒶⒷ의 主節이 된다. 그러므로 一次 文意 定着 은 Ⓒ에 있게 된다. 그런데 Ⓒ와 Ⓓ는 因果關係로서 Ⓒ는 Ⓓ를 위한 原因이며 Ⓓ는 그에 對한 結果임을 그 連結語尾 〈으니〉로서 알 수 있 다. 語尾 分類에서도 言及한 바 있지만 〈으니〉는 對等形, 原因形, 說明 形의 세 가지가 있다.

여기서 一次 〈으니〉의 比較와 混用으로 被教育者에게 續解指導上留 意시킴이 必要하다.

本 實際文에서 〈으니〉가 原因形임을 알 수 있는 것은 接續語(그러 니까, 그러므로)와 同等資格을 가진 語尾(기에, 길래, (으)므로, (으)니 까)를 代身 活用하여 文脈을 比較하므로 쉽게 그 意味機能을 納得시킬 수 있게 된다. 그리고 〈다가〉만 보아도 行動의 連發形이므로 後部分에 主眼點이 있게 되어 Ⓒ 自體의 要旨는 한글을 創造했다는 點에 있다.

이렇게 볼 때 Ⓒ와 Ⓓ는 複文이 되고 Ⓒ는 ⒶⒷ를 包括하므로 Ⓐ ⒷⒸ와 Ⓓ의 關係 亦是 複文이 되어 ⒶⒷⒸ는 Ⓓ에 對한 從屬節이며 ⒶⒷ는 Ⓒ의 從屬節이며 ⒶⒷ는 對等節이 되어 混文이 된다. 그러므

로 Ⓐ Ⓑ의 一次的인 主節 Ⓒ에 文意가 定着되고 Ⓐ Ⓑ Ⓒ의 主節 Ⓓ에
와서 비로서 글 全體의 文意가 귀결되는 셈이다.

　要旨를 말하면 Ⓓ 글에 主語를 揷入시켜

　　　「우리는 그(우리 겨레) 슬기로움과 끊임없이 진보하려는 민족성을 자
　랑하지 아니 할 수 없다.」

가 되는데 이 글의 根幹成分만 뽑아 더욱 要約하면
　　　「우리는 우리의 민족성을 자랑하지 아니 할 수없다.」

로 된다. 이것을 表로 나타내면

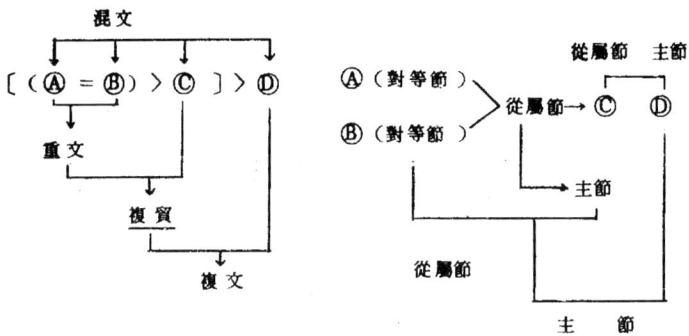

　위의 實際文 1은 歸納이지만 Ⓓ와 Ⓐ Ⓑ Ⓒ를 換置하면 演譯되는데
이때 Ⓐ Ⓑ Ⓒ Ⓓ는 Ⓓ의 原因의 글이다.

[實際文 2] Ⓐ 우리는 이러한 글자들을 결승문자라고 하는데 Ⓑ 그 까닭은
　　　㉠ 굵은 새끼의 매듭은 중요한 것을 나타내고 ㉡ 검은 색은 죽
　　　음을 나타내고 ㉢ 흰 색은 평화를 나타내고 ㉣ 노란색은 곡식

<u>을 의미하는</u> 등 자기들의 뜻을 나타냈기 때문이다.

各個主語(우리는, 그 까닭은, 매듭은, 검은 색은, 흰색은, 노란색은)
各個敍述語(하는데, 나타내고, 의미하는, 대문이다)로 된 文이다. 連結
語尾를 보면 「<u>하는데</u>(從屬關係, 說明, 事後의 意味) 나타내고(對等關
係)」이며 어기에 接續語를 使用하면 「……한다(그런데) ……그 까닭
은……매듭은……나타낸다. (그리고) ……나타낸다. (그리고) ……나타
낸다. (그리고) ……의미한다. (이렇게) ……나타냈기 때문이다.
로 된다.

여기서 Ⓐ 다음에 〈그런데〉를 省略하고 대뜸 〈왜냐하면〉으로 시작
하여 〈때문이다〉로 呼應시켜도 된다.

Ⓐ와 Ⓑ는 主從의 關係인데 本 實際文은 特異하여 (A)가 要旨로 된
演繹構成이다. 그것은 Ⓑ의 〈그 까닭은〉以下 全體가 Ⓐ 글의 原因이
되는 글이다. 故로 〈그 까닭은〉이라는 말은 마지막 〈때문이다〉와 呼應
되는 主述關係가 된다. 이렇게 보면 Ⓐ가 主節 Ⓑ가 從屬節이 되어 複
文이지만 原因을 밝힌 Ⓑ 속의 ㉠㉡㉢㉣은 對等한 關係를 이룬 重文
으로서 Ⓐ에 對한 原因을 밝히고 있다. 即 Ⓑ는 ㉠㉡㉢㉣이라는 對等
節로 된 重文을 잉태하면서 Ⓐ의 原因 役割을 한다. 故로 從屬節 Ⓑ文
속에 對等節 重文이 있으므로 混文이며 Ⓐ에 文意 定着이 된 演繹의
글인데 이 때 Ⓐ의 〈는데〉는 原因에 對한 結果를 前提 說明한 連結語
尾의 役割을 함에 留意해야 한다.

이를 表로 보이면

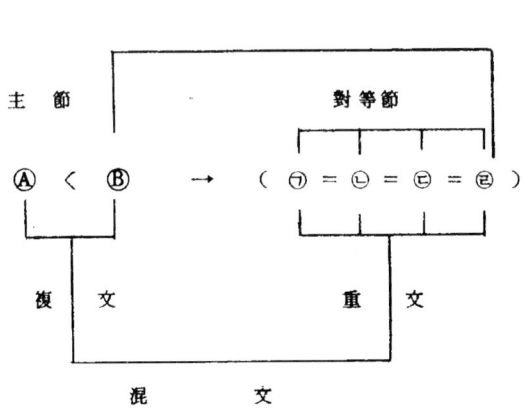

5. 評價方法

評價는 敎育 成果에 對한 價値的 判斷이며 敎育活動과 學習活動 全般에 걸친 決算的 反省이라 하겠다.

이의 對象은 敎育課程과 敎科 敎師의 敎育 方法과 學生들의 學習活動 等 敎育이라는 이름으로 行하여지는 一切의 活動과 方法 및 그에 隨伴해서 動員되는 온갖 施設과 資料가 다 評價의 對象이 된다.

그러나 本 硏究는 읽기 面에서도 連結語尾의 活用 能力度의 正確性과 正確한 理解를 爲한 試圖이므로 자연 그 對象은 讀書技能과 讀書態度面에 局限된다. 그러므로 正確한 理解技能 伸張方案의 一翼으로 試圖된 語尾機能에 依한 讀解指導인 만큼 test紙에 依한 評價에 依存할 수 밖에 없으며 語尾 活用 能力 測定은 主觀的인 質問보다 客觀的인 測定이 國民學校에서는 適切한 評價 方法이라 하겠다. 이에 評價基準을 말하면 다음과 같다.

1) 글쓴이의 直接的 陳述 卽 文意의 定着을 要約하는 힘을 기르기 爲
  하여 連結語尾 活用의 差異點 把握

2) 結論을 推理 判斷하고 은밀한 뜻을 알기 爲한 連結語尾의 活用 把握

3) 文章構造에 對한 分析 能力 文의 段落, 節意의 把握, 順序를 바꾸
  어 놓은 文章을 原狀대로 再構成하는 能力을 기르기 爲한 連結語
  尾의 活用과 接續語의 代置 能力

4) 連結語尾 活用의 誤用에 依하여 文意의 變化와 文脈의 相關關係

5) 共同 主·述語關係와 複合主·述關係의 連關性에서 오는 連結語尾
  의 活用識別

6) 連結語尾의 意味機能에 依한 構成上 文의 類型 識別

7) 같은 形態의 連結語尾가 文 中에서 多樣한 뜻으로 活用되는 境遇
  의 判斷力

8) 다른 形態의 連結語尾가 文 中에서 같은 意味機能으로 活用되는
  境遇의 認知力

9) 文 類型에 따라 달리 쓰이는 連結語尾의 比較力

以上의 評價로서 讀解指導의 學習活動 過程과 後의 決算을 評價할
수 있으리라 본다.

그런데 읽기가 國語敎育의 中核이라는 點을 고려한다면 다른 領域
卽 말하기, 듣기, 쓰기(짓기)와 關聯되므로 本 硏究의 目的에 隨伴되는
以上의 評價는 結局 다른 領域의 學習 活動에서도 影響이 있으므로 다
음은 위의 읽기 評價를 中心으로 말하기 듣기(짓기)의 評價基準도 말
하지 않을 수 없게 된다.

말하기

1) 話法이나 會話에서 자기의 말하고자 하는 바를 나나낼 때 連結語
  尾의 正確한 活用에 임하도록 한다.

2) 짧은 話述로 할 때는 連結語尾를 適切한 接續語로 活用代置시킬

194

수 있도록 한다.

3) 말 속에 不必要한 말을 없애기 위하여 共同主語의 活用을 적절히 試圖하는가를 본다.

4) 자기의 말할 바를 歸納시키느냐 演譯시키느냐 할 때의 적절한 接續語와 連結語尾를 活用하는가를 본다.

5) 說得力, 綜合 整理와 解說의 效果를 爲한 連結語尾의 活用度

듣 기

1) 連結語尾의 誤用과 混用 等에서 오는 말의 能熟과 拙劣과의 分析
2) 라디오나 텔레비전을 聽取하고 正確한 話者의 主眼點 把握

짓 기

1) 자기의 생각이나 느낌을 바르게 效果的으로 記述했는가?
2) 連結語尾 活用으로써 여러가지 文의 類型을 쓸 수 있는 能力
3) 긴 文을 짧은 文으로, 짧은 文을 긴 文으로 쓸 때의 連結語尾 活用과 主·述關係와 接續語의 活用等으로 正確하게 文意를 나타낼 수 있는 能力
4) 構想에서 段落 起承連結 等의 적절한 組織

評價는 그 自體에 目的이 있는 것이 아니라 學習의 改善을 爲한 資料 蒐集의 一面도 있는 만큼 評價時에는 分析的으로 觀察하고 評價時期를 적절히 選擇하고 또 誤讀의 傾向이나 記錄해 두면 學習指導時 좋은 參考가 될 것이다.

意味面에서 多樣 多意란 連結語尾의 活用과 識別力 그로 因한 文의 여러가지 類型과 連結語尾의 意味와 接續語 等의 使用으로 讀解力과 鑑賞力도 測定해야 할 것이다.

讀解力 檢査는 實로 國語科 評價에서 核心的位置에 있는 것이라 하겠다.

V. 結 論

讀解란 表現된 文 內容을 읽어서 正確하게 아는 일이므로 意圖敎育에서는 첫째, 資料인 敎科書의 文章을 읽고 內容을 알게하고 어떻게 鑑賞 批評하는가 하는 思考力의 伸張을 期하는 데까지 讀解의 힘을 要하고 있다.

따라서 讀解의 向上을 爲한 指導法으로 科學的인 理論的 研究가 模索되지 않으면 안된다.

이런 意味에서 本 研究는 讀解의 한 方便으로 文의 構造上 類型에서 連結語尾가 文中에 活用되는 意味機能을 把握하여 正確한 文意의 定着과 文 類型을 把握시키기 爲한 方法論을 試圖하여 讀解指導의 一翼으로 삼았다.

特히 國語가 添加語라는 點에 留意한다면 國語의 語尾 活用을 疎忽히 할 수 없으리라 본다. 그러나 國民學校에서의 文法指導란 그리 容易한 問題는 아니다. 勿論 文法學習은 國語科의 全 領域을 網羅해서 語法이나 文章의 理致를 밝히고 體系를 세워서 理論的인 뒷받침을 해주는 데 있지만 國民學校에서의 文法指導라면 곧 學問的인 體系로서의 文法을 試圖할 수는 없을 것이다.

이러한 體系的 文法이 지닌 學問으로서의 地位나 價値를 敎育者는 철저히 理論的, 實際的으로 武裝되어야 하지만 항상 被敎育者에게는 文脈上에서 正確한 詰法指導를 試圖해야 할 것이다. 卽 言語生活의 實態를 把握하여 機能的 語法을 指導해야 되며 이는 語法에 直結된 解釋과 表現을 指導함을 말한다.

「물 아니면 콜라를 달라」를 「물과 콜라를 달라」나 「물이나 콜라를 달라」했을 때에 생기는 意味의 差異를 分明히 認識시켜야 되지 않겠는가? 特히 國語는 읽으면 안다는 式으로 學習에 임하는 요즈음 學生들의 安易한 思考方式은 止揚되어야 할 것이다.

過去의 文法敎育이 法則의 說明·暗記와 練習을 爲한 演繹的 方法이었다. 오늘날은 實際의 活用과 言語現狀 속에서 法則을 찾아내어, 익히는 歸納的 方法을 取해야 할 것이다.

이러한 면에서 文의 構造上 類型에 依한 讀解의 能力을 다음과 같은 觀點에서 Test하여 檢證을 試圖하였다.

1. 複文에서의 文意 定着 認知力
2. 重文에서의 文意 定着 認知力
3. 誤用度 測定
4. 推理力의 測定
5. 比較의 能力
6. 混用의 識別力
7. 接續語의 活用 能力
8. 主·述關係의 認知力

以上의 檢證에서 正答者는 50%를 下廻하는 것이 大部分이라는 結果를 얻었다.

이와 같은 事實을 勘案하여 本 硏究에서는 讀解의 方法論으로서 連結語尾의 活用에 依한 指導策이 切要함을 認知하여 다음과 같이 文 類型에 따른 指導 方法論의 理論的 背景을 提示하였다.

1. 單一文의 境遇

共同主語의 複合主語의 境遇와 共同敍述語와 複合敍述語의 境遇를

包括시켜 單一文으로 規定하고 單一文의 文意定着은 主・述關係의 呼應과 連結語尾의 意味機能에 따라 文意가 演釋 또는 歸納됨을 밝혔다.

2. 複文의 境遇

複文은 各個主語와 各個叙述語의 呼應關係를 이루는 從位關係인데 이에는 挿入複文(包有文)의 경우와 連結形을 갖는 連合複文의 境遇가 있다. 本論에서 後者를 擇하여 複文으로 規定하였다. 複文의 讀解方法은 從屬節과 主節로 되어 있음이 常例이므로 이를 잇는 連結語尾의 意味機能을 보면 從屬形으로 되어 있다.

그러므로 文意定着은 主節에 있음을 알 수 있는데 이 때 쓰이는 從屬形의 語尾機能에 따라 因果・對立・疑問・讓步・事後 等의 意味機能을 가진 語尾로써 從屬節과 主節의 相互 文脈關係를 알 수 있음을 提示했다.

3. 重文의 境遇

重文은 各個主語와 各個叙述語로 되어 있되 等位構成인 並立文을 ∝이□□다. 重文의 前後 對等節을 잇는 連結語尾는 對等形이므로 重文에서의 文意定着은 前後 對等節에서 같은 比重을 갖게 된다. 그러나 對等形 語尾에서도 形態는 같으나 文 中에서의 意味機能의 差異를 가져오는 境遇가 있음을 부연하여 밝혔다.

〈例. 거니(對等 或은 推定), (으)니(對等 或은 原因), 아(어)서 (對等 或은 原因)〉等等

4. 混文의 境遇

混文은 複文과 重文의 包含된 하나의 文이다. 그러므로 混文에서는 主節, 對等節, 從屬節의 混合이 이뤄지므로 各個主述關係를 맺는 連結語尾는 極히 多樣하므로 從屬節 속에 重文이 內包되었을 때는 主節에 文意가 定着되고 主節 속에 重文이 있을 때는 主節 속의 重文 全體가 文意定着 部分이 된다.

위 모든 文 類型에서 連結語尾의 意味機能은 勿論 接續語의 活用 (表6參照)도 連結語尾를 理解시키는데 重要한 方便임을 알아야 한다.

또한 하나의 文에 局限된 讀解만이 아니라 文과 文과의 關係에서도 擴大 指導한다면 하나의 完結된 文章의 讀解를 爲한 指導理論으로 迎合될 수 있으리라 본다.

初等教育의 專門性과 初等教師 教育 문제(1990)

金圓卿 *

1. 序 言

오늘날 교육문제는 인류 전체의 커다란 관심사요, 교육의 개혁이나 교육제도 방법의 개선문제는 나라마다의 역점을 두는 정책과제로 등장하고 있음을 본다.

그것은 교육이 곧 사람을 만드는 일이요, 사람을 어떻게 만드느냐에 따라서 사회나 국가의발전도 좌우되게 마련이기 때문이다.

특히 금세기에 들어와서 인류는 다방면에 걸쳐 새로운 지식이 폭발적으로 증대하였고, 이를 효과적으로 받아들이고 대응해 나가기 위해서 교육문제는 새로운 과제를 안게됨에 이르렀다. 인구의 증가, 과학이나 산업의 급격한 발달에 따라 교육의 방법은 종래의 전통적인 방법만을 가지고서는 이들 날로 팽창해가는 지식이나 변화하는 현대 산업사회에 효과적으로 대응해 나갈 수는 없게 되었다.

따라서 세계의 모든 나라들은 국가발전의 원동력이 되는 교육의 개혁을 어떤 형태로든 생각하지 않을 수 없게 되었으며, 우리나라도 70년대 민족중흥의 역사적 과업의 일환으로 국가 경쟁에 발을 맞추어 교

---

* 서울교대 교수

육의 경쟁, 교육의 개선, 교육의 위기극복 등 여러 교육개혁의 주제들이 각계에서 활기차게 제기되기 시작하였다.

사실 우리 나라는 제 2차 대전 후 국권의 회복과 함께 의무 교육의 실시, 교육 기회의 균등 확대 등 문제제기 아래 교육의 제도 개선에 박차를 가하였다. 50년대 들어와 의무교육이 초등교육 분야에 제모습으로 종착되는가 싶을 때 중학교 진학 경쟁이라는 새로운 암초에도 부딪쳤고, 이것을 다시 60년대 초에 중학교 무시험제도의 수립이라는 열쇠를 통해서 초등교실을 중등학교 진학 경쟁의 질곡에서 벗어나게 하였다.

그러나 남북으로 분단된 우리 나라는 국가 안보와 경제개발이라는 정책 우선에 뒤쳐져 교육 투자면은 상대적으로 감소 낙후 현상이 일어났다. 교육세의 신설, 지방교육재정, 교부금제도 등 치유책을 소극적으로 쓰기는 하였으나 여전히 의무교육 분야만도 대도시의 경우 다인수 학급에다가 수천명을 헤아리는 단위학교, 그리고 교육시설, 교육환경의 피폐 등으로 아직도 초등교육의 현실은 물론 중등교육면에서도 문제점이 상존해 있는 상태이다.

2. 初等敎師의 養成문제

특히 초등교육 분야에 있어서 이를 담당 수행하여야 할 교사 양성제도 면을 살펴보면, 우리 나라는 해방이후부터 사범학교를 통해서 고등학교 학력 수준의 교사로 초등교육을 담당했던 것을 60년 초에 이것을 초급대학으로 승격 개편하여 전문대 수준의 학력으로 담당케 하였다. 이것을 다시 80년 초에 4년제 대학으로 개편하여 대학 수준의 학력으로 대처해 오는데 이르기는 하였으나, 아직도 교육대학에 대학원

조차 설치되지 않아 초등교육의 학문화에는 아직 지지부진한 실정에 있는 것이 사실이다.

그리고 전국 시도마다 한두개씩 양성대학을 설립했던 초급대학을 정비하여 전국 11개 교육대학으로 축소했으며, 다른 일부 선진국의 초등 교원 양성 체재와는 달리 우리 나라는 적령 아동의 증가 수요에 맞추어 대학 입학 인원을 조절하여 졸업과 함께 배정을 하는 제도를 채택 실시해 왔다. 때문에 이 제도는 그 나름으로 우수한 인재를 국가가 수용하여 의도적으로 유용한 능력의 초등교사를 공급할 수 있다는 장점도 있기는 하나, 문제는 11개 전국 교육대학에 국가는 시설이나 교육투자에 손이 미치지 못하여 한 두 대학을 제외한 전국의 교육대학은 그야말로 영세하기 그지없는 빈약한 교육시설의 대학으로 오늘 이날까지 머물게 된 것도 부인할 수가 없다.

그러나 이러한 빈약하고 영세한 교육 시설 속의 교육대학은 그나마 모든 교수와 학생이 사명감을 가지고 교육자의 자질연마 향상에 진력하여, 그래도 대학교육이나 중등교육면에 비하여 커다란 문제점은 없이 국민의 기초교육을 다져 왔다. 그런데 최근에 이르러 교원 수급 문제로 중등의 공사립 대학간의 마찰이 일어나자 무풍지대 초등교원까지 한꺼번에 교원전형 배정의 틀 속에 넣는 바람에 초등교원 양성대학에도 적지 않은 바람이 일기 시작하였으며, 그 동안 안정되었던 초등교원 양성체재에 문제점이 발생하게 도 되었다.

말하자면 초등교사의 졸업 후 전형 임용문제의 명분은 교육대학을 졸업해서 교원 자격은 있어도 아무나 교단에 배정 발령하는 것이 아니라 교단에 적격자를 배정한다는 것이지만, 여기에는 몇 가지 커다란 문제점이 발생하게도 되었다.

그것은 졸업후 전형에 의해서 합당한 사람만을 배정한다는 것이기에 필요한 인원을 애당초 뽑을 수도 없고, 4년의 교육 내용은 목적대학으로서의 교육과정만을 적용하는데에도 문제점이 있으며, 나아가서 국가에서 그 동안 많은 보조는 아니더라도 학기마다 학비보조금을 주었던 것을 폐지할 수 밖에 없어, 가난하지만 지능이 우수한 학생이 지원하는 경향이 있었던 교육대학은 사실상 일반대학과 같은 수학 경비를 학생이 부담하게도 되지 않을 수 없게 되었다.

그리고 현재 전국의 교육대학은 사실상 교육의 시설이나 환경면에서 우리 나라 모든 국민학교 교육의 중심이 되고, 모든 교재나 교과서의 교육에 필요한 실험실습의 중심이 되고 산실이 되며 의문을 풀어줄 수 있는 교육의 핵심지가 되기에는 너무나 거리가 먼 실정에 있다.

교육은 의욕만 가지고 되는 것이 아니고, 재료가 필요하고 교구와 교재가 필요하며 실험의 설비가 있어야만 효과를 높일 수가 있다. 예를 들어 오늘날 일반 사회에서는 21세기를 내다보고 컴퓨터 등 온갖 산업기기가 발달을 촉진하고 있는 때에, 국민의 기초교육을 담당해 나갈 교사는 이러한 것에 접하지도 못한채 실험이나 경험을 쌓지도 못하고 교문을 나간다면, 그 교육은 강의실에서의 교재주입의 테두리를 벗어나지 못하는 교육을 받은 셈이다.

교육대학은 초등교육의 본산이 되어야 하고 초등교육의 전문성을 심어주는 요람이 되어야 한다. 극단적으로 말하여 일반대학 교육은 차라리 지식 중심의 이론 전달만의 교육으로도 어느 정도는 될 수 있을지 모르지만 국민학교 교육은 논리나 지식의 주입만으로는 교육이 되지 않기 때문에, 반드시 시범과 실험, 손발이 동원되는 교육이 필요하다. 따라서 교육대학에는 미래를 내다볼 수 있는 첨단시설의 설치, 모든 교육 재료, 일체의 실험기구들이 갖추어져서 교대 졸업생은 이러한 기구의 조작 실험에 능숙한 솜씨를 갖추고 나가야만 하며, 그런 자격자만이 교단에 서야 한다.

그리고 아동의 교육에는 교과서만이 아니라 노래나 유희, 그림과 공작, 글씨, 몸놀림, 체육 등 모든 특기가 있어야만 교육을 할 수가 있는데 교사는 학과만 깊이 알고 있는 것이 아니라, 이러한 제 분야에도 골고루 능력을 갖추어야 하며 발달 심리학을 토대로 아동의 성장적 특성을 전문적으로 체득하여야만 한다.

따라서 이러한 모든 분야, 특히 예능이나 실험, 시범의 특기들을 졸업후 전형한다는 것은 사실상 어려운 점이 있다.

초등교원의 전형은 초등교육을 담당할 수 있는 능력을 측정해야만 하는데 자칫 이것이 어느 단편적인 지식이나 문장서술력만으로 자질을 결정한다면 이것은 훌륭한 자격자를 가려낸다는 본래의 취지에 어긋날지도 모른다.

3. 初等敎師의 專門性

초등교육 분야에서 90년대에 들어서도 아직도 해결되지 못하거나, 일반적인 인식이 잘못되고 있는 것의 하나는 아직도 초등교육은 전문성이 없다는 관점이다.

전문성이란 말은 학문의 체계가 논리적으로 독자성을 가지고 있어서 그 나름대로의 지식이나 경험의 계열과 범위가 뚜렷하다는 것을 일컫는 말로서, 초등교육을 하나의 학(學)이나 학문(學文)으로 객관화한다는 뜻이 포함되어 있는 말이다.

그런데 아직도 일반인의 의식 속에는 초등교육은 중등교육이나 대학교육의 하위교육, 또는 쉬운 교육으로 간주하는 경향이 있으며, 심지어는 교육에 종사하는 사람조차도 이렇게 보려고 하는 시각이 있다.

이것은 커다란 잘못된 견해이며 초등교육에 대한 인식이 전혀 결여된 시각인 것만은 두말할 나위가 없다. 초등교육은 중등교육이나 대학교육과 같이 전문교육이며 중등교육을 중등교사 자격증을 가진 중등교원 양성대학의 전공을 이수한 사람만이 담당할 수 있는 것처럼, 초등교육도 초등교원 양성대학의 전문과목을 이수한 사람만이 할 수 있는 전문교육인 것이다.

초등교육이 중등교육의 하위교육이란 말은 초등교육을 하기 전에 먼저 어린 시절에 하도록 하는 교육이란 뜻으로 해석한다면 몰라도, '높은 것'에 대한 '낮은 것'의 개념으로 표현하는 말이라면 이것은 전혀 말이 되지 않는 말이다.

특히 중등교육은 전문지식을 쌓아야만 담당할 수 있는데 초등교육은 쉬워서 전문지식을 쌓거나 닦지 않아도 되는 것처럼 생각하는 것은 커다란 착오인 것이다.

무릇 교육이란 인간의 행동발달의 특성이나 본질에 입각해서 이것을 개발하고 바람직하게 변화시키는 일로서, 이것은 고도의 전문지식이 필요하며 체계적인 논리를 체득하여야만 교육행위를 할 수 있는 것이다.

교육은 지식을 전달하는 단순한 주입행위가 아니라 행동을 발달시키고 심성을 도야하며, 생활을 재구성하여 경험시키고 각개의 소질이나 능력을 발양 개발하는 일이고 보면 도리어 지식적인 전달을 주로 하는 교육은 중등이나 전문대졸 쪽이며, 초등에 내려올수록 종합적이고 전인적이며 전문적인 요소를 갖게 되는 것이다.

이것은 오늘날 세계의 허다한 교육학 이론들이 대체로 아동기의 교육학 이론이며 성인의 것이 아님을 봐도 알 수 있다.

교육은 전문대학에 갈수록 단일한 지식의 체계를 이해시키는 교육의 성격이 있으며 초등이나 어린 시기에 내려올수록 복합적이고 종합적인 성격을 갖게 된다.

따라서 중등교육 이상의 교사는 학문에 있어서 지식의 단일한 깊이만 가져도 가능하나 초등교육만은 하나의 교과나 전공의 깊이만으로는 담당할 수가 없는 것이다.

초등교사는 적어도 우리 나라의 경우 9개의 교과에 대해서 전문적인 깊이를 가져야 하며, 아동의 행동발달이나 특별한 교육방법, 기술 등을 익혀야만 가능한 것이다. 특별한 교육방법이란 아동의 경우는 성장한 학생과 달리 지식을 주입위주만으로 전하거나 교사의 단순한 설명만으로 교육이 되는 것이 아니라, 그들을 여러 가지 지도 기술, 지도 방법을 적용, 각각 교과의 특성에 알맞게 머리만이 아닌 손과 발, 몸으로 시범하고 행동하는 가운데 습관화 시키고 능력으로 자리잡게 하여야 하기 때문에, 이러한 방법이나 지도 기술을 전문적으로 익히지 않으면 초등교육은 수행할 수가 없다.

이렇게 볼 때 초등교사는 중등교사보다 도리어 여러 가지 교과의 깊이, 어린이의 행동발달의 특성, 특수한 교육기술 방법 등을 전문적으로 익히고 있는 사람이어야 함을 알 수가 있다.

그리고 흔히 큰사람이나 어른을 교육하는 것은 전문성이 있고 아동을 교육하는 것은 전문성이 없다는 해석은 마치 사람의 병을 다루는 경우, 어른을 다루는 의사는 전문가이고, 소아만을 다루는 소아과의사는 전문가가 아니라는 그릇된 해석이나 다를 바가 없다.

우리는 여기에서 다음과 같은 결론을 도출할 수가 있다. 초등교육은 초등교사를 전문적으로 양성하는 교육대학 출신, 그 자격자만이 할 수 있는 전문직이며, 이것은 사범대학이나 일반대 교직과목을 이수한 자는 담당할 수 없는 분야란 점이다.

그리고 특히 초등교육은 쉽다거나 심지어 누구나 할 수 있는 일로 생각하는 사람이 아직도 우리 사회에 있다면 그것은 커다란 망발이고 심각한 문제가 아닐 수 없다. 이러한 생각은 교육의 참뜻을 전혀 모르는 사람의 무책임한 말이며, 나아가서 설사 중등교사 자격증을 가졌다고 해서 초등교육을 담당할 수 있다거나 담당하려고 하는 발상 따위가 있다면 이것은 크나큰 무지라고 밖에 결론을 내리지 않을 수 없다. 마치 이 발상은 초등교원 양성대학을 나왔으니 중등교육이나 대학교육을 할 수 있다는 생각과 다를 바가 없으며, 이 생각의 근거에는 각각 교육마다의 전문성이나 독자성, 논리성이나 체계성을 전혀 무시하는 말이라 볼 수 밖에 없다.

이러한 생각은 오늘날 2천년대를 바라보는 우리 나라 교육을 위해서 하루 속히 바꾸고 씻어져야 할 낡은 관념들임을 덧붙이고 싶다.

4. 初等教育에서의 教科全擔制

또하나 오늘날 우리 교육 문제로서 분명히 해 두어야 할 문제는 소위 초등학교에 있어서 교과전담제 문제이다.

원래 교과전담제 문제의 발상은 국민학교 아동의 교과적 심화를 추구해서 나온 말이라고 할 수 있다. 하나의 교사가 여러 과목을 다 깊이 있게 가르치는 것은 불가능하기 때문에 국민학교 아동도 교사가 하나의 교과만 맡아서 그 과목만 가르치게 하면 아동의 교과적 깊이를 가질 것이라는 발상이다.

그러나 이 문제는 일견 그럴듯 싶어도 가장 중요한 초등교육 즉 국민학교 아동기의 전인교육의 참뜻을 모르고 하는 말이다. 국민학교 아동기 즉 5~6세부터 10~12세까지의 아동이 익혀야할 각 교과라는 것은 고도의 전문적 논리체계로서의 학문이 아니라, 그 교과의 가장 기

본적이고도 기초적이며 교과의 도입적이면서도 바탕이 되는 것으로서
심오한 교과의 깊이가 아닌 것이 첫째요, 둘째로 국민학교 아동기에
익히는 각 교과의 특성은 이것이 각 교과 사이에 기초적 연계성을 갖
는 지식이기 때문에 고도의 통합성, 종합성을 갖는 것이 특성이다.

따라서 국민학교 각 교과는 하나하나 완전·자립의 학문적 체계의
것이라기보다는 상호 연계적인 성격이 있는 것이 많으며, 또한 각 교
과간에도 그렇지만 특히 지도의 핵심인 바람직한 행동의 변화란 점에
서 이해력, 태도나 습관, 기능이나 능력…… 등 이것들이 상호 밀접한
관계 속에서 발달되고 촉진되는 것이 특색이다.

뿐만 아니라 아동기에는 모든 교과가 이미 판별 정착된 소질이나 기
호, 특성에 입각해서 교과의 선택을 하는 시기와는 달리 범교과를 하나
의 공동교과의 테두리에서 기본적이고도 기초적인 바탕을 쌓아주는 교
육이기 때문에 중등 이상의 교과 취급 방법으로는 무리가 따르는 것이다.

이것은 한마디로 말해서 국민학교 시기의 교과 교육은 전인교육으
로서의 통합적인 교과교육의 성격이 있는 교육이기 때문에 어느 한 과
목 위주로 행동발달을 꾀할 수는 없는 것이다.

혹 일부 교육자들이 일부 긍정적으로 해석해 보려고 하는 국민학교
고학년에의 예체능 교과과목의 교과전담제 문제만 해도 실제로 실기적
인 면에서 특정한 능력을 기대할 수는 있을지 몰라도, 어느 교과 하나
만을 위주로 치닫는 파행적인 교육이 되기 쉽고 다른 교과의 기초를
일반적 공통적으로 닦아야 할 기초의 바탕에 균형을 잃을 개연성이 있
는 것이다.

다시 말하면 국민학교 시기의 교과 교육은 어느 하나의 깊이보다
균형있는 바탕이 더 중요하며 여러 교과를 하나로 보는 행동의 싹, 일
반적인 흥미, 보편적인 학습태도, 교과마다의 특성을 하나의 총화로 닦

는 전인교육이 필요한 것이다.

물론 오늘날 특수한 영재를 길러내는 영재교육도 무시할 수는 없으며, 아주 어려서부터 특별한 재능을 길러주는 특수교육도 참작의 여지가 없지는 않다. 그러나 이것은 아주 특수한 아동의 경우이지 모든 아동에게 적용시킬 교육 방법은 아니며 자칫하면 이 방법은 아동을 기형적으로 만들기 쉬운 위험도 도사리고 있는 것이다.

그리고 초등교육의 교과 전담제 문제는 실제 교육의 여건, 교육의 실제 환경상으로 보아서도 우리 나라는 불가능하다. 하나의 국민학교가 몇백명, 학급수가 몇몇밖에 안된다면 혹 전담별 교사조직이 가능할지 몰라도, 우리 나라 교육환경처럼 몇백명, 십여개의 동학년 반편성하에서는 도저히 교과 전담제를 운영할 수가 없다.

그리고 여기에 마지막으로 생각해야할 문제는 만일 국민학교 교육을 교과 전담제로 하는 것이 교육 이론상 타당하다고 결론을 지었다면, 문제는 현재의 중등교사 교육을 받은 사람은 이 전담제를 맡을 자격이 없다는 것이다.

왜그러냐 하면, 위에서도 언급했듯이 중등교사 교육에서는 하나의 교과의 논리적 지적 심화를 기하는 데 치중했을 뿐, 아동기의 특성, 아동기의 행동 발달에 대하여 전공을 쌓은 사람들은 아니기 때문이다.

아동기나 유아기의 교육은 교과의 지식만 깊이 안다고 해서 되는 것이 아니고, 도리어 아동 자체의 특성을 전문적으로 익혀야만 교육의 효과를 올릴 수 있기 때문에 도리어 초등교사 교육 전문기관을 나온 교대생에게만 가능한 것이며, 교육대학의 교육과정을 통해서 각과교육보다 하나의 교과적 심화를 위주로 하는 과정으로 바꾸어 이수케 한 다음 특정한 교과를 전담게 하여야만 한다.

5. 結 語

(1) 結 語

이상에서 우리 나라 초등교육의 어제와 오늘, 초등교육에 대한 인식 문제, 그리고 초등교육을 담당할 초등교사의 교육역할 등에 대하여 생각해 보았다.

이것을 대강 요약하면 다음과 같다.

첫째로, 초등교육은 모든 교육 중에서 국민의 가장 기본이 되고 기초가 되는 중요한 교육인데도 불구하고 정부는 물론 일반인의 인식이 이에 따르지 못하고 있다.

둘째로, 초등교육을 전담할 초등교원 양성 기관은 그동안 사범학교 제도에서 초급대학 그리고 4년제 대학으로 승격 개편되어 왔으나 오늘 아직 대학원조차 설치되지 않은 실정에 있다.

따라서 초등교육의 학문화를 위해서도 하루속히 대학원 등 학술 연구 기관이 설치되어야 한다. 대학원 설치문제는 일선 교단에 서있는 교사들의 초등교육에 대한 학문화에도 영향이 있다.

셋째로, 우리 사회에서는 아직도 초등교육을 학문으로서의 전문성, 독자성, 체계성을 인정하려들지 않는 상태이다. 따라서 초등교육학의 학문적 정립 학문적 체계적 연구가 시급한 실정이다.

넷째로, 우리나라 사회에서는 아직도 초등교육은 누구나 할 수 있는 일로 생각하거나 중등교육이나 대학교육의 하위급으로 보는 시각이 있다.

이것은 일부 교육인이나 중등교육 담당자까지도 초등교육은 쉬운 것으로 잘못 인식하고 있는 사람이 있을 정도이다.

다섯째로, 근래에 와서 중등교사와 초등교사직을 함께 묶어 교사 양성과정 졸업 후 전형 배정을 하려고 정책을 수립하고 있으나, 중등교사 이상의 교사직은 몰라도 아동의 특수교육이나 전 교과교육 또는 전인교육을 담당하는 초등교사를 간단한 지필 전형 방법으로 임용하려는 것은 자칫하면 커다란 과오를 불러 일으키기 쉽다. 그리고 전형 임용 발상은 초등교사의 전문성을 함양하려는 견지에서도 차질을 가져올 소지가 있다.

여섯째로, 초등교육은 하루 속히 초등교육학으로서 체계화 되어야 하거니와 이에 보조를 맞추어 초등교육학에서의 각 교과교육학도 학문화가 이뤄져야 한다. 이 문제는 현재 교육대학의 교육을 전담하는 교수들이 솔선해서 선도적으로 이룩해야 할 과업이며 [초등교육학회] [각 교과교육학회]도 설립하여 전문성 제고에 박차를 가하여야 한다.

일곱째로, 국민학교의 교과 전담제 문제는 자칫 초등교육의 전 교과의 연계성, 통일성, 전인교육으로서의 특성을 말살하고, 한갓 분과적 교과적 지식주입에 흐를 소지가 있다. 그리고 우리 나라 대도시 국민학교의 현실정으로는 불가능하다.

(2) 提 言

다음 글은 1986. 10. 17 수원에서 개최한 [교육개혁심의회 공개 토론회]에서 [초등 중등 교원의 전문성 신장 방안]으로 제안한 의견서 내용이다.

　　이 내용 중 일부는 이미 국가의 방침으로 정해져서 실현에 옮겨지고 있는 것도 있거니와 [초등교육의 전문성]과 [초등교사 양성대학의 과제] 란 견지에서 중요한 내용이 담겨져 있기 때문에 이글의 제언을 삼아 여기에 첨부한다.

[초/중등 교원의 전문성 신장 방안]에 대한 우리의 의견서

지난 10월 17일 수원에서 실시한 교육 개혁심의회 주최 [초/중등교원의 전문성 신장 방안] 공개 토론회에서 제기된 전문위원의 주제발표 및 토론 결과는 초등교원 양성의 사명을 수행하고 있는 우리 교육대학의 입장에서 깊은 관심을 갖지 않을 수 없고, 특히 제안 논의된 몇가지 문제는 우리나라 초등교육의 발전과 전문성 제고에 바람직하지 못한 영향을 줄 수 있다고 판단 다음에 우리 교수들의 의견을 모아 서면으로 제출합니다.

교육 개혁심의회에서 개선안 작성에 참고하셔서 반영하여 주시기 바랍니다.

먼저 전제하고 싶은 것은 이번에 전문위원이 발표한 16개항의 제안들은 대부분이 공/사립 사범계 대학이 안고 있는 문제점과 중등교원 양성 수급 문제 해결을 위한 방안이 근간을 이루고 있었습니다.

따라서 현재 원대한 발전 계획 밑에 국립 초등교원 전문 양성대학으로서의 반석을 다지고 수급책은 물론 초등교원 교육내용의 개혁을 서둘러 이미 자리를 쌓아 올려 가고 있는 우리 교육 대학 입장에서는 공/사립 사범대학간의 문제 해결 때문에 교육대학 제도가 흔들리거나 희생하는 우를 범해서는 안 된다는 것이 저희들의 시각임을 명백히 밝혀두고 싶습니다.

그리고 **첫째로** 지적하고 싶은 것은 토론의 바탕 속에는 아직도 초등교육과 중등교육의 특수성을 구별하는 깊은 사려가 부족한데다가 중등교육과 초등교육을 상하관계 주종관계로 파악하거나 중등교원은 하위의 초등교육을 할 수 있다는 그릇된 관념이 엿보이며, 초등교육이야말로 모든 교육의 기반이 되고 가장 중요한 시초 교육일뿐더러 전문적인 영역이어서 반드시 정규 교육대학을 제대로 이수한 사람만이 임용될 수 있다는 규정을 분명히 해주시기 바랍니다.

앞으로는 예체능 실기는 물론, 교육실습, 아동의 수업지도 등 조차 제대로 익히지 못한 중등 사범계 출신자나 대학과정에서 인격교육 등, 초등교사 교육과정을 실제로 이수하지 못한 원격교육 이수자의 초등교육 담당은 2000년대를 내다보는 교육 개혁의 의지 속에서는 당연히 명문으로 제외시켜야 된다는 것이 우리들의 신념이요 주장인 것입니다.

둘째로 지적하고 싶은 것은 우리나라 초등교원 양성 수급제도는 의무교육 적령 아동의 증감에 맞추어 국가가 목적적으로 학비를 보조하는 가운데, 철저하게 초등교육만을 수행하도록 의도적으로 길러내고 배정임용도 차질없이 국가가 행하는 현재의 상황은, 일반 사범계 대학의 중등교사의 자격문제, 공사립 출신간의 임용 방법 문제, 제도문제 등과는 그 과제가 근본적으로 다르다는 점을 말하고 싶고, 따라서 중등교원의 제문제와 동일한 시각으로 보지 말아달라는 당부를 하고 싶습니다.

셋째로 지적하고 싶은 것은 한나라의 교육의 성패나 인간의 완성 인격의 바탕은 특히 아동기의 교육의 성패에 달렸음을 감안, 초등교육에 국력을 기울여야 함에도 현재는 힘이 미치지 못한다해서 과잉학급, 대단위학교 시설의 미흡 등 문제점이 미해결로 남아 있어 이것은 우리나라 교육과제 중 가장 시급히 해결해야할 문제라고 생각합니다. 따라서 미래의 교육개혁의 설계속에는 당연히 초등교육 투자 최우선이 보장되어야 하며 이러한 문제점의 해결의지가 곧 초등교육 향상 우리나라 교육의 정상화, 초등교원의 전문성 신장의 관건이 될 것을 확신합니다.

다음에 이번 토론회에서 직접 제기된 문제중 반드시 재고되어야할 문제를 몇가지 들겠습니다.

1. 초등교원의 [평등한 공개 경쟁 임용]을 반대한다.

초등교원 임용의 경우는 정규 교육대학 출신자 이외의 임용은 절대로 불가하며, 대학이 책임지고 교육해 내고, 국가가 수급에 맞추어 임용하기 때문에 공개 경쟁 임용시험은 받아들일 수 없습니다. 만일 공개 경쟁 시험을 실시하여 임용한다면 인성이나 인격을 더욱 소중히 길러야 할 교육대학은 지식위주의 임용 경쟁시험 학관이 되어 버립니다.

제안 9를 보면 모든 교원자격 취득자는 출신 양성 기관의 설립 유형 (국립, 사립) 및 임용되고자 하는 각급학교의 설립 유형에 관계없이 임용과정에 있어서 평등한 기회를 부여 받으며 이것은 "국공립 사범계 대학 출신자"가 대상이 된다고 하였습니다.

따라서 이 조항은 '사범계 대학'을 '사범대학'으로 분명히 고치든가 '교대는 제외'라는 단정을 넣어주기 바랍니다.

2. 국민학교의 특정 [교과 전담 자격제도]를 반대한다.

초등교육은 국민의 기초교육이며 교사 한 사람이 미분화 단계에 있는 아동을 상대로 하는 전인교육, 전 인격 교육, 전 교과교육을 담당하는 교육입니다. 따라서 국민학교에서 교과전담제 자격 제도를 두는 것은 1학년 1교사제, 전교과 담임제, 학급담임제, 통합인격교육 등 국민학교 교육의 특성을 파괴하여 지식 기능 위주의 교육으로 변질될 가능성이 있어 찬성할 수 없습니다.

이것은 고학년의 경우라도 마찬가지입니다. 또한 만약 5, 6학년을 교과전담제 교육으로 바꾼다면 이 2개학년을 중학교에 넘겨주어 4년제 국민학교와 5년제 중학교로 학제개편을 할 필요까지 생각해야 할 것입니다.

제안 1을 보면 "국민학교 교원 자격의 경우 현행처럼 전교과를 지도하는 교원자격을 원칙으로 하되 필요에 따라 특정교과를 전담 지도하는 교과교원 자격을 둘 수 있다"고 했는데 이러한 국민학교 교사 자격의 2종 제도는 받아들일 수 없습니다. 혹 국민학교 전과 담임제도가 1인의 교사에게 부담이 크다는 점이나 여성화 추세에 비추어 학교의 현장사정에 따라 예체능계의 일부 교과를 전담교사로 운영하는 문제, 그리고 증치교사나 교사 과잉상태로 인하여 학급담임을 배정할 수 없어 남는 교사를 그분의 수업배정과 타교원의 부담 경감을 위하여 예체능계 과목과 실험실습 등 일부과목을 분담하게 되는 경우는 있을지 몰라도 이것을 제안에서처럼 초등교원의 이중 자격증제도 더구나 시청각 담당교사 자격증 같은 기발한 특수자격증제를 만들어서는 아니되며, 나아가서 이것을 위해서 인사제도를 특설해서도 아니됩니다. 이것은 학교장이 현장의 교원 수급 상황과 교사들의 자질을 감안하여 학교별로 현장문제로서만 해결하게 하여야 합니다.

3. 교육대학에서 유치원 교사, 중학교 교사까지 양성하게 하는 소위 [다양화]안을 반대한다.

교육대학은 수업연한이 4년 밖에 되지 않으나 그 기간내에 1교사가 전교과를 담당하는 유능한 초등교원을 양성해내야 하며 임용후에는 1학년부터 6학년까지의 모든 학년을 담당할 수 있어야만 인사 운영이 됩니다. 그러므로 그 기간내에 한 교사 후보자로 하여금 인성지도 능력과 전교과 담당 능력은 물론 그외에 한 두 교과정도는 현장교육 연구를 통해서 초등교과교육학을 연구하는 심화된 능력을 훈련시켜 배출해야만 합니다. 이러한 고유의 교육대학 설치 목적 달성에도 힘겹다는 것은 교육대학 현장에서 조금만 경험이 있는 분은 다 아는 일입니다.

따라서 이러한 다양화 안은 실효를 걷을 수 없는 관념론에 불과합니다. 토론 과정에서 이러한 견해를 말하는 분도 있었으나 만일 교대를 유치원 교사 양성 코스, 국민학교 교사 양성을 위해서는 통합교과 교사 양성 코스 (1, 2학년용), 전과 담임교사 양성 코스(3, 4학년용), 교과 전담교사 양성 코스(5, 6학년용, 이 코스는 국어, 산수 등 9개 교과 코스로 다시 세분해야 됨) 등으로 나누어 양성하게 된다면 현재 1개의 교대가 사실상 3개 학교급과 13개의 복합계열화 하게 되어 그러한 교원양성은 불가능합니다.

따라서 이러한 소위 '다양화'라는 헛된 말에 말려들어 시도한다면 그것은 혼란 부실만을 초래하여 양질의 유치원 교사나 중학교 교사는 고사하고, 현재 수준의 초등교원도 양성해내지 못하게 될 것이 명약관화합니다.

교육대학의 현 인적, 물적인 준비상태도 40년이 걸려 만들어졌는데 한 대학에서 유치원, 국민학교, 중학교의 수업연한 11년의 교육기간을 충족할만한 교원을 길러낸다는 것은 불가능한 일이며 이러한 모험적인 제도는 실험되어서는 안되겠습니다.

4. 교육대학생에게 주는 [학비보조금]은 증액하여 계속 지급하여야 하며 이 혜택을 빼앗거나 줄여서는 안된다.

제 4안을 보면 "국가는 사도장학금을 설치하고 매년 일정수의 교직 적싱우수 학생을 국/공/사립을 막론한 교원 양성 기관의 신입생 가운데서 선발하여 이들이 일정한 요건을 유지하는 한 입학금, 수업료 및 생활보조비를 계속 지급하도록 한다."고 했는데 이 조항은 현재 초등교원 후보자에게 주고 있는 소액의 학비 보조금도 증액을 요청하고 있는 실정이고, 의무교육 수행 초등교원을 필요수만큼 국가에서 조절해서 양성해 내는 현 제도를 우리는 지지하고 있는 점을 깊이 유의하여 주기 바랍니다. 공/사립 출신 중등교원 후보자에게 사도 장학금이나 입학금, 수업료, 생활보조비를 계속 주는 문제는 우리가 반대할 이유는 없으나, 만일 초등교원 후보자에게 현재 주고 있는 학비 보조금 같은 것을 뺏어가 사범대생에게 나누어 주는 것이라면 이것은 절대로 수긍할 수가 없는 제안입니다.

  5. 중등교사 양성 공/사립 시대에 [초등교원 양성제도도 병행해서
     두자]는 의견에 반대한다.

  토론자의 의견 속에는 중등교원 양성대학에도 초등교원 양성코스를 두자는 주장도 있었는데 이는 우리나라 현실을 깊이 생각지 않는 무책임한 견해라고 봅니다.

  초등교원 양성은 단순히 지식만을 넣어주는 일이 아니라 초등교육학, 국민학교 전 교과의 교육방법 그리고 아동을 다스리는 인격, 교육실습, 예체능기능 등을 종합적으로 갖추어 주어야만 하는데 이러한 자질을 기르는 일을 양성학과만 두면 된다는 발상은 초등교육의 전문성을 전혀 무시하고 초등교육은 아무나 해도 된다는 무지의 소산으로 볼 수 밖에 없습니다.

  우리는 우리나라 국민학교 교육이 현재와 같이 튼튼하고 믿음직하게 발전된 것은 틀림없이 국립의 사범학교 교육대학제도의 유지발전에 기인하는 바크다고 생각하며 이 기반을 흔들어서는 안된다는 것을 믿고 있습니다.

6. 초등교원 양성 대학에서는 [지식 이론의 깊이보다 국민학교 아동
   에게 알맞는 수업 방법을 개발해야 하며 아동 교육을 위하여 몸
   을 바치겠다는 인격을 길러야 한다]는 제안을 적극 지지한다.

토론자의 의견 속에는 교육대학은 지식을 주로 전달하는 고등학교
교사를 길러 내는 곳이 아니라, 미분화된 어린이를 교육하는 방법을
전문적으로 교육하는 곳이어야하며, 9개 교과를 정통하게 익혀 이것을
어린이에게 알맞게 효과적으로 지도하는 수업모형 등을 전문적으로 교
육해야 한다는 의견도 있었는데 우리는 이러한 제안이야말로 교육대학
의 특성이나 초등교육의 전문성을 제대로 본 견해라고 말하고 싶으며
거듭 깊이 유의하고자 합니다. 교육대학은 어느 한 과목의 지적 깊이
보다는 스승으로서의 인격을 도야하는데 더욱 치중해야 하며 초등교육
전문인을 오직 길러내는 사명만이 핵심이라고 말하고 싶습니다.

7. 교육대학에 선별적으로 [대학원 과정]을 설치하여 초등교원의 질
   적 향상을 도모한다는 제안을 지지한다.

제2안을 보면 "교육대학에 선별적으로 대학원 과정을 설치하여 초
등교원의 질적 향상을 도모한다"고 되어 있는데 우리는 이 제안을 적
극 찬동하고 싶습니다.

초등교육은 누구나 할 수 있다는 생각이나 초등교육은 중등교육의
하위이기 때문에 중등교사 자격소지자는 초등교육을 할 수 있다는 생
각은 대학교수는 누구나 고교교사가 될 수 있다는 것과 함께 절대로
용납 못할 발상입니다.

초등교원은 고등학교 교원이 그런 것처럼 초등교육에 관한 특별한
전문지식이 필요하며 전문인이기 때문에 대학원 교육을 받아야 하는

것은 너무나 당연하고 절실한 과제 입니다.

따라서 우리는 교육대학에 초등교육학, 초등교과교육학을 더욱 심화 연구하는 대학원 설립을 바라며 초등교육이야말로 전문인이 하는 교육임을 내외에 간곡히 거듭 천명하고자 하는 바 입니다.

〈1886. 10. 17 수원 개최, 교육개혁 심의회 공개 토론회의
[초/중등 교원의 전문성 신장 방안] 제안에 대한
우리들의 의견서임〉

文學敎育의 方向과 問題点(1990)

金 南 哲

I. 들어가는 말

文學敎育에 대한 論議는 일찍부터 있어 왔고, 근자에 이르러 매우 활발해지고 있지만, 요즘처럼 그 중요성이 강조된 때는 없었다. 文學敎育의 중요성이 강조됨에 따라 많은 敎師들이 文學敎育에 큰 관심을 가지게 되었는데, 이것은 매우 바람직한 일이라 생각된다. 그러나 관심만으로 文學敎育이 잘 되는 것은 결코 아니다. 文學敎育을 바르게 하려면, 敎師 스스로 '文學이란 무엇이고, 왜 가르쳐야 하며, 어떻게 가르쳐야 할 것인가'에 대하여 확실히 알지 않으면 아니된다.

최근 文學敎育에 대한 論議는 文學敎育이 단순한 텍스트나 題材의 敎育의 단계에 머무는 것이 아니고, 세계의 認識과 삶의 총체성을 이해하고, 그것을 內面化하여 새로운 地平을 지향하는 단계에까지 이르러야 함이 강조되고 있는 현상이다. 또한 그것은 文學敎育이 國語敎育에서의 자리매김의 논시이기도 하면서, 國語敎育을 도구 敎科로서의 言語技能의 신장의 단계에 머물게 하려는 動向에 대한 대응적 姿勢의 정립과정이기도 하다.

文學敎育은 學校에 들어오기 전의 가정에서의 幼兒期의 敎育과 각급 學校(초·중·고교)에서의 敎育, 그리고 사회에서의 文化的 傳播의 수용 등 세단계로 나누어 볼 수 있다. 文學敎育을 각급 學校의 敎育으로 한정하는 것은 그 敎育의 중요성은 인정한다고 해도 다른 두 시기의 文學敎育의 중요성을 간과한 결과이기도 하다. 하지만 가장 중요한 시기는 學校에서의 文學敎育이다.

文學敎育의 성취를 위해서는 敎師의 역할은 매우 중요하다고 할 것이다. 學校 敎育에서 文學敎師는 단순한 智識의 전달이 아니라, 다양한 삶의 本質을 이해하게 하고 올바른 세계관을 수용하여 총체적인 삶과 그 의미를 확대시키게 해야 한다.

그러나 現場에서 국어를 가르치면서 敎育의 問題点을 묵과하던 敎師들은 敎科書의 文學이 학생들에게 바람직한 삶을 가르치고 더 나아가 민족사의 주체로까지 意識을 발전시켜야 할 텐데, 오히려 감수성을 오염시키거나 잘못된 민족관·세계관을 심어주었던 것이다. 앞서 언급하였지만, 최근 이런 문제에 대해 고민하는 敎師들의 動向은 실로 다행스러운 일인 것이다. 文學을 보는 여러가지 다양한 시각도 인정하지만 학생들을 가르친다는 입장에 선다면 그 시각이 당연시 되어야 할 것이다. 文學作品을 鑑賞하고 이해하는 것이 삶을 가꾸는데 아무런 도움도 되지 못한다면 文學을 가르치고 배울 필요가 없지 않는가?

이렇게 볼 때, 오늘날 文學敎育의 *存在* 의의에 대해서는 의심할 것이 없다. 그런데 우리 나라의 文學敎育은 그것이 國語科의 테두리 안에서 言語敎育과 同居하고 있는 탓에 文學 그 자체의 機能을 敎育의 機能으로 파악하여 理論的·體系的으로 전개되지 못하고 있다.

文學敎育이 원만히, 그리고 理想的으로 실천되려면 무엇보다도 먼저 敎師의 올바른 敎育的 識見이 확립되어야 한다.

그래서 本稿는 國語科 敎育에서의 文學敎育을 敎育 현실 속에서 재

음미해 보고자 하는 측면에서 고찰을 해 봄으로써, 이에 조금이나마 보탬이 되고자 하는 것이다.

또한 本稿는 어디까지나 일선 敎育의 입장에서 國語科 敎育의 영역을 言語敎育과 文學敎育으로 구분하여, 그 本質을 밝히고, 文學敎育의 方向을 제시하기 위하여 노력했으며, 文學敎育의 독자성을 생각하여 그 방법론적 입장에서 文學敎育의 意義와 目標를 설정하였다. 그리고 文學敎育의 實態를 파악하고 올바른 方向을 모색해 보고자 文學敎育의 問題点과 改善方案을 살펴보았다.

II. 國語敎育과 文學敎育

國語科 敎育의 敎科構造論에 의하면, 國語科 敎育은 國語敎育, 즉 言語로서의 國語敎育과 예술로서의 文學敎育으로 구분할 수 있다.[1] 이것을 敎育 내용면에서 고찰하면, 言語로서의 國語敎育은 "言語에 대한 과학적·體系的 知識의 전달을 第一義的 目的으로 하는 敎育"[2]인데 대해서 文學敎育은 文學이 본래 예술이라는 점에서 그것은 情操를 주축으로 하는 美意識의 敎育이라고 할 수 있다.[3]

前述한 바와 같이, 文學은 言語를 表現媒體로 하는 예술이기 때문에 절대로 言語를 떠나서 存在할 수 없으며, 또 文學은 言語藝術이라는 점에서 "情緖와 思想을 想像의 힘을 빌어서 말과 글로써 表現된 藝術作品"[4]이라고 정의한다.

---

1) 文學敎育研究者集團, 文學の敎授過程 東京: 明治圖書, 1965. pp.34.
2) ibid
3) 久米正 東, 文學の授業, ?の原理と 方法, 東京:日本敎圖株式會社, 1966. p.16.

그러므로 文學敎育은 예술로서의 文學敎育이어야 함은 再論의 여지가 없으며, 文學이 예술이라는 점에서 굳이 그 系譜를 따진다 하더라도 文學은 어디까지나 예술의 한 종류에 소속됨을 알 수 있다. 즉 일반적인 통례로 예술의 종류를 ①造形藝術 ②表情藝術 ③音響藝術 ④言語藝術로 구분할 때, 文學은 言語藝術에 해당함은 너무도 당연하다. 따라서 예술(art)이란, "의식으로 美를 創造해 낸다는 뜻"[5]에서 文學敎育이 "美意識의 敎育"이어야 함은 더욱 자명한 일이다.

뿐만 아니라, 앞서 말한 바와 같이 文學(Literature)이 "情緖와 思想을 상상의 힘을 빌어서 말과 글로써 表現된 藝術作品"[6]이라고 정의할 때, 文學作品이 제작되어지는 과정에서는 더욱 재미있는 현상을 발견할 수 있다. 이것을 圖解하면, 다음(圖 1)과 같다.

다음 그림을 姿勢히 관찰해 보면, 모든 藝術作品이 생성되어 나오는 과정을 일목요연하게 바라볼 수 있다. 이에 대한 해설을 붙여보면, 다음과 같이 설명된다.

즉 어떤 사물에서 얻은 情緖와 思想이 想像의 세계를 거쳐서 그것이 deformer (歪曲, 變形)의 과정을 거쳐 作品으로 表現되어 나올 때, 그 表現媒體가 〈色, 線, 形, 濃淡〉 등에 의하여 表現되어 나오면, 〈무용〉이나 〈연극〉 등과 같은 〈表情藝術〉이 되며, 또 그것이 〈음성이나 음향〉 등에 의하여 表現되어 나오면, 그 때는 〈음향 예술〉이 되며, 〈言語〉로 表現되어 나오면, 그것은 곧 〈시〉, 〈소설〉, 〈희곡〉 등과 같은 〈言語 藝術〉 즉 〈文學藝術〉이 된다고 풀이할 수 있다.

---

4) 李熙昇, 國語大辭典, 서울：民衆書館, 1986. p.1044.
5) 上揭書, p.2074.
6) ibid.

도표 1

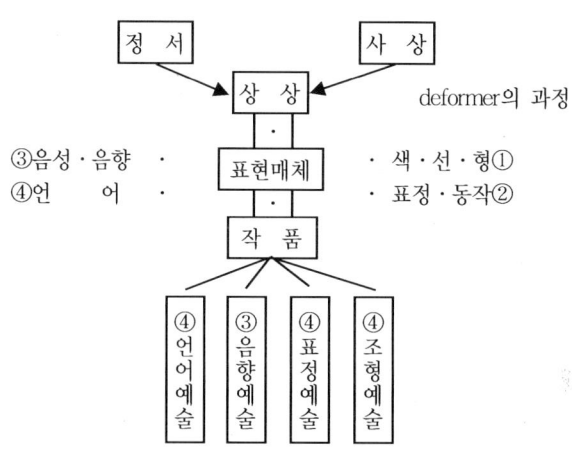

이와 같이 文學藝術이 창조적 직관에 의하여 表現된 美的 理念의 소산이라고 생각할 때, 文學敎育은 그 目的 意識에 있어서 言語敎育과는 훨씬 다른 차원에서 이뤄져야 함은 두 말할 필요도 없는 것이다.

따라서 言語敎育은 前述한 바와 같이 言語에 대한 科學的·體系的 知識傳達의 敎育이며, 또한 敎育 내용면으로 보아도 역시, 문법, 어법, 어휘, 음운, 構文法則 등 일종의 법칙적 敎育이기 때문에 과학적 의식 활동이 주가 되는 敎育인데 반해서 文學敎育은 文學形象을 통한 人間의 內面的 精神活動의 敎育으로써 그것은 藝術的 認識活動이 주가 되는 敎育인 것이다. 이 관계를

도표 2

言語教育→ 文法·語法·語彙·音韻·構語에 대한 科
學的·體系的 內容
〈科學的 認識活動의 敎育〉

國語科 敎育

文學敎育→ 情操를 주축으로 하는 美意識 形象을 통
한 인간의 內面的
→〈藝術的 認識 活動의 敎育〉

圖解하면 다음(圖 2)과 같다.

앞의 〈圖解 2〉에서도, 文學敎育은 본질적으로 言語敎育과는 그 目的
意識으로나 方法面에 있어서 달라야 할 뿐만 아니라, 어디까지나 藝術
的 本質에 입각해서 文學敎育이 이뤄져야 함은 너무나 당연한 일이라
할 것이다.

Ⅲ. 文學敎育의 의의와 目標

"文學敎育"이란 用語는 여러가지 의미로 풀이될 수 있다. 다시 말하
면, 文學의 敎育, 즉 文學 그 자체를 知識的으로 또는 機能的으로 습득
하는 意味에서의 〈文學工夫〉라는 뜻과 하나는 文學을 통한 敎育적 효
과를 노리는 〈敎育적 意味에서의 文學敎育〉 등으로 나누어 생각할 수
있다. 그런 의미에서 文學敎育은 〈文學에 의한 敎育〉과 〈文學에 대한
敎育〉으로 구분하여 생각할 수도 있는데, 여기에서는 國語科 敎育 내
에서 이뤄지고 있는 文學敎育에 한정하여 그 敎育적 意義를 살펴보기

로 한다.

한마디로 말해서, 文學敎育이란 "文學을 대상으로 하여 文學에 향한 文學에의 接近(즉 文學에의 approach)을 유발해 나가는 敎育이라고 할 수 있다."[7] 그러므로 여기에서 말하는 文學敎育의 의의와 目標는 그러한 敎育活動을 통해서 이뤄질 수 있는 敎育的 의의와 目標를 뜻하는 것이다.

그런데 이 문제를 해결하기 위해서는 먼저 文學이 가지는 文學의 機能부터 살펴 볼 필요가 있다. 왜냐하면 文學이 가지는 機能이 곧, 文學의 本質이 되기 때문에 文學의 機能을 이해하면, 文學敎育의 의의와 目標가 스스로 제기되어 진다고 볼 수 있기 때문이다.

일찍이 文學의 機能에 대해서는 Platon과 Aristoteles 이래 참으로 오랜 기간을 두고 수많은 학자들에 의하여 論議되어 왔고, 또 앞으로도 論議될 것이지만, 우선 여기에서는 Austin Warren과 Rene Wellek의 理論을 들어 고찰해 보기로 한다.

　　　모든 藝術은 그것을 적절하게 사용하는 사람들에게 〈甘美한〉 그리고 〈有益한〉 것이다. 藝術이 表現하는 바는 그들 자신이 손수 끌어 내는 回想과 反省보다는 뛰어난 것이다. 또 자기들 自身의 回想, 혹은 反省과 같은 것이라도, 그들이 생각하는 것을 藝術이 表現하는 그 수단으로 해서, 또는 藝術的 表現으로 해서, 그들이 表現하는 해방감으로 藝術은 그들에게 快樂을 준다.

　　　어떤 文學作品이 교묘하게 그 機能을 나타낼 때에는 快樂과 效用이라는 이 두 개의 특색은 공존할 뿐 아니라, 合體해서 있어야 할 것이다. 文學이 주는 快樂은 우리들이 주장하는 바 存在할 수 있는 여러 개의 쾌락 중, 마음이 내키는 하나의 것이 아니라 한층 더 고상한 종류의 快樂, 즉 그것은 利慾을 떠난 명상이기 때문에 한층 더 고상한 쾌락인 것이다. 그

<hr>

7) 井上正敏, 文學の機能 指導過程, 東京:明治圖書, 1972. p.11.

리고 文學이 가진 바 效用, 〈그 엄숙성과 教育的인 점〉은 快樂을 줄 수 있는 엄숙성, 즉 遂行해야 할 義務의 엄숙성, 혹은 배워야 할 교훈의 엄숙성이 아니라 〈美的인 엄숙성〉, 자각의 엄숙성 인 것이다.[8]

이에 대하여 朴喆熙教授는 그의 〈文學개론〉에서 "文學의 機能은 한 마디로 〈미적인 엄숙성〉이면서 동시에 〈知覺의 엄숙성〉이라는 전제 아래 다음과 같이 부연하였다.

要는 文學의 機能은 本質的으로 아름답고, 속성적으로 진실한 데 있는 것이라고 말할 수 있다. 第一次, 第二次 世界大戰 때, 독일의 대학생들이 피비린내 나는 전쟁터에서도 흐린 등불 밑에서 파우스트를 읽고, 그 재미와 즐거움 속에서 감동되고, 도취되어 거기서 삶의 의미를 찾으며, 自身을 가다듬은 사실을 상기할 필요가 있다. 이렇듯 문학은 讀者에게 감동을 주는 가운데 간접적으로 人生의 眞理를 가르치는 것이다. 이런 의미에서 文學은 〈人間의 學〉이라고 할 수 있다. 教育學이나 倫理學이나 社會學이 인간을 資料로 하는 학문이며, 또 인간을 연구하는 학문이며 또 인간을 연구하는 학문임에는 틀림이 없다. 그래서 이것들은 인간의 한 쪽 모서리만을 다루고 있는 것이다. 教育學이 人間의 德性을 함양하는 가운데 主眼目을 두고, 倫理學이 인간 생활의 규범을 마련하는데 전력하며, 社會學이 인간들의 집단 생활의 양상을 파악하는데 目的을 둔다면, 文學은 〈人間의 學〉으로서 人間을 종합적으로 파악하며, 종합적으로 表現하고 있는 것이다."[9]

以上에서 고찰한 바, 文學의 機能은 결국 Warren 과 Wellek 이 주장한 것처럼, 〈한층 더 고상한 종류의 快樂〉, 즉 〈美的인 엄숙성〉, 〈知

---

8) 白喆, 金秉喆 譯, 文學의 理論(Austin Warren & Rene Wellek, The Theory of Literature), 서울:신구문화사, 1959. 37.

9) 朴喆熙: 文學槪論, 서울:螢雪出版社, 1975. p.61.

覺의 엄숙성〉에 있으며, 거기에서 얻은 쾌락과 감동은 朴敎授의 주장
과 같이 〈간접적으로 人間의 眞理를 가르친다〉는 점이다. 그리고 또
그런 의미에서 文學은 〈人間의 學〉이라고 할 수 있으며, 또 그런 까닭
으로 해서 文學은 다른 敎育學이나 社會學, 倫理學보다도 〈인간을 종
합적으로 파악하고 表現한다〉는 점이다. 그렇기 때문에 흔히 일반 文
學論에서도 文學의 특질을 인간의 認識에 있고, 인간의 탐구에 있고,
인간의 발견과 창조에 있다고 하는 理由도 여기에 있는 것이다.

그렇다면 두 말할 필요도 없이 文學敎育의 意義와 目標는 무엇보다
도 그 文學의 本質과 機能을 살리는 데 있다고 한 것이며,[10] 나아가서
는 文學形象을 통한 文學的 快樂, 즉 〈美的인 엄숙성과 知覺의 엄숙
성〉에 있다고 할 수 있다. 그리고 여기에서 말하는 〈快樂〉이란 "通俗
的 娛樂으로서의 快樂을 말하는 것이 아니라, 〈한층 더 고상한 쾌락〉,
즉 藝術 내지는 文學的 享受에서 오는 쾌락을 뜻하는 것이다. 이것을
作家側에서 말하면, 創作行爲란 〈文學精神의 發現〉을 뜻하는 것이며,
讀者側에서 말하면 文學作品을 읽는 行爲는 읽는 이의 마음에 刻印을
남기고 혹은 價値的 變化를 가져 온다는 뜻이다.[11]

이것을 다시 부연하면, 〈한층 더 고상한 종류의 쾌락〉 즉 〈美的인
엄숙성〉과 〈知覺의 엄숙성〉 그것은 곧, 영혼의 고조감과 더불어 自己
의 생존의 의미를 확인하고, 모든 생명의 존엄성을 認識하며, 人生에
대해서 새로운 눈을 뜨는 등 여하튼 文學的 진실 속에 가치적 변화를
일으키면서 느끼는 쾌락과 엄숙성인 것이며, 나아가서 그것은 일종의
自己擴充感이요, 幸福感인 것이다.[12]

---

10) 熊谷孝 監修, 文學敎育硏究者集團: 文學の敎授過程 東京:明治圖書, 1965. p.20.

11) 丘仁煥外: 兒童文學, 서울:서울大學校出版部, 1973. p.7.

12) ibid.

Ⅳ. 國語科敎育에서의 文學敎育

1. 言語敎育과 文學敎育

우리 나라의 文學敎育은 미국이나 소련에서처럼, 또는 같은 藝術인 音樂이나 美術처럼 하나의 독립된 敎科로서 存在하지 못하고 國語科 敎育 안에 言語敎育과 함께 공존하고 있다. 따라서 文學敎育의 올바른 전개를 위해서는 國語科 敎育의 敎科構造안에서 文學敎育의 영역과 言語敎育의 영역을 자각적으로 구별할 필요가 있다. 그것은〈그러함으로써 文學敎育이 言語敎育 속에 매몰됨을 막을 수 있을 뿐더러 言語敎育 또한 그 本領에 확고히 정착시킬 수 있기 때문13)이다.

그런데 오늘날 國語科敎育의 現場을 일별하건데, 言語技術 내지 言語의 實用性을 과대시하는 종래의 經驗主義的인 敎授方法이 타성적으로 그대로 잔재해 있는 듯한 느낌이 든다. 言語感覺이나 내용적 가치에 의한 사고나 心情陶冶의 면, 人間形成의 면이 잊혀지고 있으며, 결국 國語科 敎育은 言語敎育 일변도에 치우쳐 文學敎育 부재의 현상을 빚어내고 있다.

國語科 敎育은 言語技術的인 면에 한정해서 국어에 대한 이해와 表現에 없어서의 機能指導만으로 足하다고 할 수는 없다. 왜냐하면 國語科 또한 全敎育의 일환으로서 인간 형성의 目標를 다른 敎科와 함께 부담하고 있다는 극히 당연한 이유 때문이다. 그래서 오늘날의 國語科 敎育은 과거의 言語能力 本位의 입장을 반성하여〈國語敎育 獨自의 目標

---

13) 井上正敏: 文學の機能 指導過程 東京:明治圖書. 1972. p.15.

와 내용을 단지 기술이나 능력만을 求하지 말고 人間形成이나 생활향상
과 결부시켜 통일적·계통적으로 指導되어야 한다.〉14)고 볼때 國語科
敎育의 構造 안에서 文學敎育의 위치를 바로 認識하는 일은 매우 중요
하다 아니할 수 없다. 왜냐하면 〈인간 형성의 國語科 敎育에서 文學敎
育은 단연 國語科 敎育의 本質을 점하고 있는 것〉15)이고, 〈文學敎育에
의한 藝術的 認識 형싱의 측면은 國語科 敎育이 자칫하면 빠시기 쉬운
言語主義, 技術主義에의 傾倒를 구제하는 것이며, 또 한편 인간성의 平
衡感覺을 회복시키는 구실을 감당하고 있다〉16)고 믿어지기 때문이다.

　　그러면 文學敎育과 言語敎育의 本質的 差異는 무엇인가? 言語敎育
은 言語 그 자체에 대한 知識이나 技能을 습득시키는 敎育인데 對해서
文學敎育은 言語 藝術로서의 敎育으로 양자가 지향하는 目標는 本質的
으로 다르다. 즉 言語敎育이라고 할 때는 言語 자체에 대한 科學的·
體系的 知識의 전달과 그 技能 습득이 第一義的 目標가 되고 있는데
對하여 文學敎育은 어디까지나 藝術이라고 하는 점에 초점을 두어 인
간성의 뛰어난 內質形成을 第一義的 目標로 한다. 그리고 言語敎育이
理性的 認識과 보편적이고도 知的이며 論理的인 이해를 주안으로 하는
경향이 있다면 文學敎育은 感性的 認識과 특수적이고 情的이며 體驗的
享受로서 아름다움과 풍요함을 지니게 하는 특성이 있다고 하겠다.

　　따라서 文學敎育은 文學의 媒材가 言語이므로 言語敎育과의 상관성
을 배제할 수 없을 뿐이지 言語技術의 修練으로 그 目的을 다했다고
할 수는 없는 것이며, 社會的 認識, 科學的 認識 보다는 藝術的 認識의
형성을 도모한다.

　　國語科 敎育에서의 文學敎育을 文學敎育으로서 확립시키기 위해서

14) 飛田多熙雄: 國語敎育方法論史, 東京:明治圖書, 1969. pp.255~256.
15) 與水實編著: 講座 國語科の基本的 指導過程 2, 東京:明治圖書, 1970. p. 287.
16) 井上正敏: 上揭書, p.14.

는 이러한 文學敎育의 本質을 파악할 때에 가능하다. 그럼에도 現場의 실정을 볼 때, 모처럼의 文學敎育 學習이 왕왕 言語敎育으로 始終하고 만다든지 또는 교재에서 취급되는 소재로서의 自然이나 生活에 현혹되어 自然科的 이거나 社會科的인 學習으로 기울어지는 사례가 있는데, 그것은 주로 前述한 문학교육의 本質에 대한 認識이 부족함에서 연유되고 있다고 하겠다. 文學敎育은 어디까지나 〈文學的 藝術的〉 獨自性을 발판으로 전개되어야 하는 敎育인 것이다.

그런데 國語科 敎育의 體系 안에서 文學敎育의 영역을 부정하는 異見이 있다. 즉 〈文學은 言語表現 바로 그것이니 文學을 읽는다는 것은 言語를 읽는다는 것과 다름이 없다. 따라서 言語敎育을 하고 있으면 文學敎育은 이뤄지는 것〉[17]이라고 하는 立言, 〈言語敎育 一體觀〉[18]이 그것이다.

일리있는 소견임에 틀림없다. 그러나 〈우리들의 일상 생활에 필요한 談話(音聲言語), 文章(文字言語) 생활에는 단지 생활적인 필요에서 뿐 아니라, 보다 높은 차원의 필요로써, 즐거움을 위한 말하기, 듣기, 삶의 보람의 추구로써의 읽기, 쓰기 생활이 있다. 거기에는 개념적, 추상적인 사고를 순수히 발전시켜 나가는 科學이나 哲學과 같은 文化와 形相的, 具體的인 思考를 순수히 발전시켜 나가는 文學이 있다. 이 경우의 形象性의 表現이 文學으로서 여기에 言語에 있어서의 특수 영역을 인정할 수 있다.[19]

말하자면 말하고, 듣고, 쓰고, 읽는 狹義의 言語生活의 指導와 더불어 이들의 完成領域인 創作과 鑒賞의 指導는 文學敎育 그것으로써, 그리고 言語生活 敎育에 있어서의 완성 영역의 指導로써 중요한 위치와

---

17) 飛田多熙雄: 上揭書, p.257 참조.

18) 飛田多熙雄: 上揭書, p.257.

19) 飛田多熙雄: 上揭書, p.258 참조.

意義를 갖는 作業[20]이라는 생각에 입각할 때, 國語科 敎育의 체계안에 文學敎育의 영역을 인정하지 않을 수 없는 것이다.

2. 讀解指導와 鑑賞指導

文學敎育이 言語敎育과 다른 점은 그 媒材인 문장으로 보아 文學的 문장을 敎育生活의 주된 자료로 하고 있는 점이라고 일단은 말할 수 있다. 그러나 言語敎育에 있어서도 文學的 문장을 자료로 해서 세련된 言語技能의 습득을 도모할 수 있는 것이므로 사용 교재가 文學的 敎材(作品)라는 것만으로 文學敎育이라고 할 수는 없다.

문제는 그러한 文章(作品)에 대한 읽기의 發想, 態度, 方法, 즉(읽는 法)의 差異에 있다.[21] 할 것이니, 말하자면 文學敎育은 文學 고유의 機能을 살린 敎育, 〈아동의 人間變革, 人間形成의 영위를, 아동들을 文學 고유의 세계에 몰입시킴으로써 실천하는 것〉[22]이어야 한다.

이러한 소견은 文學敎育을 〈文學의 敎育〉으로 보느냐, 아니면〈文學에 의한 敎育〉으로 보느냐의 두 대립된 견해에서 후자를 두둔하는 입장의 소산이기도 하다. 〈文學의 敎育〉이란 文學 그 자체를 敎育하는 것으로서, 文學敎育은 文學에 대한 處理能力(態度, 理解, 技能)의 養成－敎授(Instruction)에 비중을 두어야 한다는 주장이며, 〈文學에 의한 교육〉이란 문학을 수단으로 하여 人間敎育 陶冶(Education)에 비중을 두어야 한다는 주장이다. 그런데 〈公敎育으로서의 초·중등 學校에서의 文學敎育은 敎育의 일반 目標인 아동의 全面發達을 目的으로 文學

---

20) 飛田多熙雄: 上揭書, p.285.

21) 井上正敏: 上揭書, p.16.

22) 波多野完治編, 國語敎育의 實踐, 國土社, 1966, p.190.

의 機能을 발휘하는 것, 따라서 文學을 수단으로 아동들을 인간다운 인간으로 육성하는 것〉23)이 되어야 한다.

文學敎育을 이렇게 볼 때, 文學敎材의 읽기 指導는 敎材(作品)에 대한 知的 조작보다도 感受性과 想像力과 感動性을 바탕으로 하는 心情的 操作을 方向으로 하여 이뤄져야 할 것임이 自明하다.

그런데 오늘날 現場에서 文學敎材는 어떻게 다루어지고 있는가? 일반적으로 모처럼의 文學교재임에도 불구하고 文學的 감동보다도, 作品의 주제는 무엇이며, 構想은 어떻게 짜여졌으며, 서술은 어떻게 전개되었는가 등, 文學에 있어서의 형식적인 연구 내지 문장의 讀解로 일관하고 있으며, 藝術的 체험보다는 과학적 체험이, 藝術的 認識보다는 과학적 認識이 指導되어지고 있는 경향이다.

물론 文學의 形式에 言語를 表現媒材로 하기 때문에 言語의 로고스的인 측면 知的 이해(讀解)와 무관할 수는 없을 것이다. 하지만 前述한 것처럼 文學敎育은 文學 고유의 機能을 살린 敎育이어야 한다는 견지에서 볼 때, 讀解로 始終하는 文學敎育은 그것이 비록 文學교재를 素材와 수단으로 한 것이라 하더라도 文學敎育이라 할 수 없다.

〈讀解란 이해라고 하는 理性的 行爲로서 文章을 읽고 그것을 해석하고 해부함으로써 그 문장의 의미構造를 파악하는 일〉24)이다. 따라서 〈文學的 文章의 讀解라고 할 때는 文學的 문장을 대상으로 하면서도 文藝 科學的인 계보에서는 과학적인 읽기이지 藝術性에 입각한 읽기는 아니다.〉25) 이러함에서 文學的 교재의 讀解指導를 가지고 文學敎育이라 할 수는 없는 것이다.

23) 全國大學國語敎育學會編, 講座 「國語敎育の改造」 Ⅰ, 本質と課題の檢討, 明治圖書, 1968. p. 116.

24) 井上正敏: 上揭書, p.16.

25) 上同.

그런데 이상과 같은 관점에 선다는 것은 文學敎育의 체계에서 文學의 讀解를 배제해야 한다는 것은 아니다. 文學의 경우로 作品의 의미 構造의 이해가 필요한 측면이 있다. 더욱이 文學이 言語藝術인 이상 言語의 로고스적 규제하에서 자유로울 수는 없는 것이므로 文學敎材를 다룸에 있어서 논리적인 분석이나, 종합, 이성적인 認識의 면을 전혀 제외할 수는 없다. 그러나 그것은 어디까지나 〈藝術的 感動을 순화, 응집하기 위해서의 媒介로서 의도된 科學的 解釋〉[26]으로서 일뿐이다.

文學的 敎材를 知的으로 이해하는 것만으로는 설명적 문장의 읽기는 〈鑑賞이라고 하는 문장의 내면을 향하는 활동을 正座의 위치에 올려 놓았을 때 비로소 타당성을 지닌다.[27] 그래서 〈필요에 의해서 이해 활동을 鑑賞활동과 평행시키는 것이 文學敎材 指導의 正攻法〉[28]이라 할 것이다.

그런데 여기서 한 가지 반성해야 할 것은 문장을 한 차례 理解-讀解하고 나서 鑑賞으로 들어가야 한다는 생각이다. 다만 古典의 읽기 같은 데서는 文章 그 자체가 난해하므로 먼저 難解語文의 훈고주석 등, 讀解가 앞서야 하겠지만 이것은 문장의 성질상 어쩔 수 없는 일이다. 그러나 일상 用語로 씌어진 현대의 文學교재에서는 言語의 저항은 대단한 것이 아니므로 읽으면 이해할 수 있는 것이 보통이다. 따라서 이해 다음에 鑑賞하라고 하는 식의 과정을 순차적으로 따르지 않더라도 무방하다. 왜냐하면 文學敎材의 읽기는 최초부터 감성적으로 문장을 읽고, 그것이 이성적 認識을 거쳐서 감성, 이성의 통일된 모습으로 심화해 나가는 것이기 때문이다.

오늘날 國語科 敎育에서는 文學敎材 뿐만 아니라, 보다 폭넓은 국어

---

26) 井上正敏: 上揭書, p.18.
27) 석전좌구마 편저: 文種別 國語授業 展開技術 第一卷, 東洋館出版社, p.15.
28) 上同.

생활과 言語知識을 교재로서 수록하고 있다. 그래서 文學的 교재는 양적·질적으로 풍족하다고 할 수 없다. 그러나 文學교재가 갖는 本質的인 目標는 변함이 없는 것이니, 오히려 양적·질적으로 부족한 교재를 가지고 최대한의 효과를 올려야만 된다. 이러기 위해서는 文學교재의 指導는 어디까지나 理性的, 槪念的 認識인 讀解가 아니라, 感性的 認識인 鑑賞에 초점이 두어져야 할 것이다.

V. 文學敎育의 問題点과 改善方案

文學敎育은 엄밀한 의미에서 文學敎育에 대한 指導敎師의 認識 내용과 관심의 정도에 달려 있다. 指導敎師가 언제나 文學作品을 읽는 분위기를 만들고, 文學敎育을 위하여 文學敎材를 연구하며, 알맞는 수업 모형을 준비하기 위하여 힘쓴다면, 文學敎育의 근본적인 문제는 해결의 실마리를 찾을 수 있다.

그러나 이로써 文學敎育의 現場에 제기되는 문제들이 모두 해결될 수 있다고 볼 수는 없다. 文學교재가 마련되어 있지 않은 學校 도서관, 讀書가 생활화되지 않은 社會風土, 그리고 만화와 텔레비전과 전자오락들에게 시간을 빼앗기는 어린이의 가정환경도 文學敎育에 영향을 끼치는 요소들이다.

이러한 文學敎育 現場에서의 問題点들을 진단하고, 그 처방을 마련하기 위하여 첫째, 指導敎師의 文學的 素養과 姿勢, 둘째, 國民學校에서의 갈래와 그 用語에 대한 指導, 셋째, 文學 敎授 學習의 問題点과 改善方向, 넷째, 文學敎育을 위한 社會的 風土의 조성 등으로 나누어 살펴보고자 한다.

1. 指導敎師의 文學的 素養과 姿勢

敎育은, 敎育의 주체와 객체 사이에서 敎育내용을 나눔으로써 이뤄
진다. 이때 敎育 내용을 받아들이는 姿勢도 중요하지만, 나누어 주는
방법이 더욱 문제가 된다. 文學敎育이 指導敎師의 역량에 달려 있다는
것은 이를 두고 하는 말이다.

넓은 의미에서 부모의 손을 떠나 學校敎育이 시작되면, 특히 아동기
의 의무敎育은 거의 담임 敎師에 의해 이뤄 진다고 볼 수 있다. 그러
므로 文學敎育은 指導敎師의 文學的 素養이 우선되어야 하고, 나아가
指導敎師의 열성과 文學作品을 즐겨 읽는 姿勢에 달려 있다고 해도 과
언이 아니다. 왜냐하면, 指導敎師의 文學체험은 곧 학생의 文學體驗으
로 전이되는 것을 우리는 너무도 잘 알고 있기 때문이다.

따라서 文學敎育을 담당해야 하는 일선 敎師는 물론 敎育대학 학생
까지도 文學的 素養을 갖추어야 하고, 文學敎育의 意義와 方法에 대해
서 再認識해야 하며, 교육과정에서 文學敎育을 강화한 근본 취지를 확
실히 알 필요가 있다. 바꿔 말해서, 文學을 指導하는 敎師는 모름지기
文學作品을 즐겨 읽는 모범을 보여야 하고, 文學敎材의 수업은 作品을
많이 읽혀 느끼고, 생각하고, 말하고, 쓰도록 해야 하며, 독후감 쓰기를
특별히 指導하는 열의로써 授業과 生活, 敎師와 학생이 일치된 과정을
함께할 때, 文學敎育이 정상화될 수 있다는 것을 깨달아야 한다.

그리고 文學敎育을 담당할 敎師는 姿勢를 가다듬어야 할 시점에 이
르렀음을 확실히 알아야 한다. 종래와 같이 作品을 읽지는 않고, 보고
들어(텔레비전) 아는 대로 가르치려 해서는 안된다. 敎師가 되고자 하
면, 최소한 韓國文學全集과 世界文學全集, 그리고 이른바 兒童文學全集
정도는 필독의 과정을 거쳐야 하고, 향가에서부터 現代詩까지 100여

수는 외워야 한다.

이유는 명쾌하다. 외우고 읽지 않으면 文學의 構造와 의미가 쉽게 다가오지 않기 때문이고, 敎師가 외우고 읽을 때 학생은 자동적으로 영향을 받기 때문이다. 그러므로 指導敎師가 많은 시를 암송하고, 散文 글귀가 술술 풀려나올 때 학생들은 시키지 않아도 詩를 외우게 되고 小說을 읽게 되는 것이다. 이것이, 指導敎師의 文學 경험이 학생들의 문학체험으로 轉移되는 構造요, 原理인 것이다.

따라서 敎師 양성을 위한 교육기관에서는 반드시 읽어야 할 독서 목록을 확정한 다음, 단계별 指導計劃을 수립하여, 이를 敎育課程에 정식으로 반영해야 한다. 왜냐하면, 藝能 敎育을 위해서는 技能을 연마하는 과정도 필수이거늘 기초 도구 敎科라는 國語敎育의 指導 영역이나 目標설정이 2년제 敎育大學의 내용과 별다르지 않은 것은 심각한 문제일뿐더러, 이는 시급히 제도적 보완 대책이 강구되어 敎師 양성의 國語敎育이 실질적이고도 바람직한 方向으로 정상화 되어야 하기 때문이다. 이 점은 再敎育의 敎育課程 운영에도 똑같이 해당된다. 그러므로 4년제 敎育대학 학생은 필수적으로 文學全集29)을 읽어야 하고, 이른바 兒童文學全集30)도 독파해야 하며, 고전시가에서부터 현대시까지도 한눈에 조감할 수 있는 素養을 갖추도록 敎育과정이 改善되어야 한다. 이러한 과정을 이수한 敎師의 熱誠이 뒷받침될 때, 文學敎育은 고유의 영역과 目標를 공고히 할 수 있는 것이다.

---

29) 한국고전 · 현대문학전집, 세계문학전집을 포괄하여 쓴 것임.

30) 한국 및 세계 아동문학전집을 가리킴.

2. 國民學校에서의 갈래와 그 用語에 대한 指導

國民學校에서 文學敎育을 정상적으로 하기 위해서는 우선 文學의 갈래부터 분명히 깨달아야 한다. 國文學의 갈래로는 異說이 없지 않으나 서정, 서사, 희곡, 그리고 교술로 정리된다.[31]

그런데 어린이를 상대로 하고, 이른바 兒童文學에서는 흔히 童謠, 童詩, 童話, 兒童小說, 아동극으로 분류 論議되어 왔다.[32] 이는 마치 어른의 文學과 어린이의 文學은 갈래부터 다른 세계의 文學인 것처럼 잘못 인식된 결과임을 지적하지 않을 수 없다. 엄밀한 의미에서 兒童文學이란 말은 편의를 위한 일컬음이지 學問的 用語가 될 수는 없다. 이는 민요가 어른이 부른 노래 가사이지만, 갈래에서는 서정 양식이고,[33] 옛날이야기인 신화, 전설, 민담이 바로 서사 양식이며, 가면극과 인형극이 극 양식인 것처럼 동요, 동시는 서정 양식이고, 동화, 아동소설은 서사 양식이며, 아동극이라 불리는 것은 당연히 희곡 양식임을 확실히 해야 한다. 왜냐하면, 가장 初步的인 단계에서부터 개념을 정확히 할 때, 文學敎育은 바람직하기 때문이다. 따라서 이른바 兒童文學으로 묶여서 불리는 하위 갈래들은 당연히 文學 본래의 갈래에 귀속되어 제자리를 찾아야 한다.

그러므로 國民學校에서의 文學 갈래 敎育은 서정, 서사, 희곡, 교술 양식을 감안하여 詩, 小說, 희곡, 수필 들로 나누어 가르치되, 童謠・童詩는 시 양식으로, 동화, 아동소설은 소설 양식으로, 아동극은 희곡 양식으로 指導해야 한다.

---

31) 조동일, 〈문학연구방법〉, 지식산업사, 1980, 172쪽.

32) 이재철, 〈아동문학개론〉, 서문당, 1983, 97~330쪽.

33) 민요가 서정 양식만이 아니라 서사민요로도 분류・연구된 점은 조동일, 〈서사민요연구〉(계명대학교 출판부, 1970)를 참조할 것.

238

위와같이 갈래의 형식에 대한 認識을 國民學校의 文學敎育에서부터 확실히 하고자 하는 이유는 다음과 같다. 우선 '兒童文學'이란 말은 아동을 讀者로 하는 文學이라는 말일 터인데, 어떠한 作家든 어린이만을 상대로 창작하지는 않기 때문이다. 더 구체적이고도 역사적인 실례를 들어 보자. 신라 시대의 〈서동요〉는 분명히 어린이를 상대로 창작된 향가이다. 그럼에도 불구하고 우리는 〈서동요〉를 童謠라는 갈래로 말하지 않는다. 곧, 편의상 동요라 말하는 것뿐이지 갈래의 개념으로 쓰지 않는다. 더욱 근본적인 이유는 讀者를 고려한 갈래 구분은 있을 수 없을 뿐만 아니라, 원래 갈래란 作品의 특성을 기준으로 한 구분이기 때문이다.

그러므로 國民學校에서부터 文學의 갈래에 대한 敎育은 철저해야 한다. 文學의 갈래 文學의 本質에 관한 문제임도 아울러 再認識해야 한다. 以上의 論議를 정리하면 아래와 같다.

國民學校에서의 갈래 구분[34]
　서정 詩교재: 동요, 동시, 아동시, 시조시
　서사 小說교재: 동화, 전기, 아동소설(소년소설)
　희곡 희곡교재: 아동극, 아동극본, 방송극본, 시나리오.
　교술 수필교재: 생활문, 기행문, 편지, 일기.

3. 文學 敎授-學習의 問題点과 改善方向

文學敎育의 現場에 나타난 問題点을 진단하는 작업은 처방을 위해서 바람직한 일이다. 일선에서의 文學敎育은 한마디로 인습적인 수업

---

34) 최운식, 문학교육론 서설, 미원 우인섭선생 화갑기념 논문집, 집문당, 1986. pp.599~600.

형태를 벗어나지 못하고 있다. 곧 鑑賞은 분석 위주, 작문은 미문 중심, 目標는 향적 위주 신장에 있다는 말이다. 창의와 실험을 생명으로 하는 文學敎育에서 타성에 젖은 방법으로 作品을 분석하고 아름다운 表現에 급급하며, 원고의 장 수를 늘리는 것으로 目標를 삼아온 文學敎育은 재고되어야 한다.

國民學校에서의 文學敎育은 作品을 즐겨 읽고, 鑑賞力을 기르는 데 있다. 그러나 현실적으로 읽힐 만한 교재가 준비되어 있지 않고, 鑑賞을 위한 理論이 정립되어 있지 않기 때문인데, 文學敎育은 敎師 指導書의 수준을 넘기가 어려운 것도 사실이다.

다만, 일선 學校의 수업이 題材가 論說文이건 文學作品이건, 대의 파악 문단 구분-어구 해석 단문 짓기 등으로 형태가 고정되어 있지는 않다.35) 이 점은 敎師用 指導書를 검토해 보면 금방 알 수 있다. 지금 사용되는 敎師用 指導書(國語科의 경우)는 최소한 갈래의 특성에 따른 수업 전개를 소개해 놓았기 때문에 文學敎育을 위한 理想的인 지침서에 이르지는 못했다고 하더라도 指導敎師의 誠意와 努力에 따라서는 文學敎育을 위한 참고 자료로 충분히 활용할 가치가 있다. 따라서 指導敎師는 전문가의 理論的 뒷받침만을 기대할 것이 아니라, 오히려 指導書를 참고로 하면서, 敎師 나름으로의 文學敎育을 위한 별도의 계획을 세워 새로운 文學敎育의 가능성이 일선 敎師의 연구에 의하여 개발되도록 노력해야 한다.

이를 위해서

첫째, 指導書에만 의존해서는 안 된다. 指導書는 分析에 충실한 參考書이다. 文學敎育은 文學에 관한 知識이다. 技能만을 가르치는 것이 아니라 文學作品의 構造를 분석하고, 의미를 추출하는 것이 文學敎育

---

35) 金恩典, 初·中·高校에서의 文學敎育, 제 5차 國語科·漢文科 敎育課程 改定을 위한 세미나, 한국교개발원, 1986. p.275.

240

의 本領일 수는 없다. 文學教育은 어디까지나 作品을 통하여 감동을 체험하고, 그 체험에서 우러난 眞實과 만남으로써 인간의 참모습을 발견하는 기쁨과 보람에 있다.

따라서 바람직한 文學教育을 위해서는 指導 방법론과 수업 模型이 새롭게 연구, 개발되어야 한다. 바꾸어 말하면, 文學教育의 指導 내용을 분석을 통해 감동의 차원으로까지 이끄는 方法이 연구되어야 하고, 수업 전개면에서는 갈래별 특성에 맞는 個別的 授業 模型이 이론에 근거하여 개발되어야 한다. 이 점이 갈래별 指導 이론의 시급한 보완 과제이다.

둘째, 作文教育을 科學化해야 한다. 國民學校에서의 作文教育은 엄밀한 뜻에서 文學教育이라고는 말할 수 없다. 그러나 作文教育을 통하여 創作指導가 가능하다는 것은 두 말할 나위 없다. 그러므로 作文教育이 강화되어야 하되 現場에서의 作文指導를 돌아볼 필요가 있다.

그런데 우리의 현실은 어떠한가? 혹시 지금까지도 國民學校에서의 作文指導라면 마치 글짓기 선수를 선발하기 위한 과정으로 착각하고 있는 경우는 없는가? 만에 하나라도 이것이 사실이라면 이 말은 아마도 作品教育이 되지 않고 있다는 뜻이거나 필요에 따라서 作品教育이 이뤄지고 있다는 말일 것이다. 그래서 아직도 作文教育이 행사 참가를 위한 作文指導 시간이 教師의 잡무 처리 時間 확보의 방면으로 또는, 作文指導가 教師의 출세 수단으로 쓰이는 것을 안타깝게 생각한다. 이제 作品教育은 表現 技能을 신장시킬 본래의 目的에 충실할 때가 되었다.

이를 위해서 作文教育은 현실적으로 科學化되어야 하고, 理想的으로 構造化되어야 한다. 여기에서의 科學化란 作文教育의 指導 과정과 그 내용이 構造化되어야 한다는 것을 의미한다. 바람직한 指導過程을 거친 작문은 어느 정도 構造化되어 있다고 보아야 할 것이다. 특히 構造的인 측면에서 산문은 통일성과 일관성이 중시되어야 한다.

셋째, 文學의 鑑賞, 表現, 평가 교육이 美文 中心으로 실시되고 있다는 점을 들지 않을 수 없다. 文學敎育이 인간의 평범한 일상생활을 위한 것이어야 한다는 점에서 미문 위주, 雅語나 고운말 중심의 文學敎育은 반성, 지양되어야 한다. 美文이나 雅語形 文章이 그 자체로 나쁠 것은 없으나, 言語의 창조적 機能이나 경험과 表現의 범위를 좁히는 逆機能의 측면이 있다는 점을 고려해야 한다. 참으로 의미 있는 文章은 인간생활의 주체성에 비추어 의미있는 것이어야 하다. 어렸을 때의 글짓기에서 美文追求의 강박관념에 시달렸던 기억을 되살려 보면 쉽게 공감할 수 있는 일이다. 바꿔 말해서, 美文 中心의 文學敎育은 학생의 자유스러운 창조적 表現慾求와 자연스러운 원초적 自我實現 機會를 제한한다는 逆機能이 있다. 그리고 이러한 강박관념은 어른이 된 뒤에도 表現을 제한시키는 요소로 작용한다는 점을 통찰해야 한다.

끝으로, 文學敎育의 目標를 현실화해야 한다는 주장은 재고되어야 한다. 우리 나라 敎育의 가장 큰 문제는 '敎育'하면 學校에서의 敎育만을 생각하는 고정관념에 있다. 심지어 평생을 두고 자기혁신을 꾀해야 할 自我敎育에 대해서는 별로 관심을 가지고 있지 않으면서, 學校 敎育을 절대시하는 통념은 지양되어야 한다. 文學敎育은 어떤 의미에서 自我敎育에 해당된다. 자기 스스로를 알고 느끼고 생각하며 살기 위한 平生敎育인 셈이다. 그러므로 이러한 文學敎育의 目標가 쉽게 달성될 성질의 것이 아니다. 따라서 文學敎育의 目標는 원대한 데 두되, 학생의 능력과 개성에 따라 도달目標가 달리 적용되도록 배려해야 할 것이다.

4. 文學敎育을 위한 社會的 風土의 造成

社會는 사실 그대로 文學敎育의 現場이 된다. 平生敎育이 學校에서만 이뤄지는 것이 아닌 것처럼, 文學敎育은 學校에서만 이뤄지는 것은 아니다. 어느 의미에서는 가정과 사회가 더 큰 文學敎育의 現場일 수 있다. 文學이 人生의 원형이요, 社會의 거울이라는 말은 이런 뜻으로도 풀이할 수 있다. 그러므로 사회는 文學의 원형이요, 文學構造의 상관물일 수 있는 것이다.

그런데 사회는 文學과의 構造的인 대응 관계에서만이 아니라, 일반적 경향으로도 文學의 주제를 충분히 바꿔 놓을 수 있다. 이같이 사회의 현상이나 어떤 경향은 文學敎育에도 영향을 끼치게 된다. 가정적인 분위기부터 例를 들어 보자. 집안에 읽을 만한 책이 없고, 父母가 책한 권 읽지 않으며, 편지 한장 쓰지 않는 가정에서 文學敎育을 기대하기란 어려운 일이다. 또 敎師가 책을 읽지 않고, 글을 쓰지 않으며, 學校에는 읽을 책이 없는데, 말로만 文學敎育을 강조한다고 해서 될 일이 아니다. 社會도 마찬가지다. 어른들이 책을 읽지 않고, 글 쓰는 것을 탐탁히 생각지 않으며, 文學作品을 마치 비현실적인 이야기나 사회참여의 수단으로 생각하고 경시하는 경향이 文學敎育만이 아니라 전통의 계승과 문화 창조를 위해서도 매우 곤혹스런 현상이 아닐 수 없다. 이러한 관점에서 우리는 社會의 현상과 경향을 중시하는 것이다.

이제 학생의 주변에 눈을 돌려 보자. 한 눈에 드러나는 것은 문명의 이기에 의한 思考의 메커니즘과와 흥미 위주의 作品에 의한 意識의 타락 현상일 것이다. 오늘의 어린이들이 學校에서 돌아와 저녁 늦게까지 텔레비전 앞을 떠나지 않는다든지 또래들끼리 어울려 비디오 테이프를 보러 다니며, 저질만화와 전자오락에 빠져 좋은 책을 읽지 않고, 생활을 반성하지 않으며, 꿈을 잃어가는 현상은 가정과 學校와 사회에서 커다란 문제를 제기하고 있다.

여기서 우리는 國民學校에서 文學을 敎育하는 根本的인 理由와 現實的인 目的을 다시 한번 확인할 필요가 있다.

文學을 敎育하는 근본적인 이유는 삶의 아름다움을 가르치고 배우는 데 있다. 현실적인 目的을 근본직인 理由를 안고서 우리의 현실적 상황을 극복하기 위한 基礎的이고도 일반적인 目標를 달성하기 위해서다. 바꿔 말하면, 우리의 삶이 經濟的으로 어렵고, 肉體的으로 고되고, 精神的으로 힘겨울지라도 그 속에서 아름답고 사랑스럽고 보람있는 삶의 원리를 찾아내기 위해서 文學을 가르치고 배우는 것이다. 우리가 이렇게 文學作品을 통하여 構造를 바로 認識하고, 思考를 論理的으로 하려고 할 뿐만 아니라, 참됨을 알려고 하는 것은 우리 時代의 眞實을 共同으로 체험하여 새 歷史를 창조하고자 함에서다. 거듭 말하게 되지만 文學敎育을 通한 새 歷史의 創造는 바로 民族의 同質性 확인이요, 회복이라 달리 말할 수 없다. 그러므로 냉전의 이데올로기를 극복하고 南北分斷을 풀기 위한 우리의 努力은 文學敎育의 意義를 확실히 하는 데서부터 비롯되어야 한다.

이것이 읽지 않고, 쓰지 않고 보고 느끼는 쪽으로만 치닫는 社會에 대한 경종이요, 이러한 병폐적 현상이 어린이와 靑少年의 世界에 뿌리 내리지 못하도록 해야 하겠다는 결단의 表示이며, 참다운 文學敎育의 方向設定을 위한 진단과 처방에 해당되는 것이다.

Ⅵ. 끝맺는 말

以上에서 論述한 바와 같이 文學敎育의 意義는 文學的 認識에 있다. 따라서 그것은 일종의 藝術的 認識이다. 그러므로 文學敎育은 科學的 認識活動을 주축으로 하는 言語敎育과는 구별되어야 하며, 적어도 그 것이 國語科 敎育의 일부분이라 해서 文學敎育이 言語敎育에 매몰되어 버리는 일은 없어야 하겠다.

그리고 文學敎育의 目標는 文學의 機能이 그러하듯 〈美的인 엄숙성〉과 〈知覺의 엄숙성〉에 있다. 그것은 Warren과 Wellek의 말과 같이 〈利慾을 떠난 瞑想이기 때문에 한층 더 高尙한 快樂〉인 것이다. 따라서 그 쾌락은 통속적 오락으로서의 쾌락이 아니라 〈文學的〉〈藝術的〉享受, 즉 〈文學的 認識〉의 과정에서 느끼는 쾌락을 뜻하는 것이며, 그 것은 곧 영혼의 高揚感과 더불어 眞實 속에서 〈價値的 變化〉를 일으키며 느끼는 쾌락인 것이다. 따라서 그것은 일종의 〈自己擴充感〉이요, 〈幸福感〉인 것이다. 이 행복감에 도달하는 것, 그것이 곧 文學敎育의 궁극적인 目標인 것이다.

한편, 앞서 文學敎育의 여러 문제를 개괄해서 살펴 보았다. 文學敎育과 관련된 用語에서부터 國語科 敎科書와 指導書에 나타난 問題点과 指導 방법론의 改善點이 그것이다. 정리하면 다음과 같다.

바람직한 文學敎育을 위해서는

첫째로 指導敎師가 文學에 대한 素養과 姿勢를 갖추어야 하다.

둘째, 정상적인 文學敎育을 위해서는 갈래의 用語와 그에 대한 개념을 분명히 해서 가르쳐야 한다. 이른바 '兒童文學'이라고 불리는 명칭은 편의를 위한 구분이라는 것을 명확히 해야 한다.

셋째, 文學 敎授-學習을 改善하기 위해서는 敎師 스스로 敎材硏究
와 授業模型을 개발하도록 노력해야 한다. 敎師 指導書에 의존하여 分
析的으로 수업을 전개하면 鑑賞敎育을 소홀히 하기 쉽다. 그러므로 指
導敎師는 단원(題材)의 특성에 맞는 授業模型과 鑑賞指導가 이뤄 지도
록 방법을 改善하는 데 앞장서야 한다.

넷째, 文學敎育을 위해서 社會的 風土와 분위기가 시급이 조성되어
야 한다. 어린이들을 바보상자와 전자오락실에서 하루 빨리 해방시켜
야 한다. 또 저질 만화와 무협지의 세계에서도 구출해야 한다. 이를 위
해서는 家庭과 學校에 읽을 만한 讀書 교재가 비치되도록 조처해야 한
다. 이러한 보완책이 제도적으로 뒷받침이 될 때 文學敎育은 그 본래
의 目的인 人間形成에 이바지하게 될 것이다.

이러한 蕪雜하고 有毒한 환경 속에서 國語敎育이 감당해야 할 使命
은 매우 중대하다. 이러한 使命은 보통의 言語敎育만으로는 감당할 수
없고, 文學敎育이나 讀書指導에 의해서만 가능하다고 본다. 그리고 원
만한 國語敎育을 위해서는 言語敎育과 文學敎育의 均衡과 調和를 바탕
으로 추진되어야 할 것이다.

참고문헌

金思典, 國語敎育과 文學敎育, 사대논총 제 19집, 1979.

金思典, 初・中・高校에서의 文學敎育 제 5차 國語科・漢文科 敎育課程
　　　　改定을 위한 세미나, 한국교육개발원, 1986.

김인환, 文學敎育論, 평민사, 1979.

丘仁煥 外, 兒童文學, 서울;서울大學校出版部, 1973.

노명완, 새로운 讀解指導, 어문학보 제 9집, 강원사대 국어교육과, 1986.

문학교육연구회, 삶을 위한 문학교육, 연구사, 1987.

朴喆熙, 文學槪論, 서울:螢雪出版社, 1975.

박인기, 문학제재 교수 학습의 수용과정적 의미, 敎育開發 제 8권 제 3호, 1986.

白　喆, 金秉喆 譯, 文學의 理論(Austin Warren & Rene Wellek, The Theory of Literature), 서울:신구문화사, 1959.

이대규, 문학교육론, 어문교육논총 6, 부산대 사대, 1982.

李熙昇, 國語大辭典, 서울:民衆書館, 1986.

이재철, 아동문학개론, 서문당, 1983.

俞炳鶴, 文學敎育 硏究, 공주교대논총 제 24집, 1988.

任弘宣, 文學敎育 展開上의 몇가지 問題에 대한 考察, 제주교대 논문집 제 6집, 1976.

조동일, 문학연구방법, 지식산업사, 1980.

최명환, 문학교육의 현황과 개선방향, 공주교대논총 제 22권 제2호. 1986.

최운식, 문학교육론 서설, 미원 우인섭선생 화갑기념 논문집, 집문당, 1986.

崔貞順, 文學敎育의 方法論的 考察, 광주교대 논문집 13집, 1976.

韓相珏, 國語科敎育에 있어서 文學敎育의 方法論的 硏究, 공주교대 논문집 제 13집 2호, 1977.

韓周燮, 國語科敎育을 通한 人間形成에 關한 硏究, 전주교대 논문집 1, 1976.

井上正敏, 文學の機能 指導過程, 東京:明治圖書, 1974.

文學敎育硏究者集團, 文學の敎授過程, 東京:明治圖書, 1965.

久米正東, 文學の授業, その原理と 方法, 東京:日本敎圖株式會社, 1965.

飛田多熙雄, 國語敎育方法論史, 東京:明治圖書, 1969.

與水實編著, 講座 國語科の基本的 指導過程 2, 東京:明治圖書, 1970.

波多野完治編, 國語敎育の實踐, 國土社, 1966.

全國大學國語敎育學會編, 講座 「國語敎育の改造」, 本質と課題の檢討, 明治圖書, 1968.

글의 종류에 따른 아동들의 회상도 차(1990)

김 문 희

I. 序 論

1. 問題의 提起

改正된 第 5次 국어과 교육과정의 目標는 "아동의 언어기능 신장"
에 있다. 아동의 언어기능은 읽기, 쓰기, 말하기, 듣기의 네가지 영역에
서 발현되어지며, 역시 이와 같은 영역으로 나누어 국어 지도가 이뤄
지게 된다.

言語技能이라 함은 언어를 사용하는 능력을 말하는데, 이는 어떤 생
각이나 느낌을 효과적으로 다른 사람에게 表現하는 능력과 반대로 다
른 사람의 생각이나 느낌을 듣고, 올바르게 理解할 수 있는 能力으로
이뤄진다. 이러한 表現能力과 理解能力의 伸張을 위해서는 表現과 이
해활동에 필수적으로 동반되는 知的인 過程에 대한 연구가 필요하다.
왜냐하면 표현활동은 머릿속에서 생각한 것을 풀어 전달하는 독특한
思考過程을 요구하며, 이해활동 역시 풀어 흐트러진 것을 다시 조직적
으로 체계화하여 머리 속에 챙겨 넣는 독특한 사고 과정을 필요로 하
는 인지적 사고과정이기 때문이다.

따라서 말이나 글을 보고 理解하는 知的인 過程은 어떤 것이고, 또 말이나 글로 表現하는 과정은 어떤 것인지 연구를 통하여 규명하게 되면 이러한 능력을 어떤 방법으로 伸張시켜야 할 지 분명히 드러나게 될 것이다. 국어교육의 이 네 분야 중 이 글이 관심을 갖는 분야는 읽기 교육이다.

글을 이해하는 과정인 讀解, 즉 읽기는 교육현장, 학습현장, 생활현장에서 두루 다뤄지는 핵심적인 학습이다. 그러나 지금까지 '읽기'는 그 과정 자체에 중점을 두고 학생들이 실제로 글을 어떻게 읽는지, 읽기 과정에서는 어떤 기능들이 어떤 형대로 작용하는지, 읽기의 장애요소에는 어떤 것들이 있는지, 어떤 읽기 전략이 바람직한지, 읽는 글의 종류에 따라 독해 능력은 어떤 차이가 나는지 등에 대해서는 거의 무관심한 상태로 방치되어 왔다.

오직 Text에 드러난 결과에만 관심을 두고, 文法 語句나 文章의 分析, 시험을 위한 단편적인 지식의 주입에 수업이나 학습의 대부분을 투자하여 왔다. 결과적으로, 국어과 교육은 언어지식, 문학지식, 文種에 대한 지식 위주의 분석적 설명에 치중하여 '언어를 매개로 하는 의사교환과 감상에 필요한 기능의 신장 및 획득'이라는 국어과 교육의 목표 달성과는 거리가 먼 실정이다.

이를 극복하고 우리의 교과 목표를 참답게 실천하기 위해서는 무엇보다도 먼저 언어 기능과 사용 과정에 대한 탐구가 있어야 하고, 또한 선행적인 연구가 절실히 요청된다.

본 연구는 이러한 현실적 必要性을 가지고 읽기 교육의 현실적 방안에 토대가 될 수 있는 연구가 되고자 하였다. 이러한 현실적 읽기 교육을 위해서 즉 아동들로 하여금 日常生活에 적용되는 실제적인 독해능력을 기르기 위해서는 무엇이 독해를 가능하게 하고, 무엇이 독해를 저해하는가에 대한 기본적인 탐구들 '읽기 과정'에 대한 연구와 이와 관련된 現場 應用 研究가 先行되어야 한다. 그리하여 독해력 개발 프로그램 연구, 읽기 자료의 개발, 독서 독해 검사 도구의 개발 등이 이뤄져야 한다.

연구자는 이러한 점들 중에서 특히 읽기 자료에 관심을 두고, 글의 種類에 띠리서 이동들의 讀解力이 어떻게 차이가 나는지에 대한 의문점을 갖게 되었다. 독해력은 認知發達의 정도에 따라서도 많은 차이가 나는데 -즉, 인지 발달단계가 높을 수록 글의 이해나 회상수준이 높아진다.[1] -글의 형태에 따라서는 각기 어떤 차이가 나는지 알아보고자 한 것이다. 그럼으로써 각 글의 형태에 알맞게 대처하는 수업전략을 짜기 위한 기초 연구를 마련할 수 있고, 아이들로 하여금 보다 효과적인 읽기 활동을 지도할 수 있을 것이다.

2. 研究의 目的

讀解過程은 담화(Discourse)의 종류에 따라 조금씩 차이가 나고 따라서 이해의 정도에 있어 우열이 생겨나게 된다. 이 글은 담화의 여러 유형 중에서 이야기글 형식과 설명문 형식의 두 가지를 뽑아 이들에 대한 독해과정이 어떻게 차이가 나는 지에 대한 것이다. 여기서 담화를 그 대상으로 삼은 이유는 우리가 일상 생활에서 언어를 사용할 때 단 하나의 낱말이나 문장만으로는 앞 뒤의 상황에 대한 전체적인 의미 파악이 곤란하여 주로 몇 개의 문장을 합친 글의 덩이를 사용하기 때문이다. 따라서 언어 연구의 주안점이 되어야 할 분야는 바로 文章 이

---

1) 천한신, "인지 발달에 따른 글 내용의 중요도 파악 능력에 관한 연구", 서울대학교 석사 학위 논문, 1987.

상의 단위, 즉 담화 수준이 되어야 한다.

지금까지의 언어 연구가 문장의 수준에 국한되어 온 것은 문장 하나하나의 의미가 정확하게 파악되면 전체의 의미는 자동적으로 추출될 것이라는 전제를 가졌었기 때문이다. 그러나 문장 하나 하나의 의미와 구조를 파악하는 데는 전혀 어려움이 없지만, 글 전체의 의미는 파악하지 못하는 경우 등 많은 증거에 의해, 문장 단위의 의미와 구조를 파악하는 기능이 글 전체의 意味와 構造를 파악하는 기능과 책략으로 전이되지 않는다는 사실이 밝혀졌다. 따라서 본 연구 또한 담화 수준을 研究 對象으로 삼는다.

독해과정은 이야기나 설명문을 이해하게 되는 內的 體系인데 이것을 간접적으로 규명하기 위해 두 글을 이해하여 회상한 양의 정도로써 어떤 종류의 글을 아동들이 보다 더 잘 이해하는가에 관해 밝히고자 한다.

아동들이 책을 읽고 이해하는데 있어 비교적 이야기 形式으로 된 글을 더 선호하고 이해가 빠른데 비해 설명체로 된 글의 이해는 비교적 느린편이다. 이러한 보편적인 경향은 물론 이야기체와 설명문의 내용이 각각 그 난이도가 서로 틀려서 오는 수도 있다. 즉 이야기글은 비교적 이해하기 쉬운 재미있는 내용으로 이뤄져 있고, 설명문은 비교적 딱딱하고 건조한 '어려운' 내용으로 구성되어 있는 경향이 있어 각각의 이해도에 차이가 나게 된다. 그러므로 이야기글과 설명문이라는 글의 종류에 상관없이 의미 내용을 통제함으로써 사람들이 선천적으로 설명문을 이야기글보다 더 어려워하는지에 대해 알아 보아야 한다. 즉 아동들이 스키마활용에 있어 이야기 스키마를 설명문 스키마보다 더 잘 이용하는 지에 대해 알아보아야 한다. Piaget는 7, 8세의 아동이 이야기글이 아닌 기타의 다른 종류의 글에 대한 질문에 잘 대답하거나 회상하지 못한다고 추측했지만 역시 글의 意味內容에 대한 통제를 하지 못했다. 즉 이 결과는 필요한 통제없이 나온 것이므로 애매하고 불확실한 것이 된다.

또한 여러 선행 연구에 의해 인지 발달 단계가 높아질수록 理解力, 回想力 등이 높아진다는 것이 밝혀졌는데 이야기글과 설명문의 이해나 회상력은 인지 발달에 따라 어떤 양상을 띠는지에 대해서도 알아 보고자 한다.

따라서 본 연구의 目的은, 이들 글의 形態에 제시된 종류에 따라 아동들의 독해력(여기서는 독해력의 측정을 회상량의 정도로 측정함)이 차이가 나는지, 또한 인지 발달 단계에 따라 독해력에 어떤 변화가 오는 지에 대해서 규명하고자 하는데 있다. 본 연구를 위해 이야기글은 이야기 文法이나 構造에 관련된 모든 면을 반영하였고 설명문도 이야기글의 내용을 따라서 똑같이 조직하였으며 다만 동사 구조에만 변화를 주었다. 이 글은 授業에서 종종 요구되는 설명문의 理解와 回想을 보다 더 잘하도록 돕기 위한 방편을 마련하고자 하는 기초적인 연구 자료로써 이용될 수 있을 것이다.

지금까지의 독해력에 대한 연구는 주로 어린이들의 인지 발달에 따라 어떻게 발달하여 가는가에 대해서 혹은 글의 제목이 독해에 끼치는 영향 등의 스키마 이론을 중심으로 발달되어져 왔다. 그러나 글의 종류나 장르를 변인으로 한 독해력 연구는 잘 이뤄지지 않고 있다.

실제로, 교육현장에서 실시되고 있는 국어 수업은 무엇보다도 제시된 글의 유형에 알맞는 지도가 이뤄져야 하고 이에 앞서 이론가들의 지도방법에 대한 연구가 선행되어야 한다. 본 연구는 이러한 맥락과 같이 하여 현장에서 이야기글과 설명문을 각기 지도함에 있어 글의 類型에 따른 보다 효과적인 지도가 이뤄지기 위한 이론적인 초석을 마련하기 위한 것이다.

II. 이론적 배경

1. 독해 이론

讀解는 독자와 글이 만나는 知的 行爲이다. 연구자들은 意味의 구성 과정, 즉 독서 과정을 탐구하기 위하여 두 가지의 기본 가정을 하고 있다. 하나는 우리의 기억 속에는 경험이 축적되면서 形成된 지식이 저장되어 있다는 假定이고, 둘째는 독서 과정에는 문자 기호들을 우리의 기억 속에 저장된 지식과 연결시켜 주는 표상(Representation)과정 즉 언어 기호를 번역하여 의미로 표상화하는 심리적 장치가 요구된다는 假定이다.

최근의 독해 과정 이론들은 크게 이 두 가정 중 어느 쪽에 관심을 두는가에 대한 문제들이라고 볼 수 있다. 전자쪽이 스키마 이론이고 후자쪽이 텍스트 분석 이론이며, 전자를 독자에 대한 이론이라고 한다면 後者는 글에 대한 이론이라고 볼 수 있다. 또 이 두가지 이론의 융합을 시도한 상호작용 이론이 있다. 다음에서 이 세가지 이론에 대해 간단히 설명해 보기로 한다.

(1) Text 分析 理論 (Text theory)

독해 과정에 관련되는 두 요소, 즉 글 (Text)과 독자 중 일차적인 요소는 텍스트이다. 연구의 관점은 글이나 담화의 구조적 형태에 관심을 갖고, 글의 구조가 독해와 기억에 미치는 효과에 대한 것이다. 따라서 Text 분석 이론가들은 무의미 철자나 단어 수준의 언어 단위가 아닌 Text 자체 곧 이어진 문장 (connected discourse)을 대상으로 삼고 명제를 분석의 기본 단위로 삼아[2] 글의 전체 구조(macrostructure)를 분석했고 글 분석 체계를 세움으로써 텍스트의 구조적 특징들이 독해나 기억에 미치는 효과를 검증하고자 했다.

Text의 전체 구조는 두 가지 측면에서 분석된다.[3] 하나는 Meyer의 분석과 같은 내용 구조(organizational structure)의 분석이며 다른 하나는 이야기 구조를 분석하거나 각 문장 사이의 연맥을 분식하는 조직 구조(organizational structure)이다. 이 두 가지 구조는 각각 Text의 내용과 표현에 대한 것으로서 어느 하나가 다른 것보다 더 중요하다고는 말할 수 없다. 다만 文種에 따라 說明文이나 論設文은 내용 구조가, 그리고 동화, 시, 소설과 같이 흐름을 중요시하는 글은 조직 구조가 독해와 더 긴밀히 관련된다고 볼 수 있다.

Text 구조 이론은, Text가 독서 과정중에 독자의 머리 속에서 처리되어 이 처리된 결과인 회상문을 구조적으로 분석, 비교해 봄으로써 보이지 않는 머릿속의 독해 과정을 추론적으로 탐구하기 위한 궁극적 목적을 가지고 있다. 따라서 Text분석은 인간의 언어 처리 과정을 밝히는 도구로 사용될 수 있는 것이다.

(2) 스키마 이론(Schema theory)

앞서의 Text이론이 '읽기의 대상'인 '글'에 초점을 맞춘 반면, 스키마

---

2) 명세는 하나의 술어(predicate)에 하나 이상의 서술 대상(argument)이 결합된 의사 전달의 최소 단위.

3) 설명문에 대한 구조 분석가로는 Kintsch(1974), Mayer(1975), Frederiksen (1975) 등이 있다. Kintsch와 Van Dijk(1978)은 각 명제 사이에 반복되는 대상(argument)을 중심으로 Text의 위계적 구조를 파악했는데 이는 심리적 과정을 중시하는 경향이며, Mayer(1975)는 명제 사이의 수사적 서술 관계를 중심으로 위계적 구조를 세움으로써 기억에서의 표상을 더 중시하였다.

254

이론은 '읽기의 주체'인 '사람'에 촛점을 맞춘다. 스키마 이론에 의하면, 훌륭한 학습이란 사전 지식을 통하여 새로운 정보를 정확하게 파악하는 능력이라고 정의된다. 즉 새 정보의 이해에 필요한 기존 배경 지식을 찾아 이를 작동화(instantiate) 시키는 것이다. 이러한 개념에 의하면, 이해를 못한다는 것은 배경 지식이 결핍된 것이거나 적당한 인지적 범주에 의해 입력되는 정보를 명확하게 작동화시키는 능력이 없는 것으로 설명된다.

스키마란, "우리의 기억 속에 저장되어 있는 경험의 총체"로서 읽기에 동원되는 모든 사전 지식, 기존 지식(prior knowledge)이며 배경 지식(background knowledge)이다. 스키마 이론이 설명하는 독해란 근본적으로 글에 담긴 메시지와 독자가 갖고 있는 적절한 스키마(지식)를 연결짓는 과정이다. 즉 독해는 문자 기호의 단순한 번역(translation)이 아니라, 독자의 기억 속에 저장되어 있는 스키마가 필수적으로, 적극적으로 活用되어 문자에 의미를 부여하는 과정이라고 본다. (Bransford, Johnson 1972). 따라서 "schema없이는 독해가 불가능하다"는 사실이 증명되었으며, "schema의 동원은 읽기 과정 중에 이뤄져야 한다"는 사실이 밝혀지게 되었다.

또한 schema는 글 내용을 이해하는 과정 또는 읽고 난 후 글 내용을 기억할 때에 글에 진술되지 않는 내용을 메워 주고, 내용을 추론 또는 확장하며, 필요 없는 부분을 생략하고, 적절하지 못한 내용을 변형하여 글 내용에 대한 일관적인 解析을 마련해 주는 중요한 기능을 한다는 사실도 밝혀졌다(Rumelhart and Ortony 1977, Pichert and Anderson 1977, 1978). 글을 이해하고 회상하는 과정에서 일어나는 다른 작용으로 스키마 동화(schema assimilation)와 스키마 조절(schema accomodation)이 있다. 스키마 동화는 독자가 사전에 지닌 스키마를 제시된 정보에 알맞게 변형 및 전환을 할 때 기존의 스키마에 완전히 적용시켜 동화되어 일어나는 현상이다. 그러나 스키마 조절은 기존의 스키마를 새로운 정보의 이해와 회상에 알맞게 변형하고 조절하여 부분적으로만 이용할 때에 일어나는 현상이다.

스키마 이론의 발달은 전통적인 독해 교육과는 다른 많은 시사점을 주게 되었다. 즉 Text의 정보를 있는 그대로 기억하도록 했던 수업 방식에서 벗어나 학생들이 글을 읽는 과정에서 그들이 지닌 사전 지식(스키마)을 능동적으로 활용할 수 있도록 분위기가 조성되어야 한다는 것이다. 또 독해 과정에서 생기는 많은 문제점들은 좁은 의미의 언어적 기능의 결핍 때문이라기보다는 Text 내용에 대한 독자의 사전 지식(스키마)의 결핍에서 야기된다는 점으로 볼 때 또 다른 교육적 시사점을 던지고 있다고 하겠다. 본 연구 또한 이러한 관점에서 설명문과 이야기의 독해력을 살펴보고자 한 것이며 설명문에 관계된 schema가 지적 발달 수준이 낮은 단계일 수록 아직 형성되지 않는다는 점을 감안하여 가설 Ⅰ, Ⅱ, Ⅲ을 설정한 것이다.

(3) 상호 작용 이론 (Interactive theory)

1) 이야기 구조 문법과 스키마

상호 작용 이론은 앞서 말한 Text분석 이론과 스키마 이론을 동시에 받아들여서 독해는 텍스트와 스키마가 동시에 상호 작용함으로써 이뤄진다고 보는 입장이다. 실제로 문장의 뜻은 단어에서 얻을 수 있는 정보를 종합하는 능력(스키마의 역할)이 없으면 알아차릴 수 없고 단어의 인지는 문자 모양의 특징에 따라 효율적으로 이뤄지는 것이다.

상호 작용 이론은 이야기 구조 문법과 이야기 스키마 이론의 가장 핵심적인 위치를 차지하고 있다. 이야기 구조에 본격적인 관심을 보여준 사람은 Bartlett라고 할 수 있다. 그는 기억 현상을 설명할 때, "자신의 스키마로 되돌아가는 기능"이라고 하여 이를 이야기에도 적용시켜 "story schema"라는 용어를 사용했다. 그에 있어서 "story schema"라는 용어는 회상(recall)에 있어서의 변형, 삭제, 첨가 등의 재구성(reconstruction)을 설명하기 위한 개념이었다. 이와 같은 Bartlett의 "story schema"라는 개념은 점점 구체화하여 인간의 머릿속에 파악되어 있는 "이야기의 내적 구조"를 의미하는 것이 되었으며 나아가 인간의 지식 속에 들어 있는 개념으로서의 이야기의 내적 구조는 객관적으로 존재하는 Text로서의 이야기 자체가 가지고 있을 내적 구조와 일치할 것이라는 가정으로 "story grammer"라는 새로운 분야가 나타나게 되었다.

지금까지 "story grammer" 혹은 "story structure"에 관한 대표적인 세 학자의 연구를 살펴보기로 한다. Rumelhart (1975, 1977)는 최초로 독자가 갖고 있는 이야기 구조의 내적 표상을 구조적 모형으로 기술하려는 시도를 하였다. 그의 이야기 문법에서 이야기 분석의 단위를 정보의 매듭(node) 또는 범주(category)로 규정을 하였고, 이 범주들로 논리적이고 시간적인 관계로 이어진 위계 구조망을 형성하였다. 그는 이야기 구조를 "배경", "일화"와 같은 기능적 범주로 나누는 통사 규칙(syntactic rule)과 각 범주들 사이의 의미 관계를 밝히는 의미 규칙(semantic rule)을 공식화하여 이야기 구조를 밝혔다.

〈표-1〉 라멜하트의 이야기 문법4)

(1) 이야기→배경+일화
　　→허용(배경, 일화)
(2) 배경→상태*
　　→그리고 (상태, 상태……)
(3) 일화→사건+반작용
　　→발단 (사건, 반작용)
(4) 사건→{일화 | 상태의 변화 | 행동 | 사건+사건}
　　→원인 (사건 1, 사건 2) 또는 허용 (사건 1, 사건 2)
(5) 반작용→내적반응+외적 반응
　　→동기 (내적 반응, 외적 반응)
(6) 내적반응→{감정 | 욕구}
(7) 외적반응→{행동 | (시도)*}
　　→그런 후 (시도 1, 시도 2)
(8) 시도→계획+실천
　　→동기 (계획, 실천)
(9) 실천→(사전행동)4)+행동+결과
　　→허용 그리고 (사전 행동, 사전행동……)
　　{원인 | 발달 | 허용} (행동, 결과)
(10) 사전 행동→하위 목표+(시도)*
　　→동기 {하위 목표, 그런 후 (시도, ……)}
(11) 결과→{반작용+사건}

　다음의 Stein과 Glenn의 연구는 Rumelhart 와는 달리 통사규칙과 의미규칙을 통합하여 하나의 구조로 만들었고, 완전히 하향식 방법만을 띠고 있는 것이 특징이다.5) Stein과 Glenn은 이야기를 크게 배경과 일화로 나누고, 배경이나 주인공을 제외한 나머지 부분은 모두 상위 수준의 범주인 일화체계로 구성하였다. 그리고 여러가지 실험을 거쳐 독자들이 회상해낸 이야기 구조가 분석된 이야기의 내적 구조(이야기 스키마)가 바로 Stein과 Glenn이 밝힌 이야기의 위계적 내적 표상구조

---

4) 노명완, 「국어 교육론」, 한샘출판사. 1988, pp.194.

5) N.L.Stein & G.Glenn, "An analysis of Comprehension in Elementary School Children", New Directions in Discourse processing, R.O.Freedle, 1979.

와 일치하고 있다는 것이다.

이들의 이야기의 내적 구조를 도식화하면 다음과 같다.

〈표-2〉[6] Stein과 Glenn의 이야기 내적 구조

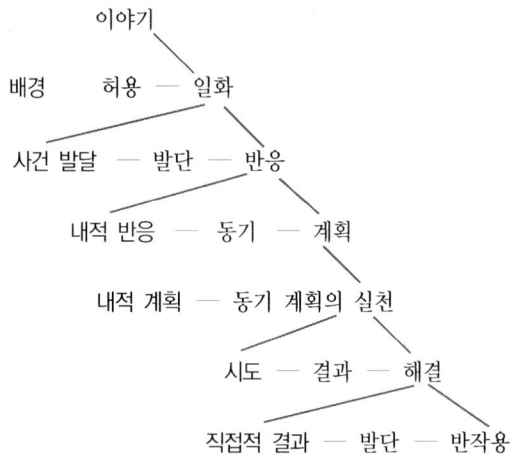

이러한 위계적 구조에서 실제 이야기의 표상구조에 나타나는 것은 「배경 - 유발사건 - 내적반응 - 계획 - 시도(행위) - 결과 - 결말」의 구조이며, 본 실험에서의 자료 A, B도 이것과 똑같은 구조를 이루도록 하였다.

위의 두 이론들은 모든 이야기는 공통적으로 나타나는 구조를 가지고 있을 것이라는 사실과, 아동은 모두 이야기에 대한 사전지식을 즉 스토리 스키마를 가지고 있을 것이라는 사실을 공통적으로 가정하고 있다. 따라서 이야기의 이해는 아동들이 가지고 있는 기존의 "story schema"와 실제적으로 주어지는 이야기의 세부내용과의 상호작용에 의해서 일어난다.

---

6) 이성영, "아동의 이야기 회상에 대한 실험 연구", 서울대학교, 1988.

즉 이미 가지고 있는 사전 지식을 이용하여 나름대로의 목표와 기대를 가지고 이야기를 대함으로써 읽고 있는 이야기의 내용을 이해하고, 표면에 나타나지 않은 내용을 추론하는 등의 개념 주도적(concept-driven)인 하향식(top down)과정과 주어진 이야기의 세부내용을 확인함으로써 미리 가지고 있던 예견을 수정하거나 그러한 예견을 검증하는 자료 중심적(data-driven)인 상향식(bottom-up)과정 양사의 상호 작용에 의해 읽고 있는 이야기의 의미가 결정되는 것이다. 그러므로 아동의 story 이해는 주어진 text의 내용 그대로가 아니라 새롭게 해석하는 것이며 따라서 story의 기억 역시 주어진 text의 내용 그대로가 아니라 스스로 재구성한 내용을 기억하는 것이라고 볼 수 있다.

2) 설명문과 이야기글에서의 스키마 활용

아동들이 설명문과 이야기글에서의 독해 작용의 차이를 알아보기 전에 우선 설명문과 이야기글이 서로 어떤 점에서 차이가 있는지, 또 각각의 스키마 활용이 어떤 차이가 있는지에 대해 알아 보아야 한다.

설명문은 이야기글과 두 가지 점에서 차이가 난다. 먼저, 설명문은 사실이 아니고 가정적인 사건을 설명하고, 추측하는 것이므로 직설법이 아니고 가정법의 동사 구조를 지니며 일정한 시간의 진행에 따라 전개되는 것이 아니다. Freedle과 Hale은 이야기 스키마의 설명문에의 전이효과연구에서 이야기글과 제목이 같고 내용이 유사한 설명문의 구조를 다음과 같이 분석했다.

첫째, 배경 또는 가정적 배경…… 한다고 생각해 보자; 이야기 구조에서의 배경

둘째, 문제 혹은 가정적 문제……당신이 그 문제를 해결하고 싶은 마

음이 있다고 가정해 보자: 이야기 구조에서의 목적 또는 목표

셋째. 가정적 해결 (문제 해결에 필요하다고 생각되는 도구와 상태); 이야기 구조에서의 발단

넷째. 문제 해결을 위한 한 가지 이상의 시도: 이야기 구조에서의 시도

다섯째. 문제가 해결되었는지 또는 아직 해결되지 않았는지를 판별할 수 있는 증거: 이야기 구조에서의 결과

여섯째. 시간의 경과에 따른 문제 해결을 드러내 주는 어떤 논평: 이야기 구조에서의 결말[7]

설명문과 이야기글의 차이점을 조리법 해설과 실제 요리 만드는 것에 비유되어 설명할 수 있다. 즉 조리법은 어떤 행동이 반드시 일어났다거나 일어나고 있다고 단언하지 않고 다만 조리하고자 하는 사람이 원하고 상황이 적당할 때에만 조리할 수 있고 조리할 것이라는 사실을 설명하고 있다. 따라서 조리법은 실제적 시간대를 가진 상황을 실제로 나타내기 보다는 다소 가정적인 상태를 다루게 되는 것이다. 바로 설명문도 이런 형식을 취한다. 예를 들어 위 설명문 구조 중에서 이야기글과 가장 흡사한 부분인 넷째의 "절차적인 시도"의 경우 "섭씨 350도에서 5분 동안 열을 가해라"라고 했을 때 이는 어떤 실제적인 시간 안에서 일어나는 것이 아니라 단순히 추천되고 권장되는, 또 예견되는 행동일 뿐인 것이다.

설명문과 이야기글 사이에서 발생되는 중요한 차이점이 한가지 있다. 설명문에서는 가정적인 상황이 주를 이루므로 글의 줄거리를 독자가 미리 예견하는 일이 제대로 이뤄지지 못한다. 예를 들어 조리법을

---

7) 아직도 이야기글의 단순반응에 부합하는 부분이 설명문에서 명백하게 대신하고 있는지 불확실하다.

읽다가 "자, 두번째 작업이 끝났습니다. 물론 이것은 당신이 원하는 결과가 아닐 수도 있습니다. 대신 당신이 노력만 한다면……"이라고 되어 있는 진술을 본다면 그때까지 조리법이 어떻게 조직되어져 있는지에 대한 예견과 추측에 일시적인 혼란이 올 것이다. 즉 잘 형성된 조리법이 어떻게 구성되어져 있는지에 대한 독자의 스키마를 방해하게 된다. 그러나 이야기글에서는 비교적 이러한 강제가 적용되지 않는다. 나쁘게 끝나고 예기치 않게 끝날 수도 있지만 사람들이 이야기를 읽으면서 잘 형성된 느낌이나 추측을 침해하지는 않을 것이다.

이러한 연유로 인해 설명문 형태의 글이 독자의 예견을 방해하게 된다면, 그 때는 설명문의 회상이 부정확하고 일관되지 않게 되는 것이다. 즉 '예견'이 방해당한 것을 독자가 알아채고는 순간적으로 실수가 무엇인지 찾아내려고 하며, 이는 다시 뒤따르는 이해 단계에 영향을 주어 자료문을 회상하는 데 있어 부정확한 정보를 반영하게 되거나 조직화하지 않은 회상에 반영이 된다. 따라서 설명문 회상이 원활히 이뤄지기 위해서, 즉 설명문 이해 스키마가 발달하기 위해서는 어느 정도의 추리 과정으로서의 이해와 추상화 수준의 읽기가 가능한 단계이어야 한다.

III. 가설 및 연구의 제한점

1. 가 설

본 연구의 가설을 다음과 같이 설정한다.
1) 가설 I : 아이들이 이야기를 읽고 회상하는 비율이 설명문을 읽

고 회상하는 비율보다 더 높을 것이다.

2) 가설 Ⅱ: 저학년 아동은 설명문을 읽고 회상하는 것보다 이야기를 읽고 더 잘 회상할 것이다.

3) 가설 Ⅲ: 고학년 아동은 이야기글과 설명문을 이해하고 회상하는 데 있어 차이가 나지 않을 것이다.

2. 제한점

1) 조사 연구 대상자들의 읽기 능력과 회상하여 쓰는 것과 관련된 쓰기 능력에 대한 사전 조사가 없었다. 따라서 원래부터 존재할 지도 모르는 독해능력의 차이를 통제하지 못했다.

2) 조사자가 각 집단마다 틀려서 이들의 지시나 조언이 아이들에게 끼친 영향을 통제하지 못했다. 조사자를 각 반의 담임 선생님으로 하였는데 각 선생님의 아이들에 대한 영향력이 틀려 실험에 변수로 작용했을 것이라고 본다.

3) 독해력은 원래 직접적으로 이것이다라고 말할 수 없는 매우 애매하고 포괄적인 개념이므로 이것의 정확한 측정도 아주 어렵다. 본 실험에서, 독해력 측정의 한 일환으로 명제 회상의 양의 정도에 따른 점수를 이용하였는데, 이것이 곧바로 독해력이다라고 할 수는 없다. 따라서 독해력을 측정하는 방법으로서의 제한점이 존재하게 된다.

4) 조사의 분석 과정에서, 회상의 단위로서 명제를 설정하였는데, 현재까지도 '명제'의 의미는 매우 모호하다. 따라서 연구자 자신의 주관을 가미해 만든 명제 분석 작업에서 분석상의 오류가 발생하였으리라 본다.

5) 조사 도구인 이야기글과 설명문의 차이점을, 주로 동사의 시제와

주인공의 인칭에 두었고 가능한 한 내용을 똑같이 하려고 했지만,
그럼에도 불구하고 설명문과 이야기글의 내용에서 차이가 생겼을 것
이다.

Ⅳ. 연구 방법

1. 대 상

이 글의 실험 대상은 서울에 소재한 등촌 국민학교의 학생으로 선
정했다. 해당 학교의 3학년 2개 학급(각각 57명과 58명)과 5학년 2개
학급(각각 57명씩)의 229명을 대상으로 했는데, 각 학급의 편성은 성
적에 의해 우열이 없게 나누어져 있다. 실험에서 남여의 차이는 전혀
고려하지 않았으며, 무응답자도 모두 실험 대상에 포함했다.

3학년과 5학년 두 반에 각각 A형과 B형의 자료문을 주고 같은 반
안에서도 무작위로 반을 나누어 두 종류의 글을 제시하여 각기 8개의
집단이 생겨났다.

8개 집단은 아래표와 같다.

〈표-3〉 연구 대상 분류표

글의 종류	자료문의 종류	3학년	5학년
이야기	A	28	29
	B	29	28
설명문	A	28	29
	B	29	28

2. 실험 도구

본 실험에 사용된 글의 형태는 모두 4가지이다. 본래, 이야기글과 설명문의 독해 정도의 차이를 알기 위해서 2가지 종류의 도구로 충분하나 실험 결과를 보다 명확히 하기 위해 다른 줄거리의 이야기를 하나 더 작성하여 이야기글 설명문으로 나누어, A형 줄거리에 이야기 형식과 설명문 형식, B형 줄거리에 이야기 형식과 설명문 형식으로 모두 4가지가 된다.

자료문 A는 '참새잡기'로서 연구자가 이야기 구조에 맞도록 직접 작성한 것이다. 그 구조는 부록에 나와 있듯이 배경 - 목표 - 발단 - 내적반응 - 시도 - 전개 - 직접결과 - 반작용의 구조로 이뤄져 있다. 자료문 B는 '말랑깽이 생쥐 멜빈'으로 Stein과 Glenn이 이야기 분석 연구 과정에서 사용했던 이야기를 '배경'과 '발단' 부분만 조금 간단히 고쳐서 다시 쓴 것이다. 두 가지 모두 Stein과 Glenn이 고안한 이야기 분석 모형에 적합한 범주를 갖춘 자료이다. B 자료문의 이야기 구조는 배경 - 발단 - 내적반응 - 내적계획 - 시도 - 직접결과 - 반작용의 이야기 구조를 갖고 있다. 또 두 가지 글 모두 제목을 쓰지 않았다. 제목이 회상에 영향을 주는 요인을 제거하고자 하였기 때문이다.

이 이야기글을 내용은 똑같이 놓아 두면서 설명문 형태로 고치는 일은 Freedle과 Hale의 연구에서 사용된 방법을 기본으로 하여 동사의 시제와 인칭에 변화를 주었다. 즉 주로 현재와 과거로 이뤄진 직설법 형태의 동사를 미래나 예측으로 이뤄진 가정법으로 고쳤고, (예를 들어 '몸이 몹시 뚱뚱해졌습니다.' - 이야기글, '몸이 몹시 뚱뚱해질 것입니다' - 설명문), 특별히 설정된 이름의 주인공을 설명문에서는 일반적인 3인칭 형태로 고쳤다. (예를 들어, '멜빈이라고 하는 생쥐 한 마리

가'-이야기글, '어느 생쥐 한 마리가'-설명문, '철이와 친구들은'-이
야기글. '아이들은'-설명문).

이야기와 설명문의 그 밖의 내용은 모두 똑같이 하여 명제수도 19
개로 같이 되게 하였다. 다만, 이들 두 자료 A와 B 사이의 명제 수는
우연히 같아졌지만 내용의 난이도에 있어 조금 차이가 난다. A는 비
교적 쉬운 딘어들로만 연결되어 있고, 안은 문장이나 복합 문장이 없
이 단문장이 많으며 내용의 중복이 없는 편이지만, B는 안은 문장이나
복합 문장이 많고 내용의 중복이 많은 편이어서 단계별로 정확히 회상
하기가 조금 어려운 편이다. A의 난이도는 下에, B의 난이도는 中정도
에 해당한다고 볼 수 있다. 그러나 자료문 A형과 B형과의 차이점으로
인해 생기는, 즉 이야기글과 설명문의 난이도 차이에 의해 생기는 회
상 결과의 차이는 이 글에서 연구하고자 하는 바가 아니므로 여기에
대해서는 자세한 언급을 하지 않겠다.

3. 실험의 절차

설명문에 대한 이해 스키마가 아직 발달되어져 있지 않은 저학년
중에서 비교적 회상 검사에 수반되는 쓰기 능력이 어느 정도 갖추어져
있다고 보는 3학년의 두 반을 골라 한 반에는 자료문 A형, 또 다른
한 반에는 자료문 B형을 주었다. A, B형에는 각각 이야기글과 설명문
의 두 가지 형태가 다 포함되어 있는데, 이를 구별하기 위해 두 분단
에는 이야기글을, 또 다른 두 분단에는 설명문을 나누어 주었다. 어린
이들이 자료문을 읽는 시간을 충분히 주고 나중에 회상할 것이라는 말
을 하지 않은 상태에서 보통 책 읽을 때처럼 한 번 주욱 읽어 보라고
지시하라고 담임 선생님에게 부탁했다.

　5분 정도 후에 두 자료를 걷고 10분 정도 쉬거나, 다른 일을 시키거나 하여 아동들이 마음속으로 계속 그 이야기를 회상하고 암기하는 것을 막아 보고자 했다. 다음에 이야기글과 설명문이 구별될 수 있도록 표식된 검사지를 자료를 분배했던 분단대로 배부했다. 그런 다음 검사지에다 조금 전 읽었던 이야기를 가능한 한 그대로 한번 기억하여 적어 보게 했다. 쓰는 시간은 개인차가 매우 많이 났지만, 가능한 한 충분한 시간을 주도록 했다.

　똑같은 방법으로 5학년의 경우도 자료문 A, B형의 이야기글과 설명문을 제시하고 시간이 조금 지난 후 회상하도록 하게 했다. 이렇게 하여 아동에 의해 회상된 자료는 모두 8부류가 된다.

　① A형의 줄거리에 이야기글을 회상한 3학년 집단
　② A형의 줄거리에 설명문을 회상한 3학년 집단
　③ B형의 줄거리에 이야기글을 회상한 3학년 집단
　④ B형의 줄거리에 설명문을 회상한 3학년 집단
　⑤ A형의 줄거리에 이야기글을 회상한 5학년 집단
　⑥ A형의 줄거리에 설명문을 회상한 5학년 집단
　⑦ B형의 줄거리에 이야기글을 회상한 5학년 집단
　⑧ B형의 줄거리에 설명문을 회상한 5학년 집단

　이 중에서 1, 2와 3, 4는 자료 유형만 틀릴 뿐 같은 검사를 하는 것이므로 조사 결과를 따로 따로 내어 가설이 맞는지 검증하게 된다. 즉 이야기글과 설명문에서의 회상력의 차이가 3학년과 5학년에서 어떻게 나타나는 지에 대해 알아보는 것이므로 A, B자료의 차이점에 따른 회상력의 차에 관해서는 차후 거론하겠다.

4. 분석 방법

각각의 회상 자료에서 회상의 정도를 점검하기 위하여 명제를 분석의 단위로 삼고 회상한 명제의 수를 각각 분석하였다.[8] 또 이것을 각 이야기의 범주에 따라 어느 정도 회상했는 지에 대해 알기 위해 백분율을 산출했다.

'명제'의 개념은 아직 정확한 것으로 정립되어 있지 못한 실정이므로 여기서는 '하나의 서술어를 가진 절이나 문장'으로 규정하기로 한다. 그러나 실제로 분석할 때는 비록 두 개의 동사로 표현되었을 지라도 하나의 사건이나 행위를 나타내는 경우에는 하나의 명제로 처리하였다. 예를 들어 자료 A형에서 '참새를 잡고 싶어하여'와 같은 경우 '잡고'와 '싶어하여'의 2개의 동사를 가지고 있지만, 하나의 현상을 처리하는 것이므로 하나의 명제로 취급했다. 그렇지만 '새총을 만들어 쏠 수도 있습니다'와 같은 경우는 2개의 동사가 각각 다른 사건을 취급하므로 각기 다른 명제로 구분했다. 자료 B에서는 '맛을 보아야겠다고 생각했습니다.'의 경우 '보다', '생각하다'의 2개의 동사가 하나의 의미를 나타내므로, 명제 한개로 처리했다. '과자가 얼마나 맛있을까 생각하면서'도 마찬가지 경우이다. 이와 같이 분석한 명제는 A, B형 모두 19개였으며, 이야기글과 설명문도 각각 똑같은 수의 명제를 가지도록 했다. 명제 분석 결과는 부록에 첨부하였다.

이렇게 자료무 A, B의 이야기글과 설명문의 명제를 분석한 것과 아동이 회상한 이야기글과 설명문을 명제 단위로 분석하여 비교하면서

---

8) 명제 분석은 최근에 이르기까지 많은 연구자들 사이에 널리 활용된 글 분석 방법으로, 하나의 명제는 일반적으로 하나의 진술(predicate)과 하나 또는 그 이상의 논항(argument)으로 구성되므로 명제는 곧 단문(simple sentence)과 대응된다고 해도 무방하다.

회상률을 계산했다. 명제 회상 유무 검사에는 O와 X만으로 처리하였다. 즉 원형의 글에서 분석된 한 명제의 내용이 회상된 글에서 나타나면 O를, 그렇지 않으면 X로 처리하였다. 그러나 분석 결과 원 명제와 비슷한 의미를 지니는 다른 표현이 많이 나타나게 되는데, 이 경우도 O로 처리했다. 왜냐하면 어린이들이 글을 이해했는가에 대한 것이 주요 관심사였으므로, 명제의 순서가 바뀌었거나, 한 명제가 한 단어로 축소되었더라도, 그 명제의 의미를 전달해 주고 있다고 판단이 되면 이를 회상한 것으로 처리하였다. 예를 들어 자료 A에서 '한참이 지난 후에' → '한참 있다가', '좁쌀을 떨어 뜨리고' → '좁쌀을 마당에 뿌려 놓고', '소쿠리에 연결된 줄' → '소쿠리의 줄', '다른 방법이 있을 수 있습니다' → '다른 방법을 생각한다면', 그리고 자료 B에서 '과자 한 봉지를 발견할지도 모릅니다' → '과자 봉지가 있을 것입니다', '충동을 느꼈다' → '충동이 생겼다', '몸이 뚱뚱해졌습니다' → '배가 불룩 나왔습니다' 등의 경우가 이에 속한다.

아동이 회상한 이야기는 다음과 같은 점에서 처리되었다. 우선 학년에 상관 없이 모든 경우에 이야기글이 설명문보다 더 회상이 잘 되는지, 또 3학년과 5학년의 경우 회상률의 차이는 어떻게 날 것인지, 부수적으로 자료 A와 자료 B의 회상 검사 결과는 비슷하게 나올 것인가, 차이가 난다면 어떤 이유에서인가에 대해 생각하면서 결과를 분석했다. 또한 이야기글 구조에서의 각각의 범주에 따라 회상률은 어떻게 나는지에 대해서도 참고적으로 조사해 보았다. 이것은 한 범주의 전체 명제수에서 회상한 명제수가 차지하는 비율을 백분율로 나타내었다.

V. 연구 결과

가설 별 연구 결과는 다음과 같다.

1. 가설 Ⅰ의 증명

> 아동들이 이야기를 읽고 회상하는 비율은 설명문을 읽고 회상하는
> 비율보다 더 높을 것이다.

가설 Ⅰ은 학년의 차이를 무시하고, 글의 종류의 차이에 의해서만
생기는 독해력의 차이를 검증코자 하는 것이므로 3학년과 5학년 모두
를 종합하여 분석하였다. 우선 자료A에 대한 회상률을 표시해 보면
다음과 같다.

회상률은 19명제 중에서 회상한 명제의 개수의 평균(회상한 명제의
총합을 아동의 인원수로 나눈 것)과 백분율로써 표시하였다.

자료 A) 〈표 4-a〉

종 류	회상한 명제수	%
이야기	12.05(개)	63.42%
설명분	10.61	55.84%

이를 통계적 수치로 나타내보면 다음과 같다. 인원수는 3, 5학년을
합하였으므로 이야기를 57명, 설명문 57명이 된다.

자료 A) 〈표 4-b〉

글의 종류	N	X	SD	Z
이야기	57	12.05	3.94	*
설명문	57	10.61	3.24	3.17

p<. 01

위에서 나온 결과, 3, 5학년을 종합하여 점수를 분석하면 이야기 회상과 설명문 회상에 있어 유의미한 차이를 얻을 수 있었다(P<.01). 즉 아동들이 설명문보다 이야기를 더 잘 회상한다는 결과가 나온다.

한편, 똑같은 목적을 가지고 검사의 정밀을 기하기 위해 한번 더 실시했던 자료 B(말랑깽이 생쥐)의 19개 명제에 대한 회상률은 다음과 같다.

자료 B) 〈표 4-c〉

종 류	회상한 명제수	%
이야기	8.75(개)	46.05%
설명문	7.75	40.79%

이를 통계적 수치로 나타내어 보면 다음과 같다. 〈표 4-d〉

자료 A) 〈표 4-d〉

글의 종류	N	X	SD	Z
이야기	57	8.75	11.8	*
설명문	58	7.75	10.25	p<. 5

이와 같이 자료 B의 경우에서도 마찬가지로 이야기 회상과 설명문 회상에서 서로 유의미한 차이가 있다는 결론을 얻게 된다.

자료 A와 B의 분석 결과, 가설 Ⅰ에 대한 결론으로 아동들은 일반적으로 설명문보다는 이야기를 더 잘 이해하고 회상해 낼 수 있다는 결과를 이끌어낼 수 있다.

2. 가설 II의 증명

> 저학년 아동의 경우, 설명문에 대한 회상도보다 이야기글에 대한 회상도가 더 높을 것이다.

가설 II의 검증을 위해서 3학년 아동의 자료 A, B에 대한 결과를 분석해 보았다. 우선 자료 A에 대한 3학년의 회상률과 회상한 명제의 평균 개수는 다음과 같다.

자료 A) 〈표 5-a〉

종 류	회상한 명제수	%
이야기	11.89(개)	62.58%
설명문	9.24	48.63%

이를 통계적 수치로 나타내어 보면 〈표 5-b〉와 같다.

자료 A) 〈표 5-b〉

글의 종류	N	X	SD	Z
이야기	28	11.89	4.51	*
설명문	29	9.24	3.62	2.17

이와 같이 자료 A에 대한 3학년의 회상 결과 이야기의 회상률이 설명문보다 높다는 유의미한 결론이 나왔다.

다음 자료 B에 대한 분석 결과는 다음과 같다.

자료 A) 〈표 5-c〉

종 류	회상한 명제수	%
이야기	5.62(개)	34.32%
설명문	5.93	31.21%

자료 A) 〈표 5-d〉

글의 종류	N	X	SD	Z
이야기	29	6.52	3.94	*
설명문	29	5.93	3.24	0.94

　　자료 B의 3학년 조사 결과, 수치상으로는 두 회상도가 서로 차이를 보이고 있지만, 통계적으로는 유의미한 차이를 드러내지 못하고 있다. 따라서 가설 Ⅱ를 전적으로 긍정할 수도 없는 결과가 나오게 된다. 자료 B의 이러한 결과는 자료 B의 난이도에 따른 문제에 기인하는 것으로 보이며, 뒤에 결론에서 자세히 언급하고자 한다.

3. 가설 Ⅲ의 검증

> 고학년 아동의 경우 이야기글의 회상도와 설명문의 회상도 사이에는 차이가 없을 것이다.

　　가. Ⅲ을 검증하기 위한 자료 A의 5학년의 분석 결과를 위와 같은 방법으로 회상된 개수와 백분율, 그리고 통계적 수치로 나타내면 다음과 같다.

자료 A) 〈표 6-a〉

종 류	회상한 명제수	%
이야기	12.21(개)	64.26%
설명문	12	63.16%

자료 A) 〈표 6-b〉

글의 종류	N	X	SD	Z
이야기	29	12.21	4.74	*
설명문	28	12	11.16	0.04

　　자료 A의 분석 결과 5학년 아동은 두가지 유형의 글에 대한 회상률에 있어, 유의미한 차이를 나타내고 있지 않다. 한편 자료 B의 분석 결과는 다음과 같다.

자료 A) 〈표 6-c〉

종 류	회상한 명제수	%
이야기	11.07(개)	58.26%
설명문	9.58	50.42%

자료 A) 〈표 6-d〉

글의 종류	N	X	SD	Z
이야기	28	11.07	2.09	*
설명문	29	9.58	2.32	4.3

　(p<.01)

　　사료 B의 분석 결과 자료 A와는 상이한 결과를 보이고 있는데 즉 고학년도 이야기 회상이 설명문 회상보다 더 잘 이해된다는 결론이 나

274

오게 된다. 같은 검사임에도 불구하고 이렇게 상이한 결론을 얻게 된 것은 투입한 자료의 난이도 차이에 의한 것이라고 여겨지며, 다음에서 좀 더 자세히 알아볼 것이다.

자료 유형과 연령을 기준으로 분석한 자료외에 이야기 구조에 따른 각 범주별 회상률을 분석 결과에 첨부하고자 한다. 각 범주별로 회상한 명제의 개수가 한 범주에 속한 총 명제수 속에서 차지하는 비율을 백분율로 나타낸 결과는 다음과 같다.

자료 A) 〈표7-a〉

(단위: %)

글의 종류	학년범주	배 경	목 표	발 단	내적반응	시 도	전 개	직접결과	반작용
이야기	3학년	16.86	78.57	76.21	67.86	69	46.63	61.9	71.43
	5학년	96.43	96.43	40.48	39.23	69.64	55.17	55.17	
설명문	3학년	74.14	72.41	4.6	20.69	36.21	33.62	22.97	
	5학년	96.55	96.55	27.59	36.21	65.52	43.1	45.98	

자료 B) 〈표7-b〉

(단위: %)

글의 종류	학년범주	배 경	발 단	내적반응	내적계획	시 도	직접결과	반작용
이야기	3학년	91.38	89.66	10.34	17.24	44.83	32.76	19.54
	5학년	96.43	96.43	40.48	39.23	69.64	55.17	55.17
설명문	3학년	74.14	72.41	4.6	20.69	36.21	33.62	22.97
	5학년	96.55	96.55	27.59	36.21	65.52	43.1	45.98

이를 그래프로 나타내면 다음과 같다.

자료 A-이야기글) 〈그림 1-a〉

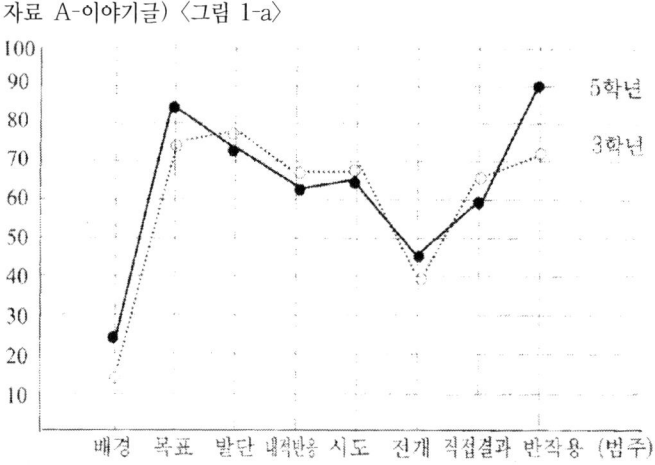

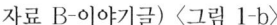

자료 B-이야기글) 〈그림 1-b〉

회상율(%)

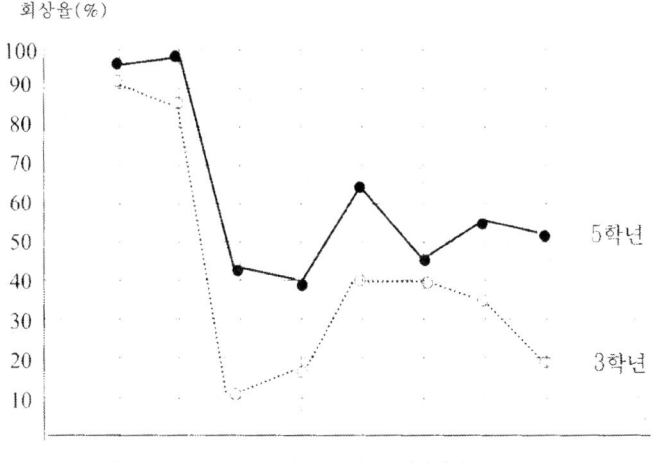

　본 연구는 이야기 구조의 각 범주별로 나타나는 회상률이 어떻게 달라지는가에 관한 문제와는 별개의 다른 가설을 설정하였으므로 이에 관해서는 간단히 언급하고자 한다. 여러 학자들의 연구 결과, 이야기에

담긴 여러 정보들의 회상 가능성은 그 정보의 범주에 따라 달라짐을 발견하였다. 가장 빈번히 회상되는 정보는 정보들 중 배경 정보의, 주인공에 대한 소개, 최초의 사건, 그리고 사건의 결과에 대한 정보이고, 가장 회상률이 낮은 정보는 배경정보 중에서도 상황에 관한 정보, 내적 반응, 그리고 반작용 정보(Stein and Glenn 1979)라고 나타났다. 대체로 내적 반응에 대한 정보들의 회상률이 낮은 편이나, 주인공의 주 목적에 관한 정보는 회상률이 뚜렷이 높아진다는 결론도 나왔다.

본 연구 결과 자료 A의 경우 배경 정보 중 상황에 관한 정보인 1번 명제와 전개 범주에서 낮은 회상률을 보인 반면, 주인공의 주 목적과 발단(최초의 사건), 시도, 결과, 반작용 범주는 모두 높은 회상률을 보여, 앞의 연구 결과와 비슷한 양상을 나타내었다. 자료 B의 경우도 이와 비슷한 양상을 띠는데, 배경 범주 중에서 주인공에 대한 소개 부분과 발단(최초의 사건), 시도, 직접 결과, 반작용이 높은 회상률을 보이고 내적 반응과 내적 계획에 있어 현저하게 낮은 회상률을 보이고 있다.

이에 비하면 자료 A의 내적 반응은 꽤 높은 편이라고 할 수 있는데, 이는 자료 A의 내적 반응 범주는 한 개의 명제로만 구성되어 있고, 이 내용이 이야기의 전환을 가져오므로 비교적 기억에 영향을 끼친다고 할 수 있기 때문이다. 또한 각 범주별 회상률의 차이는 설명과 이야기 글 '모두' 비슷한 양상을 나타내고 있음을 〈그림 I〉에서 알 수 있다.

VI. 結果 分析 및 論議

앞에서 각 가설 별로 나타난 실험 결과를 도표로 제시하였다. 여기에서는 이를 토대로 그 결과에 대한 분석을 해 보고 그에 파생되는 여러 가지 論議點에 대해 언급하고자 한다.

첫째. 가설 I에서 유도된 結論은, 아동들은 일반적으로 설명문 보다 이야기글을 더 잘 이해하고 읽은 내용을 회상도 잘 할 수 있다는 것이다. 즉 아동들은 이야기글의 이해와 회상을 돕는 스키마가 발달되어 있으므로 이러한 글의 명제적 내용을 조직하고, 분류하고, 저장하고 되찾는 것이 쉽다는 것이다.

그 결과, 설명문을 회상할 때도 이야기 스키마를 동원한 흔적을 찾아 볼 수 있는데, 자료 A의 경우 저학년으로 갈수록 '참새를 잡았습니다.' '새총을 만들었습니다(원문; 새총을 만들어 쏠 수도 있습니다).' '새들이 날아왔습니다(날아오게 될 것 입니다).' 등의 이야기글 형태로 回想한 부분이 많으며, 자료 B의 경우도 '생쥐가 있었습니다(원; 생쥐가 삽니다).' '뚱뚱해졌습니다(원; 몸이 뚱뚱해질 것입니다).' '과자를 다 먹었습니다(원; 과자를 모두 먹어 버릴지도 모릅니다).' '맛을 보았습니다(원; 맛을 보아야 겠다고 생각할 수도 있습니다).' 등으로 回想한 예가 많이 나온다.

이 現象은 이야기 스키마에서 비롯된 時制나 假定法의 使用으로 스키마 융합(schema assimilation)9)에 의한 스키마 전환의 한 예라고 볼 수 있다.

두번째. 가설 II와 가설 III의 결과로 자료 A 실험에서는 저학년이 이야기의 회상률(62.58%)과 설명문의 회상률(48.63%)의 차가 높게 나오고, 고학년의 경우는 이야기가 64.26%, 설명문이 63.26%로 별 차이가 없어 가설 II와 III을 긍정할 수 있다. 그러나 자료 B의 경우 이와 반대로 저학년은 회상률에서의 차이가 없고, 오히려 고학년의 경우 이야기글 회상률이 58.26%, 설명문 회상률이 50.42%로 그 차이가 높게

---

9) R.O.Freedle, Gordon Hale, New Directions in Discourse Processing, pp.128~129.

나타났으므로 이 부분에서의 논의가 필요하다고 본다.

우선, 자료 A와 B는 서로 19개의 똑같은 양의 명제로 구성되어 있지만 각 명제의 난이도에 있어 차이가 나는데, 아동들이 회상한 명제의 개수를 비교해 보면, 자료 A가 평균 12.05개(이야기)와 10.61개(설명문)이고 자료 B가 평균 8.75개 (이야기)와 7.75개(설명문)로서 자료 B는 자료 A에 비해 비교적 회상하기 어려운 명제로 구성되어 있다고 볼 수 있다.

이와 같은 난이도의 작용 때문에 자료 B의 실험에서 저학년 아동들은 자신이 갖고 있는 이야기 스키마를 효과적으로 활용할 수가 없었고, 따라서 이야기글의 회상률은 현저히 낮은 회상률(6.52개, 34.32%)을 보이고 있고, 이 때문에 설명문의 회상률(5.93개 31.25%)과 비슷한 양상을 띠게 된다고 볼 수 있다. 이와는 달리, 고학년의 경우에는 고학년의 수준에서 자료 B의 난이도가 그다지 높지 않으므로 이 경우 아동들이 지닌 이야기 스키마는 활발히 작용할 수 있었으리라 기대된다. 5학년 정도 이후부터는 독서 능력 발달이 현저해져, 추리나 추상화 과정으로서의 이해가 가능하다고 보이므로, 이 때부터 논리적인 형식의 설명문을 이해하고 회상하는 스키마가 능력을 발휘할 것이라고 본다. 그러나 이러한 능력은 성장해 나갈수록 더욱 더 발달해 나가는 것이므로 5학년에 전적으로 획득되는 것은 아니다. 따라서 자료 B의 경우 이야기글의 스키마는 활발히 작용한 반면, 이와는 상대적으로 發達 段階 初期에 있는 설명문의 스키마는 그 작용이 훨씬 적었으리라 본다. 따라서 회상률도 이야기글에 훨씬 못 미친 것이다.

자료 A에서는 워낙 글의 내용이 쉬워 설명문의 스키마의 작용이 활발했으리라고 기대되기 때문에 설명문의 회상률이 이야기의 그것과 비슷한 정도로 나온 것이라 본다.

즉 저학년은 비교적 쉬운 내용의 글을 이해하고 회상할 때는 이야기글과 설명문에서 독해력의 차이가 생기지만, 어려운 내용일 때는 두 종류의 글 모두 회상이 어려워 차이가 나지 않는다. 또 고학년은 비교적 쉬운 내용의 글일 때는 이야기글과 설명문 모두를 비슷한 수준에서 이해하고 회상하여 차이가 나지 않지만, 어려운 내용의 글일 때는 아직 독해 능력의 미싱숙으로 이야기글과 설명문 이해 능력에 있어 차이가 난다는 사실을 알 수 있다.

이상에서 자료 A, B의 난이도 차에 의해 나타난 검증 결과의 차이에 대해 분석해 보았다. 또 이러한 문제로 인해서 자료문의 난이도와 독해력과의 관계라든지 비교적 어렵다고 생각되는 글의 종류 및 요인들의 여러 가지 연구 과제가 생겨 날 수 있겠다.

따라서 본 연구 결과인 이야기글이 설명문보다 더 이해하고 회상하기가 쉽다는 결론(두 종류의 내용을 똑같이 하여도)과 저학년에 비해 고학년은 비교적 이야기글과 설명문을 이해하는 능력이 서로 비슷하다는 결론은 각 자료의 난이도에 따라서 충분히 달라질 수 있는 여지를 갖고 있다.

자료의 난이도 차에 따른 이야기글과 설명문의 회상률이 어떻게 달라지는가에 대한 문제는 보다 자세한 연구가 필요하다.

Ⅶ. 결론 및 제언

본 연구의 目的은 아동들의 읽기 能力이 글의 장르, 즉 discourse 形態에 따라서 어떤 차이를 보이는 지 알아보기 위한 것으로서 대표적으로 설명문과 이야기글 형태를 뽑아 어떤 글을 더 잘 이해하는 지에 대한 조사에 1차적인 목적이 있다. 그 결과, 앞선 연구가들의 結果와 같이 아동들은 일정한 이야기 구조를 지닌 이야기글을 더 잘 이해하는 것으로 드러났다.

여기에 좀 더 나아가, Freedle과 Hale의 연구 결과에서 설명문의 스키마는 고도의 독해력 발달 단계에 이르러 생겨난다는 이론을 도입하여 고학년 아동은 저학년 아동과는 달리 설명문도 이야기글과 비슷하게 이해할 수 있는 능력을 지닐 것이라는 가설을 만들었다. 그 결과 자료 A에서는 저학년의 경우 이야기글의 회상률이 훨씬 좋은 반면, 고학년은 두 형태의 글의 회상률에 별 차이가 없다는 예상대로의 결과가 나왔다. 그렇지만 자료 B에서는 예상 밖의 결과가 나왔는데, 그 원인으로서 추정되는 것은 앞에서 살펴 보았듯이, 자료의 고난도가 아직 발달 단계에 있는 설명문의 스키마 활동을 방해하여,

고학년도 저학년과 마찬가지로 설명문의 회상률이 이야기글의 회상률에 못 미치는 결과가 나온 것으로 예상된다.

따라서 본 연구는 앞으로 또 하나의 변인, 즉 자료의 난이도를 함께 고려하여 저난도의 이야기글, 설명문 회상률과 고난도의 이야기글, 설명문 회상률에 대한 좀 더 자세한 연구가 필요하다 하겠다. 왜냐하면 같은 이야기글의 종류라할 지라도 그 난이도에 의해 설명문보다 더 낮은 회상률을 기록할 지도 모르기 때문이다.

이상에서 分析한 結果가 읽기의 敎育的 側面에 어떠한 영향을 미치며 어떤 시사점을 줄 수 있는지에 대한 문제는 본 연구의 가장 중요한 목적이라고 할 수 있을 것이다.

아동은 자신에게 알맞는 보다 효과적인 읽기 자료를 접해야 한다. 그러기 위해서는 아동이 쉽게 이해할 수 있는 종류의 글의 형태와 아동의 독해력 발달 단계에 맞는 종류의 글이 합리적으로 엄선되어야 한다.

　지금까지의 읽기 교육은 어린 아동에게조차도 어떤 도덕적 교훈이나 지식의 투입을 중시하여 전기문과 같은 딱딱한 형태의 글을 서슴없이 제시해 왔다. 그러나 다행스럽게도 요즘 쉬운 이야기체로 각색한 한국사나 전기문 등이 많이 나와 아동의 독해 의욕을 돋우는 것은 매우 바람직한 일이라 하겠다.

　그러나 앞으로 좀 더 체계화된 이론화 작업을 밑바탕으로 하여 아동들에게 알맞는 글의 종류와 글의 수준을 제시하여 좀 더 효과적인 읽기 교육이 될 수 있도록 해야 하겠다.

참고문헌

노명완, 국어 교육론, 한샘出版社, 1988.

노명완, 박영목, 권경안, 국어과 교육론, 갑을출판사, 1988.

Arthur N. Applebee, "The child's Concept of story", The Universiry of Chicago Press, 1978.

R. Freedle and G.Hale, "Acquisition of new comprehension schemata for expository prose by transfer of a narrative schema", R. O. Freedle(Ed), [New directions in discourse processing], 1979.

Rumelhart. D. E, "Understanding and Summarizing Brief Stories", University of California, San Diago.

이성영, "아동의 이야기 회상에 대한 실험 연구", 서울대사대 대학원, 1988.

Stein N. L and Glenn. G, "An Analysis of Comprehension in Elementary School Children", In R.O Freedle(Ed) [New directions in discourse processing], 1979.

천한신, "인지 발달에 따른 글 내용의 주요도 파악 능력에 관한 연구", 서울대사대대학원 석사 학위 논문, 1987.

이희세, "국어 교육 평가 도구로서의 빈칸 메우기 연구", 서울대사대대학
　　　원 석사 학위 논문, 1989.
이인섭, "아동의 언어 발달", 개문사, 1986.

말하기 지도에 관한 연구(1990)

김 순 금

I. 序 論

한 國家를 形成하는 三大要素는 國民, 國土 그리고 한 國民이 使用하는 國語라고도 한다.[1] 만약 한 나라에 뚜렷한 言語가 없다면, 그 나라가 발전하는데 어려움이 있을 것이다. 한 나라의 成立如否가 國語의 有無에 달려 있다는 것은 그만큼 重要함을 말해 준다.

우리가 使用하고 있는 韓國語는 우리 民族이 의사교환에 사용한 것으로 이것이 우리 民族을 만들어 주고 歷史를 만들어 주고 社會를 만들어 주고 文化·文明을 만들어 주고 生活樣能을 만들어 주고 精神, 情誼, 思考, 品度 등을 形成시키면서 韓國語 자체도 변화를 가져왔다.[2]

韓國語가 우리들의 생활에서 큰 역할을 하며, 우리가 생활하는데 기본적인 것인 만큼 국어교육은 중요하다고 하겠으며 교육이 행해지는 場 중에 학교, 그것도 제일 먼저 접하게 되는 국민학㉧에서 행해지는 국어교육을 살펴보고자 한다.

國語科敎育은 言語敎育과 文學敎育의 領域이 있으나 相補的 關係로

---

1) 김민수外 5人공저, 國語敎育論, 서울, 일조각, 1980, p.36.

2) 교대국어과 교재편찬회, 국어과 교수학습, 서울, 교학연구사, 1985. p.3.

어느 한 領域만을 强調할 수 없다.

言語教育에서 음성언어는 말하기와 듣기를 포괄하는 것으로 문자언어에 대립되는 어휘이다. 이 두 언어 중 음성언어는 일상생활의 의사소통 면에서 문자언어에 비해 언어 학습면에서 초보단계에 해당되며 人類의 언어발달 면에서도 일단계에 해당된다. 이러한 두 가지면에서 음성언어는 사회생활을 원활히 하는데 필수불가결한 기본적인 도구이며 그의 기능은 자아실현의 原動力인 것이다. 그러므로 음성언어는 국어과교육의 중핵적이고도 본질적인 내용이 되는 것이다. 그럼에도 불구하고 말하기 듣기 지도를, 輕視하는 傾向이 있어 왔다. 그 이유는 첫째, 말하기는 주어진 言語環境에서 指導를 받지 않아도 어느 水準까지는 말하기를 習得할 수 있고 둘째, 文字言語에 比하여 音聲言語는 瞬間的이어서 信賴度가 낮아 重要한 일은 文字言語에 依存하고 셋째, 指導方法의 構造化가 아주 形成되지 않고 넷째, 言語觀에 依한 말하기의 重要性을 認識하지 못하고 다섯째, 言語知識의 不足을 들 수 있다.

말하기는 표현력 및 자아실현의 기본능력이라 할 수 있고 인간의 고등능력인 사고 능력 신장의 기본 도구이기도 하며 자신의 생각이나 느낌을 상대방에게 정확하게 전달하여 자기의 의도를 달성하는 점에서 능동적이고 적극적인 특성을 가지고 있어서 보다 개척적인 능력의 인간육성을 위한 좋은 방법이 될 수 있다.

말하기 지도라 할 때 發音, 標準語, gesture와 같은 것이 언뜻 떠오르지만 이런 表現方式만이 말하기 지도의 영역이 아니라 論理的인 思考, 美的感情, 풍부한 지식, 화제, 의미와 같은 표현 내용으로 지도되어야 할 것이다.

本稿에서는 국민학교 교육과정의 변천을 고찰한 후 현행 교육과정을 중심으로 말하기 지도에 관해 알아 보겠다.

II. 국민학교 교육과정에 나타난 말하기 지도 내용

1. 제 1차 교육과정과 말하기 교육

제 1차 교육과정에서 국민학교 국어교육의 目標는 언이활동의 범위에서 26個 領域으 로 요약할 수 있다.3) 개괄적으로 국어교육의 정신을 알 수 있고, '말하기' 교육의 위치를 알 수 있도록 目標를 보인다.

국어교육의 목표

1). 일상 회화를 끝까지 정확하게 듣는다.

2). 남의 이야기를 찬찬히 듣고 판단한다.

3). 표준이 되는 말을 사용한다.

4). 표준이 되는 표기법을 이해한다.

5). 여러가지 형식의 인사를 한다.

6). 경어를 분간해서 쓴다.

7). 속어와 비어를 피하고 품위있는 말을 한다.

8). 토의와 회의에 참여한다.

9). 의결과 연구를 발표한다.

10). 라디오, 영화, 연극에 취미를 갖는다.

11). 취미를 가지고 도서, 잡지, 신문을 읽는다.

12). 조사와 참고를 위해서 사전 및 참고서를 이용한다.

13). 간단한 논설문을 읽는다.

14). 문학작품 감상에 취미를 갖는다.

---

3) 文敎部, 국민 학교 교육 과정, 교육주보사, 1955년 8월, pp.15~16.

286

15). 간단한 용건을 서신으로 쓴다.

16). 경체와 상체를 구별해서 쓴다.

17). 여러가지 형식의 작문을 쓴다.

18). 듣고 읽는 내용의 요점을 쓴다.

19). 간단한 서식을 쓴다.

20). 간단한 연극을 한다.

21). 신문과 문집을 만든다.

22). 문고 및 도서관을 이용할 줄 안다.

23). 글씨를 바르게 쓰고 고르게 쓴다.

24). 여러 가지 부호를 분별한다.

25). 정확한 어법에 유의한다.

26). 문장 구성의 중요한 부분을 구별 한다.

그 중 말하기 교육에 관한 것으로는 1), 2), 3), 5), 6), 7), 8), 9), 10), 20)을 들 수 있다. 각 학년의 지도목표를 말하기, 듣기, 읽기, 쓰기로 나누었다.

말하기 교육에서 혼자 말하기, 서로 말하기, 회의에서 말하기, 극말하기를 設定하고 있으나 指導의 實效性을 가질 수 있는 具體的 設定은 마련하지 못했다.

低學年에서는 '똑똑한 발음과 말하기'이며 中學年에서는 억양과 音의 長短高低를 올바르게 하고 高學年에서는 音聲言語의 效率成을 높이도록 되어있다. 第1次 敎育課程의 構成面에서 보면 音聲言語指導의 主要事項은 경체, 상체 구별하여 말하기, 표준발음으로 말하기, 품위있는 말하기, 정확한 발음 명료한 말하기, 똑똑하고 아름다운 말하기로 要約된다. 初創期의 敎育課程이기 때문에 누락되거나 系列性을 잃은 점이 많다.

2. 제 2차 교육과정과 말하기 교육

제 2次 교육과정기인 1960年代의 말하기 교육은 제 1차의 것과 同一하다. 그러나 學年別 指導目標에서는 약간 보충된 점이 발견된다. 제 2차 교육과정에서 각 학년 목표를 말하기, 듣기, 읽기, 쓰기의 4영역으로 나누었는데, 말하기의 목표는 다음과 같다.4)

제2차 교육과정의 말하기 목표

〈1학년〉

1). 표준말이 있는 것을 알도록 한다.

2). 말에는 차례가 있는 것을 알도록 한다.

3). 말에는 공대말이 있는 것을 알도록 한다.

4). 그림을 보고 이야기할 수 있도록 한다.

5). 자기 생활을 간단히 이야기 할 수 있도록 한다.

6). 간단한 전언과 인사를 할 수 있도록 한다.

7). 동무들과 서로 즐겁게 이야기 하도록 한다.

8). 항상 모르는 것을 질문하도록 한다.

9). 수줍어하지 않고, 이야기 하도록 한다.

10). 똑똑한 발음으로 말하는 습관을 갖는데 힘쓰도록 한다.

〈2학년〉

1). 말에는 좋은 말이 있는 것을 안다.

2). 알맞은 차례로 말하는 방법을 알도록 한다.

---

4) 문교부, 국민 학교 교육 과정, 삼화출판사, 1963, pp.29~51.

3). 동작과 표정을 써서 말하는 것을 알도록 한다.

4). 일상 생활의 경험을 발표할 수 있도록 한다.

5). 보고 듣거나, 책을 읽은 이야기를 할 수 있도록 한다.

6). 간단한 연극을 할 수 있도록 한다.

7). 이야기 거리를 추려서 말하도록 한다.

8). 남의 말을 다 듣고 나서 이야기 하도록 한다.

9). 상대를 의식하고 공대말을 쓰도록 한다.

10) 항상 남이 알아 듣기 쉽게 똑똑히 말하는 데 힘쓰도록 한다.

〈3학년〉

1). 말투와 악센트가 있는 것을 알도록 한다.

2). 그 때 그 때 알맞은 목소리로 이야기할 줄 알도록 한다.

3). 요점을 빼지 않고 이야기하는 방법을 알도록 한다.

4). 상당히 긴 이야기를 계속해서 할 수 있도록 한다.

5). 책을 읽고 남에게 내용을 이야기 할 수 있도록 한다.

6). 간단한 그림, 연극을 만들 수 있도록 한다.

7). 남에게 즐겨 이야기하도록 한다.

8). 자연스러운 태도로 이야기 하도록 한다.

9). 자기 말에 대하여 반성하도록 한다.

10). 항상 말을 효과 있게 하는 데 힘쓰도록 한다.

〈4학년〉

1). 자기 생각을 추려서 바르게 이야기할 줄 알도록 한다.

2). 한 가지 문제에 대하여 서로 협의할 줄 알도록 한다.

3). 회의에 참가하여 발언할 줄 알도록 한다.

4). 남의 의견을 듣고 그 요점에 따라 이야기를 발전시킬 수 있도

록 한다.

5). 보고, 듣고, 읽는 것에 대하여 설명하고, 자기 감상을 말할 수 있도록 한다.

6). 전화를 걸 수 있도록 한다.

7). 표준말과 비교하여 틀리는 점을 바로 잡도록 한다.

8). 공대말을 자연스럽게 써서 이야기 하도록 한나.

9). 화제에 맞는 이야기를 하도록 한다.

10). 효과 있게 말하는 방법을 연구하는데 서로 힘쓰도록 한다.

〈5학년〉

1). 요점이 명확한 이야기를 할 줄 알도록 한다.

2). 줄거리의 중점을 엮어서 이야기할 줄 알도록 한다.

3). 회의에 참가하여 질문, 보고, 설명, 사회의 요령을 알도록 한다.

4). 메모를 이용하여 조리있게 발표할 수 있도록 한다.

5). 토의 결과를 추려서 전체의 의견을 발표할 수 있도록 한다.

6). 전화를 정확하고 예절 바르게 쓸 수 있도록 한다.

7). 인사와 소개를 예절 바르게 하도록 한다.

8). 손아래 사람에게 다정스럽게 이야기하도록 한다.

9) 남의 의견을 존중하여 이야기하도록 한다.

10). 어조(語調), 동작(動作), 표정에 유의하여 항상 예절 바른 말하기에 힘쓰도록 한다.

〈6학년〉

1). 사실과 의견을 구별해서 이야기할 줄 알도록 한다.

2). 발성에 유의하여 전화, 확성기, 녹음기를 효과적으로 쓸 줄 알도록 한다.

3). 제목에 맞게 회의를 효과적으로 유도하는 방법을 알도록 한다.

4). 일정한 시간에 맞추어서 효과 있게 말할 수 있도록 한다.

5). 어법에 맞는 표준말을 자유롭게 쓸 수 있도록 한다.

6). 유머를 넣어서 효과있는 말을 할 수 있도록 한다.

7). 속어, 사투리, 야비한 말을 의식적으로 피하도록 한다.

8). 화제를 널리 구하여 이야기하도록 한다.

9). 표준어 생활의 향상에 협력하도록 한다.

10). 자신 있는 말을 책임있게 명확히 하는 습관을 갖도록 한다.

具體的 目標는 제 1차 교육과정과 동일하며 말하기에서 1학년의 10). 똑똑한 발음으로 말하기만 있던 것이 제 1차 때 4학년의 1). 표준말로 말하기가 1학년으로 내려 와 早期 標準語教育을 하도록 하였으며 2학년에서 똑똑한 발음을 반복 指導하면서 2). 동작표정을 써서 말하기와 6). 연극말하기를 극화학습에서 指導하도록 補完하였다. 그리고 3학년에서도 1). 악센트 말하기에 2). 알맞은 목소리로 말하기를 補完했다. 4학년에서의 종전에 7). 표준말로 견주어 바로잡아 말하기에 5). 자기 감정 나타내어 말하기를 넣어 效果的 말하기를 指導하도록 하였다. 5학년에서는 語調, 動作 살펴 말하기만 設定해 주고 제 1차 때의 3). 質問, 報告, 說明, 司會 말하기를 빼고 있다. 6학년에서 2). 발성에 유의하여 效果的으로 말하기와 6). 유머 넣어서 말하기는 반복이 되고 9). 標準語 맞춰 말하기와 10). 명확한 말하기를 더하고 있다. 9)는 1학년에서 나왔고 10은 1, 2학년에서 나온 것은 6학년에서 다시 나와 整理가 되지 못했다. 제 2차 教育課程의 構成面에서 제 1차때보다 若干의 發展은 있으나 成長體系를 바로 세우지 못하고 系列化가 되지 못했다.

3. 제 3차 교육과정과 말하기 교육

제 3차 교육과정은 제 2차 교육과정이 制定公布된 1963년으로부터 7년 뒤인 1971년 1월에 국민학교 교육과정 개정 제 1차 시안을 발표하게 되었다.[5] 제 2차 교육과정의 내용과 크게 다른 점이 있다면 학년목표 서술에 學年別 段階를 보인 점이다. 즉

> 1학년 기초적 태도
> 2학년 기초적 기능
> 3학년 초보적 기능
> 4학년 초보적 기능의 고양
> 5학년 기능의 충실
> 6학년 응용의 기능

등의 伸張을 目標로 삼고 있으며 각 영역별로 말하기 1項, 듣기 1項, 읽기 1項, 글짓기 1項이 각각 설정되어 있다. 목표는 간결히 한 것이 특징이다. 그대신 지도내용을 대단히 자세하게 기술한 점이 특징이니, 여기서 말하기에 대한 학년목표와 지도내용을 보이면 다음과 같다.[6]

---

5) 문교부, 국민 학교 교육 과정, 교학도서 주식회사, 1973, pp.25~54.
6) 교대국어과 교재편찬회, 국어과 교수학습, 국어과 교수 학습, 서울, 교학연구사, 1985, pp.224~226.

학년 경험요소	1	2	3	4	5	6
성실한 태도 정숙, 침착, 성실, 협력	①여러 사람과 함께 수줍어 하지 않고 말하기	①말하기 모임에 적극적으로 참여하여 상대편과 즐겨 말하기	①침착한 태도로 말하기	①이야기 모임에 즐겨 참여하여 침착하게 말하기	①목적을 생각하면서 협력적으로 말하기	①좋은 결론을 내기 위하여 협력적으로 말하기
예절바른 태도, 예절바름, 의견존중			②예절 바르게 말하기	②예절 바르게 말하기	②예절 바르게 말하기	②예절 바르게 말하기
자연스러운 태도, 자연스런 태도, 자유스런 태도			③자연스러운 태도로 말하기	③자연스러운 태도로 말하기	③여러 사람 앞에서 자연스러운 태도로 말하기	③여러 사람 앞에서 자연스러운 태도로 말하기
			④재미있는 화제를 구하여 말하기	④자유로운 태도로 말하기	④여러 사람 앞에서 자유롭게 말하기	④여러 사람 앞에서도 자유롭게 말하기
화제재료 화제				⑤화제를 풍부히 하고 화제에 벗어나지 않게 말하기	⑤화제에 맞게 말하기	
용건, 용건 빠뜨리지 않기	②용건을 빠뜨리지 않고 말하기에 힘쓰기	②용건을 빠뜨리지 않고 말하기에 힘쓰기	⑤요점을 바뜨리지 않고 말하기			
보고 들은대로 경험 말하기	③생활경험을 간단히 말하기	③보고 들은대로 말하기		⑥메모를 근거로 하여 말하기	⑥요점메모를 살려서 말하기	⑤요점, 메모를 살려서 말하기
메모를 근거로 하여 말하기 사실과 의견을 구별하기 주제(주제, 주지, 의도, 목적, 요점, 요지(point))					⑦사실과 의견을 구별하여 말하기	⑥사실과 의견을 구별하여 말하기

경험요소 \ 학년	1	2	3	4	5	6
주제, 주지 (main, idea)			⑥요점이 뚜렷하게 말하기	⑦요점을 살려서 말하기	⑧주지를 살려서 말하기	⑦주제, 주지의 전개를 생각하여 말하기
의도, 목적				⑧말하는 목적을 생각하며 말하기	⑨말하는 의도, 목적을 뚜렷하고 말하기	⑧말하는 의도 목적이 뚜렷이 드러나도록 말하기
의견종합					⑩의견을 종합하여 말하기	⑨의견을 종합하여 말하기
구상(구성, 줄거리) 차례, 전개	④차례를 의식하면서 말하기	④차례를 생각하면서 말하기	⑦차례를 세워 말하기	⑨말할 내용의 전개 계획을 대강 세워 말하기	⑪말할 목적에 따라 말할 내용의 전 계획을 세워 말하기	
요약 (간추리기, 마무리하기)			⑧내용의 대강을 간추려서 말하기	⑩내용의 대강을 간추려서 말하기	⑫내용을 간추리고 마무리하여 말하기	
음성 정확한 발음 (정확한 발음, 표준말)	⑤유아음 없이 똑똑한 발음으로 말하기	⑤표준말에 관심을 가지고 남이 알아들을 수 있게 정확한 발음으로 말하기	⑨표준말 쓰기에 노력하고, 정확한 발음으로 말하기	⑪표준말과 사투리를 구별하고 정확한 발음으로 말하기	⑬표준말 사용에 익숙하고 정확한 발음으로 효과 있게 말하기	
어조, 성량, 속도			⑩어조, 성량, 속도를 의식하면서 말하기	⑫상대나 상황에 어울리는 어조, 성량, 속도로 말하기	⑭상대나 상황에 알맞은 어조, 성량, 속도로 말하기	

경험요소＼학년	1	2	3	4	5	6
어휘 어휘활용			⑪어휘사용에 관한 관심을 가지고 말하기	⑬상대나 상황에 알맞은 어휘사용에 유의하여 말하기	⑮상대나 상황에 알맞은 어휘를 사용하여 말하기	
어법 어법에 맞는 말 경어법에 맞는 말			⑫바른 문형으로 말하기	⑭말의 쓰임에 유의하여 바른 어법으로 말하기	⑯말의 쓰임에 유의하여 바른 어법으로 말하기	
표현기교 (재미있게, 조리 있게 말하기)	⑥높임말이 있는 것을 알기	⑥상대를 의식하고 높임말쓰기	⑫바른 문형으로 말하기	⑮높임말을 자연스럽게 쓰기	⑰높임말을 익숙하게 쓰기	⑯높임말을 익숙하게 쓰기
규칙에 맞추어 말하기			⑬상대편에게 알맞은 높임말쓰기 ⑭들었거나 읽은 이야기를 재미있게 이야기하기	⑯이야기를 재미있게 연구하여 말하고 근거를 들어 조리있게 말하기	⑱유우머를 넣어 재미있게 말하고 근거, 이유를 들어 조리있게 말하기 ⑲일정한 회의 규칙에 따라 말하기	⑰유우머를 섞어서 재미있게 말하고, 근거, 이유를 들어 조리있게 말하기 ⑱일정한 규칙에 따라 말하기
상대를 의식하기	⑦상대편을 보며 말하기	⑦상대편을 보며 말하기	⑮상대편의 입장이나 처지를 생각하며 말하기	⑰상대편의 입장이나 처지를 생각하면서 말하기	⑳상대편을 이해시키고 감명을 줄 수 있게 말씨, 표정, 동작에 유의하여 말하기	⑲상대편을 이해시키고 감명을 줄 수 있게 말씨, 표정, 동작을 연구하여 말하기
감상비판 표현기회잡기					㉑적적한 기회에 말하기	⑳적절한 기회에 말하기

말하기에서 1學年은 ①수줍음없이 말하기 ⑤유아음없이 똑똑한 발음하기 ⑦상대를 보며 말하기로 유아음에서 벗어남을 中心으로 하고 2學年은 ⑤표준말 정확한 발음으로 말하기 ⑥상대에 맞는 높임말하기로 표준말 지도의 시작으로 정확한 발음 지도가 중점적으로 提示하였고, 3學年은 ⑩어조, 속도, 성량을 의식하며 말하기 ⑭재미있게 이야기하기로 發展하였고 4學年은 ⑪, ⑫는 3學年의 계속이며 ⑬, ⑭의 말의 쓰임에 맞춰 말하기와 바른 어법으로 말하기가 더하여졌으며 16의 이야기를 재미있게 구연하여 상황에 맞는 말하기 指導로 發展하였다. 5學年은 ⑬, ⑭, ⑮, ⑯, ⑰, ⑱, ⑲가 말하기 지도사항이나 3, 4學年의 계속발전학습이며 ⑩의 의견 종합하여 말하기 ⑳ 이해와 감명 시킬 수 있게 말씨, 표정, 동 작 어울리게 써서 말하기가 더하여졌다. 6學年은 ②, ⑨, ⑩, ⑪, ⑬, ⑮, ⑯, ⑰, ⑲는 모두 中學年에서부터의 계속된 발전학습이며 ⑫, ⑱, ⑳ 이 中心的 指導事項이다. 3次 敎育課程은 連續的으로 反復된 經驗의 設定으로 기능能力의 向上과 發展的인 成長體系를 提示하고 보다 높은 學習活動을 每學年마다 2-3個 項目을 더하여 深化的 學習活動으로 組織的이며 科學的이다.

4. 제 4차 교육과정[7]과 말하기 교육

제 4차 국어교육과정에서는 제 3차의 국어과 교육과정에서 말하기, 듣기, 읽기, 쓰기 등의 언어 기능 속에 부분적으로 포함시켰던 언어 체계 지식을 새로 설정한 언어 영역에 제시하여 강조했다. 광복 후, 경험주의 언어 행동 중심의 국어교육의 사상의 도입에 의해, 커뮤니케이션의 수단으로서의 언어, 즉 기능, 활동의 입장에서 차츰 언어 체계를 앞

---

7) 문교부, 국민 학교 교육 과정, 대한 교과서주식회사, 1981, pp.19~32.

세워 표현과 이해의 언어 능력의 기초를 기르는 방향으로 바꾸어지고 있다 할 수 있다.

요컨대, 국어교육의 목표는 국어를 바르게 알고, 그것을 올바로 그리고 효과적으로 사용할 수 있게 하는 것이다. 그렇다면 이 두 영역은 국어과 교육 내용의 핵심이라고 하겠다. 이것이 言語敎育으로서의 國語敎育의 성격을 띤다.[8]

그런데 제 4차 교육과정이 그 체제면에서 言語面의 指導와 文學面의 指導分野가 別途體制化가 되어 크게 변화를 가졌다.[9] 그 외의 體制面에서는 제1, 2차 때의 敎育課程으로 되돌아가 시대의 進展에 따르지 못했다. 言語敎育을 强化했으나 그것은 理論的으로 指導事項을 提示한 것이지 말하기 지도 면은 제 3차 교육과정에 미치지 못했고 제1, 2차 때보다 오히려 소홀히 다루어 졌다. 말하기 지도 내용을 보면,

---

8) 이주호, 제4차 국민 학교 국어과 교육 과정 분석연구, 부산교대 논문집 18 집 1호, 1982, p.37.

9) 정동화 外 2人, 國語科 敎育論, 서울, 선일문화사, 1986, pp.239～240.

내용 / 학년				1	2	3	4	5	6
기능	요소활용력	음성	발음	③분명한 발음으로 말한다.	③분명하고 정확한 발음으로 말한다.	③정확한 발음과	③정확한 발음과		
			성량			③알맞은 크기의 목소리로 말한다.			
			속도				③알맞은 속도로 말한다.	⑤알맞은 속도와	⑥알맞은 속도와
			어조					⑤어조로 이야기 한다.	⑥어조로 말한다.
		어휘	높임말	②예사말과 높임말에 유의하여 말하기	②예사말과 높임말에 유의하여 말한다.	②예사말과 높임말을 바르게 쓴다.			
			표준말			②표준말과 사투리를 의식하며 말하기	③표준말로 말한다.	③표준말로 말한다.	④표준말로 말한다.
			어법					④어법에 맞게 말한다.	⑤어법에 맞게 말한다.
	기술		차례 논리성	①일의 차례대로 말한다.		①차례를 짜서 말한다.			
			요점 기술		①요점을 빠뜨리지 않고 말한다.				
			이유 근거 논리성					②이유나 근거를 들어서 말한다.	②이유나 근거를 들어서 말한다.
기능	기술		화제 (기술)				①화제에 맞게 말한다		①화제와
			주제 (기술)				①주제에 맞게 말한다		①주제에 맞게 말한다.
			목적 (기술)						③목적이 분명하게 말한다.

내용		학년 1	2	3	4	5	6
태도	자세 (습관)	④바른 자세로	④바른 자세로	④자연스러운 자세로 말한다.	④자연스러운 자세와	⑥자연스러운 자세와	⑦자연스러운 자세와
	태도	④활발하게 말한다.	④침착하게 말한다.		④협조적인 태도로 말한다.		
	동작 (습관)					⑥알맞은 동작을 취하며 말한다.	⑦알맞은 동작을 취하며 말한다.
상황	상대의식		⑤듣는 이를 의식하며 말한다.	⑤듣는 이를 존중하며	⑤듣는 이를 존중하며	⑦듣는 이와	⑧듣는 이와
	예절		⑤예절 바르게 말한다.	⑤예절 바르게 말한다.			
	상황					⑦상황에 어울리게 말한다.	⑧상황에 어울리게 말한다.

  말하기 指導 1學年에서 (3)의 분명한 발음이고 2學年에서 (3) 분명 정확한 발음으로 低學年에서 分明하고 正確한 發音만을 提示하고 있다. 그리고 3學年에서 (3)의 정확한 발음, 알맞은 크기의 목소리, 4學年에서 (3)으로 3學年의 것을 반복하고 中學年의 水準과 範圍를 提示 (3)에서 표준말과 사투리를 의식하며 말하기로 겨우 4學年에서 표준말 발음 지도에 들어가고 있다. 5學年에서 (3)의 표준어로 말하기는 4學年의 계속 지도이며 (4) 어법에 맞게 말하기와 (5)의 알맞은 속도와 어조로 말하기가 重點 指導事項으로 되어 있다. 6學年에서는 (4), (5), (6)은 모두 5學年의 反復事項이다.

  또한 지도상의 유의점, 평가에서도 음성언어지도에 관한 言及은 전연 設定되지 않았다.

Ⅲ. 제 5차 교육과정과 말하기 교육

1. 제 5차 교육과정의 내용 체계

敎育課程은 학생들의 敎育的 성취를 의도하여 마련되는 교육의 기본 계획인 만큼, 교육과정에 무엇을 담아 가르칠 것인가를 결정하는 것은 매우 중요하다. 이것은 다음 세대의 정신능력과 世界觀이 결정되기 때문이다. 국어과 교육과정의 내용은 의도하고 있는 국어과 교육의 교육적 성취를 고려하여 선정 조직되어야 한다.

제 5차 국어과 교육과정이 의도하고 있는 교육적 성취는 말과 글을 통하여 학생들의 表現과 理解 기능을 伸張하는데 두고 있다. 이것은 개인적인 意思교환 기능의 신장, 그리고 정의적인 문학 감상 가능의 신장으로 더 나누어진다. 종합하여, 언어에 의한 知的 기능의 신장과 정서의 함양이라고 볼 수 있다.

以上의 目標를 성취하기 위하여 제 5차 國語科 敎育課程에서는 傳統的으로 국어과 교육에 내용을 제공한다고 믿어 왔던 세 가지 基本學問－文學, 言語, 수사학－의 지식, 개념, 원리 등에 대한 이해보다는 학생들의 言語的 成長을 重要한 교육적 성취로 고려하였다. 이는 이른바 교사와 학생, 학생과 학생간의 상호 작용이 더 중요하다는 것을 의미한다. 이같은 기본 방향에서 취지에 따라 국어과 교육 과정의 내용 선정 및 조직 과정에서 다음 사항들이 중요하게 고려되었다.

첫째, 人間의 言語 使用은 표현과 이해의 두 활동으로 나눌 수 있는데, 이 두 활동은 思考(意味)와 言語 사이를 연결짓는 정신적인 과정이라는 점이다. 이는 言語를 매개로 하여 전달하고자 하는 (또는 이해하고자 하는) 의미를 再構成하는 복합적인 사고 과정이므로, 학생들에

300

게 必要한 것은 客觀化된 知識이나 규범화된 원리가 아니라 자신이 어떻게 언어를 사용하고 있는가에 대한 실제적인 자기 인식이다. 이러한 이론적 가정과 이 가정을 뒷받침하는 많은 연구 결과에 근거하여 국어과 교육과정의 내용에서는 지식적인 요소의 학습보다는 학생들의 직접적인 언어 활동 참여와 자기의 言語 使用 過程에 대한 실제적인 인식에 중점을 두었다.

둘째, 이러한 점 때문에 학생들의 언어 사용 기능의 신장을 궁극적 목표로 하는 국어과는 내용에 관한 교과이기보다는 활동과 활동 방법에 관한 교과에 가깝다는 점이다. 물론, 국어과 교육을 통하여 학습되어야 할 것은 크게 계발 시켜야 할 기능과 학습하여야 할 지식으로 나눌 수 있지만, 이 때의 지식은 '무엇'에 관한 것이라기보다는 '어떻게'에 관련된 것이라고 보아야 한다.

셋째, 말하기, 듣기, 읽기, 쓰기, 언어, 문학의 여섯 영역으로 구분된 국어과교육 과정의 영역 중에서 표현·이해의 언어기능을 다루는 말하기, 듣기, 읽기, 쓰기에서는 실제의 언어 생활에서 많이 접하는 소재를 학습 활동의 소재로 선정하였다. 이는 학교에서의 학습과 실생활에서의 응용도 넓힐 수 있기 때문이다.

넷째, 언어 사용이 사고(의미)와 언어 사이를 연결짓는 지적 과정이라는 언어사용의 정의에 근거하여 사고와 언어를 연결짓는 활동을 수업의 내용 선정에서 특히 강조하였다. 예를 들면, 만화나 그림을 보고 그 의미를 말이나 글로 표현한다든지, 또는 글을 직접 읽거나 또는 그 낭독을 듣고 그 의미를 요약하는 수업활동이다.

다섯째, 學年間의 內容 선정에서는 논리적인 원리보다는 心理的 原理를 중시하였다. 즉 內容 및 活動은 心理的 原理인 언어사용에서 公的인 언어 사용의 順으로, 단순한 것에서 추상적인 것의 순서로 조직하였다.

여섯째, 말하기, 듣기, 읽기, 쓰기의 네가지 言語活動은 상호 깊게 연관되며, 또 서로 有機的으로 연결될 때에만이 효과적인 기능신장을 꾀할 수 있다. 이점에 유의하여 국어과 교육 과정에서는 이 네 가지 形態의 言語活動이 서로 이어지면서 補完되고 더 나아가 기능의 定着을 기할 수 있도록 유기적으로 연결되어 있다. 듣거나 읽은 내용을 다시 말해 보기, 내용을 요약하여 말하기, 말한 내용을 중심으로 글을 짓기 등의 연결 활동이 그 대표적인 예들이다.

일곱째, 언어(지식) 영역과 文學(知識, 作品의 理解 및 감상) 영역에서는 最小限의 基礎的인 知識과 槪念을 이해할 수 있도록 內容을 엄선하여 제시하였다.

그러나 지시된 言語 및 文學의 基礎的인 知識이자 槪念들은 언어적 또는 文學的 맥락 속에서 다루어질 때에야 비로소 그 敎育的 意義를 지닐 수 있다. 따라서 언어 영역의 내용 요소들은 글이나 말 속에서, 그리고 문학 영역의 내용 요소들은 文學作品 속에서 指導되어야 하고, 또 그렇게 지도될 수 있도록 하였다.

여덟째, 학생들의 학습 성취는 잘못을 깨닫고 그 잘못을 정정하는 활동속에서 극대화된다. 그리고 이런 맥락에서 學習된 것이라야 발전의 原動力이 되며, 그 효과도 지속적이다. 또한 학생들은 다른 사람의 言語를 학습 자료로 삼는 것보다 자기 자신의 언어를 학습의 자료로 삼을 때 학습 효과가 크게 나타난다.

2. 말하기 기능의 기본적인 성격 및 지도 방향

학생들에게 말하기 능력을 신장시켜 주고자 할 경우에 일차적으로 필요한 것이 말하기 기능의 기본적인 성격 및 지도 방향을 알아 두는 일이다. 대략 다음과 같은 다섯 가지로 정리될 수 있다.

첫째, 말하기 기능의 발달적인 성격을 지닌다. 말하기 기능의 정상적인 발달은 개별 아동들의 지각 능력 및 인지적 능력의 발달에 크게 의존하게 되는데, 아동들은 말하기 기능과 관련되는 여러가지 습관, 태도, 기능 및 지식을 가지고 학교에 들어가게 된다.

그러나 이러한 습관, 태도, 기능 및 지식을 아동들의 발달 특성에 맞추어 적절한 시기에 길러 주지 않으면 말하기 기능상의 결손을 쉽게 보충해 줄 수 없게 된다. 따라서 지도교사는 아동들의 발달 특성을 고려하면서 아동들이 그들의 발달수준에 맞게 말하기 기능을 改發하고 强化하여 다듬어 나갈 수 있도록 해야 한다.

둘째, 말하기 기능은 구체적인 性格을 지닌다. 지도 교사는 말하기 기능과 듣기 기능을 별도로 구분해서 가르치기는 어렵다 하더라도 각 기능을 구성하는 구체적인 하위 기능들을 정확하게 알아둘 필요가 있다. 말하기 活動과 관련하여 아동들이 나타내 보이는 잘못된 습관, 태도 및 부적절한 기능들의 구체적인 사례 하나하나에 대해서 적시에 교정해주지 않으면 아동들이 成長해 갈수록 더욱 고치기가 힘들다.

셋째, 말하기 技能은 連續性과 段階性을 지닌다. 말하기 技能은 高度로 복잡하고 相互 관련된 행위 기능들의 복합체로서 아동 개개인의 신체적 知的, 社會的, 정의적 발달에 맞추어 단계적으로 그리고 연속적으로 개발시켜 나가야 한다. 또한 동일 학급내에서 학생 개개인이 보이는 여러 가지 能力 수준에 맞추어 말하기 활동의 기회를 제공할 필요가 있다.

넷째, 말하기 技能은 다든 言語使用技能들과 밀접히 관련된다는 점이다. 특히 말하기와 듣기 기능은 音聲言語를 수단으로 사용한다는 점에서 밀접히 관련되며, 말하기와 쓰기는 사고의 내용을 표현한다는 점에서 밀접히 관련된다. 이 기능들은 실제 學習活動에서 따로따로 학습된다기 보다는 다른 기능들과의 관련 속에서 統合的으로 학습된다고 할 수 있다.

다섯째, 말하기 技能에 있어서 敎師는 하나의 모델로서의 구실을 해야 한다. 교사는 질 다듬어진, 그리고 표준화된 발음을 할 수 있어야 하며, 어떤 감정에 치우침이 없도록 조음에 신중을 기해야 한다. 또한 교사는 학생들에게 길러 주고자 하는 말하기 기능과 관련되는 매우 높은 수준의 기능을 지녀야 하며, 때로는 교사 자신이 말하기의 모델이 될 뿐만 아니라 듣기의 모델이 되어야 함을 인식해야 한다.

3. 말하기 지도의 목표와 내용체계

제 5차 교육과정의 단위 학년별 지도목표는 학생들이 성취할 수 있는 한 차원 높은 수준에서 '내용 및 활동'을 포괄할 수 있는 능력의 요소로 제시되어 있다. 제 5차 교육과정의 말하기 지도 목표는 다음과 같다.[10]

〈교과 목표〉
·말을 통하여 생각과 느낌을 바르게 표현한다.

〈학년 목표〉
·1, 2학년 – 즐겨 참여하여 바른 태도로 말하게 한다.
·3, 4학년 – 내용의 차례를 생각하며 정확하게 말하게 한다.

10) 문교부, 국민 학교 교육 과정, 대한 교과서주식회사, 1987, pp.48~69.

·5, 6학년 – 목적, 대상, 상황에 맞게 내용을 효과적으로 조직하여 말하게 한다.

교육과정에 제시된 말하기 지도의 목표는 계열성과 순환성을 고려하면서 일관성 있게 제시되어 있는데, 하나의 특징적인 사실은 말하기 활동의 내용인 사고와 사고의 전달 매체인 말, 그리고 말하기 활동이 이뤄지는 상황의 세 요소를 종합적으로 고려하면서 말하기 지도의 목표를 설정하고 있다. 그리고 말하기 지도 목표의 계열성과 관련하며 국민학교 저학년에서는 말하기 활동에 즐겨 참여할 수 있도록 참여의식을 고취하도록 하고, 중학년에서는 말해야 할 내용을 정확하게 선정, 조직토록 하며, 고학년에서는 목적과 상황을 종합적으로 고려하면서 효과적으로 말할 수 있도록 하였다.

말하기 영역의 세부적인 지도 목표는 국어과 교육과정의 내용에서 구체적으로 명시하고 있는데, 이들 세부적인 목표들의 계열성 및 순환성을 쉽게 알아볼 수 있도록 그 내용을 표로 제시하면 다음과 같다.

목　표 \ 학　년	1	2	3	4	5	6
1. 말하기 활동에의 참여						
·의사소통을 위한 말하기 기능의 중요성 인식	○	○				
·정확하게 말하기의 중요성 인식			○	○		
·말하기의 여러 가지 형태에 대한 인식 및 내용						
-인사하기	○	○			○	
-전화하기	○					
-이야기하기	○	○	○	○		
-토의하기		○	○			○
-안내, 초청, 소개하기			○	○		
-광고하기						
·자연스럽게 말하기	○	○				
·청자에 맞게 말하기	○	○			○	○
·상황에 맞게 말하기		○			○	○
2. 효과적인 몸짓						
·몸짓, 동작, 제스처를 효과적으로 사용하기					○	○
·시선을 효과적으로 고정시키기	○					
·적절한 어조, 성향, 속도에 대하여 인식하고 알맞게 사용하기					○	○
·분명하고, 정확한 발음에 대하여 이해하고, 표준발음으로 말하기	○	○				
·전달 보조 자료를 효과적으로 사용하기			○	○	○	
3. 말할 내용의 선정 및 조직						
·완결된 생각을 말로 나타내기	○	○	○	○	○	○
·주제 및 중심 생각에 대하여 바르게 인식하여 말하기			○	○	○	
·명백하고 정확하며, 생생한 언어로 말하기 (표준어 및 어법에 맞게 말하기)			○	○		
·말할 내용의 조직 형태에 대하여 바르게 인식하여 말하기(설명, 묘사, 논증)			○	○	○	○
·주제를 뒷받침할 여러 가지 재료를 사용하여 말하기		○	○			

3. 말하기 지도의 내용과 방법

국어과 학습 활동의 일환으로 말하기 영역에서는 어떤 내용, 또는 무엇을 가르쳐야 할 것인가를 관점에 따라 여러가지 방법으로 인식할 수 있다. 여기서는 말하기 지도의 세부 목표들과 관련하여 지도 내용을 크게 세 부분으로 나누어 살펴본다.

가. 말하기 활동에의 참여

학생들에게 말하기 활동의 목적, 방법 및 그 중요성을 인식시킴과 아울러 말하기 활동에 즐겨 참여하는 습관 및 태도를 기르는 것은 말하기 지도에 있어서 가장 기본적인 학습활동이 되어야 할 것이다.

1) 말하기의 목적이 의사 소통에 있음을 알기

국민학교 저학년인 경우에는 학생들의 일상 생활과 관련된 경험들에 말하게 함으로써 말하기의 목적이 의사 소통에 있음을 깨닫게 할 수 있다. 예를 들어, 교사가 주도하는 토론을 통하여 학생들이 그날 해야 할 일 또는 하고 싶어하는 일들이 무엇인지를 결정짓기 위해 학생들에게 말할 기회를 제공하거나, 학생들로 하여금 자신이 좋아하는 인형이나 동화책 등 여러 가지 흥미 있는 물건들을 교실에 가져오게 한 다음 말하게 하는 것도 좋은 방법이다.

국민학교 고학년인 경우에는 말하기의 목적에 대해 서로 토론해 보게 한다. 토론을 통해 화자는 청자에게 어떤 내용을 전달하거나 이해시키기 위해 말을 하게 됨을 인식할 수 있다. 또한 학생들에게 완결되지 않은 문장이나 뜻이 너무 어려운 문장들로 구성된 간단한 글을 읽

어 주고 난 다음 왜 그 글의 내용을 이해할 수 없는지, 그리고 그 글
이 쉽게 이해될 수 있도록 하기 위해서는 어떻게 고쳐야 할 것인지를
토론해 보게 하는 활동들도 가치롭다.

2) 정보를 정확하게 전달하는 것의 중요성 깨닫기

국민학교 저학년에서는 여러 학생들로 하여금 그들의 집에서 출발
하여 학교에 도착하기까지의 과정을 설명하도록 한 다음, 다른 학생들
과 함께 각자의 설명 내용들을 비교해 보는 것이 효과적이다.

국민학교 고학년에서는 학생들이 실제로 겪었거나 글을 통해서 알
게된 사실 또는 사건에 바탕을 두어 이야기를 만들어 말해보게 하는
한편, 그 이야기에 꾸며 낸 세부적인 사실을 덧붙여서 보다 긴 이야기
를 만들어 보게 한 다음 두 가지 형태의 이야기가 지닌 차이점을 토론
해 보는 것이 좋다.

3) 말하기의 여러 가지 형태를 알고 바르게 사용하기

국민학교 저학년에서는 주로 간단한 이야기 및 토론하기 형태의 말
하기에 관한 경험을 쌓게 하는 데 중점을 둔다. 처음에는 인형, 장난
감, 놀이기구 등과 같은 구체물을 대상물로 하여 이야기를 만들어 말
해 보다가 차차 우주인, 별나라와 같이 덜 구체적이거나 덜 친숙한 대
상물에 대하여 상상력을 동원하여 이야기를 꾸며 보게 한다. 국민학교
고학년에서는 잘 짜여진 이야기를 구성하는 요소들이 무엇인지를 학생
들에게 바르게 인식시켜 줄 필요가 있다. 또한 이야기의 배경, 등장 인
물 및 등장 인물의 성격, 주요 사건, 사건이 진행되는 과정에서의 극적
인 순간, 사건의 해결 등과 같은 구성 요소들이 이야기 전체에서 어떻
게 결합되는지에 관하여 토론해 본다.

4) 청자 또는 청중 고려하기

국민학교 저학년 학생들로 하여금 말하기의 여러 상황들, 즉 선생님과 학생사이, 어머니와 아들 사이 또는 친구 사이 등과 같은 장면들에 적합한 역할을 수행하게 하는 학습 활동을 해 본다.

국민학교 고학년인 경우에는 서로 다른 청자 또는 청중에 맞추어 말할 수 있도록 하는 구체적 연습을 강조할 필요가 있다. 이 경우 주어진 내용 외에 학생들의 경험을 첨가하여 지도하도록 하며 또한 대상 청자를 특정 개인으로 부터 전체 학급 학생, 전학년 학생 등으로 변화시켰을 때 말하기 방식을 어떻게 달리 하는가도 지도한다.

나. 효과적인 표현 및 전달

말하기에 있어서 효과적인 표현 및 전달의 기능은 말하고자 하는 내용을 음성 언어로 표현하는 수단 및 방식에 관한 기능이라고 할 수 있다.

1) 몸짓의 효과적인 사용

국민학교 저학년에서는 음성언어를 사용하지 않고 몸짓만으로 자신의 의사를 남에게 전달할 수 있음을 인식시킨다.

국민학교 고학년에서는 몸짓의 효과적인 사용과 관련하여 팬터마임 또는 이야기 내용을 몸짓만으로 표현하기 등의 활동이 효과적이다. 또한 몸짓으로 표현할 수있는 문장을 제시한 후 학생들로 하여금 그 문장의 의미를 적절한 몸짓으로 표현해 보게 하는 활동들도 효과적이다.

2) 시선을 효과적으로 위치시키기

국민학교 저학년에서는 대화를 하면서 항상 상대방을 바라보며 말하도록 하는 것과 여러 사람 앞에서 어떤 내용을 설명하거나 보고할 때 전체 학생들을 두루 바라보면서 말하도록 한다.

국민학교 고학년의 경우 실제로 짝을 지어 시선 교환을 해보도록 하며, 여러 사람 앞에서 말할 때 시선을 효과적으로 교정시키기 위해 가능한 한 참고 자료를 바라보는 횟수를 줄이고 항상 청중을 염두하며 청중의 반응을 살피도록 한다.

3) 적절한 목소리로 말하기

국민학교 저학년의 경우 주어진 말하기 상황에 적절한 성량, 강세, 속도에 익숙해지기 위해 말하는 상황 또는 장면들을 다양하게 설정하여 연습을 통해 체득하게 한다.

국민학교 고학년의 경우에는 성량, 강세, 어조, 속도에 관련하여 여러가지 말하기 장면을 설정하여 몇 명의 학생들이 실제 여러 사람 앞에서 해 보게 하고 이것을 가지고 토론해 본다.

4) 정확한 발음에 대한 이해 및 사용

국민학교 저학년에서는 국어의 음소들 중에서 잘못 발음하기 쉬운 음소들의 발음 방법에 대해 체계적이고도 반복적인 연습을 하게 한다.

고학년인 경우 구체적인 말하기의 사례를 통하여 정확한 발음의 중요성을 일깨워 준다. 예를 들어, 의도적으로 틀리게 발음하면서 이야기를 읽었을 때 오해가 생기는 것이 발음에서 비롯된 것임을 확인시켜 준다. 특히 문법적 기능을 나타내는 형태소의 발음, 유사한 음성적 특성을 지닌 자음 및 모음의 발음은 말의 내용을 잘못 이해하는 데 큰 영향을 미치게 됨을 강조해야 한다.

5) 전달 보조 자료의 효과적인 사용

국민학교 저학년에서는 구체적 대상을 사용하는 것이 효과적이고, 고학년에서는 차트, 그림, 도표, 카드 등을 사용할 수 있다.

다. 말할 내용의 선정과 조직

주어진 상황, 목적에 맞게 말할 내용을 선정하여 그 내용을 효과적으로 조직하는 능력은 말하기 기능 중에서 가장 중요한 요소가 된다.

1) 완결된 생각을 음성언어로 표현하기

국민학교 저학년에서는 학생들이 실제로 겪는 일을 완결된 문장으로 표현하게 하는 연습이 필요하다.

국민학교 고학년에서는 그 문장의 일부를 다른 말로 대치하여 변형시키거나, 그 문장에 여러 가지 세부 사실을 첨가하여 확장시키는 연습이 필요하다.

2) 화제와 중심 생각을 인식하면서 말하기

국민학교 저학년에서는 학생들에게 주제가 분명히 드러나 있는 여러 가지 종류의 그림을 보여 주면서 그 그림이 나타내고자 하는 중심 생각이 무엇이며, 또한 그 중심 생각을 뒷받침해 주는 세부적인 사실이 무엇인지를 설명해 보게 하는 활동부터 시작하는 것이 좋다.

국민학교 고학년에서는 사회 또는 자연 교과서 등에 나오는 내용들과 관련하여 하나의 화제를 제시한 후, 학생들로 하여금 그 화제와 관련된 중심 생각과 그 중심 생각을 뒷받침할 수 있는 세부 항목들을 열거해 보도록 하는 학습이 중심 생각을 인지하면서 말하게 하는데 도움을 줄 수 있다.

3) 명료하고 생생한 언어로 표현하기

국민학교 저학년에서는 여러 가지 사물 및 동작에 대하여 정확한 이름과 적합한 표현을 찾아내게 하는 연습을 시키는 데에 중점을 두는 것이 좋다.

고학년에서는 말하기에 있어서 생생한 언어가 가지는 역할 및 생생하고 명료한 언어가 청자에게 미치는 영향 등에 대해 토론해 보는 것이 필요하며, 학생들로 하여금 흥미로운 장면 및 대상들에 대해서 몇 개의 문장으로 묘사하여 말해 보도록 한 다음 학생의 묘사가 생생했는지 등을 토론한다.

4) 생각을 조직하는 방법을 알고 사용하기

국민학교 저학년 학생들에게 생각을 보다 효과적으로 조직하여 말할 수 있는 기능을 신장시켜 주기 위해서는 비교와 대조, 분류, 시간적 순서, 공간적 순서, 원인과 결과 등에 의한 조직 방법의 기초를 이해시키는 것이 필요하다.

고학년에서는 비교와 대조의 방법을 사용하여 보고서를 작성하여 발표하기, 어떤 식물 또는 동물에 대하여 생물학적인 분류의 방식을 적용하여 분류한 후 그 세부 사항을 발표하기, 어떤 역사적인 사건의 일부 내용을 시간순으로 서술하여 말하기, 어떤 사실의 원인과 결과를 구체적으로 밝히면서 말하기 등의 학습 활동이 필요하다.

312

5) 화제를 뒷받침하는 자료들을 효과적으로 사용하기

국민학교 저학년에서는 말할 내용을 조직하는 데 있어서 시각 자료를 사용하는 것이 효과적이라는 사실을 인식시키는 것이 중요하다. 이를 위해서는, 설명과정에서는 시각 자료를 사용하는 경우와 그렇지 않은 경우의 어느 쪽이 말할 내용을 조직하거나 의사를 전달하는데 있어 효과적인지를 비교해 보는 학습활동이 도움이 된다.

국민학교 고학년에서는 학생들이 가지고 있는 물건이나 그림 등에 대해 말해 보게 한 다음, 말하는 과정에서 시각 자료가 어떻게 사용되었는지에 관해 토론해 보는 것이 좋다.

Ⅳ. 結 論

말하기 指導는 말하기의 理論을 論理的으로 體系化하는 것이 아니고 國語, 國文學에 관한 기초 이론과 교육학에 관한 기초과학을 종합한 국어과의 교육과학이다. 말하기 지도는 교육현장이 中心이 되어 국어과 교육의 이론과 실천을 체계화 하는데서 이뤄진다.

말하기 지도를 다만 發音이나 accent지도로 잘못 인식하는 경우 고학년에 갈수록 소홀해지기 쉽다. 말하기의 기능은 communication의 手段으로 傳達的 機能, 社會生活을 원활하게 하는 기능이 있고 思考와 文化를 生産하는 창조적 기능이 있다. 말하기 지도는 話術이나 辨術을 지도하는 것은 아니다. 음성언어 지도는 일상 생활에 바탕을 두고 생활과 직결되어야 한다.

교육과정의 변천과정을 통해 볼 수 있었던 것도 생활과 연결되고,

다른 교과와의 연결을 시도하는 말하기 교육으로 진행되고 있음을 볼수 있었다.

제 1, 2차 교육과정에서는 그 기틀과 방향을 제시하였으나 初創期이기 때문에 體系的이고 組織的인 構成은 못되었다.

그러나 그 比重을 높이는데 意義가 있었다. 제3차 교육과정에서는 言語敎育을 강조했으나 시대적 진전에 따르지 못했다. 5차 교육과정에서는 일상생활과 연관되어 언어기능 신장을 꾀했다.

참고문헌

김민수 외, 국어교육론, 서울, 일조각, 1980.

노명완 외, 국어과 교육론, 서울, 갑을출판사, 1988.

이주호, 제4차 국민학교 국어과 교육과정의 분석 연구, 부산교대 논문집 18집 1호, 1982.

임만영, 말하기 지도의 영역, 서울교대논문집 20집, 1987.

정동화 외, 국어과 교육론, 서울, 선일문화사, 1986.

교대 국어과 교재 편찬회, 국어과 교수 학습, 서울, 교학연구사, 1985.

문교부, 국민학교 교육과정, 교육주보사, 1955.

문교부, 국민학교 교육과정, 삼화출판사, 1963.

문교부, 국민학교 교육과정, 교학도서 주식회사, 1973.

문교부, 국민학교 교육과정, 대한 교과서 주식회사, 1981.

문교부, 국민학교 교육과정, 대한 교과서 주식회사, 1987.

한국 교육 개발원, 제5차 초/중학교 국어과 교육과정 시안 연구 개발, 한국 교육 개발원, 1986.

文識性의 槪念 考察(1990)

李 千 熙

I. 서 론

음성의 전달과 보존의 공학적 기술이 급격히 향상됨에 따라 문자를 매개로 하는읽기 쓰기, 즉 文識性(literacy)의 실용도가 점차 낮아질 것 이라고 함에도 불구하고 글을 읽고 쓸 수 있는 문식성은 아직까지 사회 생활의 기초 기능이며, 세계 여러 나라에서는 文識性 敎育을 學校 敎育의 최상의 목표로 삼고 있다.[1)]

文字를 읽고 쓸 수 있는 기능, 즉 文識性은 의·식·주 못지 않게 현대 사회 생활에 꼭 필요한 要件이라는 것에 異意를 제기할 사람은 아무도 없을 것이다. 그러나 인간이 아득한 옛날에 문자를 처음 만들어 낸 이후, 오늘날의 T·V나 컴퓨터의 발명에 이르기까지 문식성의 위치는 사회적으로 계속해서 변화하여 왔다. 그러나 사회적 위치의 변화에 따라 문식성의 槪念도 변화하여 왔다.

Webster 사전에 따르면 文識者(literate)란 교육받은 사람 – 읽고 쓸 수 있는 사람 이라고 정의 하였다. 이 정의의 기본적 意味는 문식성은 현대 사회의 일반적인 지혜라는 것을 함축하고 있다. 이는 그만큼 문

---

1) 노명완, [國語敎育學], 한샘, 1988, p.101.

식성의 범위가 넓고 교육적으로도 중요하다는 것을 의미하기도 하지만, 이와같은 정의는 그 의미를 매우 모호하고 다양하게 만든다.

우리 시대에 교육에 대한 어떤 특정한 수준을 획득하는 것이 어떤 언어에 있어 읽고 쓰는 能力의 지표로 보일 수 있다. 문식성은 글자 그대로 읽기와 쓰기에 있어서 문자를 사용하고 문자를 식별한다는 것을 말하지만 그 이상의 것을 내포하고 있다. 교육적인 지식과 동일한 것으로 쓰이기도 하고, 일상생활에서의 적응 능력으로 쓰이거나 전문적인 분야의 지식을 대용하는 말로써 경제적 문식성(economic literacy), 또는 과학적 문식성(scientific literacy), 기능적 문식성(functional literacy) 등과 같이~문식성이란 말들이 사용되고 있는데 그 의미는 어느 정도 모두 다르다고 할 수 있다.

문식성의 종류가 다양하고, 다양한 信念體系들을 포함하고 있지만, 敎育的으로 관심을 가져야하는 것은 言語 특히 文字言語를 사용하는 활동으로써의 認知的 효과(cognitive effect)이다. 즉 문자에 관한 특수성과 文明, 인간 심리과정의 측면에 대한 문식성의 결과에 관심을 가져야한다. Olson(1977)의 다음의 말은 이러한 관심을 잘 표현하고 있다.

"말은 우리를 인간되게 하고 문식성은 우리를 문명화 시킨다. (Speech makes us human and literacy makes us civilized)"[2]

이 말은 바로 언어능력이 우리 인류에게 중요한 역할을 하였음을 나타낸다고 할 수 있다. 따라서 본고는 앞으로 문식성의 개념을, 교육적 측면에서 인지적 효과를 중심으로 알아 보기 위하여

---

2) David R.Olson From utterance to Text: The Bias of Language in Speech and Writing. Havard Educational Educational Review, Vol.47, No.3(1977), P.257.

(1) 문식성의 일부 개념으로 言語技能으로서의 읽기와 쓰기의 특성을 살펴보고 그러한 특성을 갖는 읽기와 쓰기의 關係를 교육적인 측면에서 살펴보겠다.

(2) 읽고 쓰는 매체인 口語(Oral language)와, 文語(Written language)의 특성을 살펴보고 문자의 사용이 文明의 발달에 끼친 영향을 文字의 발달과 陳述方法의 발달에 연관지어 살펴보겠다. 또 역사적으로 문식성의 基準의 변화를 알아보고 문식성이 발달하기 이전과 오늘날처럼 다양한 문식성의 道具가 발달한 시대가 어떻게 다른지 알아 본다.

(3) 문명과 문식성의 관계를 통하여, 또 문식성의 인지적 중요성을 통하여 학교 교육에서 문식성이 갖는 두 측면을 알아보고 학교 교육에서의 문식성의 효과를 살펴보겠다.

Ⅱ. 읽기와 쓰기의 이해

1. 言語技能으로서의 읽기와 쓰기

언어의 근본적 기능은 의사 소통에 있다고 할 수 있다. 언어는 意味의 世界와 音聲의 世界를 고도로 복잡한 방식으로 중개하는 하나의 體系로서 언어의 세계는 의미의 세계라고 할 수 있다.[3] 심리학적으로 볼 때 매우 복잡한 精神作用에 근거를 두고 있는 의미의 세계를 나타내는 언어는, 思考를 자극하기도 하고 사고의 결과를 반영하기도 하면서 의

---

3) 노명완・박인기・손영애・이차숙, (言語와 敎育)
   (서울: 한국방송통신대학 출판부, 1990), P.3.

미의 세계를 체계화시켜 나간다. 따라서 인간은 언어와 사고를 통하여 精神世界를 만들어 나가고 現實世界를 창조해 나간다고 할 수 있다.

言語와 思考의 관계에 대해서는 많은 주장들이 있지만 그러한 주장들에서 공통적으로 示唆받을 수 있는 것은 사고와 관련되는 것은 언어 그 자체가 아니라 言語의 使用이라는 점이다. 즉 언어를 안다는 사실 그 자체는 사고의 성질이나 내용 및 방향에 대하어 별다른 영향을 끼치지는 않지만, 자신이 알고 있는 언어를 使用하는 過程에서 사람들은 특정 사고의 내용 및 방향에 대하여 영향을 받게 된다는 사실을 알 수 있다. 따라서 언어와 사고는 삶이라는 生活事態 속에서 함께 학습되고 함께 발달되는 相互作用的 關係에 있다.

언어와 사고는 삶 속에서 확장되고 풍부해지고 재구조화되고 변화된다. 그래서 언어 기술(language arts)은 언어 사용자가 여러가지 다양한 狀況에서 시행착오를 반복하면서 자신이 의도한 바를 자유롭게 발표하면서 실현할 수 있는 환경에서 일어나야 하고 그런 환경에서만 풍부해진다.4)

언어 기능을 이처럼 사고와 관련지어 생각해 볼 때 읽기는 듣기와 더불어 언어의 理解活動이고 쓰기는 말하기와 더불어 언어의 生成, 表現 活動이다. 그렇기 때문에 언어 처리의 주제를 인간으로 보아야 하며 그 내적 心理的 기제를 중시해야 한다. 또 읽은 결과만을 보고 훌륭한 讀者(good reader)라든가, 쓴 글만 보고 글을 잘 쓴다고 말하기보다는 過程으로서 중시해야 하며 이렇게 볼 때만이 언어가 敎育에 대하여 가지는 意義와 價値도 보다 구체적이고 체계적인 성격을 드러내게 된다.

이와같은 맥락에서 볼 때, 언어 기능으로서의 文識性은 인간의 사고에 의한 文明의 발전이라는 全體的 脈絡 속에서 認知的이고 能動的인 입장에서 접근해야 한다.

---

4) 노명완·박인기·손영애·이차숙, 앞의 책, p.328.

318

2. 읽기와 쓰기의 관계

읽기와 쓰기는 그 활동을 하는 사람의 행동과 사고과정이 서로 다르다. 이것은 쓰기는 종이위에 쓰인 기호로부터 의미를 얻어내는 과정이라는 것때문에 상식적으로도 그 차이를 알 수 있다. 그러나 그럼에도 불구하고 읽기와 쓰기는 많은 비슷한 점들을 갖고 있다. 즉 두 활동은 모두 文字言語를 매체로 하는 언어 활동이기 때문에 언어와 의미의 連結過程인 것이다. 그래서 읽기와 쓰기는 공통적으로 의미를 構成하는 활동이라는데 많은 연구들은 일치하고 있다.(Graves & Hansen, Tierney & Pearson 등)

James R.Sguire(1983)는 읽기와 쓰기활동인 작문(composing)과 이해(comprehending)는 근본적으로 상호관련되는 과정을 중요시하는 (process oriented) 사고 기능(thinking skill)인데, 이 두 활동을 학교에서 가르칠 때는 과정으로서 가르치지 않기 때문에 읽기와 쓰기를 가르치는 것 뿐만 아니라 생각하는 방법(how to think)을 가르치는 것을 방해 한다고 한다. 그는 이러한 이유로써 6가지를 들어서 읽기와 쓰기의 공통적 측면과 교육에서의 중요성을 설명한다.[5]

첫째, 모든 읽기와 쓰기는 기본적으로 언어를 처리하는 技能이다. 대부분의 어린이에게 있어 언어는 사고활동이 일어나는 중요한 수단이며(Britton, 1970), 어린이가 개념(idea)에 이름을 붙이고(label), 분류하며 새로운 것과 이미 알고 있는 것을 관련시켜서 개념을 구성하거나

---

5) James R.Sguire(1983) "Composing and Comprehending: Two sides of the Same Basic Process." In Composing and Comphrehending, ed. Julie M.Jensen, The University of Texas, Austin: Natikonal Conference on Research in English, ERIC Clearinghouse on Reading and Communication Skills, pp.57~65.

글로 엮는 것, 또는 그것을 재구성하고 이해하는 것은 언어를 통하여 하는 것이다. 즉 작문은 학습자가 의미를 구성하고 개념을 발달시키며 여러 개념들을 관련지어 표현하는 과정이기 때문에 중요한 사고과정이고 이해는 학습자가 다른 사람이 표현한 개념들의 의미와 구조를 재구성해야 하기 때문에 중요하다. 그래서 이해과정과 작문과정은 두 과정 모두 근본적으로 똑같은 認知過程을 반영하는 것 같다.

둘째, 개념을 再生시키기 위하여 수업전략(classroom strategy)을 세우는 것은 이해(comprehending)를 가르치는데 필수적이다. 요약하기, 되풀이하여 말하기, 고쳐말하기(rephrasing), 재생(reprocessing), 정교화 (elaborating), 이야기 실연(acting out), 하나의 전달매체를 다른 것으로 번역하기(translating) 등은 글을 읽는 사람이 글의 구조를 비판하고 재생하고 다시 만들어내는 것을 요구하는 중요한 접근 방법들이다. 이와같은 관점에서 Stotsky(1982)는 최근에, 읽기를 강화하기 위하여 쓰기를 이용할 것을 주장했고, Graves와 Hansen(1982)은 1학년 어린이들에게 그들의 읽기에 관하여 스스로 쓰도록 하는(처리과정을 言語化) 방법으로 이해와 작문의 관계를 연구하였다. 또한 이해와 작문사이의 相互作用이나 關係에 대한 개념이 없기 때문에 취학전 어린이들은 T.V를 보는데 5000시간 이상을 보내면서도 거의 아무것도 배우지 못한다고 한다(Shramm, 1977). 즉 언어 없는 활동은 경험이 되지 않는다.

셋째, 언어학습과 언어처리과정은 모든 교육에 기초가 되는 認知過程을 내포하기 때문에, 교육에 적용하는 것은 어린이가 교육을 통하여 思考力을 신장시키려 한다면 결정적이다. 기초적인 읽기와 쓰기 교육은 어린이에게 초보적 어휘와 문식성의 기초능력들을 제공할 수 있지만 처리과정(processing)이 높은 수준에 적용하는 것을 배우지 않으면

320

그들은 쉽게 그들의 기능을 전이시키지 못할 것이다. 그 좋은 예가 성인의 "機能的 文識性"문제일 것이다.

넷째, 어린이들이 만약 다양한 수사학적 형식과 기능들을 쓰고 이해하려면 다양한 수사학적 형식을 교육적으로 經驗해야 하기 때문에, 읽기나 쓰기는 다양한 言語 形式과 技能들에 주의력을 요구한다.

다섯째, 이해와 작문 교육은 개념을 구성하거나 재구성하는 全體過程으로서 이해되어야 한다. 하부가능(subskill)들이 중요하지만, 그것은 자료를 이해하거나 개념을 전달하는 전체과정을 뒷받침하는 것이다. 따라서 교육은 전체적 의미를 성취하는 데 필요한 여러가지 하부기능을 어떻게 관련시키는가를 중시해야 한다.

여섯째, 작문과 이해의 특성을 형성하는데 있어서 중요한 요소는 어린이가 읽기와 쓰기에서 갖는 事前知識(prior knowledge)이다. 최근의 인지 심리학자들에 따르면 언어적성이 일정할 때 독자의 스키마(schemata)가 이해의 성질을 결정하는 가장 중요한 변수라고 한다.(Anderson ;1977, Pearson; 1978, Langer; 1982)

Sguire가 설명한 6가지는 교육적 측면에서 볼 때의 읽기와 쓰기의 관계라 하겠다. 교육에서 가장 중요하다고 할 수 있는 認知過程을 읽기와 쓰기는 내포하고 있으며 그렇기 때문에 두 활동은 相互作用的인 思考技能으로 보아야 한다. 그래서 읽기와 쓰기(Sguire는 작문(Composing)과 이해(comprehending)라고 말하였는데 이는 단순한 문자의 번역이나 글자 쓰기로서의 읽기나 쓰기가 아님을 뜻하기 위해 이 말을 쓴 것이다)는 별개의 고립된 하부기능이 아니라 全體的 過程(total process) 안에서 기능들의 相互關係의 중요성을 인식하여야 한다.

한편, Sguire(1983)가 주로 읽기와 쓰기의 공통적인 관계를 주장하였다면 Goodman과 Goodman(1983)은 발달적 관점에서 두 활동의 차이점들을 다음과 같이 주장하였다.[6)]

첫째, 口語(oral language)와 文語(written language)는 둘 다 언어 생산자(language producer)와 언어 수용자(language receiver) 사이에 일어나는 의사전달의 相互轉移過程인 반면, 대인적 측면에서는 구어가 문어보다 침투성이 더 강하고 명확하다. 생산과 수용의 역할들은 문어의 문식성 사건(literacy event)에서보다 구어의 화행(speech act)에서 더 쉽게 바뀔 수 있다. 말하기 능력 발달에 대한 듣기의 기여는 쓰기 능력 발단에 대한 읽기의 기여보다 더 확인하기 쉽다. 즉 口語的 相互作用은 文語的인 것보다 더 쉽게 관찰할 수 있다.

둘째, 읽기와 쓰기에는 발달시키려는 특정한 技能과 使用이 있다. 즉 읽기와 쓰기는 각각 고유의 영역을 가지고 있다. 그래서 읽기와 쓰기 사이의 기능과 필요(needs)보다는 말하기와 듣기의 기능과 필요가 더 밀접한 관계에 있다.

셋째, 대부분의 사람들은 일상생활에서 쓰기보다는 훨씬 더 흔하게 읽기를 필요로 한다. 그것은 사람들이 읽기보다 쓰기에서 실제적 훈련이 훨씬 적게 되고 있음을 의미한다. 또한 스스로 정보를 생산해 내는

---

6) Kenneth Goodman and Yetta Goodman(1983), "Reading and Writing Relationship: Pragmatic Functions." In Composing and Comprehending, ed. zzjulie M.jensen, The University of Texas, Austin: National Conference on Research in English. ERIC Clearinghouse on Reading and Communication Skills, P.157.

것보다는 정보를 받아 들이는 것이 더 쉽고 필요하다는 것을 내포하고 있다.

넷째, 글을 읽는 사람들은 그들이 더 능숙하고 융통성있게 되감에 따라 씌어진 글의 형식과 관례, 문체, 문화적 제약 등을 이해하게 된다. 그러나 글쓰기에 있어서 이러한 읽기의 사항들은 만약 글을 쓰는 사람에게 스스로 비슷한 유형의 글을 쓸 동기가 없다면, 글쓰기로 전이된다는 아무런 보장도 없다.

다섯째, 글을 읽는 사람들은 그들 자신의 읽은 것에 대한 유효성(effectiveness)을 즉시 판단하는 몇가지 방법들이 있다. 그들은 읽고 있는 것을 자신이 이해하고 있음을 아는 것이다. 그러나 글을 쓰는 사람은 흔히, 상당히 지체되는 잠정적 독자들의 반응과 송환작용(feed back)에 의존한다. 글을 쓸 때는 자기 스스로가 독자가 되기 때문에 사실상 글을 읽지 않고 쓴다는 것은 불가능하다.

여섯째, 글을 읽는 사람들은 읽는 동안에 쓸 필요는 없다. 그러나 글을 쓰는 사람은 글을 쓰는 동안 읽고 또 읽어야 한다. 특히 쓸 글이 길면 길수록, 또 글의 목적이 복잡할수록 그것은 더욱 그렇다. 게다가 쓰기의 過程은 의도하고 있는 독자가 이해하기 쉬운 글을 써내도록 하여야 한다. 그것은 상대적으로 개념이 잘 표현되고 형식, 문체, 관습이 적절한 完結性을 요구한다. 글쓰기의 숙달(proficiency)이 技能的이고 의사소통적인 사용을 통하여 개선되기 때문에, 읽기에서 글을 예상하는 모든 스키마(schemata)는 글을 쓰는 동안 글을 구성하는 데 이용하는 것과 마찬가지로 읽기에 결정적이다.

일곱째. 읽기와 쓰기는 서로에게 영향을 주지만 그 關係는 단순하지도 동일하지도 않다. 발달적 관점에서 읽기나 쓰기 기능과 읽기와 쓰기가 기능을 수행하는 데 익숙한 특별한 過程을 포함하는 것 같다.

요컨대 Goodman과 Goodman(1983)은 사람들은 읽기 그 자체로 읽기를 배우고, 쓰기 그 자체로 쓰기를 배울 뿐만 아니라, 쓰기에 의하여 읽기를 배우고 읽기에 의하여 쓰기를 배우기도 한다는 것이다.[7]

결국 읽기 활동과 쓰기 활동은 단순하게 文字를 解讀하거나 文字로 바꿔쓰는 활동이 아니라 그러한 것을 뛰어 넘어 세계를 構成하고 再解釋하는 思考過程이며 能動的인 언어 활동이라고 할 수 있다. 그래서 Moffett(1983)는 읽기와 쓰기가 우리의 意識에 대한 흐름을 수정하는 힘을 공유하고 있다고 하였으며, Wittrock(1983)의 효과적인 글 쓰기처럼 훌륭한 글 읽기는 글과 우리가 알고 믿고 경험하는 것 사이의 關係를 세움으로써 意味를 만들어 내는 發展的 認知過程을 포함한다고 하였던 것이다.

III. 文識 技術의 發達

1. 口語와 文語의 특징

口語란 聲者와 話者가 입으로 같은 시·공간 내에서 相互作用하며, 의사 소통하는 것이며, 文語는 의사 전달자와 이를 받는 受用者가

---

7) kenneth Goodman and Yetta Goodman, 앞의 책, p.157.

시·공간적으로 떨어져 있으면서 글이라는 媒體를 사용하여 의사를 전달하는 형태이다. 口語와 文語를 이런 간단한 설명으로 차이점이나 특징을 나타낸다는 것은 그렇게 명확하게 구분하는 것 같지 않다.

Rubin(1980)은 구어와 문어의 構造上의 차이로서 다음과 같은 점들을 들고 있다.[8]

먼저 單語의 수준에서 구어는 친근하고 쉬운 語彙를 사용하는 반면, 문어는 친근하지 않으며 어려운 어휘를 많이 사용한다.

문장의 수준에서 구어는 構造가 덜 복잡하고 단순하며 반복, 중복 등의 구문의 짜임새가 느슨하고 文法에 맞지 않거나 완전하지 못한 문장이나 형식성이 부족한 언어를 많이 사용한다. 반면 문어는 복문이나 중문 등 복잡한 구조를 가지며 文法的이고 간결하면서도 완전한 문장을 사용한다.

文章以上의 수준의 구조에서는 구어는 상당히 狀況依存的 言語를 사용하지만 문어는 문장 속에 전달하고자 하는 모든 내용이 명료하게 표현되어야 하고 이야기의 전개가 선형적(linear)이며 연계가 분명하여야 한다. 또한 적절한 접속사로 문장을 연결하며 내적 참조어 (endoporic reference)를 많이 사용하고 脫狀況化된 言語를 사용한다.(Simon Murphy, 1983: Cox & Sulzby, 1984: Leu 1982)

또한 口語와 文語는 사용되는 상황이 다른 데서 오는 다양한 차이점이 나타난다. 구어는 相互作用을 기초로 하여 이뤄지므로 피이드 백, 차례 바꾸기, 시·공간적 정보 공유로 인한 참여적 언어 경험, 개별화 등이 나타나고 일과적으로 사라져버린다. 반면 문어는 이러한 특징들이 없으며 더 脫狀況的이고 문장을 만들기 전에 충분히 계획 시간을

8) 이영자·이종숙, 유아의 언어발달과 비지시적 지도방법이 문어 발달에 미치는 영향에 관한 연구. [교육학 연구], Vol.28, No.2(1990), pp.105~123에 내용을 주로 참고하였다.

가질 수 있으며 씌어진 메시지는 계속 존재한다.(Sulzby. 1986)

傳達媒體에서도 구어는 언어적 매체 외에 표정, 몸짓과 같은 비언어적 매체나 억양, 휴지(pause), 속도, 강약 등과 같은 비언어적 매체도 사용하는 반면 문어는 문장의 구두점이나 문장내용의 명확성 자체 이외의 다른 보조적 전달 매체가 없다.

이와같이 구어와 문어가 각기 특성이 있기 때문에 학교 교육에서도 언어의 이 두 측면을 고려해야만 한다. 특히 문어는 그 특성에서 나타나는 것처럼 더 많은 교육적 노력이 필요할 수 밖에 없다.

2. 文字의 使用과 文明

의사 소통의 한 수단으로써의 文字의 使用과 인류 技術 文明과의 관계를 보다 심층적으로 연구한 Olson은 口語에서 文語로의 발달과정을 인간의 인지 과정적 측면에서 보았다. 그는 문자의 사용으로 인하여 인간의 認知過程과 表現樣式에 심대한 변화가 초래되었다고 한다. Olson(1977)은 언어는 發達의 관점에서 볼 때 발화(utterance)에서 글(text)로 발달하여 왔다고 하였다.9) 여기서 발화는 언어 사용에 있어서 문맥(context)에 의존하고 口頭 言語的 陳述이 우세한 이야기하기(story-telling)나 속담의 구두적 형태 등을 의미하고, 글은 발화보다는 언어 사용에 있어서 더 形式的이고 脫文脈的(decontextualized)이어서 文語的 陳述이 우세한 산문이나 논증(argument) 등과 같은 것을 말한다. Olson(1977)은 발화와 글의 차이를 의미(meaning)와 진리(truth), 기능(function) 세 가지로 요약하고 있다.

---

9) Olson, 앞의 책, pp.257~281.

첫째, 발화에서의 意味는 문맥과 배경지식(background knowledge)으로부터 획득되며 글에서의 의미는 글 자체의 前提에서 얻어진다. **둘째,** 발화에서의 眞理는 연장자들의 지혜(the wisdom of the elders)와의 一貫性을 중시하지만, 글의 진리는 결론이 상식적이든 아니든 그보다는 더 과학적이며 진술(statement)과 관찰의 一致의 결과(product)이다. 마지막으로 발화의 技能은 무엇보다도 對人的이지만 글의 기능은 論理的이고 觀念的이다. 이러한 기능의 변화로 글의 明瞭性이 더 커지고 관례화(conventionalization)의 정도가 더 높아졌다고 한다. 그는 계속해서 다음과 같이 주장한다.

정의(definition)를 내리고 모든 가정과 전제를 명료히 하고 논리에 대하여 形式的 規則을 따르려는 문자 언어의 경향(bias)때문에 문자 언어는 실제에 대한 抽象的이고 結束的인 論理를 세우기 위한 상당한 힘의 도구를 만들게 된다. 서구 문명의 우수성과 특수한 언어 사용법, 특수한 사고 양식은 이러한 明瞭하고 形式的인 體系의 발달 때문이다.(p.278)

일상의 회화적인 말, 특히 어린이의 말은 명료하게 언어로 표시된 것 이상의 넓은 情報에 대한 이해에 의존한다. 즉 언어가 나타나는 狀況에 의존하게 된다. 그러나 글은 상황에 의존할 수 없기 때문에 더 많은 제약을 받게 된다. 이미 씌어진 글은 쓸 때와는 다른 문맥에서 이해되어야 한다. 그러므로 글의 理解는 고도로 합의된 언어적 관례나 세계에 대한 공유 지식 등이 필요하게 된다.

Olson(1977)은 口語는 어린이가 학교에 들어갈 때 이미 습득한 언어이며 學校敎育은 그 이후에 어린이의 언어를 發話에서 글로 변화시키는 중요한 처리 과정이라고 한다. 이 발화에서 글로의 변화 과정은 문맥에 기초하는 화자 의미(speakers meaning)를 탈문맥적인 글 의미

(text meaning)와 분리하는 과정이다. 즉 음성 언어에 의한 의사 소통에서 문자 언어에 의한 의사 소통 방법을 획득하게 되는 과정이다.

문자에 의한 의사 소통, 즉 읽기와 쓰기는 文明과 더불어 존재해 왔으며 읽기와 쓰기 없이는 문명이 있을 수 없다고 말할 수 있다. 文字의 發明, 특히 서양에서 알파베타 문자의 발명은 언어에 구속됨이 없이 자유로이 시고할 수 있도록 언어로부터 인간을 해빙시켜 주었다. 문자를 사용함으로써 인간은 기억능력의 한계를 초월하여 시간적으로, 그리고 공간적으로 자유로이 의사를 교환할 수 있게 되었다. 또한 文字와 意味가 일대일의 대응 관계를 지녔던 상형 문자에서 점차 음절 문자, 그리고 현재 우리가 쓰고 있는 음소 문자로 문자의 형태가 바뀌면서 인간은 言語로부터 意味를 분리시킬 수 있게 되었다.(Olson은 의미를 명료화하는 데 있어서 인류 문자 발달사에서 가장 발달한 형태가 알파베타이며, 언어와 의미를 분리하는 데 크게 발달한 陳述 形態를 essayist technique이라고 하였다.) 이와 같이 문자, 특히 음소 문자를 의사 소통의 도구로 사용함으로써 인간은 기억의 구속으로부터 자유로워지고 또 언어와 의미를 분리함으로써 더 이상 언어 그 자체에 집착하지 않고 자유로이 의미만을 생각할 수 있게 되었다. 즉 자유롭게 思考할 수 있게 된 것이다. 口頭言語에 의한 구비 전승의 시대에는 그 언어 구조가 짧고 리듬을 띠었으나(발화 형태) 기억의 제약으로부터 해방되고 또 언어(기호) 그 자체로부터 해방된 인간은 언어적 의사 소통에서 언어 그 자체가 아닌, 언어가 뜻하는 의미에 더 많은 知的 努力을 기울일 수 있게 되었다. 그 결과 언어의 형태는 서서히 敍事的 陳述形態로 변모하게 되었고, 이에 따른 부산물로써 抽象的 論理性과 思考의 合理性이 文字言語의 使用에서 크게 강조되게 되었다. Gelb나 Olson에 의하면, 인류문명의 발전, 그리고 현대 문명사회에서 당연시

328

하며 또한 현대 과학이 추구하는 논리성과 합리성은 모두 인류가 언어 그 자체로부터 해방되어 자유로이 사고할 수 있도록 조건을 만들어준 문자의 발명때문이라고 할 수 있다.[10]

요컨대, 문자의 사용 즉 읽기와 쓰기는 말과 글의 관계이다. 언어 사용이 발화에서 글로 발달한다고 할 때 글은 더 높은 정도의 발달단계이며 더 많은 知的 過程을 가능하게 하였다. 글을 배우고 나면, 즉 문자를 사용할 수 있게 되면 發話狀況에서처럼 어떤 陳述을 기억하는 데 요구되는 많은 지적 노력을 덜게 된다. 즉 기억하는 대신 글을 통하여 보존하고 전달할 수 있게 되는 것이다. 이와같은 이유로 해서 문자를 사용하는 文識性이 발달함으로써 인간은 언어와 의미를 분리하게 되어 사고를 자유롭게 할 수 있게 되었고 추상적 논리성과 사고의 합리성을 중요시 하게 되었다. 또한 학교 교육은 具體的이고 즉시적인 지식보다는 抽象的이고 合理的인 知識을 추구하기 때문에 口語에 의한 의사 소통인 말하기·듣기 보다는 文語에 의한 의사 소통인 읽기나 쓰기가 더 중요하게 다루어지는 것이다.

즉 학교에서 추구하는 논리, 합리, 기술, 설명 등을 나타내는 언어로는 수사적인 기능이 강한 구어보다는 논리성이 강한 문어가 더 적합하기 때문이다. 학교에서 다루는 지식이 깊은 思考를 요하는 抽象, 論理, 合理의 성격이 짙은 지식일수록 더 크게 소용될 것이다. 그리고 문어의 활용에도 明瞭性(explicitness)이 점점 더 크게 요청될 것이다.[11]

10) 노명완·박영목·권경안, [國語科教育論](서울: 갑을출판사, 1988). pp.141~142.
11) 노명완·박영목·권경안, 앞의 책, p.142.

3. 文識性 基準의 변화

문식성의 기준은 사회적 요구에 따라 변화하여 왔다. 적합한 문식성의 기준을 어떻게 잡느냐에 따라서 문식성은 사회적으로 중요한 문제일 수도 있고 그렇지 않을 수도 있다.

사회 변화가 초기 文識史에는 아주 느렸기 때문에 문식성의 기준도 크게 변화하지 않았고, 사회적으로 문제시 되지 않았다. 그러나 점차 사회의 변화가 深化되면서 사회에서의 요구 수준을 문식성의 기준에 따라갈 수 없게 되었다. 그래서 文識性의 敎育이 중요한 위치를 차지하게 되었고, 그것은 교육적으로 가장 중요한 요소로 등장했으며 특히 문식성의 인지적 요소로 등장했으며 특히 문식성의 인지적 효과는 최근들어 言語敎育에서 크게 강조되고 있다. 문식성의 기준이 사회와 교육에 중요한 것은

"예를 들면 자신의 이름을 쓰는 능력이 적합한 문식성이라면 非文識性은 국가적으로 문제시하지 않아도 된다. 그러나 서명하는 능력이 반드시 만족할 만한 要求値는 아니었다. 19세기 까지도 자신의 이름을 쓰는 능력은 대다수 국민들이 공유한 기능이 아니었다. ……만약 문식성의 기준이 단순하고 친숙한 절(passage)을 큰소리로 읽는 능력이라면 미국은 약간의 非文識者(illiterate)만이 있을 뿐 거의 危機라고 말할 수 없다. 만약 단순한 글을 읽은 후 이야기의 주인공과 주인공이 무엇을 했는지를 말하는 것처럼, 사람들에게 어느 정도 낮은 수준에서 그 內容을 반복할 수 있기를 바란다면, 아마도 성인 인구의 적은 비율은 비문식자가 될 것이다. 그러나 문식성이 친숙하지 않은 글을 읽고 그 글에서 새로운 정보를 찾아 내는 것이라면 비문식자의 수는 아주 크게 증가할 것이다. 그리고 만약 문식성의 기준이 陳述된 정보보다는 推論的 정보를 글에서 찾아 내는 것이라면, 아마도 국가적으로 문식성의 심각한 위기가 나타날 것이

다. 더욱이 문식성의 기준을 文字的 想像과 詩的 表現이 있는 복잡한 글
을 읽고 이 글을 해석할 뿐만 아니라 다른 글과 이치에 맞게 관련짓는
능력이라면 전 국민의 소수만이 진정한 文識者일 것이다(Resnick &
Resnick, 1977)."

최근의 연구에 따르면 초기 문식성의 발달은 대중적 비문식성(mass
illiteracy)과 광범위한 口頭文明(oral culture)의 상황에서 이뤄 졌다.
즉 많은 사람들이 역사적으로 볼 때 비문식자였을 뿐만 아니라 文識社
會에서도 대부분의 의사 전달은 아직까지도 입으로 하고 있다. 그럼에
도 불구하고 쓰기 즉 문자의 사용은 새로운 形態의 의사 전달로서 經
濟的, 政治的, 文化的 活動의 일대 혁신을 일으킨 하나의 기술
(technology)이다.12)

쓰기의 發達은 口頭言語에서부터 音素文字에 이르기까지의 技術的
段階 이상으로 문식성의 초기 역사에 있어 확산(diffusion)의 단계를 거
쳤다.13) 즉 그 사회에서의 文識技術이 통용되기 위해서는 그 사회 성원
들에게 적당한 정도의 문식성을 갖게 해야 한다. 따라서 文字의 使用이
라 하여 읽기와 쓰기가 동시에 널리 퍼진 것이 아니며 대중들에게 동시
에 사용되어진 것이 아니다. 문자를 사용하는 읽기와 쓰기는, 社會가 分
化되지도 발달하지도 않았던 초기에는 의사소통을 하는 수단으로써 두
기능을 반드시 소유해야만 일상 생활을 할 수 있었던 것은 아니다. 앞
장의 '읽기와 쓰기의 관계'에서 언급한 것처럼 대부분의 사람들은 일상
생활에서 쓰기의 必要性을 더 많이 경험하게 된다. 더욱이 종교적 권위
나 체제의 유지를 위해 文識性이 手段으로 작용하던 중세나 그 이전 시

12) Kaestle, The History of Literacy and the History of Readers, in Review
of Research in Education 12, ed. Edmund W.Gordon, Yale University:
American Educational Research Association. (1985), pp.11-53.

13) Kaestle, 앞의 책, p.14.

대에는 상대적으로 쓰기가 미숙한 사람이 많았을 것이다. 거기에다 쓰기가 읽기보다 어렵다는 것을 고려해 볼때, 1850년 이전까지는 쓰지는 못하면서 읽을 수는 있는 사람들의 수가 많았음을 많은 연구들을 통하여 알 수 있다.(Schofield, Loickridge, Cressy, Kaestle) 또한 Renick과 Resnick(1977)은 문식성의 확산에 있어 낮은 수준과 높은 수준이 구별되어 온 특수한 敎育 傳統을 연구하기도 하였다. 오늘날에 와서는 읽기나 쓰기 어느 하나만이 더 중요시 되는 것이 아니라 모든 사람에게 있어 필요한 認知過程으로써의 문식성을 요구하게 되었으며 복잡한 현대사회를 살아가는 데 적절한 기준으로서 "機能的 文識性(functional literacy)"이라는 용어가 등장하게 되었다.

이와같은 변화를 좀 더 구체적으로 역사적 변화에 기준을 두어 살펴보고 전문식(pre literate) 사회에서 오늘날의 다중문식(multi literate) 사회로의 변화에 따른 문식성의 위치를 알아보자.

1) 역사적 변화

역사적으로 볼 때, 文識性이란 용어는 17세기 이전에는 사용되지 않았던 것 같다. Resnick과 Resnick(1977)에 의하면 17세기(1656~1669) 스웨덴의 한 교구 기록부에 읽기 능력을 다섯가지 영역에서 검사했는데, 그 수준이 낮았다는 기록이 있다. 이때의 문식성은 종교적인 자료들을 읽고, 암송하고, 기억하는 것을 의미하는 것 같다. 즉 이 시기에 요구되는 것은 친숙한 글의 기억과 읽기 연습에 불과했으며, 쓰기는 거의 고려되지 않았다. 따라서 당시의 사람들은 글을 읽을 수는 있었으나 문식성 수준이 매우 낮고 쓰기는 거의 고려하지 않았기 때문에 문식성이라는 말보다는 읽기 能力이라는 말이 더 합당할 듯 하다.

이처럼 문식성이 종교적 권위의 영향을 많이 받았기 때문에 이 시

332

기의 문식성을 "聖經的 文識性(biblical literacy)"이라고 한다.

19세기에는 義務敎育이 시작되었고, 애국심을 고양하기 위한 역사, 지리 등이 중요한 읽기 과제로 등장하였다. 그러나 이때의 읽기는 새로운 情報와 知識의 획득이 아니라 친숙한 글들을 소리내어 暗誦하는 것을 강조하였기 때문에 讀書가 폭넓게 되지 못했다고 본다. 심지어 좀 더 발달된 나라에서도 문식성의 영역에 主要問題를 認知하는 것은 속하지 않았다. 즉 이 당시에는 情報의 획득보다는 국가적 結束과 정치적 社會化를 위한 문식성이 더 요구되었는데, 이와 같은 성격의 문식성을 주로 "市民的 文識性(civic literacy)"이라고 한다.

문식성의 개념이 그러한 성격을 띠던 것이 세계 1차 대전 中 미군의 신병들을 위한 표준화 검사가 문식성의 基準과 實際的인 읽기 지도에 변화를 가져오는 중요한 계기가 되었다. 육군 신병들에게 실시한 표준화 검사 결과 이들 신병들 중 약 30%가, 학교를 다녔음에도 불구하고 신문 한 줄 제대로 읽지 못하며, 단 한 줄의 글조차 쓰지 못한다는 사실이 드러나게 되었다. 이러한 사실의 발견으로 보다 나은 敎育評價의 기법과 친숙하지 않은 글들을 읽고 이해할 수 있는 능력으로서의 문식성이 요구되기에 이르렀다. 그러면서 문식성의 기준을 설정하는 데 있어서의 문제점도 지적되었다. 즉 文識性의 基準은 주로 학교 학년에 기초를 두는데, 이는 대상 분류없이 便易性만을 강조했으며 成就度를 고려하지 않고 주로 나이에 따라 결정했다는 것이다.

같은 교실에서도 읽기나 쓰기의 수준은 학생들 간에 커다란 차이를 보이며 학교에서의 기준이 학교 밖에서 부딪치는 읽기나 쓰기의 요구를 만족시킬 수 없다는 것이다. 이러한 상황에서 등장한 것이 "機能的 文識性(functional literacy)"이다.

한글 자체는 읽을 줄 알지만 그저 이름자나 간단한 글귀만을 읽을 뿐 그 글이 무엇을 전달하고자 하는 지의 文脈과 語意, 파악할 수 없다거나 또는 신문, TV 광고문 감기 두통약 등의 복용 및 부작용 지시문 등 생활에 필요한 글귀를 읽고 이해해서 불편없이 생활을 수행해 나갈 수 없다면 '읽는다는 것', '글을 쓸 줄 안다는 것' 그자체가 무슨 의미가 있겠는가(최운실, 1989). 기능적 문식성이란 "專門的 직업 기술의 획득, 기술 개발 및 산업 발전에의 접근 방법(know how)의 터득, 전문인으로서의 意識 함양, 정치 경제 및 시민 생활에의 기본적인 지식, 정보 보유, 그리고 이러한 能力과 意識을 실제 사회에 轉移, 活用, 連係짓는 능력"(UNESCO, 1973)으로 규정한다. 언어 사용으로서의 문식성, 특히 인지적 구조를 포함하는 문식성의 槪念은 바로 이와 같은 개념의 문식성의 차원에서 보아야 할 것이다.

오늘날의 사람들은 단순히 글자의 번역이나 재미를 위해서 책을 읽는 것은 아니다. 기술 문명의 발달과 함께 업무를 보다 더 효율적으로 하기 위해 더 많은 글들을 읽어야 하고 分析과 批判을 하기 위해 더 많은 글들을 읽어야 한다. 그렇기 때문에 文字를 대체하는 많은 도구들이 만들어 졌음에도 불구하고 學校敎育에 있어 文識性 敎育은 가장 중요한 위치를 차지하고 있는 것이다.

2) 文識性의 文明的 변화.

Charles Suhor(1987)는 前文識(pre-literate), 文識(literate), 多衆文識(multi-literate) 文明으로 구분하고 그 특징들을 모든 사회 생활의 중요한 측면들 예술, 교육, 직업 등과 관련지어 다음과 같은 표로 제시하였다.14)

---

14) Charles Suhor, "ERIC · RCS REport: Understanding Literacy-An Overview" Language Arts, Vol.64, No.6(Octover 1987), pp.659~663.(다

前文識 생활에서 文識 생활로의 轉移는 기나긴 역사 기간 동안 이뤄 졌다. 즉 인쇄기가 발명되고 나서도 급격하게 변화한 것이 아니라 종이 의 화학적 생산과 증기력에 의한 인쇄기 등이 발명된 다음에야 정상적 인 변화과정을 거치게 되었다. 그러나 文識 생활에서 多衆文識 생활로의 전이는 전자 매체와 인공 위성 등의 이용으로 인하여 1900년대 초부터 상대적으로 더 빨랐다. 그리하여 현대에는 많은 통계적 정보와 사회적 비판과 예측들 때문에 점차적으로 비문식자가 되어가고 있다. Suhor(1987)는 TV, Video game, 다른 非文字的 形式의 혼류 때문에 비 문식 사회가 되어가고 있다고 한다. 그래서 자기를 만족시킬 수 있는 基 本的 文識性을 가르치거나 평생의 읽기 습관을 배양해야 한다는 것이다. 복잡한 사회에서는 특히 Roger Brown(1979)이 "深層讀書(deep reading)" 라 불렀던 학문적, 정치적, 사회적, 예술적 必要를 만족시키는 어렵고 지 속적인 글의 이해를 가르치는 데 관심을 가져야 한다는 것이다. 즉 오른 쪽 표에서 볼 수 있는 것처럼 現代의 多衆文明이 文識文明보다는 前文 識 문명과 더 유사하다는 사실을 Suhor(1987)는 지적하고 있다.

이것은 바로 批判的 思考와 글의 역할이 감소한 것과 관련이 있는 것으로, 과거에 많은 사람들이 문식 문명에 참여하지 못했던 것처럼 다중 문식 문명의 사람들도 現代生活의 매개물 홍수 속에서 마찬가지 로 참여하지 못하는데 서 기인한다는 것이다. 그렇기 때문에 현대에는 敎育을 통하여 전통적인 글 문식성의 이득을 얻어내야 한다는 것이다. 그것은 바로 사회 생활에 응용할 수 있고 사고를 발달시키는 文識性의 敎育을 통하여 이뤄 지는 것이다.

음 page에 표제시)

문명 특징	전문식(preliterate)문명	문식(literate)문명	다중문식(multi literate)문명
세계관	전체주의적 신비적, 유기적, 지엽적(communal): 선천적 지혜로서의 역사	계급적, 단편적 개인주의적: 이성에 기초한 진보적 역사	개방적, 레이저 사진(hologra phic),우주적: (예를 들어 과학·동양철학의 관계)목적론적 역사.
예 술	다감각적인(multisensory), 통합적, 신화적, 의식(행사)에 근원을 둠, 단순한 의식상의 상치, 공동사회의 예술가·소비자 역할.	특수한 세분화된 추론적이고 분석적 경향. 형식성, 고도로 정제된 형태, 영웅으로서 개인적 예술가 elite 소비자.	다감각적이고 다양한 장르 형태와 수단, 수행(움직이는 조각 구체적 시, 유행음악, (television)참여연극) 신비적 주제와 모형(prototype) 대중참여적 소비자.
언 어	유동적이고 문맥에 기초를 둠, 비표준 미적이고 자치적 목표 수행.	규정에 기초를 둠, 논리적, 문맥에 덜 의존, 더 명제적 표준화가 상업적, 사회적 과학적 필요를 만족.	기호론적 접근, 의미를 만드는데 있어서 서로 많은 보조적 기호체계의 하나로서 중요한 언어
교 육	가정 마을 중심적, 구두전통, 금언, 이야기, 풍자적 지혜가 지배적, 성적으로 보이는 지식, 단순한 교화: 주입	관료적으로 조직된 학교: 주요 영역분리, 분리된 교실, 시간표, 최종기한: 연속적이고 증가하는 지식, 복잡한 교화	전자 기술을 통하여 부분적으로 가정에서: 아동중심교육, 평생학습, 협력학습, 배우는 것을 배우기 위한 교육 낮은 교화, 상호 관계의 지각으로서의 지식
사회적 기 업	사람과 함께 존재 민속 예술, 구두 전통 구두적 역사.	글속에 elite와 같이 존재 원고, 성직자, 학자	복잡한 정보체계 속에 전재 대중교육을 통하여 접근 대중적 사회기억의 기초로서 T.V
사회적 가 치	결속, 적응: 부족적 충성, 구두적으로 전달된 전통의 낮은 비평: 가치의 저장소로서 존경받는 연장자	개인주의, 경쟁, 야망, 욕심, 전통에 대한 수준 높은 비평(인쇄된 기록을 통하여)시대에 뒤떨어지는 연장자	감정이입, 동일시, 협동, 투시적 확산(perspective tabing) 전통에 대한 낮은 비평(과다한 정보와 입체 영상의 탁월성 때문), 건강, 부, 권력성, 계산 때문에 양면 가치로 여겨지는 연장자.
직 업 (일)	부족적인 일의 일부, 인간 관계의 더 커다란 망: 노동자, 자연, 도구와 생산물이 밀접히 상호관련.	돈을 위하여 유리된 과제, 노동의 분리, 일관작업 계열 (assembly line), 관료제, 조약(관례), 노동자는 원료, 기계적 도구, 생산물과 떨어짐	중세풍·동양적 모형을 통하여 자치적 작업 분위기 재생, 사회적 책임 강조, 광고, computer의 집단적 심상(작동기술을 통하여 일을 집에서 함)

IV. 學校 敎育과 文識性

1. 읽기 및 쓰기의 敎育的 특수성

읽기나 쓰기는 말하기나 듣기보다 더 어렵다. 말하기나 듣기가 音聲 言語를 매개로 하는 의사 교환의 手段이며 어린 시절부터 경험하는 자연스런 언어 발달의 한 면모인 반면, 읽기나 쓰기는 의도적으로 학습하여야 하는 文字媒體에 의한 의사 교환이며, 학습도 대부분 공식적인 學校敎育을 통해서 이뤄진다.

노명완(1986)은 이같은 매체나 학습시기의 차이 이외에도 읽기나 쓰기는 다음의 몇 가지 특성으로 인해 그 技能의 획득 및 신장에 특별한 敎育的 努力이 요구된다고 한다.[15]

첫째, 읽기나 쓰기는 말하기나 듣기에서의 말처럼, 직접적인 실마리 (clue)가 없이 행위자 스스로 기억 속에 있는 내용을 찾아내야 한다. **둘째,** 말하기나 듣기가 주변 狀況을 의사의 표출이나 수용에 쉽게 이용할 수 있는 반면, 읽기나 쓰기에서는 이같은 직접적 상황 요인이 결여되어 있다. **셋째,** 읽기나 쓰기에서는 이해, 표현의 單位가 담화(discourse)로써 말하기나 듣기에 비해 길고 그 행위는 일방적이다. **넷째,** 말하기나 듣기에서는 話者나 聲者의 役割이 분명히 나누어지지만, 읽기나 쓰기에서는 讀者·筆者가 筆者·讀者의 역할을 모두 담당하여야 한다.

노명완(1986)은 읽기와 쓰기 技能獲得 및 伸張이 어렵고 이를 위한 교육적 처치가 힘든 이유는 技能(skill)에 대한 認識의 부족과 기능의 작용과정(process)에 대한 관심과 탐구의 결여에서 연유한다고 하면서

---

15) 노명완, 앞의 책, pp.101~102.

교육의 첫째 일은 여러가지의 기능과 여러가지의 과정중에서 학생들이 가장 바람직한 技能과 過程을 獲得, 伸張하도록 돕는 것이어야 한다고 하였다. 이와같은 견해는 앞서 살펴본 Squire나 Goodman의 읽기나 쓰기를 認知的 過程으로 보는 시각과 일치하는 것이라 하겠다.

결국, 읽기나 쓰기는 의미를 (재)구성하는 과정으로서 인간의 認識 構造의 변형을 내포하는 것으로서 學校敎育을 思考敎育으로 볼 때 학교의 여러 교육 내용중에서 가장 중요한 교육이 아닐수 없다.

2. 文識性의 두 측면

Resnick과 Resnick(1977)은 문식성 교육을 역사적으로 分析함에 있어 개별적 敎育傳統으로서 고등 문식성(high literacy)과 하위 문식성(low literacy)으로 구분하였다.

고등 문식성은 유럽과 미국에서 elite 교육을 하는 데 강조되었으며 그것은 그 사회의 지도자들에게 적절한 言語學과 言語使用的 抽利能力, 문학적 기준과 소양, 그리고 道德的 價値와 槪念을 발달시키는 것을 목적으로 하였다. 그러나 대중 교육은 宗敎的 행위의 실현에 필요한 최소 수준을 유지하려 하였기 때문에 '下位 文識性'만이 강조되어 왔으며, 高等 文識性이 전체 국민들에게 요구되는 것은 최근의 일이라는 것이다.

이와같은 문식성 교육의 두 전통과 비슷한 개념으로서 노명완(1986)은 문식성을 발달적 측면에서 基礎技能(minimal level literacy skill)의 획득과 高等技能(high level literacy skill)의 획득으로 보고 있다. 기초기능은 읽기에서는 씌어진 글자를 읽어낼 수 있는 '글 깨치기 수준'의 기능으로, 그리고 쓰기에서는 '머리에 떠오르는 생각이나 또는 다른 사람의 말을 글자로 옮겨 놓을 수 있는 수준'의 기능으로 정의할 수 있다.

고등 기능은 글을 읽고 그 글의 내용이나 구조를 독자 나름대로 構成하고 分析하고 批判하는 수준, 그리고 생각을 떠오르는 그대로 글자로 옮기는 것이 아니라 생각을 글로 엮는(composing) 수준을 말한다.

읽기나 쓰기에서 요구되는 기초 기능과 고등 기능은 記憶 속에 잠재되어 있는 知識의 探索過程 측면에서는 각각 非意圖的 探索과 意圖的 探索으로, 그리고 知識의 引出過程 측면으로 볼 때에는 각각 지식의 단순 인출(knowledge telling)과 지식의 조직 인출(knowledge-organizing)로 그 특성을 규정할 수 있다. 이렇게 볼 때 소위 聖經的 文識性이나 19세기까지의 문식성은 기초 기능 수준이었다고 할 수 있다. 즉 단순한 의사 교환의 수단으로써 社會 生活을 하는 데 충분한 문식성은 글자를 바르게 그리고 빨리 읽고 쓰는 것이다.

그러나 읽기나 쓰기는 단순한 의사 교환의 수단일 수 없다. 읽기 및 쓰기 과정은 글(text)의 內容 뿐만 아니라, 읽기나 쓰기가 이뤄지고 있는 狀況的 必要나 要求, 그리고 필자 및 독자의 事前 知識, 態度, 目的, 技能이 고려되어야 하는 고등 기능이다. 고등 기능이 요구되는 읽기나 쓰기는 끊임없는 도전과정이다. 그것은 단순한 문자 읽기나 문자 쓰기, 그리고 내용 자체의 이해나 표현을 초월하여 知的 成長을 유발하고 조성하는 힘이 된다. 진정한 의미의 技能獲得 및 伸張은 기능에 관련되는 개념이나 원리들을 완전히 소화하여 자신의 언어로 활용할 수 있을 때에만 이뤄 진다고 노명완(1986)은 주장한다. 고등 기능의 특성을 이렇게 본다면 교육에 있어서 "고등 기능=대중 문식성"을 추구하는 것은 최근이라는 Resnick 과 Resnick(1977)의 주장은 당연할 수 밖에 없다. 왜냐하면, 현대 교육은 복잡한 사회에 적응할 수 있는 思考의 敎育이며 人間의 認知過程을 중시하기 때문에 고등기능을 중시할 수 밖에 없기 때문이다.

3. 學校敎育에서 문식성의 效果

학교에서 학습되고 가르쳐지는 知識과 技能으로서의 문식성 개념은 학교 밖이나 안에서 행해지는 具體的 狀況 속에서의 使用과 분리될 수 없다. 그리고 생활 방식(a way of life)[16]이나 사회 형태(social form)로서의 학교, 즉 학교에서 형성되는 文化와도 쉽게 분리될 수 없다.

Scribner와 Cole(1981)은 토착 문명에 대한 외부 문식성의 영향 연구를 통하여 사고 과정에 대한 문식성 그 자체의 영향과는 독립적인 學校敎育의 영향을 조사하였다. 그들은 상업이 발달한 Leberia의 Vai 족의 읽기를 연구하였다.

Vai 족은 가정에서 非形式的으로 가르쳐지는 그들 자신의 文字가 있었고 그들 중 많은 사람들이 또한 宗敎的 목적에서 아라비아 文字를 배웠으며 상업상의 목적으로 영어를 습득한다. 그런데 Vai 문식성만을 배운 사람들은 範疇化나 論理, 說明에 있어서 非文識者들과 거의 인지적 차이를 보이지 않았다. 비록 더 形式的 敎育事態에서 가르쳐졌을지라도 아라비아 문식성은 傳統的이고 神聖한 목적을 가졌을 뿐이므로 영어 문식성에서처럼 認知的 效果는 거의 보이지 않았다. 영어 문식성은 학교에서 가르쳐졌으며 일반적으로 문식성때문에 일어나는 것으로 알려진 활동들을 강화하는 데 사용되었다. 하지만 Vai 와 아라비아 문식자들이 비문식자들과 동일하지는 않았다.

이러한 Scribner와 Cole의 研究結果는 더 미묘한 뜻을 내포한다. 그들 연구의 論旨는 문맥 (context)과 실제(practice)를 문식성 때문에 일어나는 것으로 알려진 몇 가지 결과들[17]은 실제로는 學校敎育의 결

---

16) Marine Greene(1984)은 문식성은 Wittgenstein의 '생활형태(forms of life)에 의한 생각하는 능력'과 동일시 된다고 하였다.

17) 세가지 문자가 모두 다른 교육 상황에서 습득되었는데 연구내용 즉 추리,

340

과라는 것을 강조하였던 것 같다.[18] 현대의 미국에서 문식성에 관한 최근 연구들은 문식성과 학교 교육 사이의 차이를 강조했다. Olson (1977a, 1977b)은 文識性이 學校敎育을 특정한 인지적 과제(task)와 Style로 치우치게 한다고 주장했다. 즉 학교에서 산문(witten prose)이 우세하기 때문에 論理的이고 抽象的이며 普遍的 知識을 강조하게 되고 학교 밖에서는 입으로의 의사 소통이 우세하기 때문에 行動志向的이고 個人的이며 常識的인 지식을 강조하게 된다. 물론 학교 교육과 문식성의 同一視는 Scribner와 Cole(1981)이 지적했던 것처럼 절대적이지 않다. Vai 족 內에서 자체 문식성은 家族指向的인 반면 영어 문식성은 학교에서 가르쳐졌고, 精神的 過程(Olson이 학교 교육과 연관지었던)에 기울여 졌다.

Heath(1980, 1984)도 또한 학교 밖의 영어 문식성에 대한 흥미있는 연구를 최근에 하였다. 그녀는 미국 남부의 두 지역의 노동 계급 어린이들은 학교에서 기대했던 것과 다른 측면으로 문식성을 이용하고 배운다는 것을 발견했다. 즉 이들이 배우는 것은 分析的 도구와 연결된 全體的이고 連續的인 능력으로서가 아니라, 시장보기 목록과 달력 광고 읽기처럼 잡다하고 특수한 事態에서의 기능으로서이다.[19]

이와 같은 최근의 연구들로부터 대체적으로 알 수 있는 것은 文識性이 학교 교육과 관계는 있지만 항상, 그리고 반드시 그렇지는 않다는 것이다. 문식성의 몇몇 認知效果는 주로 학교를 통하여 성취되었고 형식적 학교 교육의 등장으로 문식성의 특정한 사용이 더욱 발달, 확

문법규칙, 가설 세우기 등 문제는 문식성의 영향이 아니라, 영어 문식성이 학교에서 가르쳐 졌기 때문에 그러한 문제를 해결했다는 것이다. 이는 모든 문식성이 인지적 영향을 끼칠 수 있지만 그런 인지적 문제를 해결하는 법을 학교교육의 상황에서 습득하기 때문에 차이가 난다는 것이다.

18) Kaestle, 앞의 책 p.
19) 위의 책, p.18~19.

산되었지만 학교 밖의 文識性의 世界가 또한 있는 것이다. 그렇지만, 이렇게 덜 구조적이고 덜 추상적인 학교 밖의 문식성이 있기 때문에, 그리고 학생들은 취학전에 매우 낮은 수준이기는 하나 학교 밖의 문식성을 습득하고 있기 때문에 학교 내의 높은 수준의 문식성 발달이 가능한 것이다. 즉 학교 교육을 통하여 人間의 思考能力을 伸張시킴으로써 다양한 사태에서 문명적 지식을 습득하고 활용하게 된다. 바로 이러한 이유로 인해 학교교육에서의 문식성은 우리 교육뿐만 아니라 일상생활에서도 중요한 것이다.

V. 結論 및 提言

文字의 발명 이후 인쇄술의 발달로 文識性의 技術은 크게 발달하였고, 사회가 복잡해지면서 그 槪念은 크게 확대되었다. 단순하게 글자를 읽거나 문서에 자신의 署名을 할 수 있는 능력을 일컬었던 文識性의 槪念이 글의 內容을 기억하고 다시 글을 이해하고 再構成할 수 있는 능력이 문식성의 개념으로 새롭게 인식되었으며 그것을 獲得하였을 때만 문식성이 있는 사람으로 여겨지게 되었다.

현대 사회에서 요구하는 문식성은 자신의 생활을 영위할 수 있는 능력으로서의 機能的이 文識性이다. 기능적 문식성을 획득함으로써 복잡한 현대 사회를 살아갈 수 있고 미래 사회를 순비할 수 있기 때문이다. 그리고 더 나아가 현대사회에서는 정보 기기의 보편적 보급으로 인해 문식성의 개념이 단순한 문자번역 기능은 물론이고 Computer를 다루고 專門性을 신장시키는 등의 高等 水準의 技能까지 포함하게 되었다.

本稿는 文識性의 개념을 기능적 문식성으로 보고 그 중에서도 글을 다루는 문식성의 개념을 敎育的 측면에서 살펴보았다. 즉 읽기와 쓰기는 文字를 매개로 하는 언어 활동으로서 文識性의 핵심을 이루고 있는 부분이다. 그 까닭을 본고는 문자의 읽기와 쓰기는 인간의 認知的 過程을 포함하는 思考過程을 필요로 하며, 바로 이같은 문자 사용으로 인한 사고 과정의 요구가 인간의 문명을 발달시켰다는 측면에서 찾은 것이다.

인간은 문자를 사용하게 됨으로써 기억의 부담을 덜게되고 글 사용의 인지적 특성때문에 더 理性에 기반을 둔 자유로운 思考를 할 수 있게 되었다. 그러나 읽기와 쓰기가 思考에 기반을 둔 認知的 過程이라고 생각하는 것은 최근의 일이며, 歷史的으로 볼 때 과거 오랫동안 읽기와 쓰기는 단순히 文字를 번역하고 글자로 바꿔쓸 수 있으면 된다고 생각하였다. 그러나 社會의 변화에 따라 인지적 요소가 자연스럽게 중요시되어 왔음에도 불구하고, Suhor(1987)에 따르면 文識의 도구가 다양해진 현대 多衆文識 文明社會에서는 상대적으로 글에 의한 인지적 효과가 감소하였다. 그래서 前文識 社會의 경향과 유사해지고 있다는 것이다.

따라서 현대에서의 문식성은 어떤 特定 基準에 의한 文識性과 非文識性이라는 二分法的 槪念이 아니라, 계속해서 발달해 가는 연속적 개념으로 받아들여야 한다. 즉 機能的 文識性은 단순한 문식성이 아니라 그 사회에 적응할 수 있고 그 文化에 적응해 가는 것이다. 그렇기 때문에 敎育的으로도 초기에는 단순한 문자 번역 기능을 획득시키는 것이 우선이지만 그 단계를 넘어서 복잡한 思考技能을 반영하는 고등 기능의 발달을 추구하도록 하여야 한다. 그와 같은 교육을 통하여 학교 교육에서의 文識性의 效果가 학교 밖의 생활에 轉移될 수 있도록 하여

야 한다. 文識性의 世界는 학교 뿐만 아니라 학교 밖의 일상 생활 속
에도 존재하기 때문이다.

　文識性의 槪念을 이렇게 본다면, 국민학교 2학년 정도의 글을 읽고
쓰는 수준이 되면 모두 文識性을 獲得한 것으로 보는 우리 나라에서는
문식성의 개념을 새롭게 再認識할 필요가 있다. 또한 國語敎育에 있어
서도 言語學習을 단순히 한글을 깨치는 것으로서가 아니라 高等技能의
發達로 확대하려는 것으로 인식하여야 한다. 더욱이 학년이 높아질수
록 읽기와 쓰기에 있어 個人差가 점점 커지고 있다는 사실을 고려할
때 文識性 槪念의 擴大와 文識性의 敎育은 심각하게 연구되어야 할 것
이다.

참고문헌

노명완, [國語敎育論], 서울: 한샘, 1988.

노명완·박영목·권경안, [國語科敎育論], 서울: 갑을출판사, 1988.

노명완·박영기·손영애·이차숙, [言語와 敎育], 서울: 한국방송통신대학
　　　　출판부, 1990.

이영자·이종숙, 유아의 문어발달과 비지시적 지도방법이 문어발달에 미
　　　　치는 영향에 관한 연구. [교육학연구] 제28권, 2호, 한국교육학회,
　　　　pp.105～123.

최운실, 산업화와 문해: 문해의 개념 및 접근전략. [문해교육심포지엄: 한
　　　　국문해교육의 현황과 발전방향] 한국사회교육협회·한국교육개발
　　　　원, 1989, pp.51～69.

Applbee, Arthur N. "Writing and Reasoning", Review of Educational
　　　　Research, Vol.54, No.4, (Winter 1984). PP.577～596.

Clifford, Geraldine T. "Buch and Lesen: Historical Perspectives on

344

Literacy", Review of Educational Research, Vol.54, no.4(Winter 1984): pp.472~500.

Erickson, Frederick. "School Literacy, Reasoning and Givility: An Anthropologists Perspective", Review of Educational Research, Vol.54, no.4(Winter 1984). pp.525~546.

Goodman, kenneth and Goodman, Yetta(1983). "Reading and Writing Relationship: Pragmatic Functions", In Composing and Comprehending, ed. Julie M.Jensen. The University of Texas, Austin: National Conference on Research in English. ERIC Clearinghouse on Reading and Comunication Skills, k pp.155~164.

Greene, Maxine, "Philosophy, Reason and Literacy." Review of Educational Research, vol.54, no.4(Winter 1984): pp.547~559.

Kaestle, Carl.F. "History of Literacy and the History of Readers", In Readers ", In Review of Research in Education 12, ed. Edmund W.Gordon. Yale University: American Educational Research Association, 1985, pp.11~53.

Moffett, James(1983). "Reading and Writing as Meditation." In Composing and Comprehendging, ed. Julie M.Jensen. The University of Texas, Austin: National Conference on Research in English. ERIC Clearinghouse on Reading and Communication Skills, pp.57~65.

Olson David. R. "From Utterance to Text: The Bias of Language in Speech and writing." Harvard Educational Review, vol.47, no.3(1977): pp.257~281.

Resnick, D.P. and Resnick, L. B. "The Nature of Literacy: An Historical Exploration." Hardvard Educational Review, vol.47, no.3(1977): pp.137~385.

Squire, James R(1983), "Composing and Comprehending: Two Sides of

The Same Basic Process." In composing and Comprehending, ed. Julie M. Jensen, The University of Texas, Ausitn: National Conference on Research in English. ERIC Clearinghouse on Reading and Communication Skills, pp.23~31.

Suhor, Charles. "ERIC·RCS Report: Understanding Literacy. An Overview." Language Arts, vol.64, no.6.(October 1987): pp.659~663.

Wittrock, M.C(1983). "Writing and The Teaching of Reading." In Composing and Comprehending, ed Julie M. Jensen, The University of Texas, Austin: National Conference on Reseaech in English. ERIC Clearinghouse on Reading and Communication Skills. pp.77~83.

國民學校 學習漢字의 調査研究(1990)
-國語 읽기 敎科書를 中心으로-

趙 成 敬

I. 序 論

1. 硏究의 目的

우리 나라는 이미 2000餘年前에 漢字를 받아들여 燦爛한 傳統文化를 이룩해 왔으며, 한글 專用을 부르짖는 오늘날에도 漢字는 新聞이나 雜誌는 물론 大部分의 書籍과 各種 情報媒體들이 漢字를 混用하고 있다. 그런데 學校에서는 漢字 時間을 따로 두어 中學校에서는 2學年까지 高等敎育에서는 1學年에서 週 1 時間 程度를 指導하고 있으니 入試敎育에 쫓긴 現實 속에서 漢字가 生活化되지 못하는 것은 當然한 일이라 하겠다. 더구나 國民學校에서는 漢字敎育이 完全 除外된 狀態이니 約 70%가 漢字語로 이뤄진 우리 말의 뜻을 바르게 익히고 活用하는데 큰 일이 아닐 수 없다.

이러한 問題들을 解決해 나가기 위해서는 漢字를 國民學校때부터 指導해야 하는데, 어떠한 漢字를 어느 學年에 어떻게 配定하여 어떻게 가르칠 것인가에 대하여는 아직 漠然한 狀態에 놓여 있다.

그리하여 筆者는 現行 國語 읽기 敎科書에 나타난 漢字를 調査하여, 그 頻度數에 의하여 國民學校 學習漢字로 選定하고, 이들을 다시 各 學年에 配當하여 學年別 學習漢字로 選定하였다. 그러므로 筆者가 선정한 學年別 學習 漢字가 國民學校 現場에서의 漢字敎育, 특히 國語敎科書를 통한 漢字敎育에 많이 活用될 수 있도록 하는 데에 硏究의 目的이 있다.

2. 硏究의 方法

現行 國民學校 3, 4, 5, 6學年의 國語 읽기 敎科書 8권에서 漢字로 나타낼 수 있는 글자를 조사하여 總 1606字를 얻었고, 그 중에서 使用頻度 10회 이상인 649字를 추려 國民學校 國語敎科書의 學習 漢字로 選定하였다.

그리고 學習 漢字로 選定한 649字는 最高頻度를 나타내는 學年에 配當함을 原則으로 하여 3學年에 63字, 4學年에 125字, 5學年에 153字, 6學年에 308字를 配當하였다.

3. 硏究의 範圍

國民學校 1, 2學年에서의 漢字 指導는 약간 무리가 있을 것 같아 除外하였고, 國語 읽기 敎科書의 本文은 물론 每 單元의 뒷부분에 나오는 '공부할 문제'도 調査 對象으로 하였다. 그러나 固有名詞類는 除外하는 것을 原則으로 하였고, 아라비아 숫자도 除外하였다.

348

II. 理論的 背景

1. 한글 專用의 弊害

李應百敎授가 [국어대사전](民衆書館發行)에 收錄되어 있는 표제어에 의하여 만든 統計에 의하면 固有語가 25.9%, 西歐外來語가 7.08%인데 비하여 漢字語는 67.02%를 차지하고 있다고 한다. 漢字語가 固有語보다 越等많다는 事實을 알 수가 있다. 우리 固有語는 대체로 우리 日常生活에 關係된 內容이 많고 漢字語는 學術用語, 理性에 의한 合理的 內容을 담은 것이 많다. 즉 高等文化에 속한 語彙가 大部分이다.[1]

그럼에도 불구하고 한글 專用을 주장하는 學者들은 다음의 세가지 利益을 들면서 한글 專用을 강조하였다. 그것은 ① 어려운 漢字 배우는 精力 浪費를 防止하는 것 ② 남의 글인 漢字를 廢止하고 民族主體性을 찾는 것 ③ 타이프로 칠 수 없는 漢字를 버리고 機械化를 하는 것 等이다.

그러나 이러한 利益을 가져다 줄 것이라던 한글 專用은 다음과 같은 4가지 면에서 禍害를 가져왔다고 柳正基敎授는 말하고 있다.

첫째, 敎育上의 禍害이다. 원래에 한글은 單音綴로만 쓰고 漢字語는 漢字로만 가르치면 그 뜻이 다 通하는 것인데 지금은 한글 單音綴/漢字語意味를 하나 하나씩 가르쳐서 暗記를 시키니 ① 記憶上의 負擔이 莫重하다. 그래서 밤잠도 못 자고 그것을 暗記하는 공부만 해도 同音異義가 3, 4語는 보통이고 1, 20이나 되는 漢字語에서는 ② 讀解할 能

---

1) 李太熙, 國民學校에서의 漢字敎育 절대로 어렵지 않다, 語文研究, 13(1), 1985.

力이 全無한 것이다. 따라서 單語의 意味를 모르니 單語를 結合해서 文章을 만드는 ③ 作文力이 發達될 수가 없고, ④ 思考力이 鈍化해서 低能이 되는 것이다.

둘째, 文化上의 禍害이다. 敎育上에서 한글 專用을 强行한 뒤로 新語들은 漢字專用으로 造成하고 있으니 한글 世代는 自國語에 대한 外國人이 된 것이다.

셋째, 政治上의 禍害로 말하면 ① 公文書 解讀에 時間浪費를 가져왔으니 이는 한글만 專用한 것은 오랜 시간이 걸려도 그 意味를 명백하게 理解할 수 없는 것도 있기 때문이다. ② 文盲公務員의 事務錯誤니 적어도 高等·大學까지 공부한 職員이 民衆을 相對로 해서 그 住所·姓名도 못 알아보니 錯誤가 許多한 것이고 ③ 犯罪率의 增加가 顯著한 것이니 무릇 犯罪는 無知의 所産이기 때문이다. 漢字의 知識이 있으면 倫理的인 敎訓을 알 수 있기 때문이다.

넷째, 經濟上의 禍害로 말하면 ① 戶籍改書費에 國庫를 浪費한 것이다. 年前에 漢字로 縱書했던 戶籍을 한글로 橫書하였으나 姓名만은 그대로 쓰니 그 改書란 것이 全然 意味가 없는 것이고 ② 飜譯出版費를 浪費한 것이니 漢字混用을 하면 原文의 倍程度면 되는데 그 漢字語를 풀어 쓰고 또 괄호 속에다 漢字를 쓰니 그 分量이 3, 4倍나 더 增大되는 것이며 ③ 學生課外量의 過重한 負擔이 된 것이다. 漢字混用한 敎科書로 가르치면 그 視覺的인 印象이 記憶上에 有益해서 獨習도 되지만 한글 專用으로만 배운 學生들은 聽講하는 外에는 工夫할 줄 모르는 것이다.

요컨대 學校란 것은 글 가르치는 것이 그 基本的이가 使命인데 이 땅에서는 글 못 가르치게 하는 敎育만 强行해 온 그 不合理한 政策때문에 結果로 民生社會에 끼진 禍害는 實로 巨大한 것임을 指摘할 수 있겠다.[2]

2. 國民學校 漢字敎育의 必要性

漢字는 國民學校에서부터 가르치는 것이 보다 基礎的이요 效果的인 것이다. 이는 記憶力이 왕성한 幼年時代에 가르치는 것이 敎育效果를 百倍할 것이요, 또 國民學校에서 漢字를 배우고 넘어가면 中學校에서 의 敎科學習이 몇 곱절 쉽고 빠르기 때문이다.[3]

한편, 南廣祐敎授는 다음 4가지의 利點을 들어 國民學校에서의 漢字 敎育의 必要生을 말하고 있다.

첫째, 漢字말의 뜻파악이나 발음의 指導가 쉬워진다.

둘째, 특히 同音異議語나 同綴異音語의 경우, 뜻구별과 발음구별이 分明해진다.

셋째, 표기법 敎育의 利點으로, 漢字말 표기의 경우 그 표기를 쉽게 익히려면 漢字知識이 필요하다.

넷째, 漢字의 早期敎育은 漢字말의 뜻을 빨리 正確하게 그 發音을 옳게, 그 표기를 쉽게 익히는데도 效率的인 것이다.[4]

이와 같은 利點을 가지고 있는 漢字敎育은 國民學校에서부터 이뤄 져야 할 것이라고 생각한다.

---

2) 柳正基, 한글 專用의 重大한 禍害, 語文硏究 8권, 1980.
3) 韓麟敎, 國民學校에 있어서의 漢字敎育의 必要性, 語文硏究 3(3호), 1975.
4) 南廣祐, 敎育課程에 漢字敎育 조항 新設하라, 語文硏究 14(3호), 1986.

Ⅲ. 本 論

1. 國語 읽기 敎科書에 나타난 漢字 調査

現行 國民學校 3, 4, 5, 6學年 國語 읽기 敎科書에 니다난 漢字로 表記할 수 있는 글자를 調査한 결과, 모두 1606字였다.

調査 方式은 全數調査 方式으로써, 순수 漢字語(예; 學校, 日記)와 混合語(예; 燈불, 爲하여)를 망라하여 調査하였다.

위와 같은 方式으로 調査한 결과 얻어진 1606字 中, 'ㄱ'音으로 始作되는 것은 235字이고, 'ㄴ'音으로 始作되는 것은 21字, 'ㄷ'音으로 始作되는 것은 74字, 'ㄹ'音으로 시작되는 것은 81字, 'ㅁ'音으로 始作되는 것은 84字, 'ㅂ'音으로 始作되는 것은 116字, 'ㅅ'音으로 始作되는 것은 224字, 'ㅇ'音으로 始作되는 것은 222字, 'ㅈ'音으로 始作되는 것은 220字, 'ㅊ'音으로 始作되는 것은 119字, 'ㅋ'音으로 始作되는 것은 1字, 'ㅌ'音으로 始作되는 것은 33字, 'ㅎ'音으로 始作되는 것은 127字였다. 실제의 漢字는 다음과 같다.

[ㄱ]가 家 加 假 暇 價 歌 街 可 跏 각 各 覺 刻 角 閣 간 間 簡 看 懇 肝 艱 墾 干 刊 諫 奸 갈 葛 감 敢 監 感 堪 鑑 갑 甲 匣 강 江 康 强 講 鋼 綱 薑 降 개 個 開 改 介 概 객 客 거 據 拒 去 巨 擧 距 車 [1] 居 倨 건 健 巾 件 建 虔 걸 傑 검 檢 게 揭 격 格 激 擊 隔 견 見 결 缺 結 潔 決 겸 謙 兼 경 經 敬 境 景 鏡 警 耕 瓊 競 卿 傾 頃 輕 慶 계 係 繼 界 計 械 啓 季 階 溪 戒 系 契 고 故 苦 拷 庫 高 固 告 鼓 古 姑 膏 考 孤 稿 곡 曲 穀 谷 哭 곤 困 昆 골 汨 骨 공 工 功 空

352

公 供 共 攻 恭 과 過 果 科 課 菓 관 關 官 觀 慣 館 冠 管 棺 貫 광
光 廣 鑛 괘 卦 掛 괴 怪 굉 宏 교 較 校 交 敎 郊 橋 巧 구 舊 區 句
究 求 口 具 球 構 九 拘 廐 救 국 局 國 군 軍 群 君 郡 굴 窟 屈 掘
궁 宮 窮 弓 권 卷 勸 圈 權 拳 귀 貴 歸 鬼 규 規 窺 균 均 극 極 劇
克 근 近 根 懃 勤 금 今 金 琴 禁 급 急 級 及 扱 긍 矜 肯 기 記 氣
器 己 寄 祈 汽 寄 旗 技 機 紀 基 旣 期 棄 企 起 긴 緊 길 吉 (總
235字)

[ㄴ]나 喇 癩 儺 난 難 暖 煖 남 南 男 내 內 耐 냉 冷 녀 女 년 年
념 念 녕 寧 노 努 櫓 怒 농 農 뇌 腦 능 能 (總 21字)

[ㄷ]다 多 단 斷 端 段 單 丹 壇 團 短 緞 달 達 담 談 淡 膽 擔 답
答 踏 沓 당 當 堂 唐 黨 대 帶 對 大 代 待 臺 隊 댁 宅 덕 德 도 道
度 塗 禱 到 逃 圖 島 渡 盜 導 都 蹈 濤 徒 途 悼 陶 挑 독 讀 獨 毒
督 돈 頓 돌 突 동 動 同 童 東 銅 洞 棟 凍 冬 두 頭 豆 득 得 등 登
燈 藤 膽 騰 (總 74字)

[ㄹ]라 羅 락 諾 樂 落 洛 란 亂 卵 爛 람 覽 랑 朗 廊 浪 래 來 략
掠 略 량 良 量 糧 兩 려 旅 麗 勵 盧 慮 력 力 歷 曆 련 聯 練 鍊 連
렬 列 烈 裂 렴 廉 령 令 靈 領 례 例 禮 로 勞 路 鷺 老 露 爐 虜 록
綠 錄 론 論 롱 弄 료 料 療 뢰 雷 료 了 루 樓 陋 淚 류 類 留 榴 流
륙 陸 률 律 륵 勒 름 凜 릉 陵 稜 리 利 悧 理 璃 里 離 吏 裡 痢 립
立 림 林 린 燐 (總 81字)

[ㅁ]마 魔 磨 馬 麻 막 幕 莫 寞 漠 만 漫 萬 饅 蠻 滿 挽 慢 晚 말
末 抹 망 望 亡 網 茫 邙 매 每 梅 魅 妹 맥 脈 맹 猛 孟 盲 면 面 免

綿 멸 滅 명 明 名 命 瞑 鳴 銘 暝 모 貌 母 模 謀 帽 耗 冒 募 毛 목
目 牧 沐 木 睦 몰 沒 몽 蒙 묘 墓 描 妙 卯 廟 무 無 舞 武 務 묵 黙
문 門 文 問 聞 物 勿 미 味 未 微 彌 美 薇 민 民 悶 敏 밀 密 (總
84字)

[ㅂ]박 拍 博 朴 迫 薄 泊 搏 반 班 反 盤 半 飯 攀 搬 伴 頒 般 발
發 拔 방 房 方 防 放 坊 妨 榜 訪 倣 邦 배 褙 倍 拜 背 配 輩 杯 백
白 百 번 番 繁 벌 伐 罰 범 範 犯 梵 법 法 벽 壁 僻 璧 甓 碧 변 變
辨 邊 별 別 병 病 瓶 兵 屛 보 步 報 保 寶 普 補 輔 菩 譜 복 復 福
複 服 본 本 봉 封 奉 峯 鳳 逢 부 部 富 付 父 夫 負 附 膚 婦 敷 埠
府 浮 赴 북 北 분 分 雰 憤 奔 盆 奮 墳 粉 불 佛 붕 繃 비 備 比 秘
碑 費 緋 悲 妃 飛 批 痺 빈 貧 (總 116字)

[ㅅ]사 事 徙 四 師 社 寫 祀 士 辭 謝 舍 史 沙 査 使 蛇 飼 死 寺
仕 獅 似 紗 祠 司 斜 砂 賜 莎 詞 絲 瀉 산 山 算 傘 産 散 살 殺 薩
삼 衫 三 森 삽 揷 상 想 像 上 床 常 賞 爽 傷 相 箱 象 尙 喪 狀 商
祥 색 色 索 생 生 牲 省 쌍 雙 서 序 西 書 緖 暑 瑞 庶 석 席 夕 惜
선 先 膳 選 線 鮮 船 善 仙 宣 旋 설 說 設 雪 泄 섬 纖 殲 섭 涉 성
性 誠 姓 城 成 聲 盛 聖 星 省 세 勢 世 細 歲 洗 소 消 掃 少 所 素
紹 笑 小 騷 沼 疎 訴 蔬 簫 속 束 續 屬 速 손 孫 遜 舍 牽 송 送 悚
頌 誦 松 쇄 刷 쇠 衰 수 數 手 水 讐 授 帥 輸 樹 戌 粹 守 燧 受 修
酬 愁 首 秀 收 蒐 囚 繡 壽 須 殊 髓 숙 宿 肅 熟 순 純 順 瞬 旬 巡
殉 술 術 숭 崇 습 習 襲 拾 승 丞 乘 勝 僧 承 昇 시 始 時 詩 試 視
示 市 施 是 媤 屍 식 息 植 式 識 殖 蝕 飾 신 信 神 身 臣 新 辛 呻
辰 申 실 實 室 심 心 甚 審 深 십 十 (總 224字)

354

[ㅇ]아 衙 阿 雅 我 악 握 惡 안 安 案 眼 顔 岸 암 庵 暗 巖 압 壓
액 額 앙 仰 央 殃 애 哀 涯 礙 愛 액 液 야 惹 野 夜 倻 약 約 弱 藥
若 양 樣 讓 陽 洋 養 胖 어 語 御 魚 漁 억 憶 抑 언 言 諺 엄 嚴 업
業 여 餘 如 역 役 驛 逆 亦 易 域 疫 연 然 硏 鉛 煙 軟 演 鳶 緣 延
羨 蓮 宴 열 熱 염 染 炎 엽 葉 영 怜 營 影 永 映 泳 迎 榮 英 零 예
豫 藝 裔 오 午 悟 娛 五 誤 汚 奧 鰲 옥 獄 玉 屋 온 溫 완 完 頑 왕
王 往 왜 倭 외 外 碨 요 曜 要 搖 妖 謠 욕 辱 慾 欲 浴 용 容 用 勇
鎔 龍 庸 우 偶 友 遇 雨 于 右 牛 郵 優 憂 운 運 韻 雲 울 鬱 웅 雄
원 院 原 怨 員 遠 願 元 援 冤 圓 源 월 月 越 위 圍 爲 危 慰 偉 位
衛 威 尉 委 僞 유 有 由 琉 裕 遺 幼 乳 誘 儒 惟 幽 維 油 遊 육 育
肉 은 恩 銀 慇 음 飮 音 陰 吟 읍 邑 응 應 의 醫 義 意 疑 議 椅 誼
依 毅 儀 륙 六 의 衣 이 移 異 以 弛 二 姨 痍 익 益 인 因 姻 人 印
認 仁 忍 引 일 日 一 逸 임 任 壬 臨 입 入 잉 孕 (總 222字)

[ㅈ]자 呑 自 者 子 字 仔 紫 磁 資 慈 瓷 藉 滋 작 作 昨 酌 炸 잔
盞 殘 잠 暫 잡 雜 장 場 章 掌 張 將 壯 裝 臟 障 奬 長 藏 狀 粧 葬
醬 莊 丈 薔 檣 帳 杖 墻 재 才 裁 財 材 災 齋 在 再 쟁 錚 爭 저 貯
底 躇 狙 樗 적 的 積 適 績 笛 跡 賊 蹟 敵 寂 籍 赤 迹 전 傳 前 錢
全 殿 電 典 塵 展 轉 戰 箭 煎 田 절 節 切 絶 折 점 點 漸 店 占 접
接 정 情 程 政 正 精 穽 整 定 庭 鄭 頂 幀 廷 停 亭 征 淨 丁 碇 제
際 題 第 祭 薺 弟 帝 制 除 製 堤 濟 提 조 操 祖 條 調 助 組 彫 鳥
照 造 朝 兆 潮 嘲 족 族 足 존 尊 存 졸 卒 종 終 種 宗 鍾 從 縱 좌
坐 左 佐 죄 罪 주 周 主 週 朱 奏 走 注 州 駐 躊 鑄 住 酒 洲 죽 竹
준 準 중 中 重 衆 즉 卽 증 症 蒸 證 增 지 地 只 紙 止 知 指 志 智
誌 至 持 池 支 旨 祉 肢 직 直 職 織 진 診 眞 陳 進 震 辰 盡 津 鎭
塵 질 秩 質 疾 짐 斟 朕 집 執 集 輯 징 徵 懲 (總 220字)

[ㅊ]차 次 車[2] 差 遮 茶 착 着 錯 찬 讚 饌 燦 纂 餐 찰 察 札 刹 참 參 慘 塹 창 窓 唱 倉 蒼 猖 創 艙 滄 채 棌 彩 茶 采 책 冊 責 策 처 處 悽 妻 척 戚 隻 夯 拓 천 千 踐 天 韆 賤 泉 철 鐵 徹 哲 첨 詔 瞻 尖 첩 捷 帖 牒 청 淸 聽 靑 請 廳 체 體 遞 締 逮 초 草 初 秒 招 憔 楚 촉 觸 촌 寸 村 총 銃 總 聰 최 最 催 추 鞦 推 秋 醜 追 축 祝 軸 畜 蓄 蹴 築 출 出 충 忠 蟲 充 衝 췌 悴 취 醉 取 趣 측 測 층 層 치 齒 致 置 治 値 稚 熾 緻 峙 칙 則 친 親 칠 漆 七 침 針 侵 寢 沈 칭 稱 (總 119字)

[ㅋ]쾌 快 (總 11字)

[ㅌ]타 打 탁 託 卓 濯 濁 탄 彈 歎 綻 誕 炭 탈 脫 奪 탐 貪 探 탑 塔 태 太 泰 態 胎 택 擇 澤 탱 撐 터 擴 토 土 討 통 通 筒 統 桶 痛 퇴 退 투 鬪 특 特 (總 33字)

[ㅍ]파 波 破 把 派 播 판 判 版 板 팔 叭 八 편 便 篇 片 編 평 平 坪 評 폐 廢 포 胞 抱 布 捕 鋪 砲 包 抛 浦 蒲 폭 暴 爆 瀑 幅 표 表 標 票 품 品 풍 風 豊 楓 피 疲 避 披 被 皮 필 筆 必 匹 疋 弼 (總 49字)

[ㅎ]하 賀 下 何 荷 학 學 虐 鶴 한 閑 寒 韓 漢 恨 限 汗 할 割 함 陷 喊 含 합 合 항 抗 恒 港 航 項 해 海 解 害 奚 該 행 行 幸 향 鄕 香 向 響 享 허 許 헌 憲 獻 軒 험 驗 險 혁 革 현 現 玄 賢 懸 혈 血 협 協 脅 挾 형 形 兄 刑 型 衡 혜 惠 慧 호 號 護 戶 好 湖 壕 呼 혹 或 酷 혼 魂 婚 混 홍 紅 洪 弘 화 畵 話 火 花 華 化 和 靴 禍 貨 홀 忽 확 確 擴 환 患 環 歡 丸 換 幻 활 活 滑 闊 황 黃 慌 皇 회 會 灰

回 悔 懷 획 劃 횡 橫 효 孝 爻 效 후 後 候 喉 훈 訓 薰 勳 휘 揮 휴
休 흉 凶 흑 黑 흔 痕 흡 恰 吸 흥 興 희 希 稀 犧 戲 (總 127字)

以上과 같이 1606字를 ㄱㄴ順으로 整理해 보았다. 그러나 그 중
〈車·省·狀〉3字는 각각 [거·차], [생·성], [상·장]과 같이 同字異
音 관계에 있으므로 實際字數는 1603字가 된다.

2. 漢字의 學年別 分布 狀態 調査

〈표 1〉 漢字의 學年別 分布 狀態(Ⅰ)

학년	ㄱ	ㄴ	ㄷ	ㄹ	ㅁ	ㅂ	ㅅ	ㅇ	ㅈ	ㅊ	ㅋ	ㅌ	ㅍ	ㅎ	計
3	90	12	38	29	30	44	95	86	86	83	1	8	16	47	615
4	154	15	55	45	44	67	148	131	129	70	1	16	29	73	977
5	147	13	51	54	56	70	146	154	133	63	1	22	28	70	1008
6	191	20	62	68	63	94	187	178	175	96	1	28	41	105	1309

〈표1〉에 나타난 바와 같이, 各 學年의 國語 읽기 敎科書에 나타난
漢字數는, 3學年이 615字, 4學年이 977字, 5學年이 1008字, 6學年이
1309字였다. 이것으로써 學年이 올라갈수록 漢字의 分布가 점점 높아
진다는 것을 알 수 있다.

한편, 〈표1〉은 前學年 敎科書에 나타났던 漢字, 즉 再出字를 除外시
키지 아니하고 統計낸 結果이다. 그래서 各學年에 나타나는 再出字의
比率을 알아보기 위해, 各 學年마다 처음 나오는 漢字, 즉 新習字만을
調査해 보았다. 단 3학년의 경우는 1, 2학년 敎科書를 硏究 對象으로
삼지 않았기 때문에 615字 全部를 新習字로 取扱하였다. 調査 結果는
다음 〈표2〉와 같다.

〈표2〉 漢字의 學年別 分布 狀態(Ⅱ)

학년	ㄱ	ㄴ	ㄷ	ㄹ	ㅁ	ㅂ	ㅅ	ㅇ	ㅈ	ㅊ	ㅋ	ㅌ	ㅍ	ㅎ	計	再出字	再出比
3	90	12	38	29	30	44	95	86	86	33	1	8	16	47	615		
4	75	5	22	23	19	27	64	65	62	41	.	10	16	32	461	516	52.81%
5	32	.	5	13	18	17	25	35	28	20	.	7	10	19	229	779	77.28%
6	38	4	9	16	17	28	40	36	44	25	.	8	7	29	301	1008	77.01%
計	235	21	74	81	84	116	224	222	220	119	1	33	49	127	1606		

위의 〈표2〉에서 알 수 있듯이, 各 學年에서의 再出漢字의 比率은, 4
학년이 52.81%, 5학년이 77.28%, 6학년이 77.01%로 매우 높다고 생각
된다.

지금까지 漢字의 學年別 分布 狀態를 살펴 보았으며, 各 學年에 나
타나는 新習字는 다음과 같다.

3學年 敎科書에 나타난 漢字

[까] 家各覺
[ㄱ]가 家 각 各 覺 간 間 簡 看 懇 감 敢 監 感 갑 甲 匣 강 江 康 强
講 개 個 開 改 거 據 拒 去 건 健 巾 件 격 格 견 見 결 缺 結 潔 決
경 經 敬 境 景 鏡 계 係 繼 界 計 고 故 苦 곡 曲 곤 困 昆 공 工 功
空 公 과 過 果 科 관 關 官 觀 慣 교 較 校 交 구 舊 區 句 究 求 口
具 球 국 局 國 군 軍 굴 窟 屈 궁 宮 귀 貴 규 規 극 極 劇 근 近 根
懃 금 今 金 급 急 기 記 氣 器 己 奇 祈 汽 寄 旗 技 機 紀 基 旣 期
[ㄴ]나 喇 남 南 男 내 內 녀 女 년 年 념 念 녕 寧 노 努 농 農 뇌
腦 능 能
[ㄷ]다 多 단 斷 端 段 單 丹 壇 달 達 담 談 답 答 당 當 堂 대 帶

對大代待臺댁宅딕德도道度塗禱到逃圖島독讀돈頓
동動同童東銅두頭등登燈
[ㄹ]라羅락諾樂落란亂랑朗래來량良兩려旅력力련
聯練렬列령令례例禮로勞路록綠錄료料루陋륙陸름
凜리利悧理璃里
[ㅁ]막幕만漫萬饅망望亡매每梅면面명明名命모貌母
模목目牧무無舞武문門文問聞物미味未민民悶밀密
[ㅂ]박拍반班反盤발發방房方防放배褙倍拜백白百번
番법法벽壁변變별別병病瓶보步報保寶복復福複본
本봉封부部富付父夫북北분分雰불不비備比秘碑
[ㅅ]사事徒四師社寫祀士辭謝산山算傘살殺薩삼三
상想像上床常賞爽傷相箱象색色生서序恕西석席
石선先膳選설說성性誠姓城成聲省세勢世細歲소消
掃少所素속束續屬솔率송送悚頌수數手水讐授帥숙
宿순純順瞬旬術術습習승丞시始時詩試視示市식息
植食式識신信神身臣新실實室심心甚십十
[ㅇ]아衙안安액額야惹약約弱藥若양樣讓陽洋어語
업業여餘역役驛逆연然硏鉛煙열熱엽葉영怜예豫藝
오午悟옥獄온溫왕王외外요曜要搖妖욕辱慾용容用
勇우偶友遇雨운運울鬱원院原怨員遠園월月越위圍
爲危慰偉位유有由琉은恩愍음飮音읍邑의醫義意疑
議椅이移異以弛익益인因姻人일日一입入
[ㅈ]자姿自者子字仔紫磁滋작作잠暫잡雜장場章掌
張將壯재才裁쟁錚적的積適績笛전傳前錢全殿電典
절節切絕점點漸店접接정情程政正精穽整定제際題

第 祭 조 操 祖 條 調 助 족 族 존 尊 종 終 綜 죄 罪 주 周 主 週 朱
奏 준 準 중 中 重 즉 卽 증 症 지 地 只 紙 止 知 指 직 直 職 織 진
診 眞 陳 질 秩 質 집 執 징 徵

[차]차 次 車²⁾ 착 着 찬 讚 찰 察 창 窓 唱 책 册 처 處 천 千 踐 청
淸 聽 체 體 초 草 初 촌 寸 총 銃 總 축 祝 충 忠 蟲 充 출 出 층 層
치 齒 致 置 칙 則 친 親 침 針 칭 稱

[ㅋ]쾌 快

[ㅌ]탁 託 卓 탑 塔 태 太 토 土 통 通 筒 특 特

[ㅍ]판 判 팔 叭 편 便 篇 평 平 표 表 標 票 품 品 풍 風 豊 楓 피
疲 避 필 筆 必

[ㅎ]하 賀 下 학 學 할 割 함 陷 衛 합 合 해 海 解 害 행 行 幸 향
鄕 香 向 허 許 험 驗 險 현 現 형 形 兄 혜 惠 호 號 護 혼 魂 婚 홍
紅 화 畵 話 火 花 확 確 환 患 環 활 活 황 黃 회 會 灰 回 획 劃 횡
橫 효 孝 후 後 훈 訓 휘 揮 휴 休 희 希 戱 (總 615字)

4學年 敎科書에 나타난 漢字

[ㄱ]가 加 假 暇 價 각 刻 角 간 肝 艱 懇 강 鋼 綱 개 介 槪 거 巨 擧
距 車¹⁾ 居 건 建 걸 傑 검 檢 격 激 겸 謙 경 警 耕 瓊 競 卿 傾 게 揭
계 械 啓 季 고 拷 庫 高 固 告 鼓 古 姑 膏 곡 穀 골 汨 공 供 共 과
課 관 館 冠 管 광 光 廣 굉 宏 교 郊 橋 구 構 군 群 궁 窮 권 卷 勸
圈 귀 歸 균 均 근 勤 금 琴 급 給 級 及 扱 기 寄 旗 技 機 紀 基
[ㄴ]난 難 내 耐 냉 冷 노 櫓
[ㄷ]단 團 短 緞 담 淡 膽 擔 답 踏 당 唐 黨 대 隊 도 渡 盜 導 都
蹈 濤 독 毒 督 돈 頓 돌 突 동 洞 등 燈
[ㄹ]락 落 란 卵 랑 廊 략 略 량 量 糧 려 麗 勵 慮 령 靈 領 로 鷺

료 療 루 樓 류 類 留 륵 勒 리 利 悧 離 吏 립 立 린 燐

[ㅁ]마 魔 만 滿 망 網 맥 脈 멸 滅 명 瞑 鳴 銘 모 謀 帽 목 牧 沐
木 몰 沒 몽 蒙 묘 墓 무 務 미 微 彌

[ㅂ]박 博 반 半 飯 방 坊 妨 배 背 配 벌 伐 범 範 벽 僻 변 辨 병 兵
屛 보 普 복 服 봉 奉 峯 부 負 附 膚 분 憤 奔 붕 繃 비 費 緋 悲 妃

[ㅅ]사 舍 史 沙 査 使 蛇 飼 死 寺 仕 獅 似 紗 祠 司 斜 산 産 散 살
殺 상 尙 쌍 雙 서 書 緖 석 夕 선 線 鮮 船 善 仙 宣 旋 설 雪 성 盛
聖 세 洗 소 紹 笑 小 騷 沼 속 屬 速 손 遜 송 誦 松 쇄 刷 쇠 衰 수
輸 樹 戍 숙 肅 순 巡 숭 崇 승 勝 시 施 是 식 殖 신 辛 실 失 심 審

[ㅇ]아 阿 안 案 眼 암 暗 압 壓 앙 仰 애 愛 액 液 야 野 夜 양 養
어 御 魚 억 憶 抑 언 言 엄 嚴 여 與 如 역 亦 연 演 鳶 염 染 영 營
影 永 映 泳 迎 榮 오 娛 五 완 完 왜 倭 욕 欲 용 鎔 龍 우 于 右 牛
울 鬱 웅 雄 원 願 元 위 衛 威 유 裕 遺 幼 乳 육 育 六 은 銀 음 陰
의 誼 依 이 二 인 印 認 仁 忍 임 任 壬

[ㅈ]자 資 滋 작 昨 잔 殘 장 裝 臟 障 奬 長 재 財 쟁 爭 저 貯 底
적 跡 賊 蹟 전 塵 展 轉 戰 정 庭 鄭 頂 幀 廷 停 亭 征 제 薺 弟 帝
制 除 조 組 彫 鳥 照 족 足 졸 卒 종 種 宗 좌 坐 左 주 走 注 州 중
衆 지 志 智 誌 至 持 池 직 職 織 진 進 震 辰 盡 집 集 輯 징 懲

[ㅊ]차 差 遮 찬 饌 참 參 慘 창 倉 蒼 猖 채 株 처 悽 척 戚 천 天
韆 賤 철 鐵 徹 첨 諂 첩 捷 청 淸 靑 請 廳 초 秒 촌 村 최 最 추 鞦
推 秋 축 畜 蓄 蹴 취 醉 取 측 測 치 値 稚 칠 漆 七 침 侵 寢

[ㅌ]탄 彈 歎 탐 貪 태 泰 택 擇 澤 통 統 桶 痛 퇴 退

[ㅍ]파 波 판 版 板 팔 八 평 坪 포 胞 布 捕 鋪 폭 暴 爆 幅 瀑 피
披 被 皮

[ㅎ]학 虐 한 閑 寒 韓 항 抗 恒 향 響 헌 憲 현 玄 賢 혈 血 협 協

脅挾 형 刑 型 衡 혜 慧 호 戶 好 湖 혹 或 혼 混 홍 洪 화 華 化 和
환 歡 회 悔 훈 薰 흡 恰 흥 興 희 稀

5學年 教科書에 나타난 漢字

[ㄱ]간 干 刊 갈 葛 감 敢 監 堪 鑑 객 客 거 倨 격 擊 겸 兼 경 頃
계 戒 系 고 考 孤 곡 谷 공 攻 恭 광 鑛 괴 怪 구 九 군 君 굴 屈 권
拳 극 克 기 旣 期 棄
[ㄷ]답 沓 도 徒 동 棟 凍 등 藤
[ㄹ]락 絡 련 連 렬 烈 裂 로 老 露 爐 론 論 뢰 雷 루 淚 류 榴 률
律 림 林
[ㅁ]마 磨 막 莫 寞 만 挽 慢 晩 망 茫 매 魅 妹 맹 猛 명 銘 모 耗
冒 목 睦 묘 描 묘 妙 물 勿 미 美
[ㅂ]박 朴 반 攀 搬 발 拔 방 榜 벌 罰 범 犯 벽 甓 변 邊 봉 鳳 부
婦 敷 분 盆 奮 불 佛 비 飛
[ㅅ]사 砂 삼 森 상 喪 狀 선 宣 섭 涉 성 星 소 疎 손 孫 수 粹 守
燧 受 修 酬 愁 首 秀 收 순 殉 습 襲 승 僧 시 媤 식 蝕 심 深
[ㅇ]아 雅 我 악 握 惡 안 顔 岸 앙 央 애 哀 어 漁 연 緣 延 영 英
零 오 誤 汚 奧 완 頑 왕 往 외 磑 요 謠 우 郵 優 운 韻 원 援 寃 圓
源 위 尉 유 誘 음 吟 응 應 의 毅 이 姨 인 引 일 逸
[ㅈ]작 酌 炸 장 藏 狀 粧 葬 醬 莊 재 材 저 躇 狙 적 謫 寂 籍 정 淨
제 製 堤 조 造 朝 종 鍾 주 駐 躊 鑄 증 蒸 지 支 진 盡 津 짐 斟
[차]차 茶 참 塹 창 創 채 彩 菜 책 責 策 첩 帖 체 締 초 招 憔 楚
촉 觸 최 催 추 醜 췌 悴 취 趣 침 沈
[ㅌ]탁 濯 단 綻 탁 脫 탈 奪 탐 探 태 態 투 鬪

[ㅍ]파 破 把 派 편 片 평 評 폐 廢 포 砲 包 抛 필 匹
[ㅎ]한 漢 恨 限 함 含 항 港 航 혁 革 호 壕 홀 忽 화 靴 환 丸 활
滑 황 慌 효 爻 效 후 候 훈 勳

6學年 敎科書에 나타난 漢字

[가]가 歌 街 可 跏 각 閣 간 諫 奸 강 薑 降 건 虔 격 隔 경 輕 慶
계 稧 고 稿 곡 哭 골 骨 과 菓 관 棺 貫 괘 卦 掛 교 巧 구 拘 廏 救
군 郡 굴 掘 궁 弓 귀 鬼 규 窺 금 禁 급 扱 긍 肯 기 企 起 길 吉
[ㄴ]나 癩 儺 난 暖 煖
[ㄷ]도 途 悼 陶 挑 독 督 동 冬 득 得 등 謄 騰
[ㄹ]란 爛 람 覽 랑 浪 략 掠 려 盧 력 曆 렴 廉 롱 弄 료 了 류 流
릉 陵 稜 리 裡 痢
[ㅁ]마 馬 痲 막 漠 만 晩 말 抹 망 邙 맹 孟 盲 면 綿 명 瞑 모 募
毛 묘 卯 廟 묵 黙 미 薇 민 敏
[ㅂ]박 迫 薄 泊 搏 반 伴 頒 방 訪 倣 邦 배 輩 杯 번 繁 범 梵 벽
劈 碧 보 補 輔 菩 譜 봉 逢 부 府 浮 赴 분 墳 粉 비 批 痺 빈 貧
[ㅅ]사 賜 莎 詞 絲 瀉 살 薩 삼 衫 삽 揷 상 商 祥 색 索 생 牲 성 省
서 暑 瑞 庶 석 惜 설 泄 섬 纖 殲 소 訴 蔬 蕭 수 囚 繡 壽 須 殊 髓
숙 熟 습 拾 승 承 昇 시 屍 식 飾 신 呻 辰 申
[ㅇ]암 巖 앙 殃 애 涯 礙 야 倻 양 胖 언 諺 역 易 域 疫 연 羨 蓮
宴 염 炎 예 裔 오 鰲 옥 玉 屋 용 庸 우 憂 운 雲 월 月 越 위 委 僞
유 儒 惟 幽 維 油 遊 의 儀 이 痍 임 臨 잉 孕
[ㅈ]자 瓷 藉 장 丈 薔 欌 帳 杖 墻 재 災 齋 在 再 저 貯 底 躇 狙
樗 적 赤 迹 전 箭 煎 田 절 折 점 占 정 丁 碇 제 濟 提 조 兆 潮 嘲
존 存 종 從 縱 좌 佐 주 住 酒 洲 죽 竹 증 證 增 지 旨 祉 肢 진 鎭

塵 질 疾 집 朕

[ㅊ]착 錯 찬 燦 纂 餐 찰 刹 창 滄 채 采 처 妻 척 隻 夺 拓 천 川
泉 철 哲 첨 瞻 尖 첩 牒 체 逮 총 聰 추 追 축 築 충 衝 치 緻 峙

[ㅌ]타 打 탁 濁 탄 誕 炭 태 胎 탱 撑 터 擴 토 討

[ㅍ]파 播 편 編 포 浦 蒲 필 疋 弼

[ㅎ]하 何 荷 학 鶴 한 汗 항 項 해 奚 該 항 享 헌 獻 軒 현 懸 협
挾 혹 酷 홍 弘 화 禍 貨 확 擴 환 換 幻 활 闊 황 皇 회 懷 후 喉 흉
凶 흑 黑 흔 痕 흡 吸 흥 興 희 犧 戱 (總 301字)

3. 漢字의 使用 頻度數 調査 및 그 結果

(1) 漢字의 使用頻度數 調査 結果

〈표 3〉 漢字의 使用 頻度數에 따른 分布 狀態

頻度	200回 以上	100 ~199	90 ~99	80 ~89	70 ~79	60 ~69	50 ~59	40 ~49	30 ~39	20 ~29	10 ~19	1~9	計
字數	17	46	12	8	23	28	43	41	84	108	239	957	1606

國民學校 國語 읽기 教科書에 나타난 漢字를 그 使用 頻度數에 따라 십단위로 구분하여 표를 만든 것이 〈표3〉이다. 이를 살펴보면, 頻度 1~9回에 해당하는 漢字가 957字로 가장 많았고, 200回 以上되는 것도 17字나 되었다.

한편, 빈도가 높은 것부터 차례로 1位부터 10位까지 살펴보면,
1位가 '生'字로 총 426回의 빈도를 나타내며 3학년에서 71回, 4학년에서 99回, 5학년에서 182回, 6학년에서 74回 나타났다.

2位는 '人'字로 총 325回의 빈도를 가지며 3학년에서 36回, 4학년에
서 42回, 5학년에서 71回, 6학년에서 176回 나타났다.

3位는 '山'字로 총 287回의 빈도를 가지며 3학년에서 64回, 4학년에
서 113回, 5학년에서 32回, 6학년에서 78回 나타났다.

4位는 '學'字로 총 268回의 빈도를 가지며, 3학년에서 57回, 4학년에
서 75回, 5학년에서 32回, 6학년에서 104回 나타났다.

5位는 '心'字로 총 262回의 빈도를 가지며, 3학년에서 47回, 4학년에
서 91回, 5학년에서 52回, 6학년에서 72回 나타났다.

6位는 '事'字로 총 255回의 빈도를 가지며, 3학년에서 34回, 4학년에
서 57回, 5학년에서 58回, 6학년에서 106回 나타났다.

7位는 '分'字로 총 241回의 빈도를 가지며, 3학년에서 47回, 4학년에
서 50回, 5학년에서 72回, 6학년에서 72回 나타났다.

8位는 '內'字로 총 233回의 빈도를 가지며, 3학년에서 64回, 4학년에
서 46回, 5학년에서 52回, 6학년에서 71回 나타났다.

9位는 '年'字로 총 226回의 빈도를 가지며, 3학년에서 29回, 4학년에
서 64回, 5학년에서 37回, 6학년에서 96回 나타났다.

10位는 '自'字로 총 225回의 빈도를 가지며, 3학년에서 32回, 4학년에
서 66回, 5학년에서 43回, 6학년에서 84回 나타났다.

以上으로 頻度順位 10位까지를 차지한 漢字를 자세히 살펴보았으며,
1606字에 대한 各各의 頻度는 다음과 같다. 단, 漢字 옆의 괄호안 숫자
가 그 漢字의 頻度를 나타낸다.

① **200回 以上;** 內(233) 年(226) 動(218) 分(241) 事(255) 山(287)
生(426) 先(224) 時(217) 心(262) 容(215) 人(325) 日(223) 自(225)
子(205) 中(209) 學(268); **總** 17字

② 100回~199回; 各(128) 間(129) 工(126) 國(129) 記(108) 氣(127) 女(134) 農(133) 答(123) 對(166) 大(172) 理(138) 明(100) 文(172) 物(177) 民(137) 發(124) 番(125) 部(188) 夫(126) 上(138) 世(128) 少(117) 始(107) 食(103) 神(152) 實(127) 王(174) 月(127) 爲(111) 一(105) 者(139) 字(112) 作(142) 場(180) 的(134) 精(116) 主(157) 地(138) 紙(108) 車(108) 通(111) 便(152) 行(167) 活(115) 會(118); 總 46字

③ 90回~99回; 校(92) 今(95) 代(90) 方(93) 所(96) 詩(99) 前(93) 情(92) 族(97) 册(90) 親(98) 表(96); 總 12字

④ 80回~89回; 關(86) 萬(86) 門(86) 要(83) 傳(82) 正(88) 祖(83) 調(84); 總 8字

⑤ 70回~79回; 家(72) 公(72) 舊(77) 軍(72) 己(74) 臺(76) 同(73) 等(73) 樂(71) 面(72) 房(74) 說(74) 性(76) 安(78) 樣(72) 熱(74) 運(71) 音(78) 點(72) 只(71) 下(76) 化(78) 後(71); 總 23字

⑥ 60回~699回; 感(69) 結(65) 界(67) 機(66) 段(68) 當(60) 獨(61) 力(68) 例(66) 立(69) 名(63) 貌(61) 聞(63) 味(62) 法(64) 士(62) 使(62) 三(61) 歲(63) 消(66) 俗(61) 手(69) 員(60) 重(61) 次(67) 體(63) 特(61) 平(64); 總 28字

⑦ 50回~59回; 監(52) 康(50) 個(54) 健(52) 格(50) 見(54) 景(50) 南(51) 度(51) 來(58) 別(56) 病(55) 本(56) 師(58) 査(52) 想(53) 像(52) 常(58) 書(56) 數(53) 息(56) 信(53) 身(59) 臣(55) 新(55) 室(57) 外(52) 用(57) 原(51) 由(58) 義(58) 意(52) 張(58) 障(52) 全(55) 電(54) 戰(54) 漸(50) 程(54) 窓(56) 品(58) 風(55) 現(55); 總 17字

⑧ 40回~49回; 件(49) 故(45) 科(41) 觀(42) 敎(48) 究(46) 極(48) 器(42) 技(48) 寧(43) 團(43) 隊(45) 道(48) 島(46) 禮(45) 料

(47) 利(41) 目(41) 史(46) 色(49) 水(41) 術(45) 習(46) 式(42) 然
(46) 研(43) 圍(48) 滋(45) 第(47) 直(40) 太(44) 判(47) 合(47) 兄
(49) 和(40); 總 41字

⑨ 30回~39回; 江(38) 强(30) 開(38) 建(32) 決(30) 境(30) 競(35)
繼(39) 計(31) 過(32) 果(39) 區(38) 口(38) 劇(37) 金(38) 奇(33) 基
(39) 念(31) 努(34) 達(31) 談(37) 童(30) 東(32) 燈(32) 靈(33) 錄
(30) 望(31) 無(30) 百(30) 變(37) 兵(35) 不(39) 備(38) 寫(38) 產
(33) 賞(31) 象(33) 序(30) 石(34) 設(34) 誠(36) 成(31) 細(35) 續
(37) 礙( ) 約(38) 語(34) 業(32) 餘(36) 演(39) 曜(39) 院(32) 有
(32) 異(32) 仔(30) 將(37) 財(31) 展(39) 轉(32) 節(35) 政(35) 定
(38) 題(35) 製(35) 周(31) 秦(32) 眞(37) 察(37) 參(32) 處(30) 天
(31) 鐵(32) 寸(37) 銃(31) 置(30) 統(31) 板(33) 海(37) 解(39) 鄉
(33) 向(36) 驗(37) 護(31) 話(37); 總 84字

⑩ 20回~29回; 經(26) 瓊(21) 系(21) 械(24) 苦(27) 高(23) 曲
(34) 官(25) 館(24) 光(27) 交(28) 球(24) 窟(25) 貴(22) 規(21) 近
(21) 急(22) 汽(27) 旗(22) 男(27) 單(28) 堂(24) 宅(26) 到(24) 讀
(28) 洞(21) 亂(24) 朗(24) 歷(27) 連(24) 令(28) 類(25) 亡(22) 每
(20) 命(28) 母(27) 模(29) 墓(22) 未(21) 白(26) 保(21) 寶(20) 復
(25) 峯(21) 父(23) 霧(22) 四(20) 社(23) 謝(21) 寺(20) 線(23) 聲
(23) 束(23) 順(20) 市(24) 識(20) 眼(28) 野(20) 藥(20) 陽(27) 豫
(27) 藝(24) 午(25) 遇(20) 園(22) 衛(23) 尉(23) 遺(21) 育(22) 飲
(24) 醫(24) 議(26) 資(24) 暫(21) 章(25) 壯(27) 裝(27) 長(26) 才
(22) 栽(21) 爭(27) 敵(20) 接(28) 整(29) 際(20) 種(25) 準(28) 志
(21) 進(21) 着(27) 千(22) 最(27) 出(26) 層(20) 致(22) 彈(22) 塔
(25) 態(24) 土(21) 號(25) 火(22) 確(25) 孝(22); 總 108字

⑪ 10回∼19回; 加(16) 刻(12) 簡(17) 看(19) 懇(10) 匣(10) 據(10) 拒(13) 檢(11) 擊(10) 敬(10) 鏡(14) 警(16) 庫(12) 固(11) 告(12) 空(13) 共(16) 恭(13) 冠(13) 管(11) 求(14) 具(15) 局(15) 權(10) 根(11) 級(11) 紀(13) 期(16) 祈(10) 能(12) 多(17) 斷(17) 端(18) 丹(14) 德(15) 逃(14) 都(19) 圖(10) 頭(10) 登(17) 略(13) 旅(19) 練(17) 列(13) 領(17) 勞(14) 路(11) 老(11) 綠(15) 論(13) 陸(14) 律(11) 陵(17) 璃(13) 里(10) 離(10) 幕(17) 舞(13) 務(15) 拍(11) 博(14) 反(17) 半(14) 背(13) 配(11) 壁(18) 步(14) 福(18) 複(14) 付(14) 附(19) 北(14) 粉(11) 佛(15) 比(13) 悲(12) 妃(16) 辭(15) 沙(10) 床(19) 傷(15) 相(18) 箱(19) 商(12) 恕(12) 西(18) 城(14) 省(18) 聖(16) 星(14) 勢(18) 掃(11) 小(18) 素(10) 孫(17) 遜(15) 送(18) 悚(11) 秀(12) 宿(14) 純(12) 瞬(11) 丞(18) 勝(10) 視(11) 示(13) 施(15) 是(19) 試(10) 植(18) 蝕(10) 失(11) 甚(12) 案(16) 壓(11) 弱(10) 洋(11) 五(11) 溫(10) 完(13) 倭(17) 欲(11) 勇(14) 雨(15) 右(12) 優(13) 于(10) 鬱(14) 遠(10) 危(15) 位(17) 琉(13) 恩(10) 應(10) 疑(10) 移(16) 以(17) 印(11) 任(15) 人(19) 姿(10) 酌(10) 雜(14) 蹟(11) 典(12) 殿(10) 切(14) 絶(16) 窄(14) 庭(11) 祭(16) 帝(15) 助( ) 手(12) 組(11) 鳥(18) 造(14) 條(10) 足(11) 尊(13) 終(19) 罪(15) 知(17) 指(11) 智(11) 集(10) 輯(10) 秩(14) 質(16) 徵(13) 差(10) 讚(14) 唱(11) 創(19) 淸(14) 靑(19) 請(17) 草(17) 初(18) 村(15) 忠(18) 蟲(15) 取(12) 測(17) 治(12) 則(10) 漆(12) 侵(14) 稱(11) 快(17) 託(15) 歎(15) 痛(17) 退(11) 波(11) 篇(18) 暴(13) 標(18) 豊(13) 避(14) 筆(12) 漢(10) 陷(17) 恒(11) 害(12) 幸(19) 刑(11) 慧(11) 惠(10) 魂(13) 婚(10) 花(11) 畵(10) 患(11) 環(13) 歡(10) 黃(12) 回(10) 劃(19) 效(17) 訓(18) 休(10) 興

(16) 希(11); 總 239字

⑫ 9回; 葛 擧 激 季 宮 勸 帶 待 落 慮 漠 末 密 盤 拜 負 秘 碑 思 善 盛 授 役 煙 迎 獄 願 因 認 葬 貯 賊 操 斟 塹 倉 催 秋 抗 憲 或 紅 揮; 總 43字

⑬ 8回; 假 覺 講 客 階 功 較 勤 寄 禱 藤 吏 謀 木 薇 坊 罰 範 邊 祠 速 師 讓 養 搖 怨 邑 薔 彫 左 注 至 菜 總 充 卓 楓 香 壕 華 薰; 總 41字

⑭ 7回; 價 鋼 車 構 喇 擔 麗 爐 療 留 滿 牧 描 微 普 憤 祀 率 收 忆 抑 葉 影 映 元 寃 慰 偉 銀 陰 依 壬 慈 盞 藏 材 適 弟 存 週 走 證 支 陳 辰 茶 責 叭 響; 總 49字

⑮ 6回; 歌 角 輕 考 券 克 懃 難 冷 毒 督 诺 烂 雨 鍊 勒 懔 武 彌 防 婦 徒 爽 狀 席 宣 骚 訴 蔬 守 肅 承 辛 庵 愛 若 如 逆 營 榮 娛 慇 儀 瓷 底 祝 築 擇 編 胞 包 爆 幅 許 玄 協 湖 黑; 總 70字

⑯ 5回; 缺 憒 鑛 琴 斯 儺 緞 量 糧 勵 烈 魔 脈 冒 美 訪 倍 [illegible] 奉 費 緋 飼 獅 射 傘 散 夕 笑 刷 輸 十 哀 與 軟 永 辱 鎔 雄 授 椅 二 忍 磁 狀 續 店 鄭 亭 制 照 朝 宗 鍾 止 誌 職 蒼 徹 誕 布 疲 匹 橫; 總 63字

⑰ 4回; 艰 干 鑑 甲 巨 距 謙 啓 戒 系 拷 困 供 攻 課 廣 窮 鬼 均 禁 及 矜 耐 杳 塗 導 銅 豆 絡 浪 曆 聯 露 雷 榴 悧 網 鳴 瞑 沐 沒 司 喪 雙 緖 施 涉 洗 誦 受 修 巡 飾 衙 惡 岸 暗 惹 魚 漁 鉛 怜 裔 欲 友 源 裕 誘 益 仁 積 占 頂 齊 堤 州 戚 賤 聽 廳 推 畜 蓄 醉 値 探 鬪 播 版 八 片 廢 捕 皮 割 型 弘 丸 凶 戱; 總 109字

⑱ 3回; 奸 綱 去 巾 頃 契 姑 孤 谷 哭 卦 宏 巧 句 君 郡 拳 肯 緊 吉 怒 短 淡 踏 唐 濤 棟 慢 晩 妹 迫 搬 伴 邦 辨 服 鳳 府 奔 飛 舍 蛇 算 省 署 庶 析 鮮 雪 屬 頌 讐 樹 首 髓 旬 崧 雅 央 夜 蓮 泳

英 悟 誤 屋 往 韻 圓 威 儒 吟 臟 奬 粧 帳 災 在 笛 籍 迹 廷 除 濟
卒 朱 住 竹 衆 蒸 持 祉 震 執 錯 刹 採 夯 追 衝 七 寢 奪 筒 瀑 票
賀 韓 限 喊 港 航 戶 好 呼 擴 灰 懷 痕 恰 稀; 總 124字

　　⑲ 2回; 伽 跏 諫 改 介 倨 傑 潔 兼 慶 鼓 菓 怪 九 廏 群 旣 腦
壇 黨 盜 蹈 陶 挑 得 騰 羅 良 虜 弄 樓 陋 淚 流 林 馬 寞 挽 茫 魅
猛 免 綿 滅 銘 帽 般 拔 犯 屛 菩 敷 埠 浮 奮 繃 仕 似 紗 詞 殺 薩
尙 祥 索 紹 松 粹 愁 蒐 壽 乘 僧 昇 媤 屍 呻 辰 深 我 握 殃 俺
易 緣 羨 梁 鼈 玉 謠 龍 庸 偶 委 幼 油 遊 姨 痍 姻 臨 紫 籍 掌 丈
檣 錚 躇 箭 停 丁 提 從 佐 躊 盡 津 鎭 塵 疾 餐 札 艙 拓 川 哲 尖
帖 憔 蹶 悴 稚 沈 打 濯 炭 脫 泰 澤 破 派 坪 被 閑 項 奚 該 軒 血
魯 衡 禍 幻 闊 慌 候; 總 160 字

　　⑳ 1回; 暇 街 可 閣 肝 懇 刊 敢 堪 疊 降 槪 虔 隔 耕 卿 傾 揭
溪 膏 汨 骨 棺 貫 掛 郊 橋 拘 救 屈 掘 弓 圈 歸 窺 給 扱 棄 企 起
癲 煖 櫓 膽 渡 徒 塗 悼 頓 突 凍 冬 騰 卵 廊 掠 輿 盧 裂 廉 了 鷺
稜 裡 痢 燐 磨 麻 莫 漫 饅 蠻 抹 邙 梅 孟 盲 暝 募 毛 睦 卯 廟 黙
敏 薄 搏 飯 攀 頒 妨 榜 倣 輩 杯 繁 伐 梵 僻 壁 碧 補 補 譜 封 逢
赴 批 痺 貧 斜 砂 賜 莎 絲 瀉 衫 森 ▨□ 揷 牲 惜 泄 纖 殲 沼 疏
簫 衰 戌 燧 酬 囚 繡 須 殊 熟 殉 襲 拾 殖 申 審 阿 顔 巖 仰 涯 液
額 祥 諺 域 疫 延 宴 炎 零 汚 奧 頑 猥 妖 慾 牛 郵 憂 雲 越 僞 乳
惟 幽 維 肉 誼 毅 衣 弛 引 逸 孕 昨 灼 殘 醬 莊 杖 墻 齊 狙 樗 跡
赤 塵 煎 田 折 幀 征 淨 碇 兆 潮 嘲 縱 坐 駐 鑄 酒 洲 症 增 旨 肢
織 朕 懲 遮 饌 簒 狙 滄 采 悽 妻 韆 泉 諂 捷 牒 瞻 遞 締 逮 秒 楚
觸 聰 楸 醜 築 趣 齒 熾 綴 峙 針 濁 綻 貪 胎 撑 擔 討 把 鋪 抛 抱
浦 蒲 披 疋 彌 何 荷 虐 鶴 恨 汗 舍 衒 享 獻 革 賢 縣 挾 酷 混 洪
忽 靴 貨 換 滑 皇 悔 爻 喉 勳 吸 犧; 總　298字

(2) 國民學校 敎育漢字의 選定

3, 4, 5, 6學年 國語 읽기 敎科書에서 抽出한 1606字 中에서 國民學校 學習漢字로 選定한 기준은 頻度 10回 理想의 것으로 하였다. 이는 1606字의 平均 頻度가 20弱이었는데, 이 平均 안에 드는 漢字는 高頻度字가 많이 포함되어 있는 관계로 410字가 많이 포함되어 있는 관계로 410字 밖에 되질 않았다. 그래서 그 보다 10을 낮춘 頻度 10以上의 漢字 649字를 國民學校 學習漢字로 選定하였다.

한편, 선정한 漢字들로 세 가지 目錄을 作成하였으니, 하나는 ㄱㄴ順의 目錄이고, 또 다른 하나는 頻度順의 目錄이며, 나머지 하나는 學年別로 配當된 目錄이다. 이들을 차례로 [漢字目錄 I], [漢字目錄 II], [學年別 學習 漢字]라 하여 이 글 뒤에 附錄으로 실어 놓았다.

[漢字目錄 I]에서는 649字의 漢字를 ㄱㄴ順으로 排列하되,

> 첫째 學年別 頻度와 그 計,
> 둘째 敎育用 基礎漢字와의 對比,
> 셋째 配當된 學年을 표시해 놓았다.

① 學年別 頻度는 각 학년마다의 頻度를 각기 分流 記入하고 그 左側에 그 頻度들의 합계를 記入하였다.
② 敎育用 基礎漢字와의 對比에서는 中學校用과 高等學校用을 따로 구분하여 표시하였다. 따라서 아무 標識가 없는 것은 敎育用 基礎漢字가 아닌 것이다.
③ 配當된 學年 標識는 筆者가 後에 敍述한 5. 學年別 學習 漢字의 選定에서 말한 기준에 의해 配當한 學年 標識이다.

[漢字目錄 Ⅱ]에서는 649字를 頻度順으로 排列하되, 그 頻度順과 頻度, 그리고 국어연구소가 調査한 [80年代 漢字 使用 實態]의 結果 나타난 頻度을 표시해 놓았다. 頻順位는 最高頻度를 1로 하여 順次로 내려 매겨 간 것이다. 다만 빈도가 같을 때에는 15 1, 15-2, 15 3과 같이 同一頻度 內에서의 內部順位를 매기고 다음 순위는 그만큼 건너뛰게 하였으니, 위의 경우라면 16, 17을 건너뛰고 18부터 다시 매겨 간 것이다. 이것은 그렇게 함으로써 同一頻度層을 쉽사리 分揀할 수 있기 때문이다. 그리고 이를 一連番號式의 順位로 바꾸어 보고자 할 때는, 同一頻度의 內部順位에 보태면 된다. 가령 위의 15 3의 경우라면 15+(3 -1)=17이 되는 것과 같다.

[學年別 學習 漢字 目錄]에서는 各 學年에 配當된 것을 ㄱㄴ順으로 排列하고 各 漢字마다의 音을 일일이 달아 놓았다.

4. 敎育用 基礎漢字 및 其他 資料와의 比較

(1) 敎育用 基礎漢字와의 比較

〈표 4〉 敎育用 基礎漢字와의 比較

	敎育漢字			計
	中學校用	高等學校用	없는字	
字 數	475	147	27	649
	622			
%	73.1	22.7	4.2	100(%)
	95.8			

372

教育用 基礎漢字란 1972年 문교부가 發表한 [漢文教育用 基礎漢字]
를 말하는 것으로 中・高等學校用 各各 900字씩 設定되어 있다. (以下
教育漢字라 하겠음) 이러한 教育漢字와 筆者가 選定한 國民學校 學習
漢字(以下 基本漢字라 하겠음) 649字를 比較한 結果 〈표3〉과 같이 정
리할 수 있었다.

이 표에 의하면 649字 中 教育漢字에 포함되어 있는 것이 622字, 포
함되어 있지 않은 것이 27字로 나타났다. 이를 백분율로 계산해 보니
포함되어 있는 漢字가 전체의 95.8%를 차지하고 있었다.

한편, 中學校用과 高等學校用의 比率도 73.1%와 22.7%로 中學校用
이 더 많은 數를 나타내었다. 그러면 이와 같은 事實들은 결국 무엇을
의미하는 것일까.

　첫째는 筆者가 選定한 基本漢字 中 教育漢字에 포함되어 있는 것이
　　　95.8%나 되므로 筆者의 선정에 큰 無理가 없었다고 할 수
　　　있을 것이며,
　둘째는 비록 95.8%가 教育漢字에 포함되어있으나, 나머지 4.2%인
　　　27字는 教育漢字에 포함되어 있지 않았으므로 그들에 대해
　　　再考할 必要가 있다는 것을 알 수 있다.

한편, 各 漢字의 教育漢字에 포함되어 있는지의 여부는 附錄의 [漢
字目錄 I]에 표시해 두었고, 포함되어 있지 않은 漢字들은 다음 〈표
4〉에 頻度와 頻度順位를 함께 적어 놓았다.

〈표5〉教育漢字에 들어 있지 않은 글자들……27字

		빈도	빈도순			빈도	빈도순			빈도	빈도순
1	匣	10	611-2	10	悚	11	571-14	19	琉	13	526-17
2	琠	21	380-1	11	承	18	425-13	20	仔	30	292-9
3	昆	12	550-4	12	蝕	10	611-17	21	滋	45	196-5
4	汽	27	314-3	13	●	39	219-5	22	殿	10	611-27
5	璃	13	526-10	14	鳶	43	205-5	23	窄	14	500-20
6	雰	22	366-6	15	倭	17	446-11	24	奏	32	268-10
7	箱	19	411-6	16	曜	39	219-7	25	輯	10	611-30
8	膳	15	480-9	17	鬱	14	500-17	27	桶	21	380-16
9	遜	15	480-11	18	尉	23	358-8				

(2) 80年代 漢字 使用 實態 調査 結果와의 比較

國語 研究所는 1985年 國民의 語文生活과 密接한 관계를 가지는 弘報媒體를 對象으로 80年代 漢字 使用 實態를 調査하였다. 그 結果 漢字의 使用 頻度數에 따라 頻度順位를 定하였는데, 筆者는 이 資料와 筆者가 選定한 649字의 基本漢字를 頻度順位面에서 比較해 보았다.

먼저 國語 研究所 資料를 頻度順에 따라 649字를 끊어 본즉, 頻度가 26으로 되어 있었다. 이것은 筆者의 選定 기준보다 16이나 더 높은 것이다.

그리고 이 國語 研究所 資料 649字 中에서 筆者가 선정한 한자가 443字나 되었다. 그러나 나머지 206字 中에서 16字는 아예 調査되지도 않았다. 또한 漢字別 頻度順位를 比較해 보아도 두 資料의 상관도는 별로 없다고 생각된다. 이는 國語 研究所의 資料가 主로 成人用의 資料를 대상으로 조사된 것이고 筆者는 教科書를 대상으로 조사하였기에 다를 수 밖에 없을 것이라고 생각한다.

以上으로 두 資料를 比較해 보았고, 各 漢字의 國語 研究所 資料 頻度順位는 附錄의「漢字目錄 Ⅱ」에 표시해 두었다. 그리고 筆者가 선정한 649字 中 이 자료에 들어 있지 않은 글자는 다음과 같다.

只, 鳶, 瓊, 丞, 歎, 遜, 丹, 琉, 昆, 恕, 甚, 漆, 悚, 瞬, 于(總 16資)

5. 學年別 學習 漢字의 選定

國民學校 3, 4, 5, 6學年 國語 읽기 敎科書에서 漢字로 나타낼 수 있는 1606字를 使用頻度 10回 以上의 것만 추려 내어 1차로 649字를 國民學校 學習漢字로 定하였다. 이젠 이 649字를 다음과 같은 原則으로 各 學年에 配當하기로 하겠다.

첫째, 1個 學年에서만 나타난 漢字는 그 學年에 配當한다.
둘째, 2個 學年 以上에 걸쳐 나타난 漢字는 使用頻度가 가장 높은 學年에 配當한다.
셋째, 最高 頻度를 나타내는 學年이 두개 以上일 경우에는 가장 낮은 學年에 配當한다.

以上 3가지 原則에 의하여 配當한 결과 3학년이 63字, 4학년이 125字, 5학년이 153字, 6학년이 308字로 나타났다. 실제의 漢字는 다음과 같다.

① 3學年: [ㄱ]監 匣 個 據 昆 求 根 汽 [ㄷ]談 童 東 [ㄹ]練 例 緣 料 理 [ㅁ]目 [ㅂ]박 拍 放 步 [ㅅ]四 帥 賞 箱 消 俗 習 丞 詩 植 [ㅇ]曜 慾 容 員 由 恩 移 日 [ㅈ]張 將 滋 政 窄 題 條 周 奏 紙 [ㅊ]窓 草 蟲 則 [ㅌ]塔 [ㅍ]便 [ㅎ]陷 合 兄 惠 黃 訓 希 (總 63字)

② 4學年: [ㄱ]家 加 各 刻 看 決 景 警 瓊 競 故 苦 光 校 交 舊 區 軍 窟 貴 急 己 [ㄴ]女 [ㄷ]多 斷 端 團 堂 逃 動 同 燈 [ㄹ]亂 列 離 立 [ㅁ]萬 每 命 墓 聞 [ㅂ]房 白 病 兵 附 粉 不 比 妃 [ㅅ]史 使 山 傷 色 序 恕 書 石 仙 省 歲 宿 息 新 實 心 [ㅈ]姿 暫 察 參 唱 處 村 銃 致 親 稱 [ㅌ]太 桶 退 [ㅍ]判 暴 避 筆 [ㅎ]下 幸 驗 刑 號 護 休 (總 125字)

③ 5學年: [ㄱ]感 康 健 件 格 境 係 庫 高 曲 恭 過 官 究 口 局 極 劇 近 旗 機 基 [ㄴ]南 男 努 能 [ㄷ]段 隊 度 讀 頭 [ㄹ]朗 連 令 禮 勞 老 陸 律 璃 里 [ㅁ]貌 無 舞 木 [ㅂ]班 方 背 番 法 變 複 峯 部 富 分 備 [ㅅ]辭 謝 床 常 生 先 線 性 勢 掃 少 所 素 小 束 續 遜 送 悚 純 順 瞬 始 施 是 識 蝕 信 甚 [ㅇ]眼 約 弱 樣 語 言 嚴 驛 研 勇 遇 于 尉 琉 應 義 異 [ㅈ]章 長 敵 殿 電 節 絶 漸 情 製 尊 罪 準 地 只 知 智 直 [ㅊ]差 册 鐵 淸 體 漆 侵 [ㅌ]彈 態 通 [ㅍ]波 篇 表 [ㅎ]漢 恒 海 解 向 險 現 慧 婚 火 花 環 歡 活 孝 興 (總 153字)

[ㄱ]간 干 刊 갈 葛 감 敢 監 堪) 鑑 객 客 거 倨) 격 擊 겸 兼 경 頃 계 戒 系 고 考 孤 곡 谷 공 攻 恭 광 鑛 괴 怪 구 九 군 君 굴 屈 권 拳 극 克

④ 6學年: [ㄱ]間 簡 懇 江 强 開 拒 建 檢 擊 見 結 經 敬 鏡 界 計 械 固 告 古 稿 穀 工 空 公 共 果 科 關 觀 館 冠 管 敎 具 球 國 權 規 今 金 級 記 氣 器 奇 祈 技 紀 期 [ㄴ]內 年 念 寧 農 [ㄷ]單 丹 達 答 當 對 大 代 臺 德 道 到 圖 都 獨 東 洞 等 登 [ㄹ]樂 來 略 旅 力 歷 靈 領 路 錄 論 類 陵 利 [ㅁ]幕 望 亡 面 壁 別 報 保 寶 復 富 本 付 父 夫 北 雰 佛 悲 [ㅅ]事 社 寫 士 沙 査 死 寺 産

三 想 像 上 象 商 西 膳 選 船 說 設 誠 姓 城 成 聲 聖 星 世 細 孫
數 水 秀 術 勝 時 試 視 示 市 食 式 神 身 臣 室 失 [ㅇ]案 壓 礎
洋 業 餘 亦 然 演 預 藝 午 五 倭 外 要 用 右 優 憂 原 遠 月 圍 爲
位 有 遺 飮 音 醫 意 疑 議 以 人 一 任 [ㅈ]自 者 子 字 仔 資 作
酌 雜 壯 裝 障 才 財 的 傳 前 展 轉 切 點 接 程 正 精 定 際 第 帝
祖 調 組 造 族 主 中 重 志 眞 進 質 集 輯 徵 [ㅊ]次 着 創 千 天
靑 請 初 寸 取 測 層 測 置 治 [ㅋ]快 [ㅌ]託 歎 土 統 痛 特 [ㅍ]板
平 標 品 風 豊 必 [ㅎ]學 寒 害 行 鄕 形 魂 畵 話 化 和 確 會 回
劃 效 果 後 (總 308字)

Ⅳ. 結 論

漢字는 그 音과 訓을 우리 式으로 읽고, 우리의 日常生活과 學問 기
타 專門分野에서 널리 씌어 그 記錄이 無數히 蓄積되어 왔고, 오늘날
고 그렇게 하고 있음에 비추어, 이는 벌써 준 우리글자로 돼 있는 것
이라고 할 수 있겠다.

그리고 그것은 무期에 익힐수록 學習效果를 올릴 수 있다는 우리의
過去의 經驗과 近者의 여러 實驗結果에 비추어, 늦어도 國民學校 入門
期부터 다루어 나갈 必要가 있다.5)

이에 筆者는 國民學校에서 가르침으로써 學習의 效率을 生成的으로
높일 수 있다고 여겨지는 漢字를 3, 4, 5, 6學年 國語 읽기 敎科書에서
抽出하였다. 그리하여 總 1606字를 얻어 내었고 그 중 使用 頻度數 10
回 以上의 것을 國民學校 學習 漢字로 選定하였다. 그리고 이렇게 選

5) 李應百, 國民學校 學習用 基本語彙의 漢字硏究, 語文硏究 3(1, 2), 1975.

定된 649字를 最高頻度를 나타낸 學年에 配當한다는 原則下에 各學年에 배당하였다. 그래서 3학년은 63字, 4학년은 125字, 5학년은 153字, 6학년은 308字로써 各 學年別 學習 漢字로 選定하였다.

그러나 筆者의 學年 配當을 함에 있어서 頻度만을 기준으로 했을뿐 各 漢字의 難易度는 고려하지 않은 점은, 國民學校 學習 漢字를 選定함에 있어서 多少의 오류가 있었을 거라 생각된다.

앞으로 국민학교 漢字敎育에 관심을 가지고 있는 분들께서 筆者의 不足한 점을 보충하여, 國民學校 學習 漢字라고 分明하게 밝힐 수 있는 결과를 내주신다면 더 없는 다행으로 여기겠다. 그리고 또한 이 資料를 가지고 六書別로 分類하여, 現場에서 좀 더 效果的으로 指導할 수 있도록 하는 作業도 함께 해 주길 바란다.

참고문헌

南廣祐, 敎育課程에 漢字敎育 조항 新設하라, 語文硏究 14(3), 1986.

柳正基, 한글專用의 重大한 禍害, 語文硏究 8, 1980.

安承德, 中學校 1學年 國語 敎科書의 敎育漢字語 選定에 대한 硏究, 語文硏究.

國民學校 國語敎科書의 敎育漢字 選定 및 漢字語의 學年配當에 대한 硏究, 국어교육 27, 28 合倂號, 1976.

李應百, 國民學校 學習用 基本語彙의 漢字硏究, 語文硏究 3, 1975,

漢 字 倂用期의 中高 敎科書에 나타난 漢字 目錄, 語文硏究.

李太熙, 國民學校에서의 漢字敎育 절대로 어렵지 않다, 語文硏究 13(1), 1985.

韓麟敎, 國民學校에 있어서의 漢字敎育의 必要性, 語文硏究 3(3), 1975.

國民學校 "教科專擔制 문제" (1991)

金圓卿*

Ⅰ. 교과전담제 문제

근간 우리나라 초등교육계에 관한 문제로서 '敎科專擔制' 문제가 활발히 논의되고 있다. 이 문제는 국민의 기초 교육이자 모든 교육의 기반이 되고 바탕이 되는 국민학교에 관심이 있는 사람이나 초등교육에 종사하는 사람들에게 비상한 관심이 쏠리지 않을 수 없으며 우리들 초등교사를 양성하는 것을 대학의 사명으로 갖고 있는 교육대학인에게는 큰 관심사가 되지 않을 수 없다.

우리나라에서 전부터 일부 교육인사 사이에 언급이 되었을 정도인데 6공화국 이후에 초·중등교사의 전형배정 문제가 대두되면서부터, 특히 초등학교 교사들의 과중한 시간부담 경감조치문제, 정치교사문제 등과 맞물리면서 문제제기가 이루어 졌고, 행정당국에서도 관심을 표명하기에 이르렀을 뿐만 아니라 교원단체나 교육문제 개발기관에서 까지 제창하기에 이르러 교육계에서는 대강 긍정적인 면으로 생각이 미쳐 가는 것을 본다. 특히 다른 나라의 경우 우리의 교육제도나 교사양성제도와는 다르지만 초등교육분야에서 일부과목 또는 전과목을 교과

* 韓國語文敎育學會長, 서울 敎大敎授

전담교사가 담당지도하는 사례를 볼 수 있으며, 우리나라의 경우도 대도시 사립국민학교일부교에서 고학년에 한해서 교과전담을 하거나 예·체능 등 일부교과의 전담제를 실시하는 사례가 있기는 하다.

그러나 미국의 각주를 비롯해서 자유진영의 많은 나라에서는 유치원 다음 과정인 초급학교나 유년학교 등에서 우리가 생각하는 교과전담제를 실시하고 있는 나라는 드물며 일반적인 국민학교 외에 예·체능 등 특수학교나 영재교육기관 사설예술학원 등에서 특정한 분야에 대한 전담교육이 행해지고 있음을 본다.

이것은 국민학교 취학기의 아동에게는 어떠한 특정한 교과적 깊이나 기능을 어려서부터 가르치는 것도 중요하지만 보편적으로는 모든 교과의 기초적인 교육이 앞서야하고 그 시기의 전인적 심리적 행동적 발달의 특성으로 보아 비전문적인 일반적 기초적 보통교육을 실시해야 된다는 관점을 가지고 있기 때문이다.

Ⅱ. 부정적인 면

이제 이 문제를 좀더 구체적으로 교과 전담제의 긍정적인 면과 부정적인 면을 들어본다. 우선 교과전담제의 문제점부터 살펴보면 첫째로 교과 전담제는 국민학교에서의 전인교육을 해치게 된다.

국민학교 교육은 유지원과정을 마친 6세부터 시작하여 12세까지 마치게 되는데 이 시기는 사람의 성장발달단계로 보아 모든 사고와 기능이 통합적이고, 종합적이며, 연관성을 유지하면서 발달하고 성장하는 시기이다. 인간의 가치도 지적인 것, 정적인 것, 의지적인 것 등 진·선·미 등이 혼합되어 있으며 행동발달의 제반요인도 분화된상태가 아니라 통합성을 가지고 있고 신체적인 요건들이나 감각 지각 통각들도 상호 긴밀한 통합유대를 가지는 시기이다. 뿐만아니라 모든 지식이나 교과적인 체계도 최초로 접근 시켜야 하는 이 시기에는 가장 통합적인 원리, 기본적인 기초, 일반적인 학문의 뿌리가 될 수 있는 공통적이고, 보편적인 원리를 하나하나 모두에게 심어주고 깔아주어야하기 때문에 특정한 논리나 특수기능의 주입 심화가 문제되지 않는다.

국민학교 교육은 어디까지나 전인교육이어야 하기 때문에 한 과목 한 과목의 기초원리보다도 장차 중등교육을 누구나가 받을 수 있는 초등 보통 전인교육이어야 한다.

둘째로 국민학교에서의 교과전담교육은 인간교육이나 도덕의 교육 정신교육에 문제를 가져오기 쉽다. 이 문제는 국민학교 시기의 어린이 교육은 '교과'라고 하는 지식 내용교육이라기보다는 '인간 행동의 싹' '행동의 기반'을 닦고, 마음쓰임(도덕적, 전인적, 가치 등)의 틀(습관, 기능, 이해 등)을 길러주는 교육이어야 하며 지식보다는 싹의 바탕을 더 중요시 해야하는 교육이어야 하기 때문에 이것을 교과별로 각각 다른 교사가 자기과목만 가르치는 것은 문제가 있다고 보는 것이다.

물론 이것은 각 교과전담교사가 너무 교과적 깊이에 매달릴 것이 아니라, 원리적인 것을 더 중시해서 가르치면 된다고 할지 모르지만, 아무래도 한 과목만 전담해서 가르치게 되면 인간교육 전체를 걱정하는 학급담임과는 달리 논리적 체계나 기능에만 몰입하게 되어, 인성의 원만한 발달, 그리고 소질을 골고루 계발·자극하여야만 된다는 어린이 교육에 문제점을 가져오기 쉽다.

셋째는 우리나라의 교육여건으로 보아 대도시 국민학교의 교과전담제 전면실시는 구조적 제도적으로 어렵다. 현재 서울이나 큰 도시의 국민학교는 학급인원 50여명에 50~70학급의 대규모 학교가 많다. 그

런데 음악이나 미술 체육만 우선 고학년만 교과전담제를 실시한다고
해도 이것은 교원배정, 수급, 전근 균등 시간배정, 교과운영 성적평가
진학지도 제반문제의 원활을 기하기란 참으로 어려운 문제이며, 거기
에 교과담임 학급담임의 관계 학부모의 협조관계 등 보통 복잡한 문제
가 아니다. 그리고 이 문제는 고학년만 하는 문제, 어떤 특정한 과목
(예·체능 등)만 전담제로 운영하는 문제 등에는 교사양성제도나 제제
상에도 문제가 따른다.

III. 긍정적인 면

그러나 교과전담제는 그 나름으로 장점도 없지 않아, 긍정적인 면도
있다.

그 첫째 긍정적인 면은 초등학교에서 유명무실하게 교육하기 쉬운
예·체능 등 특수 과목을 철저하게 가르칠 수가 있다. 사실 국민학교
는 그 나름으로 보통교육의 완성교육이며 저학년은 몰라도 고학년에
이르르면 성숙도나 발달단계로 보아 자기 소질이나 취미 특기 등을 지
각하고 신체적으로도 사춘기에 다달아 정서나 감각, 지능 등에도 상당
한 발달을 이룬다. 따라서 전담적으로 교육하는 것은 교과의 심화는
물론 기능향상에 큰 효과를 기대할 수가 있다고 본다.

눌째로 국민학교 교과전담제 실시는 여러 과목교육의 과중한 업무
에 시달리는 교사들에게 단일과목 교육의 업무경감을 줄 수 있다.

현재 우리나라 국민학교 교사는 아동들에게 학급담임업무, 복잡한
교육사무 등에 얽매어 과중한 업무 속에 짓눌려 있는 것만은 사실이다.

그러나 단일한 과목만 교육하게 되면 교재연구, 교육기술, 교육사무

처리 제반 문제가 단출하게 되어 업무가 경감되는 사실이다. 그리고 학급담임의 절반을 줄이는 효과가 있을 것이다. 이밖에도 교과전담제를 실시하면 국민학교 교육은 전문가가 아니어도 된다는 일반적 그릇된 시각을 고칠 수도 있고, 특수 예·체능소질의 영재들을 사회에 길러낼 수 있으며, 중등교사와 초등교사가 자유롭게 교류할 수 있는 등 긍정적인 면이 있다고 볼 수 있다.

IV. 맺는 말

이상, 초등교육에 있어서의 교과전담제 문제에 대한 장단점을 한두 가지씩 고찰해보았으나 문제는 어느 방법만이 좋다거나 옳다고만 말할 수는 없고 상호 문제점을 충분히 감안 절충하여 좋은 점을 택하되 부정적인 단점을 보완해서 적용하는데 착오가 없어야 된다. 다만 여기에서 구태어 한가지 언급하고 싶은 것은 국민학교의 교과전담제 실시가 만에 하나 현재 중등적체 교사를 초등분야에 보수교육 형식으로 교육하여 자격증을 주어 배정하는 것을 전제로 생각하는 문제라면 이것은 단연코 있을 수 없다는 점을 분명히 하고 싶다. 중등교사는 초등교육을 전공한 사람이 아니며 그것이 초등전문교육의 하위교육이 아니며, 도리어 가장 중요한 국민의 기초교육인 초등전문교육을 받은 교육대학 출신 정교사라야만 자격이 있는 만큼 과도기적으로 국민학교 고학년만 그것도 일부 교과만 실시한다면 교육대학 교육과정에서 이 문제를 수용하여 자격자를 전문적으로 길러 배정해야만 한다. 그리고 교과전담교사로 배정했다고 말만 내세우고 지금 어떤 학교의 현실처럼 담임도 없이 보조로 두어 '증치교사'로 불리는 현상은 마땅히 시급히 시정해야 한다. 왜 그러냐하면 교과전담 교사는 결근 교사의 시간을 채우기 위해서 두는 보조교사는 아니기 때문이다. 이것은 국민학교의 교과전담제 실시를 교육을 걱정하는 교육인의 회의적인 눈으로 보게 하는 이유의 하나가 되기도 한다.

한국어문교육학회 회칙

제1장 총 칙

제1조(명칭) 본회는 "한국어문교육학회"라 한다.

제2조(목적) 본회는 회원 사이의 친목을 도모하며 국어학, 국문학, 국어교육 연구를 통하여 한국어문교육 발전에 이바지한다.

제3조(위치) 본회는 서울교육대학교 안에 둔다.

제4조(사업) 본회는 다음과 같은 사업을 수행한다.

  1. 회지간행

  2. 연구발표회

  3. 자료의 수집 및 교환

  4. 그 밖의 본회 발전에 필요한 일

제5조(분과) 본회 안에 국어학, 국문학, 국어교육학, 한문학, 아동문학 등의 분과를 둔다.

제2장 회 원

제6조(회원)

  1. 본회의 회원은 본회의 목직에 찬동하고 본회에 입회한 사림으로 한다.

  2. 신입회원은 이사 두 사람 이상의 추천을 받아 입회한다.

제3장 임 원

제7조(임원) 본회의 목적을 달성하기 위해 다음과 같은 임원을 둔다.

1. 회장 한 사람
2. 이사 몇 사람 (총무이사, 조직이사, 연구이사, 출판이사, 섭외
   이사, 분과이사)
3. 감사 두 사람
4. 간사 한 사람

제8조(임무) 여러 임원의 임무는 다음과 같다.

1. 회장: 본회를 대표하고 회무를 총괄하며 총회와 이사회를 소
   집하고 그 의장이 된다.
2. 이사: 본회의 목적에 부응하는 여러 사업을 기획, 실행한다.
3. 감사: 본회의 운영 및 활동에 필요한 모든 사항을 감사하여
   총회에 보고한다.
4. 간사: 본회의 여러 사업을 추진 시행한다.

제9조(임원선출) 임원의 선출은 회장과 감사는 총회에서 선출하고,
   그 밖의 이사 및 간사는 회장이 추천하여 총회의 인준을 받는다.

제10조(임원임기) 임원의 임기는 2년으로 하되, 회장은 단임제로 한다.

제11조(권리, 임무) 본회 회원의 권리와 의무는 다음과 같다.

1. 선거권과 피선거권
2. 회비 납부의 의무

제4장 회 의

제12조(총회) 총회는 다음과 같이 소집한다.

1. 정기총회: 연1회로 5월 안에 소집한다.

2. 임시총회: 이사회 또는 회원 과반수 이상의 요구로 회장이 소집한다.

3. 총회는 이사 수의 배수 이상으로 성립하고, 참석 인원의 과반수로 의결한다.

4. 총회의 기능: 예산 결산의 심의 및 승인, 회칙의 개정, 임원 선출, 그 밖의 중요한 사항.

제13조(이사회) 이사회는 월1회 정기로 회장이 소집함을 원칙으로 한다.

1. 직능: 총회의 결의 사항과 회무의 집행, 회지 및 그 밖의 도서의 편집 간행, 연구발표회 및 토론회의 개최, 그 밖에 필요한 사항.

2. 이사회는 재적인원의 과반수로 성립하고, 참석인원의 과반수로 의결한다.

제5장 재 정

제14조(재정) 본회의 재정은 회원의 회비와 그 밖의 찬조금으로 한다.

제15조(입회비) 본회의 회원이 되고자 하는 사람은 소정의 임회비를 내야한다.

제16조(연회비) 본회의 회원은 소정의 회비를 낼 의무가 있다. 다만, 소정의 평생회비를 낼 경우는 제외한다.

제6장 논문집

제17조(논문집 간행) 본회의 목적과 사업 내용에 따라 논문집 〈한국어교육〉을 간행한다.

제18조(논문의 심사) 논문집에 게재응모한 원고는 소정의 기준과 절

차에 따라 심사하며, 논문의 게재 여부는 편집위원회에서 결정
한다. 필요한 경우에는 제출된 논문의 내용에 대한 수정, 보완을
논문 제출자와 협의할 수 있다.

제7장 부설 연구소

제19조(부설연구소) 본회의 목적을 원활히 수행하기 위하여 부설 연
구소를 둘 수 있다.

제8장 부 칙

제20조(부칙) 본 회칙에 밝히지 않은 사항은 통상 관례에 따른다.
(효력발생) 본 회칙은 1990년 2월 8일부터 그 효력을 발생한다.

원고 투고 양식

1. 원고의 내용

다른 출판물에 발표되지 않은 논문으로서 국어교육, 국어학, 국문학 전공분야의 독창성 있는 연구 논문에 한한다.

2. 원고 작성 및 제출 요령

가. 국문 가로 쓰기를 원칙으로 한다.

나. 원고는 훈글 워드 프로세서로 작성하는 것을 원칙으로 한다.

다. 원고 분량은 200자 원고지 100매 안팎(아래의 원고 제출 규격을 따른 매수: A4 (20~25매 안팎)으로 한다.

라. 원고를 제출할 때는 korean@snue.ac.kr로 파일을 송부한다.

바. 논문의 영문 제목 및 제출자의 영문명을 원고 아래에 표기한다.

마. 제출자의 소속과 직위를 논문 첫머리에 밝힌다.

바. 원고 제출 마감 기한을 반드시 엄수하여야 한다.

☞ **원고 제출 규격**

○ 용지 종류 : A4

○ 편집 용지 (F7)

　① 위쪽 (39mm)　　② 머리 (12mm)　　③ 왼쪽 (46mm)

　④ 오른쪽(54mm)　　⑤ 아래쪽 (74mm)　　⑥ 꼬리말 (10mm)

○ 문단 모양(Alt+T): 줄간격 150

○ 글자 크기(Alt+T):

① 본문 글자 크기: 10point
② 논문 제목 15point
③ 소제목 12 point
④ 기타 제목 "10point + 진하게"로 할 수 있다.
⑤ 각주: 9point (줄간격 130)

3. 논문 게재 차례

국어학, 국문학, 국어교육의 차례로 게재하되, 저자명의 가나다순에 따른다.

4. 별쇄본

저자에게는 게재지 3부와 별쇄본 10부를 증정한다. 그 이상의 별쇄본을 필요로 하는 경우에는 저자가 실비를 자비로 부담하여야 한다.

5. 투고료

가. 원고 투고료 5만원
나. 보내실 곳
국민은행 079-01-0243-368 또는 우체국 014225-01-000654
예금주: 한국 어문 교육 학회

논문 심사 규정

1. 이 규정은 '한국어문교육학회'에서 발간하는 한국어 교육에 게재할 논문의 심사에 관한 모든 사항을 규정함을 원칙으로 한다.

2. 한국어 교육은 연 2회 이상 발간하는 것을 목적으로 한다.

3. 회장을 위원장으로 하고, 편집이사와 출판이사를 위원으로 하는 편집 위원회를 구성한다.

4. (심사 위원 위촉) 편집 위원회에서는 논문의 주제와 관련된 전문 학자 3인을 심사위원으로 위촉한다.

5. (심사 내용) 심사 위원은 다음의 사항을 심사한다.
   ① 논문의 창의성
   ② 학계의 기여도
   ③ 국내외 연구 동향과의 관련성
   ④ 내용의 일관성과 체계성
   ⑤ 표현의 정확성과 명료성

6. (심사 결과 보고) 심사 위원은 심사한 결과를 '게재', '수정 후 게재', '게재 불가'로 판정하여 위원회에 제출한다.

7. (논문 게제 여부 결정) 심사 위원들이 심사 결과에 따라 편집 위원회에서는 논문 게제 여부를 결정한다.
   ① 편집 위원회는 심사 위원들의 심사 결과를 종합 심의하여 최종

게재 여부를 결정한다.

② 편집 위원회에서는 '수정 후 게재' 또는 '게재 불가'로 평가한 경우는 그 내용 또는 사유를 기재하여야 한다.

③ 편집 위원회는 심사 위원의 결정을 존중하되, 투고자의 재심 요구가 있을 경우에는 심사 위원을 다시 구성하여 재심사할 수 있다.

8. (심사 결과 통지) 회장은 '수정 후 게재' 또는 '게재 불가'로 결정된 논문에 대해서는 투고자에게 수정 또는 반려 사유를 바로 통지하여야 한다.

9. (논문 심사료) 심사위원에게는 예산의 범위 안에서 심사료를 지급할 수 있다.

부 칙

1. 이 규정은 1990년 2월 8일부터 시행한다.
2. 이 규정은 2002년 8월 1일부터 일부 수정하여 시행한다.

▌한국어교육총서시리즈3

한국어교육총서3-1
[국어교육 1980~1991]

- 초판 인쇄 | 2007년 5월 31일
- 초판 발행 | 2007년 5월 31일
- 지 은 이 | 한국어문교육학회
- 펴 낸 이 | 채종준
- 펴 낸 곳 | 한국학술정보㈜
  경기도 파주시 교하읍 문발리 526-2
  파주출판문화정보산업단지
  전화 031) 908-3181(대표) · 팩스 031) 908-3189
  홈페이지 http://www.kstudy.com
  e-mail(출판사업부) publish@kstudy.com
- 등   록 | 제일신-115호(2000. 6. 19)
- 가   격 | 25,000원

ISBN 978-89-534-6689-0 94710 (Paper Book)
      978-89-534-6690-6 98710 (e-Book)
      978-89-534-6687-6 94710 (Paper Book Set)
      978-89-534-6688-3 98710 (e-Book Set)